Hermann-Josef Frisch
In Gemeinschaft feiern
Wortgottesdienste für Familien mit Kindern
Lesejahr A

Hermann-Josef Frisch

In Gemeinschaft feiern

Wortgottesdienste für Familien mit Kindern

Lesejahr A

Patmos Verlag Düsseldorf

Wortgottesdienste für Familien mit Kindern
Lesejahr A (Matthäus): In Gemeinschaft feiern
Lesejahr B (Markus): Zum Geheimnis finden *(erscheint im Herbst 1999)*
Lesejahr C (Lukas): Vom Leben erzählen

– Berücksichtigt die neuen Rechtschreibregeln –

Die Deutsche Bibliothek – CIP Einheitsaufnahme

Frisch, Hermann-Josef:
In Gemeinschaft feiern : Wortgottesdienste für
Familien mit Kindern ; Lesejahr A /
Hermann-Josef Frisch. –
1. Aufl. – Düsseldorf : Patmos Verl., 1998
ISBN 3-491-70305-0

© 1998 Patmos Verlag Düsseldorf
Alle Rechte vorbehalten
1. Auflage 1998
Satz und Gestaltung: Hermann-Josef Frisch
Umschlagentwurf: Volker Butenschön mit einer
Bildvorlage von Eva Degenhardt
Druck und Bindung: Friedrich Pustet, Regensburg
ISBN 3-491-70305-0

Einführung

Ein Wort zu Beginn 7
Wortgottesdienste für Familien mit Kindern 8
Der Evangelist Matthäus im Lesejahr A 10
Leitfaden Gottesdienst (A) 12
    Kinder und Gottesdienst 12
    Wortgottesdienst und Eucharistiefeier 14
    Kleine Sprach- und Gebetsschule 16
Zu den Gottesdienstmodellen 20

Weihnachtsfestkreis

Einführung Advent und Weihnachten 21
A 1   1. Adventssonntag 22
A 2   2. Adventssonntag 26
A 3   3. Adventssonntag 29
A 4   4. Adventssonntag 32
A 5   Heiligabend 35
A 6   Fest der Heiligen Familie 38
A 7   Neujahr 40
A 8   2. Sonntag nach Weihnachten 41
A 9   Erscheinung des Herrn 42
A 10   Taufe des Herrn (1. Sonntag im Jahreskreis) 44

Sonntage im Jahreskreis (1. Teil)

A 11   2. Sonntag im Jahreskreis 46
A 12   3. Sonntag im Jahreskreis 49
A 13   4. Sonntag im Jahreskreis 51
A 14   5. Sonntag im Jahreskreis 54
A 15   6. Sonntag im Jahreskreis 56
A 16   7. Sonntag im Jahreskreis 58

Osterfestkreis

Einführung Fastenzeit und Ostern 61
A 17   Aschermittwoch 62
A 18   1. Fastensonntag 63
A 19   2. Fastensonntag 66
A 20   3. Fastensonntag 69
A 21   4. Fastensonntag 72
A 22   5. Fastensonntag 74
A 23   Palmsonntag 77
A 24   Gründonnerstag 78
A 25   Karfreitag 79
A 26   Osternacht 80
A 27   Ostersonntag 82
A 28   2. Sonntag der Osterzeit (Weißer Sonntag) 83
A 29   3. Sonntag der Osterzeit 85
A 30   4. Sonntag der Osterzeit 88
A 31   5. Sonntag der Osterzeit 90

Einführung

Weihnachtsfestkreis

Sonntage im Jahr (1)

Osterfestkreis

Sonntage im Jahr (2)

Anhang

A 32   6. Sonntag der Osterzeit 94
A 33   Christi Himmelfahrt 96
A 34   7. Sonntag der Osterzeit 98
A 35   Pfingsten   101
A 36   Dreifaltigkeitssonntag   102
A 37   Fronleichnam 104

Sonntage im Jahreskreis (2. Teil)

A 38   8. Sonntag im Jahreskreis 107
A 39   9. Sonntag im Jahreskreis 109
A 40   10. Sonntag im Jahreskreis 112
A 41   11. Sonntag im Jahreskreis 115
A 42   12. Sonntag im Jahreskreis 118
A 43   13. Sonntag im Jahreskreis 120
A 44   14. Sonntag im Jahreskreis 123
A 45   15. Sonntag im Jahreskreis 125
A 46   16. Sonntag im Jahreskreis 128
A 47   17. Sonntag im Jahreskreis 131
A 48   18. Sonntag im Jahreskreis 134
A 49   19. Sonntag im Jahreskreis 136
A 50   20. Sonntag im Jahreskreis 140
A 51   21. Sonntag im Jahreskreis 143
A 52   22. Sonntag im Jahreskreis 146
A 53   23. Sonntag im Jahreskreis 149
A 54   24. Sonntag im Jahreskreis 152
A 55   25. Sonntag im Jahreskreis 155
A 56   26. Sonntag im Jahreskreis 158
A 57   27. Sonntag im Jahreskreis 161
A 58   28. Sonntag im Jahreskreis 164
A 59   29. Sonntag im Jahreskreis 167
A 60   30. Sonntag im Jahreskreis 169
A 61   31. Sonntag im Jahreskreis 172
A 62   32. Sonntag im Jahreskreis 174
A 63   33. Sonntag im Jahreskreis 177
A 64   Christkönigssonntag 180

Anhang

Schriftstellenregister 184
Stichwortverzeichnis 188

Ein Wort zu Beginn

Der Gottesdienst stellt die Mitte gemeindlichen Lebens dar, ist die Kraftquelle für die Mitglieder der Gemeinde, verbindet Christen mit Gott und untereinander. So oder ähnlich lauten offizielle Stellungnahmen zum Gottesdienst, so muss aus der biblischen und kirchlichen Tradition geschlossen werden, so wünschen sich viele ihren Gottesdienst – und erfahren ihn doch oft anders.

Oft genug nämlich ist der Gottesdienst einer Gemeinde in die Krise gekommen und stellt keineswegs mehr die zentrale Lebensäußerung gemeindlichen Lebens dar. Nur ein – oft kleiner – Teil der Gemeinde nimmt regelmäßig am Gottesdienst teil, viele haben den inneren Bezug zur gottesdienstlichen Feier verloren.

Dennoch oder gerade deshalb sind an vielen Orten nicht allein Hauptamtliche, sondern viele Frauen und Männer auch ehrenamtlich bereit, sich mit hohem Einsatz um die Gestaltung des Gottesdienstes zu mühen. Auf verschiedene Weise wirken sie an der Gestaltung der Eucharistiefeiern und anderer Gottesdienste mit: als Lektoren und Kommunionhelfer, in den Chören der Gemeinde, im Liturgieausschuss, in Liturgiegruppen und so fort.

Was bereits für die regulären Gemeindegottesdienste gilt, gilt in höherem Maße von Gottesdiensten mit Kindern. Hier wirken viele Erwachsene, hin und wieder auch Jugendliche mit, Mütter und Väter setzen sich für ihre Kinder ein. Katechetinnen und Katecheten werden durch ihre katechetische Arbeit dazu gebracht, mehr als nur einen Blick auf die Liturgie zu werfen. Sie erkennen, dass Glaubensverkündigung und Liturgie zusammengehören, und verbinden deshalb ihre katechetische Arbeit mit gemeinsam verantworteter Gottesdienstgestaltung.

Der Gottesdienst für Kinder richtet sich in Schul- und Gemeindegottesdiensten ausschließlich an die Zielgruppe der Kinder, die teilnehmenden Erwachsenen fügen sich ein. Immer wichtiger aber werden auch *Familiengottesdienste*, die als Zielgruppe nicht allein die Kinder haben, sondern ebenso die Eltern und andere erwachsene Gemeindemitglieder.

Familiengottesdienste wurden eine Zeit lang in den meisten, vor allem den größeren Gemeinden angeboten. Inzwischen kann wegen des Priestermangels der sonntägliche Familiengottesdienst nicht mehr überall als Eucharistiefeier angeboten werden. Manche Gemeinden stellen deshalb die sonntägliche *Familienmesse* auf *Wortgottesdienste für Familien mit Kindern* um, sei es mit oder ohne Kommunionausteilung. Auch gibt es eine Reihe von anderen Wortgottesdiensten für Familien: etwa im Zusammenhang mit dem Kommunionkurs oder aus besonderem Anlass wie z.B. zum Martinsfest ...

Die Vorbereitung solcher Gottesdienste obliegt in der Regel Laien, die haupt- oder ehrenamtlich in der Gemeinde tätig sind. Sie setzen sich mit gutem Willen und hohem Engagement für diese Aufgabe ein. Oft aber sind sie unsicher, wie sie Gottesdienste gestalten können. Oft werden Ideen oder Verständnishilfen für schwierige Schriftstellen gesucht, oder es fehlt einfach Material, mit dem ohne großen Zeitaufwand gearbeitet werden kann und das sowohl den Kindern wie auch den Erwachsenen wie auch der kirchlichen Liturgie gerecht wird.

Das vorliegende Buch und die beiden anderen Bände zu den Lesejahren B und C möchten an dieser Stelle ansetzen und vielfältige Anregungen für die eigene Gottesdienstgestaltung geben. Dabei werden in der Regel die Schrifttexte der Sonn- und Feiertage als Grundlage der Gottesdienstgestaltung gewählt. Sie werden allerdings intensiv mit der heutigen Lebenswirklichkeit und der Lebenswelt der Kinder verbunden.

Wir wünschen Ihnen, dass Sie in den Familiengottesdiensten Ihrer Gemeinde miteinander die Freude des Glaubens erfahren können. Wir wünschen Ihnen, dass die Botschaft des Glaubens Kindern wie Erwachsenen durch gut gestaltete Gottesdienste zugänglich wird und dass sie erfahren, wie durch die Feier des Glaubens das Leben auch in unserer Welt bereichert wird. Wir wünschen Ihnen, daß Sie »*in Gemeinschaft feiern*« können.

Hermann-Josef Frisch

Wortgottesdienste für Familien mit Kindern

(Diese Einführung findet sich ausführlicher im Band zum Lesejahr C.)

Gottesdienste für Familien mit Kindern finden zu verschiedenen Gelegenheiten statt:

● Besonders in größeren Gemeinden mit einem besseren Gottesdienstangebot gibt es am Sonntagmorgen regelmäßig oder in bestimmten Abständen (etwa einmal oder zweimal im Monat) einen Familiengottesdienst als Eucharistiefeier. Zunehmend werden solche Gottesdienste (wesentlich im ersten Teil des Wortgottesdienstes) aber eigenverantwortlich von Gottesdienstgruppen vorbereitet und gestaltet, die für ihre Arbeit ausreichende Hilfen benötigen.

● Wo sonntags nur eine Eucharistiefeier stattfinden kann, wird oft versucht, diese Feier zwar grundsätzlich auf Erwachsene auszurichten, aber an einer Stelle des Gottesdienstes ein kindgemäßes Element oder eine Beteiligung der Kinder einzubauen.

● Manche Gemeinden trennen die Zielgruppen während des Wortgottesdienstes: Die Erwachsenen versammeln sich in der Kirche, die Kinder in einem anderen geeigneten Raum. Etwa zur Gabenbereitung kommen auch die Kinder zur Kirche und feiern den zweiten Teil der Messe zusammen mit den Erwachsenen.

● In wieder anderen Gemeinden gibt es eigene Wortgottesdienste für Kinder, die zu einer anderen Zeit als die sonntägliche Eucharistie der Gemeinde (oder der sonntägliche Wortgottesdienst für Erwachsene) stattfinden.

● Auch zu anderen Gelegenheiten (etwa zum Martinszug, zum Kreuzweg oder zur Maiandacht ...) gibt es oft eigene Angebote für Familien mit Kindern.

Alle diese Angebote gehen heute mehr als früher davon aus, dass sie keine reinen *Kinder*gottesdienste sind, sondern dass sie sich an Familien, das heißt an Kinder *und* Erwachsene richten. Es geht in ihnen wesentlich, aber nicht ausschließlich um Kinder. Die Gestaltung solcher Gottesdienste erfordert von den Verantwortlichen, gleich ob es Hauptamtliche oder Ehrenamtliche sind, sehr viel. Sie brauchen deshalb ausreichende Unterstützung.

Die Verantwortung für die Gestaltung der Gottesdienste einer Gemeinde und damit auch der Familiengottesdienste obliegt keineswegs allein den Hauptamtlichen und dabei vorrangig dem Pastor. Christen sind miteinander das Volk Gottes, das füreinander Verantwortung trägt und durch Taufe und Firmung zur Gestaltung seines Lebens berufen ist. Damit ist der besondere Dienst in der Kirche keineswegs bestritten, aber er ist in diese grundsätzliche Berufung der Christen eingebunden.

Ebenso wie die Weitergabe des Glaubens an die nachwachsende Generation (vgl. die Gemeindekatechese etwa in den Bereichen Kommunion- und Firmvorbereitung) stellt somit auch der Gemeindegottesdienst eine Aufgabe dar, die alle Gemeindemitglieder – wenn auch auf unterschiedliche Weise – angeht und anfordert.

Es ist deshalb erfreulich, dass viele Frauen und Männer diese Aufgabe bereits zu ihrer eigenen gemacht haben und sich auf vielfältige Weise an der Vorbereitung und Durchführung von Gottesdiensten beteiligen. Oft übernehmen sie in hohem Maße Verantwortung für einzelne Gottesdienste, die ohne ihren Einsatz nicht möglich wären. Dabei geht es naturgemäß, wenn auch nicht ausschließlich, um Wortgottesdienste oder den Wortgottesdienstteil der Eucharistiefeier.

In den meisten Gemeinden gibt es inzwischen einen Liturgieausschuss als Unterausschuss des Pfarrgemeinderates, der die verschiedenen gottesdienstlichen Angebote koordiniert und anregt. Er wird aber kaum die Gestaltung einzelner Gottesdienste übernehmen können. So sind eigene Gottesdienstkreise in den Gemeinden nötig, auch und besonders für den Bereich Familiengottesdienst. Jeder Familiengottesdienstkreis wird seinen eigenen Arbeitsstil finden und aushandeln müssen, so dass hier nur allgemeine Grundsätze gegeben werden können:

● Gründliche Schulung und Vorbereitung auf diese Aufgabe sind unerlässlich. Die Gemeindeleitung (Hauptamtliche bzw. Pfarrgemeinderat oder Liturgieausschuss) müssen dies unterstützen und durch Angebote fördern.

8

● Am Beginn der Gottesdienstvorbereitung muss die eigene Beschäftigung mit dem Thema und dem Inhalt stehen. Zuerst einmal muss man sich selber über wichtige Akzente des Themas und über seinen eigenen Standpunkt klar werden. Bei unseren Gottesdienstvorschlägen steht deshalb am Beginn eine Beschäftigung mit dem jeweiligen Schrifttext und seiner möglichen Verankerung im heutigen Leben.

● Alle Modelle, Anregungen und Vorschläge sind nur Anregungen, die auf die eigene Situation hin angepasst und verändert werden müssen. Man kann fertige Vorlagen also nicht einfach übernehmen, sondern muss sie von der Gemeinde- und Gottesdienstsituation her ebenso überprüfen wie von der Lebenswelt der teilnehmenden Kinder und Erwachsenen.

● Die einzelnen Aufgaben für einen Gottesdienst sollten klar abgesprochen und aufgeteilt werden.

Die Vorbereitung und Gestaltung von Familiengottesdiensten ist für die mitwirkenden Frauen und Männer nicht allein eine Aufgabe, die im Interesse der ganzen Gemeinde und ihrer Zukunft wichtig ist. Sie kann dem Einzelnen auch für seinen persönlichen Glaubens- und Lebensweg wichtige Impulse geben und so Leben und Glauben verbinden und bereichern.

Außer dieser allgemeinen Einführung in die Gestaltung von Wortgottesdiensten für Familien mit Kindern geben wir in den drei Bänden dieser Reihe jeweils spezielle Hinweise, die aufeinander aufbauen und miteinander eine Art »Grundkurs« zur Gestaltung von Familiengottesdiensten geben.

Entsprechend den drei Lesejahren und den dabei jeweils im Vordergrund stehenden Evangelisten folgt auf den beiden folgenden Seiten eine Einführung in das Denken und die inhaltlichen Schwerpunkte dieser Evangelisten:

Lesejahr A	Matthäus
Lesejahr B	Markus
Lesejahr C	Lukas

Danach folgen jeweils mehrere Teile eines *Leitfadens Gottesdienst*:

Lesejahr A: – Kinder und Gottesdienst

– Eucharistiefeier und Wortgottesdienst

– Kleine Sprach- und Gebetsschule

Lesejahr B: – Texte im Gottesdienst mit Kindern

– Spiele, Zeichen und Zeichenhandlungen im Gottesdienst mit Kindern

– Bilder und Musik im Gottesdienst mit Kindern

Lesejahr C: – Heutiges Leben und der Gottesdienst der Christen

– Kriterien von Gottesdiensten für Familien mit Kindern

– Zur Thematik von Gottesdiensten

Zur Vertiefung der in diesen Abschnitten dargestellten Fragen verweisen wir auf folgendes Buch: Hermann-Josef Frisch, Leitfaden Kinder- und Familiengottesdienst, Patmos Verlag, Düsseldorf 1992.

Der Evangelist Matthäus im Lesejahr A

Das Lesejahr A stellt den Evangelisten Matthäus in den Vordergrund (B = Markus, C= Lukas, Texte des Johannesevangeliums sind auf alle Lesejahre verteilt). In der Regel steht die erste, alttestamentliche Lesung im Zusammenhang mit dem Evangelium; die zweite, neutestamentliche Lesung besteht meist aus fortlaufenden Stücken der neutestamentlichen Briefliteratur.

Der Evangelist Matthäus

Name und Person des Evangelisten bleiben ähnlich wie bei Markus im Dunkeln. Die altkirchliche Tradition (bereits ab 1. Jahrhundert) nennt den Verfasser Matthäus und beruft sich dabei auf eine Änderung im Matthäusevangelium gegenüber seiner Vorlage nach Markus: Dort wird ein Zöllner »Levi« (Mk 2,14) von Jesus berufen, im Matthäusevangelium wechselt in der gleichen Perikope (Mt 9,9) der Name zu Matthäus. Ob dies wirklich ein ausreichender Hinweis für die Namensgebung des Evangeliums darstellt, sei dahingestellt.

Wichtiger ist wie auch bei den anderen Evangelisten das Werk und seine Grundgedanken, weniger die Person und der Name des Verfassers. Der Verfasser des Matthäusevangeliums schöpft wesentlich aus drei Quellen: Wie auch Lukas nimmt er das Markusevangelium als Grundlage, allerdings übernimmt er mehr Verse als Lukas. Ebenfalls kennt er die Logienquelle, aus der auch Lukas geschöpft hat. Ferner nimmt Matthäus Sondergut in sein Evangelium auf.

Aus dieser Quellenlage und aus anderen Hinweisen ergibt sich eine Entstehungszeit um das Jahr 80 oder später (Markus ca. um 70). Damit kann Matthäus kein unmittelbarer Augenzeuge der Jesusereignisse, keiner der Apostel, sein (also auch nicht der in 10,3 genannte Zöllner Matthäus). Wir dürfen in dem Verfasser des Matthäusevangeliums einen griechisch sprechenden Christen einer judenchristlichen Gemeinde vermuten, die im östlichen Mittelmeerraum angesiedelt war (etwa in Syrien). Sein Schreibstil deutet auf einen »christlichen Schriftgelehrten« hin, der auf der Grundlage einer genauen Kenntnis des Alten Testamentes und mit vielen alttestamentlichen Zitaten Jesus als den erwarteten Messias bekennt. Trotz seiner engen Verbindung zur jüdischen Tradition hat er (und seine Gemeinde) sich wohl bereits vom synagogalen Judentum getrennt.

Der Verfasser ist ein Schriftsteller und Theologe der zweiten christlichen Generation. Seine Sprache ist feierlicher und geistiger als in seiner markinischen Vorlage, die oft holprig der Volkssprache nahesteht. Der Stil des Matthäus entspricht auch seiner Botschaft: In oft feierlicher Form wird Jesus als der Kyrios, der Herr nicht allein Israels, sondern der ganzen Welt, bekannt. Dies führt zu den Grundgedanken seines Evangeliums.

Das Matthäusevangelium

Wie Lukas beginnt Matthäus sein Evangelium mit einer Kindheitsgeschichte, die allerdings einen anderen Akzent setzt als das lukanische Gegenstück: Bereits am Anfang möchte Matthäus klar zum Ausdruck bringen, dass dieser Jesus der verheißene Messias ist, der Stammbaum Jesu (1,1-17) zeigt diese Linie auf.

Diese Linie nimmt Matthäus als eine Art Überschrift über sein Evangelium, das er wie folgt gliedert:

1,1-2,23	Einleitung: Stammbaum und Kindheitsgeschichte
3,1-4,11	I. Teil: Vorbereitung des Wirkens Jesu (Johannes der Täufer, Taufe, Versuchung)
4,12-18,35	II. Teil: Wirken in Galiläa mit den großen Reden, den Wunderberichten, Berufung und Belehrung der Jünger ...
19,1-25,46	III. Teil: Wirken in Judäa und Jerusalem vor allem mit den Auseinandersetzungen mit seinen Gegnern
26,1-27,66	IV. Teil: Leidensgeschichte
28,1-20	Schluß: Auferweckung

Diese Gliederung führt Matthäus durch verschiedene inhaltliche Schwerpunkte aus:
• *Die Verheißungen und Erwartungen des Alten Testamentes (Israels) erfüllen sich in*

Einführung

Jesus: So wird im Stammbaum Jesu, aber auch an anderen Stellen eine Linie gezogen von Abraham über David zu Jesus. Was in der hebräischen Bibel, im Alten Textament, verheißen, erwartet und verkündigt wird, hat sich in Jesus erfüllt. Dieser erste Leitgedanke ist bei Matthäus sicher auf dem Hintergrund der Auseinandersetzungen zu sehen, die sich zwischen den christlichen Gemeinden und den jüdischen Gemeinden ergeben haben: Die Kirche löst sich von den Juden, will aber trotzdem den Juden Jesus als Heil für die Welt und damit auch für Israel bekennen.

• *Jesus ist der Messias, der Sohn Davids, der Immanuel, der Herr:* Wenn Matthäus auch als der »kirchliche Evangelist« bezeichnet wird, so beruhen seine Aussagen zur Kirche (vgl. den folgenden Punkt) doch grundsätzlich auf seinen christologischen Aussagen. Hier liegt der entscheidende Kern seiner Theologie, die anderen Punkte folgen daraus. Matthäus bekennt Jesus als Menschen (etwa Kindheitsgeschichte), zugleich aber als Sohn Gottes. Er tut dies offener als seine Vorlage im Markusevangelium (dort Messiasgeheimnis: Die Gottessohnschaft Jesu enthüllt sich erst am Kreuz). Auch am Kreuz zeigt sich Jesus im Markusevangelium als der Herr, der König der Welt. Er ist der Kyrios, der Herr der Jüngergemeinschaft und damit der Kirche und der Herr der Welt, der Völker durch die Zeiten hindurch. Somit ist er auch der wiederkommende Herr, vor den die Völker im Gericht treten. Er ist der Sohn Davids aus Betlehem und zugleich der Immanuel, der Gott-mit-uns, der erwählte Gottesknecht. Der Messiaskönig am Kreuz wird als Auferwecker zum Herrscher der Welt. In seinen großen Lehrreden erscheint Jesus auch als Lehrer, der den Unglauben der Menschen überwinden will. Jesus wird von Matthäus im Licht alttestamentlicher Weissagungen dargestellt, viele »Reflexionszitate« stellen ein Bekenntnis zur Tradition Israels dar, die in Jesus ihre Erfüllung gefunden hat.

• *Die großen Redekompositionen setzen im Matthäusevangelium inhaltliche Schwerpunkte:* Matthäus hat in sein Evangelium sechs große Redekompositionen aufgenommen, in denen er vielfältige Jesustraditionen seiner Quellen ordnet und unter einheitlichen thematischen Schwerpunkten zusammenstellt. Dazu gehören: die Bergpredigt (Kap. 5-7), die Aussendungsrede (Kap. 10), die Gleichnisrede (Kap. 13), die Gemeindeordnung (Kap. 18), die Klagerede gegen die Schriftgelehrten (Kap. 23), die eschatologische Rede (Kap. 24-25). In diesen Reden zeigt sich Jesus als der wahre Lehrer, als der neue Prophet und Gesetzgeber, der zweite und endgültige Mose. Das bei Matthäus häufig angesprochene Spannungsverhältnis Juden und ihr Gesetz gegen Christen und ihre Lebensweise wird somit dadurch aufgelöst, dass Jesus das Gesetz erfüllt. So wie in der Bergpredigt oder der Gemeindeordnung die Lebensgestaltung aus dem Geiste Jesu gezeichnet wird, gibt Jesus den Menschen ein neues Gesetz, eine Grundordnung Gottes für ein gelingendes Leben.

• *Die Wunder zeigen Jesus als den Messias, der kommendes Heil bereits anfanghaft sichtbar macht:* Auch die vielen Wunderberichte im Matthäusevangelium lassen sich unter den Aspekt einordnen, dass Jesus der prophetische Bringer des endzeitlichen Heils ist. Von da aus stellen die Wunder Verheißungen dar, die von der Hoffnung auf künftige Vollendung unter dem Weltenherrn Jesus künden.

• *Jesus lebt in seiner Jüngergemeinde, der Kirche, dem wahren und neuen Israel:* Das Matthäusevangelium wird als das kirchliche Buch der vier Evangelien bezeichnet, weil es das Thema Kirche ausdrücklich aufgreift (vor allem in Kap. 16 und 18). Der neue Bund, den Jesus stiftet, führt Menschen zum neuen Volk Gottes zusammen, zur Gemeinde, die geschwisterlich ihr Leben gestaltet. So stellen Verantwortung füreinander und die Bereitschaft zu Versöhnung und Vergebung Kriterien der Lebensordnung christlicher Gemeinden dar. Der Glaube ist dabei das Entscheidende, von ihm her erhält auch Petrus seine besondere Stellung, weil er als Erster und in besonderer Weise den Glauben an Jesus den Messias ausgedrückt hat. Das neue Volk Gottes geht dabei über die Volksgrenzen Israels hinaus und richtet sich an alle Völker (28,19).

Literatur: Josef Ernst, Matthäus. Ein theologisches Portrait, Patmos, Düsseldorf 1989

Leitfaden Gottesdienst (A)

Auf den folgenden Seiten dieses Bandes ebenso wie in den beiden Bänden zu den Lesejahren B und C sollen Leitlinien für Gottesdienste mit Familien dargestellt werden, die als Grundlage jeder Vorbereitung und Durchführung dienen können. Zusammen ergeben diese Texte einen Leitfaden Gottesdienst, der den Mitarbeiterinnen und Mitarbeitern im Bereich der Liturgie für Familien Anregung und Hilfe sein soll.

Kinder und Gottesdienst

Stärker als früher ist das Verhältnis von Kindern zum Gottesdienst gebrochen. Oft genug sind Kindern im Kommunionkursalter (also etwa im 3. Schuljahr) religiöse Riten und der Gottesdienst der Christen völlig fremd, sie haben keinerlei Kenntnisse über den Ablauf und die Feier von Gottesdiensten. In der Gemeindekatechese und manchmal auch im schulischen Religionsunterricht wird deshalb viel Vorfeldarbeit geleistet, um den Kindern Hilfen zum Verständnis des Gottesdienstes zu geben.

Dennoch ist für einen Zugang der Kinder zum Gottesdienst wesentlicher, ob sie in ihrer Gemeinde einen ihnen gemäßen Gottesdienst erleben können, ob er von seiner Thematik und Gestaltung dem Leben und Wesen heutiger Kinder entspricht, ob er also Leben und Glauben zusammenbindet und von da aus für Kinder relevant ist.

Kinder wollen als eigenständige Personen mit ihren individuellen Besonderheiten ernst genommen werden. Sie erwarten – zu Recht – persönliche Ansprache und die Möglichkeit, ihr eigenes Leben, ihre – oft phantasievollen – Gedanken einbringen zu können. Kinder brauchen zudem eine möglichst dichte persönliche Beziehung zum Leiter einer Gruppe, einer Veranstaltung, also auch des Gottesdienstes. Das aber setzt voraus, dass außerhalb des Gottesdienstes Begegnungsfelder vorhanden sind, wo man sich nicht nur kennen lernt, sondern auch immer wieder miteinander umgeht, plaudert, spielt, feiert ...

Kinder wollen ihre Welt begreifen und erobern. Sie haben eine natürliche Neugierde und freuen sich, wenn sich ihnen neue Welten auftun. Diese Haltung richtet sich durchaus auch auf ein Lernen von Religion und christlichem Glauben und auf ein Kennen lernen des Gottesdienstes. Daraus ergeben sich gute Ansätze für ein Arbeiten mit den Kindern im gottesdienstlichen Bereich.

Kinder besitzen eine starke Beziehung zu Freunden und zu einer Gemeinschaft. Das Thema Gemeinschaft und gemeinschaftliches Tun ist deshalb auch für einen Gottesdienst mit Kindern unerlässlich. Das bedeutet keinen Verzicht auf persönliches Beten und einen individuellen Glaubensweg, wohl aber eine Anbindung dieses Weges an den anderer: Wir gehen ein Stück Glaubensweg gemeinsam, wir feiern gemeinsam, wir sagen gemeinsam Gott Dank ...

Aus diesen Voraussetzungen ergeben sich verschiedene Folgerungen für die Gestaltung von Gottesdiensten mit Kindern (in vergleichbarer Weise gelten diese Punkte auch für den Gottesdienst mit Erwachsenen):

● *Kinder als eigenständige Personen ernst nehmen:* Persönliche Ansprache (möglichst mit Namen) ist notwendig, eine möglichst dichte persönliche Beziehung zu den Kindern auch außerhalb des gottesdienstlichen Raumes wirkt sich direkt auf die Feier des Gottesdienstes aus. Das Ernstnehmen bedeutet weiter ein Aufnehmen der Gedanken der Kinder, auch wenn sie Erwachsenen manchmal seltsam erscheinen. Ein solches Ernstnehmen kann jedoch auch für die Erwachsenen eine Bereicherung darstellen, weil Kinder in ihrer Art allzu Selbstverständliches hinterfragen und oft genug neue Akzente an einer Sache sehen bzw. ungewohnte Verbindungen schaffen. Kinder sind somit kreativ, das gilt auch für Fragen des Glaubens.

• *Sich selbst als Person einbringen:* In gleicher Weise, wie Kinder sich als eigenständige Personen in den Gottesdienst einbringen sollen, müssen dies auch der Leiter eines Gottesdienstes und die Mitarbeiter tun. Niemand ist als Person fertig, jeder kann aus dem gemeinsamen Tun und der Auseinandersetzung mit anderen Menschen neue Erkenntnisse gewinnen und so selber im Glauben wachsen. Wenn die Kinder spüren, dass sich Erwachsene ganz in den Gottesdienst einbringen und von ihrem Leben erzählen, werden sie das auch selber tun.

• *Alltägliches Leben und Gottesdienst miteinander in Beziehung bringen:* Damit ist nicht nur gemeint, dass sich aus dem Gottesdienst heraus Gedanken für eine christlich orientierte Gestaltung des Alltags ergeben sollen. Vielmehr muss umgekehrt das alltägliche Leben in all seinen Dimensionen zuerst einmal eine Rolle im Gottesdienst spielen. Kinder (und Erwachsene) müssen spüren: Es geht im Gottesdienst nicht um einen Sonderbereich außerhalb meines Lebens, sondern darum, dass mein alltägliches Leben mit Gott, dem Urgrund allen Lebens, verbunden bleibt und diese Verbindung dann in einer Gemeinschaft mit anderen Glaubenden gefeiert wird. Bereits bei der Auswahl der Thematik eines Gottesdienstes muss dies eine Rolle spielen, ferner sollte an verschiedenen Stellen innerhalb des Gottesdienstes dann das Leben der Kinder zur Sprache kommen.

• *Gemeinsames Tun:* In Kinder- und Familiengottesdiensten spielt der Aspekt der Glaubensgemeinschaft eine bedeutende Rolle. Kinder müssen diese Gemeinschaft deutlich spüren, manchmal hautnah erleben (etwa beim Friedensgruß oder wenn man sich zum Vaterunser an den Händen anfasst). Wenn sich die Kinder als Gemeinschaft um den Altar versammeln (Altar = Sinnbild für Christus, die Mitte unseres Glaubens), dann prägt dies den Glaubensweg der Kinder und ihr Verständnis von Gottesdienst.

• *Eigenes Tun:* Kinder lernen das am besten, was sie selber tun und ausprobieren können. Dieses Prinzip kann an vielen Stellen des Gottesdienstes übernommen werden. Es ist besser, Fürbitten selbst zu gestalten und dann vorzutragen, als vorgefertigte Fürbitten von einem Lektor vorgelesen zu bekommen, auch wenn solche Bitten sprachlich und stilistisch besser ausgefeilt sind. Es ist besser, selbst Danksätze zu überlegen, die mit dem eigenen Leben zusammenhängen, als nur die Danksätze aufzunehmen, die sich andere Menschen ausgedacht haben. Es ist besser, an einer Gabenprozession, einem Spiel, einer Zeichenhandlung selbst teilzunehmen, als all das nur zu beobachten. Der Leitsatz »Lernen durch Tun« muss deshalb auf den Gottesdienst hin angepasst heißen: »Gottesdienst feiern durch eigenes Tun«.

• *Feiern nicht nur mit dem Kopf, sondern mit Herz und Hand:* Bei der gottesdienstlichen Feier geht es um den ganzen Menschen, der mit »Leib und Seele« dabei sein soll. In der Folge der Liturgiereform ist jedoch die Gefahr der Verkopfung stärker geworden. Es wird zu viel geredet und zu wenig miteinander getan. Gerade bei Gottesdiensten mit Kindern muss der ganze Mensch einbezogen werden, der Verstand ebenso wie der Körper. Das Klatschen bei Liedern, Gesten beim Beten (etwa des Vaterunser), Körperhaltungen, Prozessionen ... sind keine kindliche Spielerei, sondern integraler Bestandteil eines Gottesdienstes, der kindgemäß und menschenfreundlich ist.

• *Gottesdienst muss Freude bereiten:* Christen haben eine *Frohe* Botschaft zu verkünden. Obwohl naturgemäß im Gottesdienst auch ernste Themen zur Sprache kommen (weil sie zum Leben auch der Kinder gehören), sind der Glauben und der Gottesdienst der Christen dennoch von einer inneren Freude geprägt: Gott liebt uns Menschen und hat uns durch seinen Sohn erlöst – dies feiern wir. Solche Freude soll sich besonders in Gottesdiensten mit Kindern äußern. So sind Lachen und Begeisterung keineswegs ungehörig im Gottesdienst, sondern gehören zum Gottesdienst*fest* dazu, gerade in Gottesdiensten mit Kindern. Kinder können dabei mit ihrer unbefangenen Freude oft die Erwachsenen anstecken.

In unseren Vorschlägen zu Familiengottesdiensten versuchen wir Anregungen zu geben, diese Leitlinien in die Praxis umzusetzen.

Wortgottesdienst und Eucharistiefeier

Christen kommen zum Gottesdienst zusammen, um miteinander Gott zu loben und ihm zu danken, um ihn zu bitten und von ihm neue Kraft für ihren Lebensweg zu erhalten. Dabei kann der Gottesdienst verschiedene Gestalt annehmen: sowohl Eucharistie als auch Wortgottesdienste in großer Vielfalt. In dieser Buchreihe geben wir Anregungen vor allem für Wortgottesdienste, die sowohl selbständig wie auch in Verbindung mit einer Eucharistie gehalten werden können. Deshalb ist es gut, die beiden grundsätzlichen Gottesdienstarten zu bedenken.

Eucharistie als zentrale Feier der Christen

Die Feier der Eucharistie ist die Mitte christlicher Glaubenspraxis und des gemeindlichen Lebens. Eucharistie gehört zum Christsein wie Brot zum Leben. »Die Eucharistiefeier ist die vornehmste Aufgabe der Kirche und jeder ihrer Gemeinden« (Deutsche Synode). Diese Aussage gilt, obwohl die meisten Christen heute Schwierigkeiten mit der Mitfeier, zudem mit der regelmäßigen Teilnahme, haben. Pointiert muss man sagen: Christsein ohne Feier der Eucharistie geht genauso wenig wie Christsein ohne tätige Nächstenliebe. In der Nachfolge Jesu müssen Gottes- und Nächstenliebe in gleicher Weise gelebt und miteinander verbunden werden. Die Feier der Eucharistie ist der »Brennpunkt christlicher Existenz« (Theodor Schneider).

Die Bedeutung der Eucharistiefeier für Leben und Glauben des Christen ergibt sich aus folgenden Gedanken:

● Eucharistie feiert den menschenfreundlichen und erbarmenden Gott.
● Eucharistie feiert die Gegenwart des auferstandenen Herrn und seine Nähe zu uns.
● Eucharistie feiert die Kraft des Geistes Gottes, der Menschen zum Guten antreibt.
● Eucharistie eint die vielen einzelnen Glaubenden zu einem Volk Gottes, zu einer Gemeinschaft.
● Eucharistie gibt dem Menschen Kraft zur Antwort auf die Liebe Gottes.
● Eucharistie gibt die Kraft, den Alltag im Dienst am Nächsten zu bestehen.

● Eucharistie bekennt und feiert den Grund unseres Glaubens – Tod und Auferstehung Jesu Christi.

Die Feier der Eucharistie hat deshalb für den Christen eine unersetzliche Bedeutung. Sie ist die zentrale Feier christlichen Glaubens.

Viele Formen von Wortgottesdiensten

Stellt die Feier der Eucharistie auch die Mitte christlicher Liturgie dar, so hat sich im Laufe der Liturgiegeschichte um diese Mitte eine Fülle anderer Gottesdienstformen ausgebildet, Wortgottesdienste verschiedener Art, die oft in Bezug zu besonderen Lebenssituationen oder zu Zeiten des Kirchenjahres stehen und meist von einem inhaltlichen Schwerpunkt geprägt sind.

Solche Gottesdienste können etwa sein:

● *Wortgottesdienst (ohne Eucharistie):* In der Messe bildet der Wortgottesdienst den ersten großen Teil. Man kann Wortgottesdienste auch ohne den anschließenden eucharistischen Teil feiern. Solche Gottesdienste gliedern sich meist in vier Teile: Einführung (Lied, Begrüßung, Gebet, evtl. auch Besinnung und Bußakt), Hören auf die Schrift (Lesung, Evangelium), Antwort (z.B. Glaubensbekenntnis, Fürbitten, Vaterunser), abschließende Teile (Gebet, Segen, Lied).
● *Andachten:* Wortgottesdienste im oben beschriebenen Sinn sind erst nach der Liturgiereform entstanden. Eine ältere Tradition haben die Andachten, die in vielen Gemeinden eine Regelform gottesdienstlichen Feierns waren. Früher gab es oft eine Andacht am Sonntag Nachmittag. Eine Andacht gliedert sich oft wie folgt: Lied, Begrüßung, Aussetzung des Allerheiligsten, ein längerer Gebetsteil, der oft von Liedern durchbrochen wird, sakramentaler Segen und Abschlusslied. Aussetzung und sakramentaler Segen können auch entfallen. Im Leben der Gemeinden sind zwei Andachtsformen besonders wichtig: die *Kreuzwegandacht* und die *Marienandacht (Maiandacht, Rosenkranzandacht).*
● *Stundengebet, besonders Laudes, Vesper, Komplet:* Seit alter Zeit versammeln sich

christliche Gemeinschaften besonders in Klöstern und Ordensgemeinschaften zu gemeinsamem Gebet mehrfach am Tag. Diese über die verschiedenen Tages- und Nachtstunden verteilten Gebete nennt man das *Stundengebet* der Kirche. Obwohl es als gemeinschaftliches Beten konzipiert ist, wurde das Stundengebet auch das Pflichtgebet der Priester und Diakone (Brevier). Heute versuchen manche Gemeinden, diese Gebetsformen anzubieten und so zu gemeinschaftlichem Gebet zurückzukehren. Dabei sind folgende drei Stundengebete besonders wichtig: Die *Laudes* (lateinisch = Lobgesang) ist das Morgengebet, die *Vesper* (lateinisch vespera = Abendstern) das Abendgebet, die *Komplet* (lateinisch = zu Ende bringen, erfüllen) als Nachtgebet der Abschluss des Stundengebetes. Laudes und Vesper bestehen aus Einleitung, mehreren (im Wechsel gebeteten) Psalmen, Schriftlesung, Lobgesang als Antwort, Fürbitten, Vaterunser und Abschluss.

● *Frühschicht, Spätschicht:* In manchen Gemeinden haben sich freiere Formen des Tagesgebetes herausgebildet. Vor Schule und Arbeit trifft man sich zu einer *Frühschicht* mit Gebet, Lied und Meditation. Oft schließt sich ein gemeinsames Frühstück an. An manchen Orten gibt es auch eine *Spätschicht*, die den Tag mit gemeinsamem Gebet beschließt.

● *Bußgottesdienst:* Unter dem Thema Buße und Versöhnung mit Gott und den Menschen kommen Christen zusammen, um sich gemeinsam auf ihr Versagen zu besinnen und um Vergebung zu bitten. Als mit Gott versöhnte Gemeinschaft wollen sie einen neuen Anfang wagen und sich um Frieden und Versöhnung bemühen.

● *Feier der Sakramente:* Die Sakramente betreffen naturgemäß immer den einzelnen Christen. Sie sind aber ebenso Feiern der glaubenden Gemeinschaft, der Kirche. Der Gemeinschaftsaspekt sakramentaler Feiern ist deshalb wichtig. So ist etwa die Taufe keine Familienfeier, sondern eine Feier der Gemeinde, in die ein Mensch durch die Taufe aufgenommen wird. Bei der Gestaltung der Tauffeiern sollte das berücksichtigt werden. Ähnliches gilt von Trauung und Krankensalbung. Firmung und Priesterweihe werden grundsätz-

lich in einer Eucharistiefeier gespendet, so dass hier der Gemeinschaftsaspekt leichter sichtbar wird.

● *Prozession und Bittgang:* Prozession (lateinisch = hinziehen) meint einen Gottesdienst, bei dem man feierlich umhergeht und dabei betet und singt. Je nach örtlichem Brauch gibt es unterschiedliche Prozessionen. Die bekannteste ist die *Fronleichnamsprozession*. Am Palmsonntag wird zu Beginn des Gottesdienstes mit dem geweihten Palm eine *Palmprozession* durchgeführt. *Bittprozessionen* werden an den drei Tagen vor Christi Himmelfahrt und am Himmelfahrtstag selber gehalten. Dabei wird um Gottes Segen für die Früchte der Erde, für eine gute Ernte und das Gelingen der menschlichen Arbeit gebetet.

● *Wallfahrten:* An bestimmten Orten erfahren Menschen besonders die Kraft des Glaubens und die Hilfe Gottes. So werden solche Orte zu Kristallisationspunkten glaubender Gemeinschaft, es entwickeln sich Wallfahrtsorte, zu denen Christen allein oder in Gruppen ziehen. Eine Wallfahrt zu einem solchen Ort zeigt zudem auf, dass wir Menschen auf dem Weg des Glaubens sind und unser Ziel, ein Leben in der Vollendung Gottes, noch vor uns haben. Wallfahrten verlaufen als Mischung aus Gebeten, Liedern und Stille zur Besinnung. Am Wallfahrtsort selber wird meist Eucharistie gefeiert oder eine Andacht gehalten.

Zum Aufbau von Wortgottesdiensten

Meist haben Wortgottesdienste ähnlich wie die Messe eine klare Struktur:

● *Einleitung – wir kommen zusammen:* Lied, Begrüßung, Gebet – wir werden zu einer Gemeinschaft.

● *Wir hören:* Lesung, Evangelium – wir lassen uns von Gott ansprechen und hören auf sein Wort.

● *Wir besinnen uns:* Zwischengesang, Predigt, Zeit der Stille – wir denken über das Wort Gottes nach.

● *Wir antworten:* Glaubensbekenntnis, Fürbitten – wir vertrauen unser Leben Gott an.

● *Schluss – wir gehen weiter:* Vaterunser, Gebet, Segen, Lied – wir verbinden Glauben und Leben.

Kleine Sprach- und Gebetsschule

Ein wesentlicher Grund, warum heutigen Menschen und besonders Kindern die Feier des Gottesdienstes schwer fällt, ist die Sprache, die unsere Gottesdienste, ihre Texte, Gebete und Lieder prägt. Sie wird von vielen als weltfremd und aus einer anderen Zeit stammend empfunden, sie hat mit heutigem Leben wenig oder nichts zu tun. Fachtheologische Begriffe (wie etwa Opfer, Sünde ...) prägen viele Gebete und Lieder. So wird der Gottesdienst zu einer sprachlichen Sonderwelt, zu der man nur schwer Zugang gewinnen kann.

Eine Reform der Liturgie mit dem Ziel, den Menschen unserer Zeit gerecht zu werden, muss deshalb immer auch eine Reform der gottesdienstlichen Sprache sein. Damit meinen wir keine platte Anpassung an irgendeinen Jargon, wohl aber ein bewusstes Arbeiten an der Sprache, um Verständnis und Aufnahme von Texten überhaupt zu ermöglichen.

Was allgemein gilt, gilt für Kinder in höherem Maße. Zwischen Kindern und der offiziellen liturgischen Sprache (etwa des Messbuchs) sind die Schranken besonders hoch. Dass deshalb Langeweile und Unruhe aufkommen, muss niemanden verwundern.

Bei allen liturgischen Texten in Familiengottesdiensten sind deshalb einige Grundregeln zu beachten. Sie gelten sowohl für die Übersetzung der Schrifttexte wie für andere Texte, für Gebete und Liedtexte ebenso wie für das Sprechen der Gottesdienstleiter:

– *Einfache und klare Sprache:* kurze Sätze, die nicht zu sehr verschachtelt sind (in der Regel nicht mehr als ein Hauptsatz und ein Nebensatz); keine Fremdworte, wenn sie nicht ausdrücklich vorab oder nachbereitend erklärt worden sind; klare Sinnzusammenhänge.

– *Konzentration auf einen Gedanken:* In jedem Teil des Gottesdienstes wie auch möglichst im Gesamtgefüge sollte ein Gedankengang im Vordergrund stehen, eine Kernaussage, ein Sprachbild oder Symbol.

– *Leben und Glauben verbinden:* Ausgangspunkt gottesdienstlichen Sprechens ist das Leben der Menschen, das in seiner Breite und Vielfalt aufgenommen werden muss. Die Texte der Bibel und der Tradition müssen sich daraufhin ausrichten.

– *Freies, unbefangenes Sprechen trainieren:* Auch wenn das freie Wort vor vielen Zuhörern schwer fällt, sollte es immer wieder geübt werden (nicht nur im Verkündigungsteil, sondern ebenso in den Gebeten, besonders etwa den Fürbitten). So wird die Verbindung zu den Gottesdienstteilnehmern leichter.

– *Mehrere an der Vorbereitung beteiligen:* Gegenseitige Korrektur ebenso wie Nachbesprechung können Hilfen geben, ein angemessenes Sprechen im Gottesdienst zu üben.

– *Kinder an der Vorbereitung beteiligen:* Wenn Kinder mit oder ohne Anleitung Gebete (etwa Fürbitten ...) selber formulieren, werden sie ihr Leben und ihre Sprache in die Vorbereitung einbringen – meist unbefangener, als Erwachsene dies tun.

Von der Not des Betens

Erwachsene wie Kinder tun sich heute mit dem Gottesdienst auch deshalb schwer, weil ihnen das Beten fremd geworden ist. Das Beten, sowohl allein im privaten oder öffentlichen Raum wie auch mit anderen, findet im alltäglichen Leben immer weniger Platz. Zwar geben viele noch an, sie würden bei bestimmten Gelegenheiten beten. Das früher übliche regelmäßige Gebet (etwa morgens, mittags und abends) ist jedoch weithin verloren gegangen, und wenn es noch gepflegt wird, dann weniger als früher mit anderen zusammen, sondern mehr als stilles, privates Gebet. Auch ein konzentriertes Beten im Gottesdienst fällt den meisten nicht leicht.

Dies liegt an einem Bündel von Gründen. Vorrangig ist sicher, dass sich viele Menschen mit dem Glauben an Gott schwerer tun als früher und dass ihnen deshalb das Du-sagen zu Gott fremd geworden ist. Wenn das Gottesbild nicht stimmt (etwa Gott als der strenge Aufpasser oder als der ferne Gott, der nur am Anfang Leben schuf, sich aber dann zurückzog ...), dann kann auch das Sprechen zu ihm nicht länger stimmig sein. Wo Gotteserfahrung und Jesusbegegnung fehlen, wird Beten schnell zu äußerem Tun ohne innere Zustimmung, zu einer leeren Hülle, die nicht länger zufrieden stellt.

Zudem scheint unsere Zivilisation der Technik und der Rationalität dem Beten entgegenzustehen. Wer sich in einer Mentalität des Konsums und einer unausgewogenen Individualität bei seiner Lebensgestaltung ständig fragt:»Was bringt mir das?«, wird mit der gleichen Frage an das Beten herangehen und zum Beten vielleicht nur noch in Notfällen kommen. Oberflächliches Leben lässt auch das Beten verflachen.

Die herkömmliche Gebetssprache unserer überlieferten Gebete und vieler religiöser Lieder macht – wie oben gezeigt – das Beten ebenfalls schwer. Viele haben in ihrer Kindheit einige festgeformte Kindergebete gelernt, konnten aber nie ein eigenständiges Beten mit eigenen Worten entwickeln. So gehen ihre Lebenssituation und die gelernte Gebetssprache immer weiter auseinander. Die Folge ist, dass das Beten irgendwann – meist in der Pubertät – als überholt abgelegt wird: Kindergebete können nicht durch das ganze Leben tragen.

Ebenfalls wird das Beten dadurch erschwert, dass sich Menschen unserer Zeit nur ungern über den Glauben im Gespräch austauschen. Der Glauben ist so sehr zur Privatangelegenheit geworden, dass es schon bald ein Tabu ist, darüber zu sprechen und sich mit anderen auszutauschen. Wo es aber am Austausch von Glaubenserfahrungen fehlt, wird auch die zur Verfügung stehende Gebetssprache geringer: das Beten »verdunstet«.

Wie die offiziellen Gebete unserer Gottesdienste unter einer veralteten und mit theologischen Fachausdrücken überladenen Sprache leiden, wurde bereits erwähnt. Weithin gelingt es den offiziellen Gebeten des Messbuchs nicht, heutige Lebenswelt und die Botschaft des Glaubens miteinander zu verbinden.

Aus all diesen Gründen, aus all dieser Not des Betens heute heraus brauchen wir einen Neuansatz. Dies gilt besonders für Gottesdienste mit Kindern, ist aber auch für Erwachsene nötig, damit ihnen zeit- und situationsgemäße Zugänge zum Beten eröffnet werden. Wie aber lässt sich eine Gebetssprache finden, die dem heutigen Menschen und seinem Leben gemäß ist?

Mit Kindern im Gottesdienst beten

Bei all den Schwierigkeiten, die heutige Menschen und vor allem die Kinder mit dem Beten haben, gibt es einige Hilfen, die zu einem erneuerten und zeitgemäßen Beten beitragen (vgl. Hermann-Josef Frisch, Unser Leben sei ein Fest. Gebetbuch für Kinder von 9 – 13 Jahren, Düsseldorf 1989).

● *Beten heißt: Gott alles sagen können.* Gebete müssen nichts Schwieriges und Kompliziertes sein. Es können Gebete sein, die andere Christen (vielleicht schon vor langer Zeit) formuliert haben. Besser aber ist es oft, wenn man Gott mit eigenen Worten von dem erzählt, was man erlebt, was man gerade tut, was einen bewegt, was glücklich oder traurig macht. Beten heißt, zu Gott so zu sprechen, wie man zu einem guten Freund spricht. Das bedarf keiner Sondersprache, sondern eines alltäglichen Redens. In Familiengottesdiensten muss deshalb »vom Leben erzählt« werden (vgl. den Titel des Bandes zum Lesejahr C).

● *Beten heißt: Still werden vor Gott.* Oft wird definiert: Beten ist Sprechen mit Gott. Beten ist aber vor allem eigenen Reden zuerst etwas anderes: still und ruhig werden, sich besinnen, einmal nichts sagen, damit man bereit und offen wird, Gott zu hören. Ohne Stille geht Beten nicht. Gewiss, es gibt das spontane Beten, das laute Klagen und das fröhliche Loben. Aber für ein regelmäßiges Beten sind Räume der Stille nötig. Das gilt auch für den gemeinsamen Gottesdienst. In Familiengottesdiensten muss deshalb Zeit zur Stille gegeben werden, es geht nicht allein um eine fröhliche und lebendige Atmosphäre, sondern ebenso um Besinnung, um Hinführung zur Ruhe und Stille, um innere Wege zu Gott, um ein Bereitwerden für das stille Gebet und dann auch für das Gebet mit Worten.

● *Beten heißt: Vertrauen haben zu Gott.* Beten und Gebetssprache hängen zutiefst mit dem Gottesbild zusammen. In bildhafter Sprache können wir die Erfahrungen ausdrücken, die wir mit Gott machen. Dann sprechen wir von Gott als dem guten Vater, der lieben Mutter, dem zuverlässigen Freund, dem Licht des Lebens ... Solche und ähnliche Bildworte drücken Vertrauen aus: Gott ist uns nahe in guten und bösen Tagen, in Kummer und Glück, in Leid und Freude. Beten heißt, Vertrauen zu Gott haben, der es gut mit uns meint. In Familiengottesdiensten muss dieses Grundvertrauen zum guten Gott in allen Texten und Liedern anklingen. Selbst dann, wenn Gott der uns Unbegreifliche, der Fremde bleibt, zu dem wir klagen, verstehen wir uns doch als in seiner Hand geborgen. Solch vertrauensvolles Glauben und Beten ist die Grundlage eines Betens mit Kindern und eines jeden Gottesdienstes.

● *Beten heißt: Miteinander Kind Gottes sein.* Beten ist zuerst eine ganz persönliche Sache. Das private Beten ist nötig, um das eigene Leben mit seinen Höhen und Tiefen vor Gott auszusagen. Dennoch kann es nicht nur ein »Beten im Kämmerlein« geben, das gemeinschaftliche Beten hat seinen eigenen Stellenwert: Gemeinsames Beten im Gottesdienst, aber auch an anderen Stellen, drückt die Gemeinschaft der Kinder Gottes aus (»Vater unser«), wir sind eingebunden in eine Gemeinschaft, die füreinander Verantwortung trägt und die miteinander zum Lob Gottes zusammenkommt. Die Messe ist der Ort des tiefsten gemeinsamen Betens. In Familiengottesdiensten muss das gemeinsame Beten auch äußerlich herausgehoben werden (etwa wenn zum Vaterunser die Hand gereicht und ein Kreis gebildet wird oder wenn das Beten durch gemeinsame Gesten und Haltungen unterstrichen wird ...). Wichtig ist für das gemeinsame Beten auch die persönliche Beziehung der Gottesdienstteilnehmer zueinander. Die Verantwortlichen für einen Gottesdienst müssen intensiv versuchen, dass die Teilnehmer sich besser kennen lernen und als Gemeinschaft verstehen können.

● *Beten heißt: Mit dem ganzen Körper sprechen.* Beten ist nicht allein eine Angelegenheit des Verstandes oder des Herzens, sondern des ganzen Körpers. Durch Gesten (Handhaltungen beim Beten, Kreuzzeichen ...) und Körperhaltungen (Verneigen, Knien ...) spricht der Körper und drückt seine Empfindungen aus. Die Kniebeuge etwa ist ein Bekenntnis zu dem Gott, der größer ist als wir, der der Herr unseres Lebens ist. Die Körpersprache hilft beim Beten. Besonders Kinder

brauchen das ganzheitliche Beten von Körper und Geist. In Familiengottesdiensten muss dieses Beten mit »Leib und Seele« bewusst angeregt werden. Allerdings brauchen viele Kinder (und auch Erwachsene vorab Hilfen zum Verständnis vieler Haltungen, Gesten und Riten, die ihnen oft nicht mehr bekannt sind. Hier liegt ein weites Feld katechetischer Arbeit, allerdings auch verantwortlicher Gestaltung unserer Gottesdienste.

● *Beten heißt: Nach Gottes Willen handeln.* Beten darf sich nicht in einer Sonderwelt abspielen, die mit dem täglichen Leben nichts zu tun hat. Vielmehr muss es eine doppelte Vernetzung von Beten und Leben geben. Das alltägliche Leben muss in das Beten hineingenommen, darf ganz vor Gott ausgesagt werden. Zum anderen gibt das Beten Kraft und Orientierung, nunmehr das tägliche Leben aus dem Glauben heraus zu gestalten. Wenn der Beter sich auf Gott und seinen Willen hin orientiert, erhält er eine Richtung für sein Leben, er gewinnt Kraft und Hoffnung in Situationen des Leidens und der Not, er bekommt Anregungen, sich für andere einzusetzen. Beten und Handeln gehören zusammen. In Familiengottesdiensten muss deshalb die Botschaft des Glaubens mit dem heutigen Leben ins Gespräch gebracht werden. In dieser Buchreihe versuchen wir dies auf der einen Seite durch die Schwerpunktsetzung der jeweiligen Perikopen, auf der anderen Seite durch die Besinnung auf die Lebenswelt der Kinder. Erst daraus ergeben sich unsere Anregungen zur Gottesdienstgestaltung. Auch der vierte Punkt eines jeden Gottesdienstvorschlags ist wichtig: Wie können der Gedankengang und die Gebete des Gottesdienstes im Leben der Familie und der Gemeinde weitergeführt werden?

● *Beten heißt: Jeden Tag mit Gott sprechen.* Es gibt Zeiten, in denen das Beten leicht fällt, zu anderen Zeiten ist es schwer und mühsam. In solchen Zeiten helfen bestimmte Gebetsgewohnheiten. Das regelmäßige Beten gleicht einem Training beim Sport, Wiederholungen müssen nicht langweilig sein, oft sind sie eine Hilfe. Das gilt auch für den Gottesdienst mit Kindern. Hier muss das freie, spontane Beten ebenso seinen Platz haben wie Gebete, die regelmäßig gesprochen werden und dadurch eine wichtige Bedeutung für die betende Gemeinschaft erlangen. In Familiengottesdiensten muss deshalb ein Grundstock gemeinsamer Gebete erarbeitet werden, die die Kinder auswendig können und die regelmäßig einen Platz im Gottesdienst finden (dies gilt nicht allein für das Vaterunser). Auch sollte die Grundstruktur eines Gottesdienstes den Kindern bekannt sein, damit eine leichtere Orientierung und damit ein besseres Mittun möglich sind. Dies steht keineswegs gegen die Forderung nach Kreativität und Abwechslung. Beides gehört zum Gottesdienst.

● *Beten heißt: Wachsen und reifen.* Gebete verändern sich in anderen Altersstufen und anderen Lebenssituationen. Deshalb ist es wichtig, dass bereits Kinder zu einem eigenständigen Beten geführt werden. Beten bedeutet einen lebenslangen Lernprozess. Der Gottesdienst mit Familien kann ein guter Anlass sein, Gebete verschiedener Generationen und verschiedener Mentalitäten zusammenzuführen und der Gemeinde den Reichtum der Gebetsformen deutlich zu machen. In Familiengottesdiensten muss deshalb die Gemeinschaft verschiedener Altersgruppen beim Beten deutlich werden, also etwa: Kinder *und* Erwachsene tragen zusammen die Fürbitten vor, die sich dabei stilistisch durchaus unterscheiden dürfen ...

Wo in der Vorbereitung und Gestaltung von Familiengottesdiensten versucht wird diese Anregungen umzusetzen, kann auch in unserer Zeit das Beten mit der heutigen Lebenswelt verbunden werden. Es kann in unseren Gottesdiensten eine Sprache gesprochen werden, die von Lasten befreit, die Hoffnung gibt und die das Frohmachende christlichen Glaubens ausdrückt. Diese Ziele können durch einige praktische Hilfen gefördert werden:

– Formulierung von Gebeten möglichst mit einigen Kindern zusammen, so kann leichter ihre Sprache und Lebenswelt eingebracht werden. Manchmal ist es auch hilfreich, wenn von Erwachsenen formulierte Gebete vor dem Gottesdienst Kindern vorgelesen werden, um Verständnisschwierigkeiten (etwa unbekannte Wörter) noch im Vorfeld aus dem Weg zu räumen.

– Aufteilen verschiedener Gebete auf verschiedene Sprecher, auf Kinder wie Erwachsene, um so die generationsübergreifende Gemeinschaft des Gottesdienstes auch durch die Dienste darin deutlich werden zu lassen.

– Förderung eines Schatzes gemeinsamer Gebete in der Gemeinde. Dazu zählen sicher folgende Teile der Messe: Schuldbekenntnis, Heilig, Vaterunser, Lamm Gottes, evtl. bei älteren Kindern auch Ehre sei Gott und Glaubensbekenntnis (wohl kaum auswendig, wohl aber mit Verständnis aus dem Gotteslob gelesen), ferner die verschiedenen Akklamationen. Aber auch andere gemeinsame Gebete können als Ortsbrauch regelmäßig eingebracht werden.

– Förderung des freien Betens. Besonders die Fürbitten, aber auch Danksätze zur Präfation oder Sätze zum Glaubensbekenntnis lassen sich von Kindern (und Erwachsenen) spontan einbringen, wenn man dies häufiger anregt und so auch durch wiederholtes Tun Hemmungen überwindet.

– Austausch verschiedener Gebete entsprechend verschiedenen Altersstufen und Mentalitäten. Günstig ist eine Sammlung von Gebeten, die allen zugänglich gemacht wird (etwa über Pfarrnachrichten oder eigenes Blatt). Gute Gebete eines Gottesdienstes können gesammelt und auch über den Teilnehmerkreis hinaus Interessierten zugänglich gemacht werden. So wird die weitere Arbeit von Gottesdienstvorbereitungskreisen erleichtert.

– Ständiges Einbringen und Trainieren von Stille und Besinnungszeiten im Gottesdienst. Dies gilt allerdings nicht nur für Familiengottesdienste, sondern ebenso für die Erwachsenengottesdienste, die hierbei eine Vorreiterrolle in der Gemeinde übernehmen können.

– Förderung der Körpersprache als Hilfe zum Beten. Dies fällt jüngeren Kindern leicht, älteren und Erwachsenen dagegen schwer, so dass sie Hilfen und Ermunterung brauchen.

Vor allem aber müssen jede Gemeinde und jeder einzelne Gottesdienstbesucher zum Bewusstsein kommen, dass Beten immer neu gelernt werden muss. Wir brauchen für unser Beten ständig neue Impulse, der Gottesdienst ist eine Chance dazu.

Zu den Gottesdienstmodellen

Die folgenden siebzig Gottesdienstmodelle (vergleichbar in den Bänden zu den beiden anderen Lesejahren) sind nach gleichem Schema in vier Schritten aufgebaut:

Zu den Schrifttexten	In aller hier gebotenen Kürze werden einige Verständnishilfen zu den Schrifttexten gegeben, die Anstöße sein können, die eigene Stellung und den eigenen Glauben zu bedenken.
Schrifttext und Familien mit Kindern	In einem zweiten Schritt wird bedacht, welche Ansatzpunkte im Leben heutiger Familien mit einem der Schrifttexte korrespondieren und die Grundlage des Gottesdienstes bilden können.
Gestaltungsideen für den Gottesdienst	Nicht fertig ausgeführt, vielmehr als Ideensammlung und Anregung zu eigenem Tun folgen Hilfen zur Umsetzung der ersten beiden Schritte in einen Gottesdienst.
Weiterführung nach dem Gottesdienst	Um Gottesdienst und alltägliches Leben zu verbinden, folgen Ideen zur Weiterführung des Themas im Leben der Familie und der Gemeinde.

Alle Anregungen, die im Folgenden vorgestellt werden, müssen auf die eigene Situation hin konkretisiert werden. Wie dies auch für andere Bücher mit Gottesdienstmodellen gilt, wird man wohl kaum einen Gottesdienst unverändert übernehmen können, sondern muss ihn immer der Situation vor Ort und dem Leben der dortigen Menschen anpassen. Diese Arbeit kann der vorbereitenden Gruppe und den Verantwortlichen nicht von außen abgenommen werden, da sich menschliches Leben und auch die gemeindlichen Strukturen zu vielgestaltig zeigen, als dass Rezepte für alle passen könnten. Wir verstehen deshalb die folgenden Anregungen eher als eine Art »Steinbruch«, aus dem sich jeder passende Steine für sein »Gottesdiensthaus« selber schlagen muss. Dies ist eine manchmal mühevolle, zugleich aber reizvolle und kreative Aufgabe.

Wichtig ist uns auch hier wiederum die Verbindung von Leben und Glauben. So ist der jeweils letzte Abschnitt kein »liturgischer Wurmfortsatz«, sondern auf seine Weise Bestandteil eines Gottesdienstes und seiner Vorbereitung. Gottesdienst und Leben sowohl in der Familie wie auch in der Gemeinde müssen aneinander gebunden werden. Nur so erhält der Gottesdienst eine Relevanz, die ihn auch für heutige Menschen attraktiv macht.

Ferner weisen wir an dieser Stelle noch einmal darauf hin, dass der Ansatz dieser Buchreihe die Schrifttexte der Sonn- und Festtage sind. Ebenso ist es natürlich immer möglich, im Gottesdienst mit Kindern andere Schrifttexte anzuwählen, wenn sich die regulären als zu sperrig erweisen. Auch können andere Themen wichtiger sein als diejenigen, die sich aus den Schrifttexten ergeben. Wir wünschen Ihnen jedenfalls viel Freiheit und Kreativität.

Einführung Advent und Weihnachten

Advent und Weihnachtstage sind für Kinder (und für viele Erwachsene) wohl die schönste Zeit im Jahreskreis. Unabhängig von aller – oft berechtigter – Kritik an Kommerzialisierung und Verflachung der Feier von Advent und Weihnachten klingen in dieser Zeit doch Grundstimmungen menschlichen Lebens an, die für alle wichtig sind: Licht in der Dunkelheit, neues Leben und Kindsein, Sehnsucht und Hoffnung, Warten und Erfüllung, Gemeinschaft und Freude ... Solche allgemein menschlichen Erfahrungen fügen sich gut mit der Botschaft christlichen Glaubens zusammen: Der Weihnachtsfestkreis ist (nach dem noch wichtigeren Osterfestkreis) die zentrale Zeit des Kirchenjahres.

Dabei setzt die Advents- und Weihnachtszeit und ihre liturgische Gestalt bei der Erfahrung der Menschen an, dass das Leben begrenzt, eingeengt, bedroht ist. Menschen machen auf vielfältige Weise solche Erfahrungen der Beschränktheit. Leid, Not, Krankheit, Einsamkeit, zerbrechende Beziehungen, Schuld, Tod ... Erfahrungen menschlicher Endlichkeit führen manche zur Resignation (»Man kann ja doch nichts machen«), viele andere aber zu einer Haltung der Erwartung, der Hoffnung, der Sehnsucht nach einem besseren, heilen, ganzen Leben. Dies versteckt sich manchmal hinter Äußerungen wie: »Es geht schon wieder bergauf ...; es wird schon wieder hell ...; nach dem Winter kommt das Frühjahr ...«. So drücken Menschen ihre Zuversicht aus, dass das Leben irgendwie sinnvoll sein muss, die Hoffnung, dass Menschsein bei aller Einschränkung doch gelingen kann – eine zutiefst christliche Grundhaltung.

Diese Haltung richtet sich zuerst und vordergründig auf »inner«-weltliche Ziele, darauf etwa, dass es einem im nächsten Jahr besser geht, dass man lernt, mit einer Krankheit zu leben, dass ein Aufstieg möglich ist, dass aus den Kindern etwas wird ... Kurzum, es ist die Sehnsucht, dass das Leben gut wird. Kinder haben durchaus ähnliche Sehnsüchte und Hoffnungen, Träume eines gelingenden Lebens. Solche Träume richten sich manchmal auf nahe, greifbare Dinge, die sie sich wünschen (davon zeugt der Wunschzettel vor Weihnachten), oft genug aber verbirgt sich bei ihnen wie bei Erwachsenen die Sehnsucht nach einer über den einzelnen Tag hinausgehenden tieferen Sinngebung menschlichen Lebens. Die Erwartung eines Besseren, nach Heil und gelingendem Leben stellt eine religiöse Grundhaltung dar, ein lebensförderndes und aufbauendes Prinzip Hoffnung.

Christlicher Glauben und seine Verkündigung können daran ansetzen – in der Advents- und Weihnachtszeit in besonderer Weise. Dabei gilt es darzustellen, wie die Sehnsucht und Hoffnung der Menschen, wie ihre Träume und Erwartungen mit Jesus, dem Gott-mit-uns (Immanuel), dem Gott-hilft (= Übersetzung des Namens »Jesus«) zusammenhängen, wie also Heil und Heiland zusammengehören. Dies kann in den Gottesdiensten ein wesentliches Thema sein, es drückt sich aber – wenn auch für viele nicht bewusst – ebenso im vielfältigen Brauchtum dieser Festzeit aus.

So ist die Symbolik Dunkelheit – Licht für Advent und Weihnachten prägend. Der Wunsch des Menschen nach Ende der Dunkelheit, nach Licht, Wärme, Frühling, neuem Leben ist deutlich genug. Solche Haltungen ließen die Wintersonnwende als Fest entstehen, das neuen Auftrieb gibt. So ist es auch verständlich, dass in der römischen Kultur das Fest des Sol invictus, des unbesiegbaren Sonnengottes, in die dunkle Jahreszeit gelegt wurde: Licht erstrahlt in der Dunkelheit. Wenn wir heute auch in einem anderen kulturellen Gefüge leben, so bleibt die Sehnsucht nach Licht, Wärme und Geborgenheit auch in unserer Zeit. Daran kann die christliche Botschaft von Jesus als dem Licht der Welt auch heute anknüpfen.

Dies wird in Advents- und Weihnachtsbrauchtum ausgedrückt: Kerzen und ihr Licht sind wichtiger Bestandteil dieser Zeit. In unsere Gottesdienste kann dieser Gedanke einfließen (vgl. zum 4. Advent und zu Weihnachten). Dass mit dem Advent ein neues Kirchenjahr beginnt, macht solche Aussagen noch wichtiger: Am Anfang unserer Glaubensbotschaft steht Jesus als das Licht der Welt.

(A 1) 1. Adventssonntag

Zu den Schrifttexten

Jes 2,1-5: Die Völker pilgern zum Berg des Herrn. Das Buch Jesaja setzt sich aus Texten verschiedener Propheten zusammen, die zum Teil dem »Urjesaja« Ende des 8. Jh. v. Chr. zuzuordnen sind, zum Teil aus der nachexilischen Zeit stammen. Die Heilsweissagung der ersten Lesung soll den aus dem Exil zurückgekehrten Israeliten Mut machen und Richtung weisen. In drei Bildern (Berg Zion als Gottesberg, Völkerwallfahrt, Völkerfrieden) wird Hoffnung zugesprochen und die Sehnsucht der Menschen nach Frieden ausgedrückt. Das Bild vom Berg Zion greift die im Orient und darüber hinaus vertretene Vorstellung vom Götterberg auf, der Himmel und Erde, Gott (Götter) und Menschen verbindet (ähnlich das Bild vom Weltenbaum). Für Israel ist der Gottesberg Zion, der Ort des Tempels, der zentrale Ort der Gottesverehrung.

Auch das Sprechen von der Völkerwallfahrt geht auf die Vorstellung zurück, dass die Völker zum mächtigsten König ziehen müssen, um ihm zu huldigen. Er entscheidet über Recht, er schafft den sich vor ihm versammelnden Völkern Gerechtigkeit. Deshalb brauchen die Völker ihre Meinungsverschiedenheiten nicht länger mit Waffengewalt und Krieg auszutragen: Wenn sie sich auf Gott ausrichten, seiner Weisung folgen, können sie ihre Waffen umschmieden (vgl. auch die gleiche Verheißung in Micha 4,1-3). Hass und Gewalt, Streit und Krieg sind beendet, die Ursehnsucht der Menschen nach Gerechtigkeit und Frieden ist durch die Herrschaft Gottes über die Menschen erfüllt.

Röm 13,11-14a: Der Tag ist nahe, lasst uns die Waffen des Lichts anlegen! Paulus fasst in diesem Abschnitt seine Ermahnungen zum Lebenswandel der Christen zusammen: Christen sollen sich bewusst sein, dass mit Tod und Auferweckung Jesu die Zeit der endgültigen Entscheidung angebrochen ist. Jeder Getaufte ist somit vom Schlaf und aus der Dunkelheit »auferweckt« (das gleiche Wort, das Paulus für die Auferweckung Jesu benutzt). Die Nacht symbolisiert den Unglauben, der Tag die Bindung an Christus, das Licht der Welt. Ihm gilt es zu folgen, und dies bedeutet auch einen entsprechenden Lebenswandel, der die Laster (und Lasten) zurücklässt und die »Waffen des Lichts« anlegt. Christen sind aufgerufen, in der Nachfolge Jesu, des Lichts der Welt, selber zum Licht zu werden (vgl. Joh 8,12 und Mt 5,14).

Mt 24,37-44: Haltet euch bereit für die Stunde des Herrn! Jesus hat wiederholt zur Wachsamkeit aufgerufen und dazu, bereit zu sein. In seiner Endzeitrede fasst Matthäus diese Gedanken in einer Lehrrede Jesu zusammen (unmittelbar vor den Gleichnissen vom treuen und schlechten Knecht und von den klugen und dummen Jungfrauen – Stichwort Wachsamkeit – und dem vom Weltenrichter – Stichwort Auftrag der Christen zur Nächstenliebe).

Die Bildersprache des NT, hier das Bild vom Gericht, ist dabei nur das Mittel, die Menschen zur Aufmerksamkeit aufzurufen und vor einem Leben zu warnen, das oberflächlich, sorglos und nur rein diesseitig orientiert ist. Wer so nur auf die Tage dieser Welt hin lebt, verpasst das Eigentliche. Der Herr, der Menschensohn, ist bereits unter uns gegenwärtig. Ankunft bedeutet, dass dies allen offenbar wird. Deshalb ist Wachsamkeit die Aufgabe der Christen, das bedeutet ein Leben, das aufmerksam und uneingeschränkt Gottes Willen zu verwirklichen sucht (inhaltlich konkretisiert Matthäus dies im Gleichnis vom Weltgericht mit seinem sechsfachen Ruf zu tätiger Nächstenliebe).

Schrifttext und Familien mit Kindern

Erwachsene wie Kinder kommen mit besonderen Erwartungen zum Gottesdienst des ersten Advent. Vorfreude und spannungsvolle Erwartung des Weihnachtsfestes prägen die Kinder, das Brauchtum (etwa Anzünden der ersten Kerze am Adventskranz ...) interessiert sie, die Zeit des Advent lässt sie aufmerksamer als sonst sein, sie stellen aber umgekehrt auch besondere Ansprüche an den Gottesdienst. Die Erwachsenen suchen in den Adventsgottesdiensten eher einen Gegenpol zum Stress und zur Hektik der Vorweihnachtszeit. Sie wissen, dass sie die vielen Beanspruchungen der nächsten Zeit kaum ändern können. Manche haben deshalb ein wenig ein schlechtes Gewissen und suchen nach Orientierung, nach Stille, nach Impulsen, wie christlicher Glaube auch und gerade in dieser Vorweihnachtszeit eine Hilfe zum Leben sein kann.

In diese Situation hinein müssen die Gottesdienste Hilfen geben: für die Kinder mehr ein Kennenlernen der Hoffnungsbotschaft christlichen Glaubens, ihrer Bildersprache und Symbole, ihrer Bräuche und Anregungen zu einem guten Leben. Für die Erwachsenen sind Impulse nötig, die Botschaft der Bibel neu zu hören, das seit je her Gewohnte aufzubrechen, neue Kraft für ein »alltägliches« Leben aus dem Glauben zu erhalten. In diese Aufgabe sind die Schrifttexte einzuordnen.

Die Texte der Bibel sind für Erwachsene, zudem eines anderen gesellschaftlichen Umfelds, geschrieben. Man kann manche Perikopen deshalb nur mit Mühe und mit ausführlicher Erläuterung übernehmen. Oft aber gibt es in einzelnen Perikopen Sprachbilder, die auch heute Menschen, besonders Kinder, anrühren können. Solche Bildworte und Symbole der biblischen Texte, die Bildersprache des Glaubens also, eignen sich für Familiengottesdienste in hohem Maß.

In den Texten dieses Sonntags sind dies besonders die »Völkerwallfahrt zum Berg des Herrn« und das »Umschmieden der Schwerter zu Pflugscharen« in der alttestamentlichen Lesung, bei Paulus der Gegensatz von »Dunkelheit und Licht«. Ferner lässt sich das Stichwort Wachsamkeit sowohl aus dem Paulusbrief wie aus dem Evangelium entnehmen. Somit haben wir verschiedene Ansatzpunkte zur Gestaltung von Familiengottesdiensten von den biblischen Texten her.

(A I) 1. Advent

Gestaltungsideen für den Gottesdienst

Oft werden im Advent Gottesdienstreihen gestaltet, die in einem thematischen Zusammenhang stehen. Wir schlagen deshalb für die vier Adventssonntage drei solcher Reihen vor, die von den Schrifttexten ausgehen bzw. in einem gewissen Bezug dazu stehen. Selbstverständlich können aus diesen Reihen auch einzelne Gottesdienste verwandt werden. Ferner geben wir jeweils einige Anregungen für einzelne Gottesdienste.

Reihe A: Die große Verheißung. An den vier Adventssonntagen stehen die Jesaja-Lesungen und ihre Bildersprache im Vordergrund. Um diese Bildersprache zu visualisieren, werden Bilder mit der Kernaussage der Texte gefertigt, die einen Zusammenhang der großen Verheißungen des Jesaja erkennen lassen. Als die vier Kernaussagen benennen wir:
– 1. Advent: Alle Völker halten Frieden.
– 2. Advent: Sie üben Gerechtigkeit.
– 3. Advent: Die Wüste wird zum Garten.
– 4. Advent: Weil Gott mit uns ist.
Stichworte zur Verkündigung: Jeden Tag er-

leben wir Streit, Konflikt, Auseinandersetzungen, zwischen Völkern gibt es Krieg ... (Beispiele). Sehnsucht der Menschen nach Frieden und Heilsein, nach Geborgenheit und gelingender Gemeinschaft. Lesung: Völkerwallfahrt – weil sich die Völker auf Gott ausrichten, können sie Frieden miteinander halten, werden die Waffen überflüssig und können für bessere Dinge eingesetzt werden. Dies gilt nicht nur für damals: Wo Menschen sich heute auf Gott ausrichten, können sie nach seinem Willen Gewalt und Streit überwinden.
Darstellung: Die Aussagen der vier Adventssonntage sollen durch vier Bilder verdeutlicht werden. Dies können auf Plakatkarton gemalte Bilder sein oder als Collagen gestaltete Plakate, vielleicht auch als Applikation. Für diese Arbeiten lassen sich vielleicht Kindergruppen oder Kommuniongruppen der Gemeinde finden, vielleicht auch ein Familienkreis ... Möglich ist auch, auf Overheadfolien zu malen und diese Bilder zu projizieren. Hängt man die Bilder in einer bestimmten

Reihenfolge auf (Weg oder Kreuz ...), so ergibt sich ein zusätzlicher Impuls. Auf dem ersten Bild könnten unterschiedliche Menschen zu sehen sein, die sich die Hand reichen. Ebenfalls ließe sich das Bild von den Schwertern und den Pflugscharen umsetzen. Wenn eine Überschrift gewünscht wird, ist das Stichwort »Frieden« sinnvoll, für den zweiten Advent dann »Gerechtigkeit«, danach »Leben« und zum Abschluss »Liebe«.

Es ist ferner sinnvoll, den Kindern einen kleinen Zettel (A-6) mitzugeben, auf dem das betreffende Stichwort, vielleicht ein passendes Bild oder ein Jesaja-Vers abgedruckt sind, und sie aufzufordern, dieses Blatt und die drei folgenden zu sammeln und zu einem großen Adventsblatt zusammenzukleben. So kann der innere Zusammenhang der Predigtreihe verdeutlicht werden.

Reihe B: Symbole der Hoffnung. Die Jesaja-Lesungen der vier Adventssonntage stehen wieder im Mittelpunkt. Nunmehr werden die Bilder und Symbole des Jesaja zur Grundlage genommen und weitergeführt:
– 1. Advent: Hügel – Berg
– 2. Advent: Wurzel – Baum
– 3. Advent: Wüste – Garten
– 4. Advent: Tiefe – Höhe.
Wenn gewünscht, kann diese Symbolreihe in der Familienchristmette dann mit dem Symbol Dunkelheit und Licht fortgesetzt werden (vgl. A 5).

Stichworte zur Verkündigung: Berge können Menschen faszinieren. Sie künden von gewaltiger Natur, von Kraft und zugleich Festigkeit, von unerschütterlichem Wesen. Zugleich ist der Berg wegen seiner bis in die Wolken ragenden Größe eine Verbindung zwischen Erde und Himmel, zwischen Menschen und Gott. Kinder von Bergtouren und den Empfindungen dabei erzählen lassen. Vielleicht einen kurzen Bericht eines Bergsteigers (etwa aus dem Himalaja – Berge der Götter) vorlesen ... Die Vorstellung, dass der Berg ein Hinweis auf Gott ist (Wohnung Gottes), findet sich in vielen Völkern, hier auch in Israel. Erklärung: Zion und Haus des Herrn = Tempelberg in Jerusalem – Mitte der Gottesverehrung Israels. An diesen »Berg« halten sich glaubende Menschen, von ihm her gewinnen

sie Kraft. Für uns: Wo wir uns an den Berg Gottes, an Gott selbst, halten, wird uns Kraft für unser Leben geschenkt. Er hält uns, gleich was uns im Leben passiert.

Darstellung: Ähnlich wie bei Reihe A kann eine Bilderfolge das Thema auch für die Augen »vorstellen«. Gemalte Bilder sind ebenso möglich wie gute Dias. Die Bilder können in der Kirche nacheinander befestigt werden, so dass sich die Reihe auch visuell aufbaut. Die Dias bereits gehaltener Gottesdienste können eventuell bei der Eröffnung eines neuen Gottesdienstes noch einmal gezeigt werden, so dass auf diese Weise eine Verbindung geschaffen werden kann.

Möglich ist auch eine Darstellung in Art einer fortlaufenden »Adventskrippe« (vgl. im Band zum Lesejahr C: C 1): 1. Advent: Aus Steinen und Sand wird ein »Berg« gebaut. 2. Advent: Ein kleiner Baum wird zu diesem Berg gestellt (hineingepflanzt). 3. Advent: Blumen, Moos oder Tannenzweige bedecken den Berg. 4. Advent: Auf die Spitze des Berges wird ein schönes Licht gestellt.

Reihe C: Große Gestalten des Advent. Es ist für Kinder, aber auch für Erwachsene, leichter, Glaubensaussagen nicht durch allgemeine Erklärungen aufzunehmen, sondern durch konkrete Personen, die ihnen vorgestellt werden. In dieser Reihe soll dies wie folgt geschehen:
– 1. Advent: Jesaja
– 2. Advent: Johannes der Täufer
– 3. Advent: Maria
– 4. Advent: Josef
Bis auf den dritten Advent entspricht dies den Schrifttexten, damit Johannes (vgl. die beiden Evangelien vom 2. und 3. Advent) nicht zweimal vorkommt, wurde Maria gewählt. Wenn gewünscht, kann diese Reihe in der Christmette fortgesetzt werden, etwa mit den Hirten ...

Stichworte zur Verkündigung: Unabhängig von den im Buch »Jesaja« zusammengestellten Texten verschiedener Verfasser (Gerichtsprophet im 8. Jh., Heilspropheten der nachexilischen Zeit) wird hier im Blick auf Advent und Weihnachten Jesaja als der Verkünder des Heils vorgestellt. Die Ausgangssituation seiner Botschaft (verwüstetes Jerusalem, zerstörter Tempel, Rückkehr verarmter Menschen aus dem Exil, also eine eher hoffnungslose Situation) muss angesprochen werden: Enttäuschten Menschen verheißt er die Hilfe Gottes, die eine Wende der Not hervorbringt. Dieses zerstörte Jerusalem wird zur Mitte einer friedlichen Menschheit, weil Gott selber dort wohnt und über die Völker Recht spricht. Die Ausgangssituation bietet auch eine Anbindung an die heutige Zeit: Enttäuschte Menschen können ihre Hoffnung wiedergewinnen, wenn sie sich auf Gott ausrichten. Diese Botschaft macht Kindern wie Erwachsenen Mut, in schweren Situationen durchzuhalten und neu zu beginnen: Advent – Zeit der Hoffnung, Jesaja – Prophet der Hoffnung.

Darstellung: Möglich ist ein Spiel, das einen Zug müder und enttäuschter Rückkehrer nach Jerusalem zeigt, die von Angst und Sorge geprägt sind. Ihnen stellt sich der Prophet entgegen:»Das Volk, das im Dunkeln lebt, sieht ein helles Licht« (Jes 9,1). Jesaja richtet (spielen lassen) die Menschen wieder auf. Zu diesem Spiel können weitere kommen, wie enttäuschte und ängstliche Menschen heute durch andere wieder aufgerichtet werden: Menschen heute können»Propheten«, Boten Gottes sein.

Eine andere Möglichkeit ist das Verlesen eines Briefes des Jesaja (auf einer großen Schriftrolle aufgeklebt). Dadurch ergibt sich beim Hören des Textes eine größere Aufmerksamkeit. Vgl. dazu für diesen Gottesdienst und ebenso für die folgenden: Hermann-Josef Frisch, Eure manchmal zornige Eva. Biblische Gestalten schreiben an Gemeinden von heute, Mainz 1994.

Die Aussage des Jesaja kann in Bildern wiedergegeben werden, die einen Bilderfries (etwa hinter dem Altar) ergeben. Dies kann auch an den folgenden Sonntagen fortgesetzt werden (vgl. auch zu Reihe A).

Einzelthemen: Sind Gottesdienstreihen im Advent nicht möglich, und will man nicht auf einzelne Vorschläge der genannten Reihen zurückgreifen, so bieten sich folgende Einzelthemen an:

– *Frieden schaffen ohne Waffen:* Wie geht Frieden, wie ist Versöhnung möglich? Dazu Anspiel, Geschichten (vgl. dazu den entsprechenden Themenkreis etwa in den Kurzgeschichten-Büchern von Willi Hoffsümmer), Zeichenhandlungen (Stacheldraht gegen Rosen tauschen, Pappschwerter oder -gewehre zerstören und neu zu Spaten etc. formen ...): Der Friedensgruß sollte betont werden.

– *Waffen des Lichts:* Was kann Paulus mit diesem Ausdruck gemeint haben? Die Kinder tragen Beispiele zusammen, wie man das Böse durch Gutes überwinden kann. Die gefundenen Begriffe werden auf einem Plakat als»Waffen« des Christen gestaltet.

– *Wachsamkeit:* Wie bereiten wir uns auf einen Besuch vor? Was können wir tun, um uns auf Jesu Kommen vorzubereiten, nicht allein im Blick auf Weihnachten, sondern auch auf sein Kommen am Ende der Zeiten? Dazu Spiel: Wenn ich einen wichtigen Besuch erwarte ...

Weiterführung nach dem Gottesdienst

Gerade bei Predigtreihen ist es gut, wenn den Gottesdienstbesuchern nach dem Gottesdienst etwas an die Hand gegeben wird, ein kleiner Gegenstand etwa (zu Reihe B etwa ein Foto eines Berges, ähnlich dann in den folgenden Gottesdiensten, oder zum Thema Frieden eine Blume ...) oder einen Zettel, der zusammen mit den Zetteln der folgenden Sonntage ein Gesamtbild ergibt und dadurch den Zusammenhang der Reihe verdeutlicht.

Wichtig ist, dass die Hoffnungsbotschaft des ersten Advent sich über den Gottesdienst hinaus erstreckt. So können Kinder (wie Erwachsene) eingeladen werden, Hoffnungszeichen in ihrem Umkreis zu entdecken, in den folgenden Wochen können sie Bilder, Texte ... zum Thema»Hoffnungszeichen bei uns« mitbringen und am Eingang der Kirche auf eine Plakatwand kleben. Dies kann während des Advent fortgesetzt werden und auf Weihnachten hinführen.

Die Kinder können eingeladen werden, Bilder zum Thema zu malen (zu Frieden oder zum Berg mit einem strahlenden Licht auf der Spitze ...). Solche Bilder können am folgenden Sonntag in den Gottesdienst einleiten.

(A 2) 2. Adventssonntag

Zu den Schrifttexten

Jes 11,1-10: *Ein Reis wird aus dem Stumpf Isais sprossen.* Das Königshaus Davids existiert seit der Zerstörung nicht mehr, doch aus dem Wurzelstumpf Isais (= Vater Davids) sprosst etwas Neues: Gott schenkt einen Neubeginn. Dies geschieht in einem neuen König, der durch den Geist für seine Aufgabe befähigt wird. Sechs Gaben des Geistes werden ihm geschenkt: Weisheit und Einsicht (Situationen richtig zu beurteilen und entsprechend zu handeln), Rat und Stärke (das Richtige durchzusetzen), Erkenntnis und Furcht Gottes (Leben aus der Bindung an Gott). So kann dieser neue König Gerechtigkeit schaffen, »schalom« im umfassenden Sinn.

Dies wird an den folgenden Bildern eines paradiesischen Friedensreiches deutlich, in dem alle, Mensch und Tier, zusammenleben können. Selbst die Feindschaft der Schlange (vgl. Gen 3) ist überwunden. So geschieht auf dem heiligen Berg dieses Königs (Zion, vgl. A 1) nicht Böses mehr, Gewalt und Not haben ein Ende. Dies ist ein Zeichen für alle Völker, dass hier das Heil ist. Sie ziehen zu dem verheißenen Messias, dem Heil der Welt.

Röm 15,4-9: *Nehmt einander an, wie auch Christus uns angenommen hat.* Im zweiten Teil des Römerbriefes wendet sich Paulus praktischen Fragen vor allem des Gemeindelebens zu. Der Lesungstext macht dazu drei Aussagen: 1. Die Schrift (des Alten Testamentes) hat für den Christen herausragende Bedeutung, weil sie *das* Zeugnis für Gottes Heilshandeln an den Menschen darstellt und zu einer Hoffnung aufruft, die in Jesus erfüllt ist. 2. Die Gemeinde wird zur Einmütigkeit

ermahnt. Die Einheit der Christen ergibt sich aus dem Willen Gottes und ist nötig, damit Christen in der Welt Zeugnis ablegen können. 3. Bei allen Unterschieden der Gemeindemitglieder (im Kapitel vorher spricht Paulus von den Starken und den Schwachen in der Gemeinde) sollen alle einander annehmen. Dies bedeutet mehr als Toleranz, es bedeutet die Förderung des anderen und damit der Gemeinschaft. Alle drei Punkte können auch heutigen Gemeinden Impulse für das Gemeindeleben geben.

Mt 3,1-12: *Bereitet dem Herrn den Weg – Predigt Johannes des Täufers.* Zwischen der Kindheitsgeschichte (Mt 1-2) und dem Beginn des Wirkens Jesu steht die Gestalt Johannes des Täufers – damit zwischen den Verheißungen des Alten Testamentes (vgl. Jesaja) und der Erfüllung dieser Verheißung in Jesus. Das wird im ersten Teil des Textes mit dem Ruf ausgedrückt:»Das Himmelreich ist nahe!« In diesem Jesus, auf den Johannes verweist, erscheint Gott selbst, in ihm bricht das messianische Friedensreich (Jesaja) an.

Johannes wird dabei als der zweite Elija verstanden, der aus der Wüste, dem Ort der Gottesbegegnung, kommt und die Menschen zur Umkehr aufruft. Es geht ihm um ein neues Handeln, um ein Frucht bringen aus dem Geist Gottes. Wer sich nur äußerlich zur Umkehr bekennt und den Ritus der Taufe nur als äußeres Tun ohne Konsequenzen in der Lebensgestaltung versteht, verfehlt sein Ziel. So wird Johannes hier zum Prediger des Gerichtes, zum Mahner einer bewussten Entscheidung, zum Wegbereiter Jesu.

Schrifttext und Familien mit Kindern

Die Gottesdienstbesucher, Kinder wie Erwachsene, kommen zur Kirche, um in der vorweihnachtlichen Zeit Impulse für ihre Lebensgestaltung zu erhalten, ein Stück Bereitwerden für das Fest. Während man sich die Woche über auf die vielen äußeren Vorberei-

tungen konzentrieren muss, soll der Gottesdienst »das Herz anrühren« und auf die »Weihnachtsstimmung« (keineswegs nur negativ zu sehen) bereitmachen. Damit ist ein Ansatzpunkt gegeben, wie der Ruf des Evangelientextes trotz seiner Fremdheit (die seltsame Gestalt des Johannes, die herbe Abfuhr der Pharisäer, der Umkehrruf ...) an die Erwartungen heutiger Menschen angebunden werden kann. Im Gottesdienst kann verdeutlicht werden, dass Vorbereitung vor allem ein inneres Geschehen ist. Die Gottesdienstbesucher können somit zu einer Überprüfung ihrer Werte und ihrer Zeitverteilung im Advent ermuntert werden. Dies sollte mit möglichst praktischen Hilfen und Anregungen verbunden werden.

Auch zu dem sprachlich und inhaltlich schwierigen Römerbrief lässt sich ein Ansatzpunkt in doppelter Weise finden. Besonders Kinder kommen zum Gottesdienst, weil sie hier mit anderen ihres Alters zusammen sind (etwa mit den anderen ihrer Kommuniongruppe ...). Der Aspekt der Gemeinschaft ist auch für Erwachsene trotz der oft steifen Form unserer Gottesdienste nicht unwichtig – das Plaudern vieler nach dem Gottesdienst vor der Kirchentür zeigt dies. Der Aufruf Jesu zur Einmütigkeit und Gemeinschaft kann mit dieser Erwartung vieler parallel gesehen werden. In eine ähnliche Richtung geht die Ermunterung, einander ohne Vorbehalte anzunehmen.

Was christliche Gottesdienstgemeinde auszeichnet ist ja, dass hier Menschen unterschiedlicher Herkunft zusammenkommen, die trotzdem Gemeinschaft erfahren können (GL 640: Gott ruft sein Volk zusammen). Auch hier lassen sich schnell konkrete Beispiele nennen, wie diese Annahme Menschen auch heute zusammenführt und wie dies bleibende Aufgabe der Christen ist.

Der Advent ist für viele eine Zeit des Ausblicks nach vorn, auf Weihnachten zuerst, aber vielleicht auch darüber hinaus ein Stück Sehnsucht nach einem heilen, gelingenden Leben. Die Erfahrung von Leid und Not, von Streit und Enttäuschung führt zur Hoffnung auf Besserung, auf eine Wende und einen Neubeginn. Diese Haltung hat nicht allein die Menschen damals in Israel geprägt, sie ist auch für unsere Zeit wichtig. Die Verheißung des Jesaja kann mit ihrer Bildersprache eines paradiesischen Friedens auch Menschen heute anrühren. Dass Christen den verheißenen Messiaskönig mit Jesus identifizieren, gibt Menschen unserer Zeit einen weiteren Zugang zum Jesajatext.

(A 2) 2. Advent

Gestaltungsideen für den Gottesdienst

Wir greifen die in A 1 angesprochenen drei Gottesdienstreihen wieder auf und geben dann weitere Anregungen zu einzelnen Themen.

Reihe A: Die große Verheißung. Der zweite Schritt dieser Reihe lässt sich in dem Satz zusammenfassen: Die Völker üben Gerechtigkeit. Damit wird auf den König der Gerechtigkeit hingewiesen, aber ebenso auf den Vers: »Man tut nichts Böses auf meinem heiligen Berg«.

Stichworte zur Verkündigung: Frieden (A 1) und Gerechtigkeit hängen zusammen, sind nicht isoliert möglich. Nur wo Gerechtigkeit das Leben prägt, wird Frieden lebbar. Das kann an Beispielen aus der Familie oder der Schule schnell erläutert werden, etwa am Verhältnis Eltern-Kinder oder Lehrer-Schüler. Was im Kleinen gilt, gilt auch im Großen: Das Zusammenleben der Völker auf der Erde kann nur friedlich gelingen, wenn es Gerechtigkeit gibt, wenn jeder das ihm Zustehende be-

kommt, wenn Menschen die Güter dieser Welt miteinander teilen. Evtl. kann hier bereits auf das Werk Adveniat und andere Hilfsmöglichkeiten der Kirche hingewiesen werden.

Der hebräische Begriff des »Schalom« meint einen solchen aus der Gerechtigkeit erwachsenden und deshalb umfassenden Frieden. Die Bilder des paradiesischen Friedens in der Jesaja-Lesung machen diesen Schalom einprägsam deutlich: Wo Menschen sich auf Gott (Symbol Berg) und den verheißenen neuen König (Messias = Christus) ausrichten, da werden Frieden und Gerechtigkeit möglich, da entsteht das Reich des Friedens.

Darstellung: Vergleichbar dem ersten Sonntag durch Bilder oder Collagen, dabei kann der gerechte Ausgleich zwischen Menschen und Völkern thematisiert und in konkrete Beispiele gefasst werden, oder es kann die Bildersprache des Jesaja durch eigenes Malen und Gestalten verdeutlicht werden.

Reihe B: Symbole der Hoffnung. Für den 2. Advent wird aus der alttestamentlichen Lesung die Wurzel (und der daraus wachsende Spross – Baum) gewählt.

Stichworte zur Verkündigung: Bäume sind Inbegriff des Lebens, das immer neu aufwächst. Aus einer wie tot aussehenden Wurzel kann ein neuer Spross, ein neuer Baum entstehen. Bäume symbolisieren Leben. Darüber hinaus können sie als religiöse Symbole gedeutet werden. Sie verbinden (ähnlich dem Berg, vgl. A 1) Himmel und Erde, Gott und die Menschen. Oft werden sie als Wohnsitz der Götter verstanden. Christen deuten auch das Kreuz Jesu als Baum des Lebens, der den Tod überwindet.

Auf die Lesung bezogen: Auch wo eine Wurzel wie tot erscheint, kann durch das Wirken Gottes neues Leben erwachsen. Gott schenkt Hoffnung auch in verzweifelten, todesähnlichen Lagen. Das Symbol der Wurzel und des Schösslings verdeutlicht das. Die Kinder (und Erwachsenen) bedenken Situationen, wo sie selber den Wechsel von Enttäuschung zur Hoffnung, von Leid zur Freude erlebt haben.

Darstellung: Neben einem Dia oder einem Bild kann auch eine Wurzel (oder bereits ein kleiner Baum) in den Altarraum gestellt werden. Als Zeichenhandlung kann bei jedem Beispiel der Kinder ein Zweig (oder eine Blume) an diese Wurzel gesteckt werden: Neues Leben ist möglich.

Reihe C: Große Gestalten des Advent. Die Person Johannes des Täufers in dieser Reihe ergibt sich aus dem Evangelium.

Stichworte zur Verkündigung: Es können zur Person des Täufers verschiedene Akzente gesetzt werden:

– Er steht an der Schwelle vom Alten zum Neuen Testament, vereint in sich die Verheißungen des Alten Bundes und verweist auf ihre Erfüllung in Jesus. So ist Johannes ein »Wegweiser« auf Jesus hin.

– Er ruft zur Umkehr auf, zu einer neuen Lebensgestaltung aus dem Glauben. Was kann dies konkret heute heißen (Beispiele)?

– Er tauft die Menschen, um damit ein Umkehrzeichen zu setzen (Untertauchen = den alten Menschen sterben lassen, vgl. auch Pau-

lus). Was bedeutet die Taufe der Christen? In wie weit ist sie auch eine Umkehr zu neuem Leben? Ein Tauferneuerungsritus (etwa Besprengen mit Weihwasser) ist in diesem Zusammenhang sinnvoll.

Darstellung: Ein Wegweiser kann die Stellung des Johannes zeichenhaft wiedergeben. Das Thema Umkehr kann durch ein Sackgassen-Verkehrsschild eingeleitet werden. Zum Thema Taufe können die Taufgeräte, vor allem aber Weihwasser, eingesetzt werden.

Ebenfalls kann wie in A 1 ein Brief des Johannes an Gemeinden von heute verlesen werden. Vielleicht wird dieser Brief mit konkreten Beispielen zur Umkehr auch vervielfältigt allen mitgegeben.

Einzelthemen:

– *Adventslieder:* Zur 1. Lesung passt GL 132 »Es ist ein Ros entsprungen«, zur 2. Lesung GL 115 »Wir sagen euch an« (Strophe 2!). Solche oder ähnliche traditionelle wie neuere Lieder können die Mitte eines Gottesdienstes bilden und von ihren Aussagen her die Hoffnung des Advent ausdrücken. Überhaupt bilden Lieder ein wesentliches Gestaltungselement des Advent.

– *Hoffnungsbilder unserer Zeit:* Jesaja spricht eine Vision aus, die aus Bildern des Zusammenlebens von gefährlichen Tieren und Menschen besteht. Solche gefährlichen Tiere spielen für uns heute keine Rolle mehr. Was aber ist uns gefährlich und muss »gezähmt« werden? Eine heutige Vision von paradiesischem Frieden, von der Harmonie des Menschen mit der Natur sieht sicher anders aus als bei Jesaja. Beispiele können dazu in Gemeindegruppen gesammelt und über Bilder und Berichte dargestellt werden. Im Anschluss daran kann die christliche Hoffnung auf Vollendung ausgedrückt werden.

– *Gemeinschaft bedeutet einander annehmen:* Diese beiden Kerngedanken der Römerbrief-Lesung werden mit konkreten Beispielen gefüllt, wie dies heute in der Gemeinde und ihren Gruppen, aber auch im familiären und nachbarschaftlichen Umfeld lebbar ist. Dazu können Anspiele vorbereitet werden. Die Unterschiedlichkeit von Menschen, die dennoch alle zur Gemeinde gehören, kann durch Bilder und Fotos gezeigt werden.

– *Bereit werden für Weihnachten heißt bereit werden für Jesus:* Der Ruf des Johannes muss in unsere heutigen Situationen übertragen werden: Wie können wir uns bereitmachen? Dabei geht es nicht um die äußere Vorberei-

tung, sondern darum, den Willen Jesu zu erfüllen, wie er etwa im Gerichtsgleichnis (Mt 25,31-46, vgl. A 64) ausgedrückt ist: Hungernde speisen ...

Weiterführung nach dem Gottesdienst

Vielleicht kann den Gottesdienstteilnehmern oder zumindest den Kindern ein Stück Wurzel oder ein Zweig überreicht werden (vielleicht ein blühender Zweig, vgl. auch das Barbarabrauchtum zum 4. Dezember). So wird das Bildwort der Jesaja-Lesung noch einmal veranschaulicht. Die Kinder können dazu ermuntert werden, selber blühende oder grüne Zweige oder Blumen weiterzuschenken und so die Hoffnungsbotschaft des Advent weiterzugeben. Dies sollte besonders im Blick auf Menschen geschehen, die in schwierigen Lebenssituationen sind.

Das Thema Gemeinschaft (2. Lesung) kann von einem Familiengottesdienstkreis dadurch aufgegriffen werden, dass nach dem Gottes-

dienst zu einem Adventsfrühstück ins Pfarrheim eingeladen wird: Die gottesdienstliche Gemeinschaft führt Menschen zusammen auch über den Gottesdienst hinaus.

Das Thema Gerechtigkeit (1. Lesung) und Einander annehmen (2. Lesung) kann durch eine Aktion für Adveniat oder ein anderes Hilfswerk fortgeführt werden (vgl. die Materialien von Adveniat zur Jugendaktion, aber ebenso zur Gottesdienstgestaltung).

Für die Plakatwand am Eingang der Kirche (vgl. A 1) können Bilder gesammelt werden, die von der Hoffnung heutiger Menschen künden und die das Thema der Jesaja-Lesung unserer Zeit anpassen.

(A 3) 3. Advent

(A 3) 3. Adventssonntag

Zu den Schrifttexten

Jes 35,1-6a.10: Die Wüste soll blühen; die Augen der Blinden werden aufgetan. Die Botschaft des Propheten über die anbrechende Heilszeit hat als innere Mitte den Satz: »Seht da, euer Gott!« Gott schafft Heil für sein Volk, damit aber zugleich für alle Völker und für die ganze Erde. So leitet das erste Bildwort in das Thema ein: Die (hier lebensfeindliche) Wüste wird zum blühenden Garten, zum Paradiesesgarten, zum Gelobten Land. In der Heilszeit gibt es keinen Ort des Unheils mehr. Das kann allen Mut machen, die Verzagten und Resignierten können mutig Schritte in eine gute Zukunft gehen, weil Gott mit ihnen ist. Das Heil Gottes ist konkret erfahrbar, es ist Heilung aller Behinderungen des Menschen. Wo dies geschieht, da ist wahrer Schalom, da ist Gottesfrieden. Wiederum klingt das Thema von der Wallfahrt zum Zion an. Dort

werden die Befreiten Gott begegnen – Grund zur überwältigenden Freude.

Jak 5,7-10: Harrt geduldig aus. Das gegen Ende des 1. Jh. entstandene und mit der Autorität des Apostels Jakobus versehene Schreiben versucht, Glauben und Leben der zweiten christlichen Generation durch mahnende Worte aneinander zu binden. Weithin – wie auch in diesem Lesungstext geschieht dies durch verschiedene Sprüche, die Anleitungen zum richtigen Handeln sind. Im Text sind dies die beiden Mahnungen zu geduldigem Ausharren auch in Bedrängnis und die Aufforderung zum Frieden in der Gemeinde (»Klagt nicht übereinander«). Die Geduld der Christen erwächst aus dem Vertrauen auf Gott, der Glauben lässt den Menschen hoffen und Ängste überwinden: »Wer glaubt, zittert nicht«.

Mt 11,2-11: Johannes – der Bote des Kommenden. Gott handelt in der Geschichte der Menschen und mit Menschen. Johannes steht dabei an einer entscheidenden Stelle, an der Naht zwischen Altem und Neuem Bund, zwischen Verheißung und Erfüllung. Er ist Wegweiser, Wegbereiter, Bote, Vorläufer und somit mehr als ein Prophet. Dies macht seine herausragende Stellung aus (»kein Größerer«). Dennoch beginnt mit Jesus etwas Neues, zu dem Johannes nicht mehr gehört: der Anbruch der Heilszeit, bei der alle Behinderungen menschlichen Lebens überwunden werden. In Jesus und seinem Wirken ist diese Heilszeit erfahrbar, sie steht allerdings unter der Spannung des »Schon« und des »Noch-nicht«: Einige werden von Jesus geheilt, aber eben nicht alle, Leid und Behinderung prägen auch heute unsere Welt. So sind die Zeichen, die Jesus tat, wirklich nur als Hinweiszeichen für den Glaubenden zu verstehen: Hinweise auf das Reich Gottes, das mit ihm beginnt. Von hier aus ist auch der Rückgriff auf die Jesaja-Prophezeihung zu verstehen: In diesem Jesus erfüllen sich die Verheißungen der Propheten.

Der zweite Teil der Perikope macht deutlich, dass das Zeugnis des Johannes Gültigkeit hat, weil bei ihm Botschaft und Lebensgestaltung übereinstimmen. Er ist der Typ des aufrechten und glaubwürdigen Botens, dem seine Botschaft so wichtig ist, dass er seine Lebensgestaltung in asketischer Form darauf abstimmt. Nur so kann er der Bote Gottes sein.

Schrifttext und Familien mit Kindern

Es gibt verschiedene Ansatzpunkte zwischen heutigem Leben und den drei Schrifttexten, die allerdings nicht auf Anhieb erkennbar sind.
– *»Schlotternde Knie«:* Die im Jesajatext angesprochene Haltung der Verzagtheit ist Kindern wie Erwachsenen nicht unbekannt. Immer wieder gibt es Situationen, wo die Kraft fehlt, wo man aufgeben will, wo man resigniert. Kinder erfahren besonders ihre Schwäche, wenn sie etwas nicht können oder wenn sie sich nicht trauen, dies oder jenes zu tun. Aber nicht nur sie brauchen immer wieder das mutmachende Wort: »Seid stark, fürchtet euch nicht!« Hier ist ein erster Ansatz für eine Glaubensverkündigung: Auch wenn du ganz verzagt bist, wenn alles schief geht, wenn du glaubst, dass dich keiner mag – der Glaube an Gott hält dich. Dies ist eine Erfahrung, die Menschen zu allen Zeiten und in allen Religionen gemacht haben. Christliche Gottesdienste sollten in diesem Sinn aufmuntern und Mut machen, weil Gott auch uns nahe ist.
– *»Warten«:* Situationen des Wartens werden bei Kindern und Erwachsenen vielfältig erlebt. Dabei gibt es ein spannungsvolles Warten mit Vorfreude (oder auch Sorge) auf ein bestimmtes Ereignis, etwa einen Besuch oder auf die Rückgabe einer Klassenarbeit ... Es gibt auch das langweilige, als nutzlos empfundene Warten, etwa an der Bushaltestelle, im Wartezimmer des Arztes ... Geduld haben, Warten lernen, Aushalten, Beständigkeit ist somit immer wieder von Menschen gefragt. Hier ergibt sich eine Verbindungsmöglichkeit von heutigem Leben zur Lesung des Jakobusbriefes. Was wir täglich auf unterschiedlichste Weise erleben, wird dort zum geduldigen Warten auf den letzten und tiefsten Sinn unseres Lebens, zum Warten auf Christus und in ihm auf die Begegnung mit Gott.
– *»Bist du der, auf den wir warten?«* Daran schließt ein dritter Punkt an, der sich aus dem Evangelium ergibt. Die Gestalt des Johannes wird heute eher als kurios empfunden. Dies ist zwar sachlich nicht berechtigt, ergibt sich aber aus der großen kulturellen Differenz zwischen seinem Leben und unserem. Wohl aber bleibt die Ausgangsfrage dieser Perikope, die Frage nach dem Wesen und der Bedeutung Jesu Christi: Wer bist du? Bist du die Erfüllung unserer Sehnsucht, unseres Hoffens auf gelingendes und erfülltes Leben? Darauf gibt Jesus keine direkte Antwort (etwa in Form eines Katechismustextes). Vielmehr verweist er auf die Auswirkungen, die seine Begegnungen mit Menschen haben: Blinde sehen ... Wo Menschen Jesus begegnen, da verwandelt er sie, da wendet er ihre Not, da gewinnen sie neue Lebensmöglichkeiten. Dies ist auch auf Menschen unserer Zeit zu beziehen.

Gestaltungsideen für den Gottesdienst

Reihe A: Die große Verheißung. Im Mittelpunkt der alttestamentlichen Lesung steht die Verheißung der blühenden Wüste und des Endes aller Not und Behinderung. Beides kann in der Reihe der adventlichen Familiengottesdienste aufgegriffen werden. *Stichworte zur Verkündigung:* Die blühende Wüste ist eine alte Sehnsucht der Menschen. Das, was als unfruchtbar und tot erscheint, was lebensfeindlich und gefährlich ist, soll zu reichem Leben erwachen, dem Menschen wie ein Garten nützen und ihn erfreuen. In der Vorbereitung des Gottesdienstes können solche Wünsche gesammelt und vielleicht bildlich wiedergegeben werden: durch eine Collage oder ein großes, etwa auf einem Betttuch mit Fingerfarben gemaltes Bild (z.B. von Kindergruppe malen lassen). Für die Erwachsenen, aber auch für ältere Kinder, sollte in diesem Gottesdienst ein Impuls gesetzt werden, was in unserem Leben wie Wüste ist. Daran können die weiteren Bildworte der Lesung anschließen: Wo erleben wir Blindheit und Lahmheit, wo Taubheit und Stummsein? Wo sind wir selber in unserem Leben blind und lahm, wo taub und stumm? *Darstellung:* Sowohl zur Wüste (s.o.) wie zu Blindheit etc. können Bilder die Sehnsucht der Menschen nach Besserung ihres Lebens ausdrücken wie auch Situationen menschlicher Blindheit etc. und ihre Überwindung darstellen. Die vier Beispiele der Lesung zur Überwindung menschlicher Behinderung können auch durch Symbole (Auge, Ohr, Fuß, Mund) visualisiert werden. Zur Wüste lässt sich je nach den räumlichen Möglichkeiten ein Kontrast darstellen: auf der einen Seite Steine und Sand ohne jedes Zeichen von Leben, auf der anderen Seite blühende Pflanzen, Wasser ...
Reihe B: Symbole der Hoffnung. Die zweite Reihe steht mit der ersten an dieser Stelle in enger Verbindung: Die Wüste wird zum Garten. Somit lassen sich die oben angeführten Ideen auch in diesem Zusammenhang einbringen. Denkbar sind auch Dias von Wüste und blühendem Garten, von der Bedeutung und Lebenskraft des Wassers ... Die Bedeutung von Wüste als Ort der Einsamkeit,

damit aber als Ort der Besinnung, des Suchens der Mitte und der Gottesbegegnung (vgl. viele biblische Texte) bleibt hier außen vor.
Reihe C: Große Gestalten des Advent. Als Ausnahme wird unabhängig von den Schrifttexten für diesen Sonntag Maria vorgeschlagen (vgl. A 1). Dann sollte vielleicht auch ein anderer Evangelientext gelesen werden (etwa Lk 1,26-38: Verkündigung).
Stichworte zur Verkündigung: Maria wird zu einer großen Gestalt des Glaubens, weil sie ihr Ja zu Gottes Willen spricht, ihr Leben unter seinen Zuspruch und Anspruch stellt. Dies kann Anlass zur Frage sein, wie Gott Menschen heute anspricht, wie er ihnen Vertrauen und Mut zuspricht, und wie er zugleich einen Anspruch auf eine Lebensgestaltung nach seinem Willen erhebt. Hier wird man kein Patentrezept für alle vorstellen können, vielleicht aber von Menschen sprechen können, die dieses Ja zu Gott in bestimmten Situationen sprechen konnten und können. Dabei geht es nicht allein um so herausragende Persönlichkeiten wie etwa Mutter Teresa und andere, sondern vor allem um die vielen kleinen Lebenssituationen im Alltag.
Darstellung: Die meisten Kirchen haben eine Marienfigur oder ein Marienbild, das an diesem Sonntag in den Vordergrund gestellt und mit Zweigen und Kerzen adventlich geschmückt werden kann. Hinzu kann etwa ein Schriftband kommen mit dem Text: »Ja zu Gott, Ja zu den Menschen.«
Einzelthemen:
– *Johannes stellt die Frage nach Jesus:* Ein fiktives Interview mit dem gefangenen Johannes (oder ein Gespräch des Johannes mit einem anderen Gefangenen): Was erwartet er von Jesus? Wie beurteilt er das, was er von Jesus hört (Blinde sehen)? Möglich auch: Johannes schreibt Jesus einen Brief, der vorgelesen wird. Daran schließen Briefe an, die von heutigen Menschen an Jesus geschrieben wurden (z.B. von einzelnen Gemeindemitgliedern).
– *Lied GL 106:* Kündet allen in der Not ... Das Lied im Zusammenhang mit der ersten Lesung und dem Evangelium erschließen.

Weiterführung nach dem Gottesdienst

Das Stichwort Wüste/Garten kann in die Familien übernommen werden: Wie wäre es, die häusliche Weihnachtskrippe in diesem Jahr unter dieses Stichwort zu stellen und als blühenden Garten zu gestalten?

Blindheit, Taubheit ... können in der Familie wie auch in gemeindlichen Gruppen spielerisch weiterverarbeitet werden: Was empfinde ich, wenn ich eine Weile in meiner Wohnung blind bin (Augen verbinden) und dann wieder sehen kann? Ähnliches mit den anderen Beispielen spielen. Die Erfahrung von Befreiung aus behindernden Lebensumständen kann so verdeutlicht werden.

Der Frage nach Jesus kann auch nach dem Gottesdienst nachgespürt werden. Gemeindegruppen (sowohl des Kommunionkurses, wie auch Messdiener- oder andere Kindergruppen) können Interviews machen und Gemeindemitglieder, aber auch andere Leute, nach ihrer Meinung zu Jesus befragen: Was halten Sie von Jesus? Was hat er mit Weihnachten zu tun? ...

(A 4) 4. Adventssonntag

Zu den Schrifttexten

Jes 7,10-14: Die junge Frau wird einen Sohn gebären: Immanuel – Gott ist mit uns. Aus christlicher Sicht ist dieser Text meist schnell auf die Geburt Jesu und auf die Jungfrauengeburt gedeutet worden. Doch man muss den eigentlichen Sinn dieses Textes bedenken: Als Israel und Damaskus Achas, den König Judas (Hauptstadt Jerusalem), bedrängen, vertraut er nicht auf Gottes Schutz, sondern ruft die heidnischen Assyrer zu Hilfe – Zeichen mangelnden Vertrauens und Glaubens. Jesaja ruft ihn zu neuem Glauben auf, er bietet ein Zeichen an: Eine junge Frau (denkbar die Gattin des Achas) wird einen Sohn gebären, an dem sich erweisen wird, dass auf Gottes Zusage Verlass ist. Die Namensgebung dieses Kindes ist dabei eine programmatische Aussage und spiegelt zugleich die Erfahrung Israels wider, dass Gott sein Volk auf seinem Weg begleitet, kein ferner Gott ist, sondern ein naher Gott,»Ich-bin-da-für-euch«, ein »Gott-mit-uns«. Das Zeichen der jungen Mutter und des Kindes ist dabei zweitrangig gegenüber der Zusage der Nähe Gottes und dem Aufruf zum Glauben an ihn.

Röm 1,1-7: Paulus an Rom: Jesus Christus ist unser Herr! Die Lesung bildet den Briefanfang und den Eingangsgruß des Paulus an die christliche Gemeinde in Rom. Sprachlich wie üblich bei Paulus nicht einfach macht dieser Text eine dreifache Aussage: über Paulus, über den Inhalt des Evangeliums, über die Gemeinde: 1. Paulus bezeichnet sich in der Tradition des Alten Testamentes als der »Sklave, Knecht Gottes«, der wie die Propheten und andere einen besonderen Auftrag auszuführen hat. Zugleich ist er berufen das Evangelium zu verkünden und findet in diesem Auftrag die Mitte seines Lebens. 2. Der Inhalt des Evangeliums ist die Botschaft von Jesus, dem Christus und Sohn Gottes. Dies ist die entscheidende Mitte des Evangeliums und der ganzen Verkündigung des Paulus. Möglicherweise hat er dabei eine alte Bekenntnisformel der ersten christlichen Gemeinden übernommen, die eine zweifache Aussage macht: Jesus ist ganz Mensch (»dem Fleisch nach geboren als Nachkomme Davids«) und ganz Gottes Sohn (»dem Geist nach ... seit der Auferstehung«). Diese zwei Aussagen dürfen nicht als konkurrierende Aussagen verstanden werden, beides gehört zu diesem Jesus, und nur von beiden Richtungen her kann er zur Hoffnung der Menschen werden. 3. Die Gemeinde erhält einen Segensspruch (»Gnade und Frieden«), der auf das Heil verweist, das in Jesus Christus gekommen ist.

Mt 1,18-24: Ihm sollst du den Namen Jesus geben. Die Perikope ist in der Geschichte der Christen häufig einseitig nur auf Maria, die »Jungfrauengeburt« und die damit zusammenhängenden Fragen und Probleme gelesen worden. Damit wird man dem Text nicht gerecht, der vielmehr elementare Aussagen über Jesus macht: Es geht hier um die Menschwerdung des Gottessohnes, und erst in zweiter Linie um Maria und die Weise, wie diese Menschwerdung vor sich gegangen ist. »Die Gottessohnschaft, von der der Glaube spricht, ist kein biologisches, sondern ein ontologisches Faktum« (Joseph Ratzinger; ontologisch = seinshaft, wesentlich). Wenn es bei diesem Text nicht um biologische Fragen geht, so treten die theologischen Aussagen um so klarer in den Blick:

– Jesus ist Mensch, Sohn Davids, steht in der Linie, die Matthäus im Abschnitt zuvor von Abraham bis hin zu Josef gezogen hat. Dadurch, dass Josef dem Kind einen Namen geben soll, nimmt er ihn rechtlich an Kindes Statt an: Jesus ist ganz Mensch.

– Jesus ist Gottes Sohn, kommt auf geheimnisvolle und nicht näher erläuterte, aber auch nicht näher zu erklärende Weise aus der Kraft des Geistes Gottes, aus seinem lebensschaffenden Wesen. So ist in ihm Gott den Menschen nahe, der Immanuel (Gott-mit-uns), der Jesus (übersetzt: Gott rettet), der Messias (= Christus = der Gesalbte und Gesandte Gottes), das Heil seines Volkes und aller Glaubenden: Jesus ist ganz Gott.

– In Jesus zeigt sich Gottes Wirken als Heilsgeschichte. In diese Heilsgeschichte bindet Gott aber Menschen ein, Maria und, wie hier dargestellt, Josef, den Gerechten (d.h. den auf Gottes Willen ausgerichteten und somit modellhaften Menschen).

– Das Geheimnis der Menschwerdung kann nicht durchbrochen werden. Es kann nur aus dem Vertrauen auf den Gott, der mit uns ist, geglaubt werden.

(A 4) 4. Advent

Schrifttext und Familien mit Kindern

Für Erwachsene steht sowohl beim Hören der alttestamentlichen Lesung wie des Evangeliums die Frage nach dem »Wie« der Geburt Jesu im Vordergrund. Dies geschieht oft einseitig, auf biologische Fakten verengt und führt so zu einer Einschätzung der Texte und der darin berichteten Dinge als märchenhaft und dem heutigen Menschen kaum noch nachvollziehbar. Manche gehen darüber hinweg und verstehen das Sprechen von der Jungfrauengeburt als rein symbolisch. Kinder dürften beim Evangelium mehr auf die Stichworte Traum und Engel achten, vom Letzteren her aber ebenso schnell zu einer Einschätzung des Ganzen als Märchen kommen. Erweisen sich so diese beiden Texte trotz leichtverständlicher Sprache als sperrig, so ist die vergleichbare Kernaussage des Paulus durch die komplizierte Sprache versteckt.

Alle Texte gehen aber in die gleiche Richtung: Die Frage nach dem Messias wird gestellt und damit die Frage, wie Gott dem Menschen nahe sein will. Damit ergibt sich aber ein Thema, das für den heutigen Menschen, gleich ob Kind oder Erwachsener, von entscheidender Bedeutung ist: die Frage nach Gott und der Gottesbegegnung bzw. *wie* Gott uns begegnet. Die erscheint in unserer Gesellschaft als die Schlüsselfrage für die Weitergabe des Glaubens und damit auch für den Bestand der Kirche. Hieran kann im Gottesdienst angesetzt werden: die biblischen Aussagen vom Gott, der uns nahe ist (Immanuel, Jahwe), der rettet (Jesus), der aber zugleich der Unbegreifliche und auf unbegreifliche Weise Handelnde (»vom heiligen Geist«).

Ein anderer Ansatzpunkt für Menschen heute ist der Segenswunsch des Paulus an die Christen in Rom. Das nämlich erhoffen sich Menschen auch heute vom Glauben (und vom Gottesdienst), dass sie »Gnade und Frieden« erfahren, anders ausgedrückt: die Fülle von Schalom, von Heilsein und die Erfahrung gelingenden und guten Lebens mit einem sinnvollen Ziel (»etwas, für das es sich zu leben lohnt«). Evangelium bedeutet genau diese »Frohe Botschaft«. Allerdings muss im Leben der Christen und in der Kirche deutlicher werden, wie durch den Glauben Lasten genommen statt aufgelegt werden.

Gestaltungsideen für den Gottesdienst

Reihe A: Die große Verheißung. Der letzte der vier adventlichen Jesaja-Texte mündet in die Verheißung des Kindes, das Immanuel genannt wird – ein Zeichen aus der Höhe. Entsprechend lautet die Überschrift dieses Gottesdienstes: Weil Gott mit uns ist.
Stichworte zur Verkündigung: Nähe zu Weihnachten, dem Fest der Geburt Jesu. Bedeutung Jesu für uns: In ihm begegnet uns Gott, in ihm können wir Gott erkennen. So wie Jesus handelt, so ist Gott. Die Frage vieler Menschen heute »Wo ist Gott? Wie kann ich Gott begegnen?« wird hier und im Evangelium so beantwortet: In Jesus kommt Gott zu uns, können wir seine Nähe erfahren. Unter Umständen kann die Frage nach Gott und nach den Gotteserfahrungen der Menschen durch Symbole und Bildworte, Benennungen und Deutungen ergänzt werden, wie Menschen sich Gott vorstellen: biblische Bilder wie Hirte, Licht, König, Wolke, Feuer, Vater und Mutter ..., dazu andere Gottesbilder wie Hand, Wasser, Leben ...
Darstellung: Von solchen Gottesbildern (und damit Gotteserfahrungen) her können verschiedene Symbole und Bilder als ein »Gottesmosaik« zusammengestellt werden (Collage von Bildern oder Symbolen). In der Mitte kann »Jesus = Gott rettet« angeordnet werden: Jesus ist der Weg zum Vater. Diese Collage muss nicht bereits vor dem Gottesdienst fertig sein, sondern kann durch vorgefertigte kleine Bilder geschehen, die die Kinder nach vorn bringen, deuten und dann im Gottesdienst zusammenkleben.
Reihe B: Symbole der Hoffnung. Als Symbolbilder schlagen wir für diesen Sonntag »Tiefe – Höhe« vor.
Stichworte zur Verkündigung: Oben und Unten, Höhe und Tiefe, Himmel und Erde werden im religiösen Bereich nicht nur bei uns mit Gott (Göttern) und Menschen identifiziert. Das kann hier auf dem Hintergrund der alttestamentlichen Verheißung und des Blicks auf das Weihnachtsgeschehen gedeutet werden (vgl. den Titel eines Weihnachtsbuches: »Da hat der Himmel die Erde geküsst«). Weihnachten bedeutet, dass Gott uns Menschen in

Jesus nahe gekommen ist, dass er uns begegnen will, dass er uns schützen und segnen will. Dieser Jesus kommt von »oben«, von Gott. Er will uns öffnen für Gott, bereit machen für Höheres. Dies bedarf der Offenheit und des Gehorsams Gott gegenüber; Josef ist ein Beispiel für einen Menschen, der offen ist für das »Oben« (vgl. das Befolgen dessen, was ihm im Traum gesagt wurde).
Darstellung: Bilder, Fotos von Menschen im Halbkreis in der unteren Hälfte eines Plakates, darüber in der Mitte der oberen Hälfte ein schönes Jesusbild – Jesus verbindet Oben und Unten, Gott und die Menschen.
Reihe C: Große Gestalten des Advent. Nach Maria nun Josef.
Stichworte zur Verkündigung: Von Josef wissen wir aus den Evangelien nur ganz wenig. Von mehreren Namensnennungen abgesehen (»Jesus, der Sohn Josefs«) ist dieses Evangelium eine der ganz wenigen Stellen, wo von ihm berichtet wird. Es macht keinen Sinn, darüber zu spekulieren, wie der Lebensweg des Josef war. Wir wissen nur, dass er Handwerker, Zimmermann war; in diesem Text wird er als ein »Gerechter« charakterisiert, als ein Mann also, der sich auf Gott ausrichtet und der versucht, Gottes Gerechtigkeit in sein Leben zu übertragen. Er ist offen für Gott, selbst wenn er Gottes Handeln an Maria nicht verstehen kann. Er sagt Ja zu Gottes Willen, selbst wenn ihm dies nicht leicht fällt. So wird Josef zu einem Modell des glaubenden Menschen.
Darstellung: Kunstbild mit Darstellung des Josef (etwa ein Ausschnitt eines Weihnachtsbildes) oder eine Josefsfigur (in manchen Kirchen, vielleicht auch aus der Weihnachtskrippe) vor dem Altar anordnen und mit Zweigen und Lichtern von den Kindern schmücken lassen.
Einzelthemen:
– *Paulusbrief:* Was würde Paulus heute an unsere Gemeinde schreiben, um uns die Botschaft von Jesus zu verkünden? Einen Brief formulieren, der ausdrückt, dass Jesus ganz Mensch und ganz Gott ist, und in dem der Gemeinde in Jesus Gottes umfassender Frie-

den zugesagt wird. Dieser Brief kann auch Platz in den Pfarrnachrichten finden.

– *Jesusnamen:* Ausgehend von den beiden im Evangelium benannten Namen (Jesus, Immanuel) können andere Namen Jesu benannt, erläutert und zusammengestellt werden (vgl. dazu die Jesuslitanei in GL 765 oder auch die

Adventsandacht zu den sieben O-Aniphonen, GL 772). Ebenso können aus manchen traditionellen oder neueren Adventsliedern Jesusnamen erarbeitet werden, etwa aus GL 107: Herr der Herrlichkeit, König, Heiland, Helfer, Freudensonn ...

Weiterführung nach dem Gottesdienst

In Familien und Gemeindegruppen können Jesusbilder (Kunstdarstellungen oder auch eigene Bilder) gesammelt und in die Kirche mitgebracht werden. Dort kann mit diesen Bildern im Eingangsbereich eine Wand gestaltet werden – vielleicht passend zum Heiligabend: Das ist dieser Jesus, den wir heute feiern. So wird ein größeres Jesusbild vermittelt als nur das Kind in der Krippe.

Der Frage nach Gott kann weiter im Gespräch nachgespürt werden. Die Kinder werden aufgefordert, mehrere Personen zu befragen, wie diese sich Gott vorstellen. Aus den verschiedenen Vorstellungen anderer Men-

schen und ihrer eigenen Vorstellung sollen sie dann ein Bild malen, das solche Gottesbilder zu einem Mosaik zusammenfügt.

Jesaja und Johannes, Maria und Josef als große Gestalten der Adventssonntage (vgl. Reihe C) können Anlass sein, die häusliche Krippe vielleicht mit neuen Akzenten zu versehen. Oft reichen einige Kleinigkeiten (etwa eine selbstgefertigte Schriftrolle), um aus einem vorhandenen Hirten einen neuen Jesaja zu machen. Dadurch werden die weihnachtliche Feier in der Familie und die Botschaft der Adventsgottesdienste aneinander gebunden.

(A 5) Heiligabend

Zu den Schrifttexten
Schrifttext und Familien mit Kindern
(vgl. im Band zum Lesejahr C)

Gestaltungsideen für den Gottesdienst

In den drei Bänden dieser Reihe stellen wir jeweils drei Ideen für weihnachtliche Familiengottesdienste vor, die durch Symbole oder Spielanregungen zum Bekenntnis des Glaubens an Jesus führen sollen und die zugleich mit dem Leben heute zu tun haben.

A: – Krippenspiel
 – Ein Licht in der Dunkelheit
 – Wenn Jesus heute käme
B: – Ein gutes Wort
 – Der Baum der Liebe
 – Gott reicht uns die Hand
C: – Was noch zur Krippe gehört
 – Da hat der Himmel die Erde geküsst
 – Der Jesus-Stern

Krippenspiel: Es gibt eine Fülle erbaulicher und stimmungsvoller Krippenspiele, die die lukanische Weihnachtsgeschichte ausschmücken und erweitern. Oft beschränkt sich die Verkündigung in weihnachtlichen Familiengottesdiensten auf solche Spiele. Hier ist allerdings anzufragen, wie dies besonders fernstehenden Menschen in ihrem Glauben weiterhilft, oder ob dies nur zur Klischeebildung und zur Bedeutungslosigkeit christlichen Gottesdienstes und damit auch des Glaubens beiträgt.

Wir möchten dagegen deutlich machen: Krippenspiele können sinnvoll sein, wenn sie den Text der lukanischen Weihnachtsgeschichte in methodisch anderer und ansprechender Weise darstellen. Der Text sollte deshalb in seiner neutestamentlichen Fassung ohne Ausschmückungen vor allem psychologisierender Art die Grundlage des Spiels bilden. Solches Krippenspiel muss aber in jedem Fall durch andere Elemente (auch Spiele) ergänzt werden, die den Bezug zur heutigen Lebenswelt schaffen und die die Botschaft des Glaubens für heutige Menschen wichtig werden lassen. Ein Krippenspiel kann deshalb eingebettet sein in ein Anspiel, das von den Fragen heutiger Menschen ausgehend (etwa: Wie ist das mit Frieden heute? Was bedeutet Menschenfreundlichkeit, was Dunkelheit heute? ...) zum Kern der Weihnachtsbotschaft hinführt (etwa: Frieden und Licht von Gott in Jesus). Neben vorbereitenden Anspielen können auch weiterführende Spiele wichtig sein: Welche Auswirkungen hat die Weihnachtsbotschaft für Menschen heute? Es geht also im Verkündigungsteil eines weihnachtlichen Gottesdienstes immer um das glaubende Bekenntnis zu Jesus (nicht allein zum Kind, sondern zum ganzen Lebensweg dieses Kindes), aus dem Freude und Hoffnung erwachsen.

Methodisch kann dabei abgewechselt werden: Neben dem üblichen Krippenspiel durch kostümierte Kinder gibt es viele weitere Formen, die durch ihre ungewohnte Art die dargestellte Botschaft vielleicht aufmerksamer hören lassen: Stabpuppenspiel, Schattenspiel, Text des Weihnachtsevangeliums durch Dias illustrieren (etwa aus einem guten Kinderbuch zu Weihnachten abfotografiert oder Fotos von gestellten Szenen der eigenen Weihnachtskrippe).

Ein Licht in der Dunkelheit: In der adventlichen Reihe B waren Symbole der Hoffnung als Grundlage der Familiengottesdienste vorgeschlagen worden. Dies kann in der Christmette durch die Symbolik von Dunkelheit und Licht fortgeführt werden. Der Ausgangspunkt können die Kerzen sein, die uns in der Dunkelheit Hoffnung geben: Adventskranz, Lichter am Christbaum, andere Kerzen ... Wiederum sollte durch diese Symbolik die Verkündigung des Glaubens mit dem Leben heute verknüpft werden. Wir schlagen dazu drei Schritte vor:

– *Situationen von Dunkelheit heute:* Durch eine Erzählung oder kleine Spielszenen, Schattenspiel, eventuell in der dunklen Kirche auch die Projektion von Dias mit entsprechenden Beispielen werden Dunkelheiten im Leben heutiger Menschen benannt: Einsamkeit, Streit, Verachtung, Gewalt, Obdachlosigkeit, Armut ...

– *Das Volk, das im Dunkeln lebt, sieht ein helles Licht:* Nach diesen Beispielen wird mit der Jesaja-Lesung die Hoffnung von Menschen (der Israeliten damals, aber ebenso der Menschen heute) auf eine Wende ihrer Situation aufgezeigt. Danach wird das Weihnachtsevangelium vorgetragen. Eventuell kann die Wirkung dadurch verstärkt werden, dass die Kirche, aber auch die Krippe, bisher weithin im Dunkeln war und sich jetzt ein starker Scheinwerfer auf das Kind in der Krippe richtet.

– *Licht in der Dunkelheit:* Von der so beleuchteten Krippe her machen sich nun Kinder mit Teelichtern oder Kerzen auf den Weg zu den Menschen in der Kirche: Wir empfangen das Licht Jesu. Er ist auch für unser Leben Licht. (Eventuell kann der Gottesdienst im Stil der adventlichen Roratemessen ganz bei Kerzenschein weitergefeiert werden.) Der Gang der Kinder ist auch als Lichtertanz mit entsprechender Musik möglich. Eine Alternative sind weitere Spielszenen, bei denen es im Leben von Menschen hell wird (Kontrastszenen zum ersten Teil des Gottesdienstes). Auch dabei können Kinder mit Lichtern die Symbolik aufzeigen.

Wenn Jesus heute käme: Wie würden wir ihn empfangen? Vgl. dazu den Johannesprolog:»Er war in der Welt ... aber die Welt erkannte ihn nicht.« In Form eines Sprechspiels können Kinder beschreiben, wie sie Jesus empfangen würden:»Ich würde die Küsterin wecken, dass sie die Glocken läutet ... Ich würde zum Bürgermeister N. gehen und ihn holen ... Ich würde die Kinder von der N.-Straße zusammenholen ...« Das Sprechspiel lebt vom Lokalkolorit, deshalb sollten möglichst viele Namen, Gruppen, Orte erwähnt werden – durchaus mit ein wenig Humor. Ziel der Aussage sollte sein: Für uns ist Jesus so wichtig, dass wir ihn gut empfangen würden.

Das kann in einen zweiten Schritt überleiten: Wenn Jesus heute käme, was würden wir ihm bringen? In den herkömmlichen Krippenspielen bringen die Hirten meist ein warmes Fell, Nahrungsmittel oder auch eine Flöte zum Musizieren mit. Was wäre für uns ein angemessenes Geschenk? Diese Frage kann weiterleiten, was Jesus sich wohl von uns wünscht. Wohl weniger materielle Güter als ein Leben füreinander, als Güte und Liebe, Versöhnung, Gerechtigkeit und Frieden. So kann die Überlegung mit dem Ausblick schließen: Wo entdecken wir Jesus heute in unserer Welt? Wir finden ihn in den Menschen, besonders denen in Not. Den Menschen sollten wir einen Empfang bei uns mit offenen Herzen und Händen bereiten, dann kommt Jesus auch zu uns heute.

Weiterführung nach dem Gottesdienst

Gerade an Weihnachten sollte den Besuchern nach dem Gottesdienst etwas mitgegeben werden, ein kleines Zeichen, das sie an diesen Gottesdienst erinnert: ein schön gestalteter Glückwunsch, ein Zeichen (Tannenzweig, Stern, Licht ...). Für die drei Gottesdienstanregungen dieses Lesejahres bietet sich etwa an:
– Eine *Krippendarstellung*, entweder als Zeichnung oder als Foto (etwa der Krippe in der Pfarrkirche – gesamt oder ein Ausschnitt), dazu ein guter Weihnachtswunsch in schön gestalteter Schrift.
– Ein *Licht* (Teelicht, Kerze, notfalls auch eine aus Tonpapier geschnittene Kerze) oder ein schönes Foto, das die Lichtsymbolik aufgreift. Dazu etwa der Spruch: »Du bist das Licht der Welt ...«

– *Jesus bei uns:* Durch eine Montage eine Krippe mit dem Kind (oder eine Jesusdarstellung der Kunst) in eine Zeichnung oder ein Foto des betreffenden Ortes integrieren. Dazu etwa der Satz des Angelus Silesius: »Wird Christus tausendmal zu Betlehem geboren und nicht in dir, du bleibst doch ewiglich verloren.«
Dem Weihnachtsgottesdienst in der Kirche folgt die Feier zu Hause. Für Kinder, aber auch für Erwachsene ist es hilfreich, wenn sich über mehrere Jahre hinweg ein »Ritus« für diese Feier entwickelt, der gleichbleibt, so dass sich alle ein Stück daran halten, »festhalten« können. Der folgende Vorschlag muss natürlich auf jede Familie und ihre Möglichkeiten hin angepasst werden:

– Lied oder Musikstück (nur im Notfall von Kassette oder CD, besser ist immer eigenes Tun, eigenes Singen und Musizieren).
– Lesen der Weihnachtsgeschichte nach Lukas als der zentralen Botschaft dieses Tages und als Grund für die Feier überhaupt. In musikalischen Familien kann man in die Geschichte ein passendes Lied einfügen. Der Text kann der Einheitsübersetzung entnommen sein oder auch einer guten Kinderbibel.
– Ein Weihnachtslied oder ein Musikstück als Gelegenheit zur Besinnung auf das Gehörte.
– Ein Gebet, frei formuliert oder aus einem Kindergebetbuch, das den Tagesgedanken hervorhebt und Freude und Dank ausdrückt. Gut ist es, wenn dieses Gebet von mehreren, möglichst allen gesprochen wird (auch abwechselnd).
– Anzünden der Kerzen (vielleicht von den einzelnen Familienmitgliedern abwechselnd). Wo elektrische Kerzen benutzt werden, sollte zumindest eine richtige Kerze angezündet werden (etwa an der Krippe).
– Bescherung mit dem Hinweis, dass wir uns beschenken, weil Gott uns in Jesus beschenkt hat.
– Gemeinsames Essen.
– Spielen im Familienkreis (vielleicht wählt jeder ein Spiel aus).
– Zum Ausklang ein Abendgebet mit Rückblick auf den Tag und ein gemeinsames Lied.

(A 6) Fest der Heiligen Familie

Zu den Schrifttexten

Sir 3,2-6,12-14 und Kol 3,12-21
(vgl. im Band zum Lesejahr C)

Mt 2,13-15.19-23: *Aus Ägypten habe ich meinen Sohn gerufen.* Die Kindheitsgeschichte des Matthäusevangeliums schließt mit der Erzählung von der Flucht nach Ägypten und – unterbrochen durch die in der Perikope nicht enthaltene Erzählung vom Kindermord in Betlehem – der Rückkehr der »Heiligen Familie« nach Israel in den Ort Nazaret in Galiläa. Die Erzählung von Flucht und Rückkehr ist nach der Mosetradition aufgebaut: Durch den Pharao wird das Leben des Mose bedroht, er flieht nach Midian und kehrt erst nach dem Tod des Pharao zurück. Diese Parallele Jesus-Mose findet sich auch an anderen Stellen des Matthäusevangeliums, etwa wenn Jesus in der Bergpredigt zum neuen Gesetzgeber wird, zum zweiten Mose, der den ersten mit seiner Gesetzgebung am Sinai durch das neue Gesetz überbietet.

Es geht also in diesem Text wie in allen anderen Teilen der Kindheitsgeschichten nach Matthäus und auch Lukas nicht um die Erinnerung an ein historisches Geschehen (Frage: Was ist damals geschehen?), sondern um das Bekenntnis zu Jesus, dem Christus, dem Sohn Gottes (Frage: Wer ist dieser?). Dabei wird in dem Text der Schutz Gottes deutlich, der über diesem Kind und seinen Eltern liegt. Matthäus deutet diese Aussage, dass Gott mit Jesus ist, durch das Zitat Hosea 11,1: »Aus Ägypten habe ich meinen Sohn gerufen.« Bei Hosea wird dieser Satz eingeleitet: »Weil ich ihn liebte ...« Die Liebe Gottes also schützt das Kind und führt es auf seinen Weg. Dies macht auch der Name »Nazoräer« deutlich: Jesus ist ein »Geweihter Gottes«. Der Weg nach Ägypten kennt noch einen weiteren Akzent, der für Matthäus in seinem Evangelium Bedeutung hat. Weil Israel seinen Messias verfolgt und nicht annimmt, wendet er sich den Menschen in der Fremde zu, den Heiden. Dies wird die Erfahrung der jungen Christengemeinde sein, auf die das Evangelium des Matthäus aufbaut: Die Frohe Botschaft von Jesus Christus gilt allen, Juden wie Heiden.

Schrifttext und Familien mit Kindern
(vgl. im Band zum Lesejahr C)

Gestaltungsideen für den Gottesdienst

In den Bänden zu den drei Lesejahren geben wir Anregungen zu folgenden Gottesdiensten:
A: – Nicht nur Brot – die Alten ehren
 – Familie – wo man getragen wird
B: – Familie – Licht füreinander
 – Jesus – Herrlichkeit und Licht
C: – Das Haus der Familie bauen
 – Wer gehört zur Familie Jesu?

Nicht nur Brot – die Alten ehren: Der Gottesdienst kann von einer kleinen orientalischen Erzählung ausgehen: »Ein Mann wird gefragt, warum er jeden Morgen beim Bäcker fünf Brote kaufe, wo doch eines für ihn genüge. Der Mann antwortet, dass er auch nur ein Brot selber esse, zwei verleihe er und zwei gebe er zurück. Als sein Gegenüber nachfragt, wie das zu verstehen sei, gibt er zur Antwort: Ein Brot esse ich selber, zwei gebe ich meinen Eltern zurück, die sie mir in meiner Kindheit ausgeliehen haben, und zwei leihe ich an meine Kinder, dass sie sie mir in meinem Alter zurückgeben.«

Dieser Text kann – ausführlicher – erzählt oder besser gespielt werden. Der Lesungstext Sirach 3 wird danach verlesen und im Gespräch mit dieser Geschichte in Verbindung gebracht: Zwischen den Generationen soll ein Verhältnis der Solidarität, der Liebe und der gegenseitigen Hilfe herrschen.

Danach kann das Stichwort Brot erweitert werden: »Der Mensch lebt nicht vom Brot allein« (Dtn 8,3 und Mt 4,4). Was kann »Brot zum Leben« für Menschen, besonders für alte Menschen bedeuten? Konkrete Beispiele sollten aufgeführt, vielleicht auch gespielt werden. Dabei ist das Verhältnis der Kinder zu ihren Großeltern, aber auch das Verhältnis der Eltern zu ihren Eltern wichtig.

Als konkretes Zeichen der Verbindung zwischen den Generationen können die Kinder am Ende des Verkündigungsteils den alten Menschen in der Kirche etwas bringen: ein Stück Brot, eine Blume, eine Kerze ... Denkbar ist auch, an dieser Stelle den Friedensgruß in besonderer Weise zu gestalten.

Familie – wo man getragen wird: Ausgehend von der Erzählung von der Flucht nach Ägypten, bei der der kleine Jesus von seinen Eltern getragen und beschützt wurde, kann das Thema »Einander in der Familie tragen« angesprochen werden: Die Kinder erinnern sich an ihre Zeit als Klein- oder Kindergartenkind, wie gut es tat, manchmal von den Eltern getragen zu werden, nicht nur wenn es schwer war (langer Weg ...), sondern auch weil das Getragenwerden ein Zeichen der Liebe ist: In der Familie stützen und halten die Menschen sich gegenseitig.

Dieser Gedanke wird durch gespielte Beispielszenen weitergeführt: Wie können größere Kinder, Eltern und Großeltern sich gegenseitig im Leben tragen? Dazu passt als Abschluss gut die bekannte Geschichte von den Spuren im Sand:»Ein Mensch vertraut der Zusage, dass Gott ihn durch sein ganzes Leben begleiten werde. Als er auf sein Leben zurückblickt, bemerkt er, dass wirklich zwei Spuren im Sand zu sehen sind. Ausgerechnet aber an den Stellen seines Lebens, wo es schwer war, findet sich nur eine einzige Spur. Er fragt Gott vorwurfsvoll danach, wo er denn in solchen Situationen gewesen sei, und Gott antwortet: Da habe ich dich getragen.« Mit dem Gedanken, dass Gottes Segen uns trägt selbst dann, wenn wir uns nicht länger auf Menschen verlassen können, kann der Gottesdienst schließen, verbunden mit einem besonderen Segensgebet für die Familien.

Weiterführung nach dem Gottesdienst

Dass Familie generationenübergreifende Solidarität bedeutet, liegt beiden Gottesdienstvorschlägen zugrunde. Von hier aus kann als Anregung für das Gespräch zu Hause die Frage mitgegeben werden, sich einmal zu erinnern, wo man sich in der Vergangenheit besonders »getragen« hat, welche schweren Situationen gemeinsam bestanden wurden. Dies kann – auch im Blick auf das bevorstehende Jahresende – mit einem fürbittenden Gebet verbunden werden, dass das gegenseitige Tragen die Familie weiterhin zusammenhält. Eventuell kann der Vorbereitungskreis ein entsprechendes Gebet formulieren und den Besuchern mitgeben.

Eine weitere Anregung könnte sein, dass die Familien dazu ermuntert werden, sich in den nächsten Tagen einmal besonders um alte Menschen in der Verwandtschaft oder Nachbarschaft zu bemühen. Vielleicht ist eine Einladung eines allein lebenden Menschen zur Sylvesterfeier eine gute Möglichkeit, »zum Brot für ihn« zu werden und wenigstens anfanghaft seine Einsamkeit zu überwinden.

Auf den Gottesdienst folgt meist die Kindersegnung. Hier ein Gestaltungsvorschlag:

Kindersegnung
– Lied oder Musikstück, dabei Zug der Kinder zur Krippe
– Hinweis darauf, dass alle, auch und besonders die Kleinen und Armen, zu Jesus kommen dürfen
– Evangelium von der Kindersegnung (etwa: Mk 10,13-16)
– Lied
– Segensgebet
– Segen über jedes einzelne Kind durch Handauflegung und Segensspruch, etwa: »Es segne und beschütze dich ein Leben lang der gute und barmherzige Gott, der Vater ...«
– dabei Orgel- oder Instrumentalspiel

(A 7) Neujahr

Zu den Schrifttexten
Schrifttext und Familien mit Kindern
(vgl. im Band zum Lesejahr C)

Gestaltungsideen für den Gottesdienst

In den Bänden zu den drei Lesejahren geben wir Anregungen zu folgenden Gottesdiensten:

A: – Das Geschenk auspacken
– Was wir uns wünschen

B: – Was uns die Uhr schlägt
– Jesus – Gott rettet

C: – Wie ein offenes Buch
– Segen – Gott schaut uns an

Das Geschenk auspacken: Das bevorstehende Jahr ist uns noch ein »Geheimnis«, wir können nicht in jeder Hinsicht ermessen, was es bringen wird. Gewiss, manche Dinge wissen wir vorab (etwa Übergang eines Kindes in eine weiterführende Schule). Vieles andere und gerade das Wichtige aber wissen wir nicht: Gibt es im kommenden Jahr Krankheit oder anderes Leid bei uns? Gibt es umgekehrt besonders beglückende Ereignisse?

Diese Gedanken werden in eine Zeichenhandlung »verpackt«: Ein Karton, schön mit Geschenkpapier und Schleifchen eingepackt, wird vorgestellt – das Neue Jahr. Er wird geöffnet, und nacheinander werden einzelne Dinge aus ihm hervorgeholt, etwa: ein Schulbuch als Hinweis auf schulischen Fortschritt oder Schul- bzw. Klassenwechsel; ein Wasserball als Hinweis auf den kommenden Urlaub; eine Kommunionkerze für die Kommunionkinder; ein Medikament und eine Mullbinde als Hinweise für mögliche Krankheiten und Verletzungen ... Die einzelnen Gegenstände werden jeweils mit einer Fürbitte ver-

bunden, die die Bitte um den Schutz und Segen Gottes in allen Lebenslagen, in guten und in bösen Stunden ausdrückt.

Was wir uns wünschen: Der Jahreswechsel ist Anlass für viele guten Wünsche, auch für mancherlei gute Vorsätze. Die unterschiedlichen Dimensionen von Wünschen sollten deutlich werden: Es gibt Wünsche nach irgendwelchen ganz konkreten Dingen, nach einem bestimmten Geschenk etwa. Es gibt den häufig an erster Stelle ausgesprochenen Wunsch nach Gesundheit im allgemeinen Sinn. Es gibt Wünsche, hinter denen sich die Sehnsucht nach einem gelingenden Leben verbirgt, biblisch gesprochen nach Schalom, nach umfassendem Heil.

Solche Wünsche können im Gottesdienst bewusst gemacht werden. Anschließend folgt ein zeichenhaftes Tun: Jeder kann auf einen Zettel einen guten Wunsch schreiben. Diese Wünsche werden danach (oder am Ende des Gottesdienstes) mit anderen Gottesdienstbesuchern getauscht.

Eine besondere Gestaltung kann diese Aktion dadurch finden, dass der Zettel für den Wunsch eine vorgedruckte Tür enthält: Am Beginn des Neuen Jahres treten wir wie durch eine Tür in den neuen Jahreslauf ein. Was mag hinter dieser Tür liegen? Wir wünschen uns jedenfalls für das kommende Jahr alles Gute und Gottes Segen (vgl. die alttestamentliche Lesung).

Weiterführung nach dem Gottesdienst

Den Gottesdienstbesuchern kann ein schön gestalteter Wunsch zum neuen Jahr mitgegeben werden. Eventuell können solche »Wunschzettel« auch in größerer Zahl bereitliegen und von den Gottesdienstbesuchern auch für andere Menschen mitgenommen werden. Die Verbundenheit und die guten

Wünsche der Gemeinde gelten allen, gleich ob sie zum Gottesdienst kommen oder nicht.

Der Geschenkkarton des ersten Gottesdienstvorschlages kann als Anregung dienen, in der eigenen Familie einen »Jahreskarton« bereitzustellen, in den während des ganzen Jahres wichtige Dinge, Post, Fotos, Erinnerungsstücke, Einladungen, Urlaubserinnerungen, Kopien von Schul- und anderen Zeugnissen, aber auch von anderen für das Leben der Familie wichtigen Dokumenten gelegt werden. Beim nächsten Sylvesterabend wird der Karton geöffnet und dokumentiert auf vielfältige Weise die Geschichte der Familie im abgelaufenen Jahr.

Vom zweiten Vorschlag ausgehend können die Familien ermuntert werden, am Neujahrstag einem Menschen gute Wünsche für das kommende Jahr zu schreiben. Oder man trägt im Familiengespräch gute Wünsche für die eigene Familie zusammen, schreibt sie in schön gestalteter Form auf und hängt sie an einer für alle gut sichtbaren Stelle auf.

(A 8) 2. Sonntag nach Weihnachten

Zu den Schrifttexten
Schrifttext und Familien mit Kindern
(vgl. im Band zum Lesejahr C)

Gestaltungsideen für den Gottesdienst

In den Bänden zu den drei Lesejahren geben wir Anregungen zu folgenden Gottesdiensten:
A: – Die größte Weisheit
B: – Von Gott gesegnet ein Segen sein
C: – Worte, die Leben schenken
Die größte Weisheit: Das Wort Weisheit kommt im alltäglichen Sprachgebrauch kaum noch vor, meist stammt es aus der Sprache der Märchen – und der Bibel. Hin und wieder klingt dieser Begriff in Berichten von anderen Völkern (etwa Indianer ...) an. Weise sein wird von Kindern oft als Synonym für Alter verstanden. In einem ersten Schritt muss deshalb deutlich werden, was Weisheit bedeutet.

Weisheit bedeutet die richtige Sicht der Welt und der Menschen, ein gutes Verständnis von allem, einen guten Stand im Leben und eine hoffnungsvolle Ausrichtung auf ein Ziel. Weisheit bedeutet, den Dingen der Welt realistisch und gelassen zu begegnen, zugleich aber je tiefer zu fragen und den Sinn von allem zu erkunden.

Um dies zu verdeutlichen, können Spielszenen gestaltet werden, die unterschiedliche Formen menschlichen Verhaltens aufzeigen und daran die Frage nach Weisheit anschließen, etwa:
– Umgang mit einer Konfliktsituation: Was ist dabei weises, was törichtes Verhalten?
– Umgang mit Leid und Krankheit: Ist es gut zu verdrängen, das Leid nicht wahrhaben zu

wollen? Wieso ist es oft der einzig weise Weg, das Leid anzunehmen und als Bestandteil des Lebens zu akzeptieren?
– Umgang mit Freundschaften und Beziehungen: Weise ist es, den anderen in seiner Verschiedenheit nicht nur zu ertragen, sondern anzunehmen und sein Leben zu fördern.
– Umgang mit unserer Welt: Weise ist es, nicht oberflächlich in ihr zu leben, sondern immer wieder tiefer zu fragen, nach dem Sinn von allem zu forschen.

Nach solchen allgemeinen Zugängen zum Thema Weisheit kann der Schrifttext Sir 24 verlesen werden. Im Gespräch danach wird deutlich, dass die Weisheit von Gott kommt, dass er wirkliche, tiefste, größte Weisheit schenkt: die Weisheit, das Leben und die Welt auf ihn zu beziehen und so zu einem letzten Sinn zu gelangen.

Der Weg dieser Überlegungen kann durch das Bild einer Spirale verdeutlicht werden: Es gibt Fragen, die ganz außen bleiben, Fragen nach dem Alltäglichen des Lebens. Es gibt Fragen, die tiefer gehen, etwa die Fragen nach dem Verhältnis von Menschen zueinander. Und schließlich gibt es Fragen, die zum letzten Sinn vorstoßen und die Frage nach Gott beinhalten. Sie sind im Zentrum der Spirale anzuordnen. Weise ist der, der solche Fragen stellt und von seinem Glauben her zu beantworten sucht.

Weiterführung nach dem Gottesdienst

Den Gottesdienstbesuchern kann die Zeichnung einer Spirale als Erinnerung an diesen Gottesdienst mitgegeben werden, verbunden mit der Ermunterung, gemeinsam in den Familien immer wieder Fragen nach dem tieferen Sinn von allem zu stellen. Dazu kann auch der folgende Text beitragen, der entsprechend gestaltet zusammen mit der Spirale mitgegeben werden kann:

Tiefer fragen und weise werden

Fragen und suchen,
eine ungeheure Reise,
woher kommen wir,
wozu leben wir,
wohin gehen wir,
was trägt unser Leben?

Fragen und suchen,
Ausschau halten
nach einem Horizont,
tiefer graben
bis zum Grund,
die Wurzeln bedenken.

Sich nicht zufrieden geben
mit der Oberfläche,
sondern suchen,
was trägt,
was das Leben weiterbringt
und ein Ziel gibt.

Mehr sehen
als das, was ist,
tiefer blicken als auf das,
was an der Oberfläche liegt,
das erkennen,
was wirklich wichtig ist.

Mehr erfahren
als das Sichtbare,
mehr erfassen
als das Greifbare,
höher schauen
als auf das, was uns bindet.

(A 9) Erscheinung des Herrn

Zu den Schrifttexten
Schrifttext und Familien mit Kindern
(vgl. im Band zum Lesejahr C)

Gestaltungsideen für den Gottesdienst

In den Bänden zu den drei Lesejahren geben wir Anregungen zu folgenden Gottesdiensten:
A: – Mut fassen
    – Sternsingeraktion
B: – Die Wende zum Guten
    – Alle finden Platz
C: – Stern auf meinem Weg
    – Die Völker kommen zum Licht

Mut fassen: Gegen alle Schwierigkeiten im Leben fassen Menschen immer wieder Mut und beginnen neue Wege zu gehen, voll Zuversicht und Hoffnung nach vorn zu schauen. Dies galt für die Israeliten in Jerusalem in der Zeit nach der Rückkehr aus dem Exil. Dies kann man auch an den Gestalten der drei Magier festmachen, die ebenso einen Weg mit

Hindernissen zu gehen hatten, bis sie am Ziel ihrer Mühen angelangt waren und dann von dort mit neuer Kraft in ihre Heimat zurückkehren konnten. Um dies den Familien und vor allem den Kindern zu vermitteln, ist ein Spielablauf in folgender Richtung denkbar:
– *Szene 1 – Mutlosigkeit heute:* Ein Kind hat sich etwas vorgenommen (etwa ein Instrument lernen, die Teilnahme an einem Wettbewerb, etwas Großes basteln ...), verliert dann aber den Mut, weil es sich das Erreichen dieses Ziels nicht zutraut.

– *Szene 2 – Erinnerung an Erfahrungen anderer:* Erfahrungen glaubender Menschen in vergleichbaren Situationen werden gegenübergestellt. Ein Erzähler (etwa Großvater oder Großmutter) des Kindes aus Szene 1 erzählt von den Israeliten in Jerusalem: Sie wollten nach ihrer Rückkehr aus der Gefangenschaft in Babylon den Tempel und die Stadt wieder aufbauen, dann aber wurde es ihnen zu viel und sie verloren den Mut. Den Propheten Jesaja kann man danach mit den Worten der Lesung (eventuell aus einer Schriftrolle vorlesen lassen) persönlich auftreten lassen. Als Abschluß dieser Szene sollte der Ausblick stehen, dass das Volk in Jerusalem mit der Arbeit am Tempel wieder beginnt. (Ähnlich könnte die Erzählung auch von den drei Magiern und ihrem Weg lauten.)

– *Szene 3 – Neuer Mut heute:* Die Szene 1 wird aufgegriffen und gezeigt, wie dieses Kind mit neuem Mut an sein Ziel herangeht (dass es dieses Ziel erreicht, muss dabei nicht gezeigt werden, es geht um die Kraft, den Weg neu zu beginnen).

Sternsingeraktion: Das Fest Erscheinung des Herrn (Dreikönige) ist in den meisten Gemeinden mit der Sternsingeraktion verbunden. Von den Veranstaltern dieser Aktion

(Missionswerk der Kinder, Stephanstr. 35, 52064 Aachen und dem Bund der Deutschen Katholischen Jugend) gibt es in jedem Jahr ausführliches Material zur Vorbereitung und Durchführung dieser Aktion und auch zur Gestaltung eines Gottesdienstes, der jeweils mit dem Motto verknüpft ist (etwa 1997:»Offene Türen, damit Kinder leben können«, als Anregung für den Gottesdienst die Zeichnung einer offenen Tür, zu der dann gute Wünsche für einen Anderen geschrieben werden).

In jedem Fall sollten die Sternsinger der Gemeinde im Familiengottesdienst am Fest Erscheinung des Herrn (oder des vorhergehenden oder folgenden Sonntags) einen besonderen Platz finden. Dazu gehört ein festlicher Einzug und Auszug, ein Platz möglichst im Altarraum und auch die Übernahme von Diensten in der Messe: Lesen von Texten, Messdieneraufgaben ... Dass die Sternsinger in ihren Gewändern am Gottesdienst teilnehmen, sollte selbstverständlich sein.

Ihren Dank für die Sternsingeraktion können die Mädchen und Jungen auch dadurch ausdrücken, dass sie die gesammelten Geldspenden zum Altar bringen (etwa zur Gabenbereitung) und dabei sowohl Danksätze sprechen als auch Fürbitten (etwa für notleidende Kinder in aller Welt). Zudem ist es sinnvoll, wenn sie auch von ihren Erlebnissen auf dem Weg berichten können, von Erfreulichem und vielleicht auch Unerfreulichem, das mit ihrer Aktion verknüpft war. So kann in diesem Gottesdienst deutlich werden, wie die Feier des Glaubens und die Aktion einer Gemeindegruppe zusammengehören.

Ebenso ist es sinnvoll, dass die Sternsinger ihr Segensgebet im Gottesdienst sprechen und ihr Segenszeichen an das Portal der Kirche schreiben.

Weiterführung nach dem Gottesdienst

Zum Bedenken in den Familien kann passend zum ersten Vorschlag folgende Anregung dienen: Wo setzen wir uns Ziele, die nur mit großer Anstrengung und immer neuem Mut erreicht werden können? Wo müssen wir uns gegenseitig aufmuntern und ermutigen? Wo brauchen wir auch die Hilfe von anderen?

Der Dank der Gemeinde an die Sternsinger für ihren Einsatz für notleidende Kinder in aller Welt kann durch einen »Dreikönigsempfang« ausgedrückt werden (vielleicht auch als Neujahrsempfang für die ganze Gemeinde oder für die ehrenamtlichen Mitarbeiter ausgerichtet).

(A 9) Erscheinung

(A 10) Taufe des Herrn (1. Sonntag im Jahreskreis)

Zu den Schrifttexten

Jes 42,1-4.6-7 und Apg 10.34-38
(vgl. im Band zum Lesejahr C)

Mt 3,13-17: *Dies ist mein geliebter Sohn, den ich erwählt habe.* (Vgl. auch zu Lk 3,15-16.21-22 im Band zum Lesejahr C.) Das Wirken Johannes des Täufers wird von Matthäus unmittelbar nach den Kindheitsgeschichten geschildert und leitet den Hauptteil des Evangeliums mit dem Wirken Jesu ein. Johannes steht an der Schnittstelle zwischen Alt und Neu, er verweist nach vorn – auf den Größeren hin. Johannes steht mit seinem Wirken aus christlicher Sicht im Dienst Jesu.

Während Lukas (Lesejahr C) die Geisterfüllung und die Stimme vom Himmel gleichsam als Antwort auf das Gebet Jesu versteht, deutet Matthäus (darin Markus folgend, vgl. Lesejahr B) das Geschehen als Vision Jesu: Er wird sich durch dieses Ereignis bewusst, dass er die Verbindungsstelle zwischen Himmel und Erde darstellt, er verbindet in seiner Person Gott und die Menschen. Somit stellt die Stimme vom Himmel eine Beauftragung dar, eine Sendung zum Heil der Menschen, die das ganze Leben Jesu prägen wird – bis zum Tod am Kreuz und zur Verherrlichung in der Auferstehung.

Schrifttext und Familien mit Kindern
(vgl. im Band zum Lesejahr C)

Gestaltungsideen für den Gottesdienst

In den Bänden zu den drei Lesejahren geben wir Anregungen zu folgenden Gottesdiensten:
A: – Jesus – Verbindung zu Gott
B: – Wir gehören zu Jesus
C: – Taufe
  Jesus – Verbindung zu Gott: Das Evangelium deutet die Gestalt Jesu als Verbindung zwischen Gott und Menschen. In ihm kommt der Himmel auf die Erde, berührt Gottes Liebe den Menschen. Das Verständnis Jesu als Mittler kann auf unterschiedliche Weise aufgezeigt und zeichenhaft dargestellt werden:
– *Jesus, die Brücke:* Eine Brücke verbindet zwei verschiedene Seiten. Jesus kann als Brücke gezeigt werden, die Gott und die Menschen verbindet. Dazu wird aus Kartons o.a. eine Brücke vor dem Altar gebaut (oder sinnvoller: vom Altar zu den ersten Bänken) oder, wo dies nicht geht, wird das Bild einer Brücke aufgehängt (oder als Dia projiziert). An der einen Seite der Brücke werden Hinweise auf Menschen befestigt (etwa Fotos oder Bilder verschiedener Menschen oder aus Tonpapier geschnittene Männchen ...). An die andere Seite wird ein Symbol für Gott befestigt (etwa eine Hand, ein Licht ...). In die Mitte

der Brücke wird ein Jesuszeichen befestigt (das Christuszeichen Chi-Rho oder ein Kreuz), oder es wird dorthinein der Name Jesus mit seiner Übersetzung »Gott rettet« geschrieben. Wer dieses Bild noch weiter deuten möchte, kann auf die Brücke dann Gebet, gute Werke, Gottesdienst ... als »Fahrzeuge« für die Verbindung zwischen den Menschen und Gott (über Jesus) anbringen.
– *Jesus – der Turm:* In ähnlicher Weise kann Jesus auch als Turm dargestellt werden, der die Erde mit dem Himmel, die Menschen mit Gott verbindet. In den Turm kann dann gestalterisch gut ein Kreuz integriert werden. Ebenso können die weltweit bekannten religiösen Traditionen vom Weltenbaum (wiederum gut mit dem Kreuz zu verbinden) oder dem Weltenberg aufgegriffen werden, die gleichsam eine Weltachse darstellen, um die sich alles dreht und die oben und unten in Verbindung bringt.
– *Jesus – die Hand in beide Richtungen:* Die durch Jesus bewirkte Verbindung von Gott und Mensch kann durch ein Jesusbild dargestellt werden, von dem in zwei Richtungen eine Hand ausgestreckt ist: zu den Menschen

und zu Gott (vgl. die Gestaltungshinweise zur Brücke). Im Gespräch kann dann näher gedeutet werden, wie Jesus in seinem Leben, Lehren und Wirken die gute Hand Gottes zu uns Menschen hin gewesen ist.

– *Jesus, das Verbindungsseil zwischen Gott und den Menschen:* In vergleichbarer Weise kann ein dickes Tau (festes Bergseil) die Verbindung von Gott und Menschen in Jesus sinnbildlich darstellen.

Weiterführung nach dem Gottesdienst

Je nach dem gewählten Symbol oder Zeichen kann den Gottesdienstbesuchern ein entsprechendes Erinnerungsstück (aus Tonpapier geschnitten oder auch ein »richtiges« Seilstück) mitgegeben werden.

Vom Evangelium her kann auch die eigene Taufe ins Bewusstsein gerufen werden. Vgl. dazu die entsprechenden Hinweise im Band zum Lesejahr C.

(A 10) Taufe des Herrn

(A 11) 2. Sonntag im Jahreskreis

Zu den Schrifttexten

Jes 49,3.5-6: *Ich mache dich zum Licht der Heiden.* Deuterojesaja (= der »zweite« Jesaja, Kap 40-55 des Jesajabuches) verkündet in der Zeit des babylonischen Exils im 6. Jahrhundert vor Christus dem Volk die Verheißung auf Rückkehr nach Jerusalem und auf Wiederherstellung des Tempels und der Stadt. In diese Texte sind vier »Gottesknecht-Lieder« eingearbeitet (hier das zweite), die von einer prophetischen Gestalt künden, die dem Volk Heil bringt. Dies bedeutet für den Gottesknecht eine dienende, ja sogar leidenbringende Funktion (deshalb wird das vierte Lied in der Lesung am Karfreitag auf Jesus bezogen).

Zu diesem Gottesknecht wird in der heutigen Lesung eine dreifache Aussage gemacht: Er ist von Gott berufen und beauftragt, von ihm mit Geist gestärkt, um die Herrlichkeit Gottes kundzutun. Er ist berufen, das Volk Israel zurückzuführen und aufzurichten. Er ist das Licht der Heidenvölker, also aller Menschen. Von diesen Gedanken her ist leicht nachzuvollziehen, warum Christen die Gestalt des Gottesknechtes auf Jesus beziehen.

1 Kor 1,1-3: *Gnade und Friede sei mit euch.* Die heutige Lesung ist der Briefeingang des Paulus-Briefes, der sich entsprechend antikem Stil in drei Teile gliedert: Absender, Empfänger, Gruß. In der uns eher fremden Sprache sind zu allen drei Teilen bedeutsame Aussagen versteckt. Paulus bezeichnet sich als Apostel. Er ist zwar nicht vom irdischen, wohl aber vom auferstandenen Jesus unmittelbar berufen worden und unterscheidet sich deshalb von anderen Gemeindeleitern wie etwa dem »Bruder« Sosthenes. Die Berufung zum Apostel gibt Paulus Autorität, seiner Gemeinde zu wichtigen Punkten etwas zu sagen. Deshalb gehört dieser Titel für ihn an den Anfang des Briefes, um seine Autorität gegenüber den Korinthern zu unterstreichen.

Die Gemeinde wird als Kirche Gottes und als berufene Heilige bezeichnet. Damit wird sie – ebenso wie alle, die sich zu Jesus bekennen – zum endzeitlichen Gottesvolk. Nicht aus eigener Gerechtigkeit werden sie als »heilig« (= von und für Gott ausgesondert) bezeichnet, sondern weil Gott sie gerufen und erwählt hat. Deshalb gelten der Gemeinde auch die abschließenden Segenswünsche, die die endzeitlichen Gaben Gottes ausdrücken. Schalom als umfassender Friede, der alle Lebensbereiche zu einer inneren Harmonie führt, und Gnade als Zuwendung Gottes und damit endgültiges Heil. Beides ist bereits anfanghaft in der Gemeinde gegenwärtig und mit der Verheißung verknüpft, dass Gott die Gemeinde zur Vollendung führen wird.

Joh 1,29-34: *Ich bezeuge: Dieser ist der Sohn Gottes.* Im ersten Kapitel des Johannesevangeliums geht es wesentlich um das Verhältnis des Johannes zu Jesus und um sein Zeugnis. Bereits im Prolog (vgl. C 8) klingt das an. Das Zeugnis des Johannes vor den Offiziellen der Juden folgt (1,19-28, vgl. B 3). Dies wird weitergeführt und vertieft im Text dieser Perikope. Es schließt sich die Konsequenz an: Johannes schickt seine Jünger zu Jesus (vgl. B 11). Johannes also versteht sich als Vorläufer, als Zeuge, der auf den Messias hinweist und ihn vor allem Volk bekannt macht.

Dabei macht der Evangelist im Mund des Täufers Aussagen über Jesus, die in konzentrierter Form seine Bedeutung zusammenfassen – gleichsam eine Überschrift über das ganze Evangelium: Jesus ist das Lamm Gottes. Dahinter steht die Erinnerung an das Paschalamm, vielleicht aber eher der Typos des leidenden und sich für das Volk aufopfernden Gottesknechtes (vgl. die Jesaja-Lesung und besonders das vierte Gottesknechtlied – C 25). Jesus ist der Heilsbringer, der die Sünde beseitigt. Unter Sünde versteht Johannes die grundsätzliche Abwendung der Menschen von Gott. Seine Aufgabe ist es, die Menschen neu zu Gott hinzuwenden, durch die Sündentilgung werden die Menschen neu Gott unterstellt. Diese Aufgabe kann Jesus nur erfüllen, weil er der geistbegabte Sohn Gottes ist, mehr also als nur ein Mensch.

Schrifttext und Familien mit Kindern

Die drei Schrifttexte bergen je auf eigene Weise Schwierigkeiten sowohl mit ihrer sprachlichen Form wie mit ihrer inhaltlichen Aussage. Der für Israel und die Heiden (wer ist das?) wirkende Gottesknecht ist uns fremd. Der Briefeingang des Korinther-Briefes (ohne dass der Inhalt gelesen wird) erscheint mit theologischen Schlagworten (Apostel, Berufener, Kirche, Gnade ...) überfrachtet, stoßen wird man sich auch an der Bezeichnung der Gemeinde als die »Geheiligten«. Die Aussage der Heiligkeit trifft keineswegs das Selbstverständnis heutiger Gemeindemitglieder. Auch das Sprechen des Evangeliums vom Lamm Gottes (vgl. das entsprechende Gebet in der Messe vor der Kommunion) macht eher ratlos: Jesus als Lamm, das geschlachtet wird zur Vergebung der Sünden? Welches Jesusbild und – tiefer noch – welches Gottesbild steht hinter einer solchen Aussage?

Ansatzpunkte zwischen diesen Texten und der Lebenssituation heutiger Familien zu finden, ist deshalb nicht einfach. Dennoch gibt es Möglichkeiten, von den Schrifttexten zur Gottesdienstgestaltung zu kommen:

– *Licht der Völker:* Die Lichtsymbolik kommt im Kirchenjahr und in den Schrifttexten häufig vor – entsprechend der Bedeutung, die dieses Symbol für den religiösen Bereich hat. Sie kann aber an dieser Stelle aufgegriffen werden, um die Aufgabe des Gottesknechtes deutlich zu machen. Allerdings wird man dies mit Jesus verknüpfen: Er ist das wirkliche Licht der Welt (vgl. B 6).

– *Lamm Gottes:* Daran schließt ein zweiter Gedanke an: Jesus wird als das Lamm Gottes bezeichnet – für uns heute ein eher unverständlicher Begriff. Selbst wenn wir ihn mit der Lebenshingabe Jesu (sein ganzes Leben als Einsatz für andere, gipfelnd im Tod am Kreuz) verstehen, so haben wir keine Beziehung zum Tieropfer im Tempel. Dieses Bild muss deshalb durch andere erweitert werden, etwa durch das Bild des guten Hirten, der für die ihm Anvertrauten da ist – bis hin zum Einsatz seines Lebens. Ebenso ist das Bildwort des guten Freundes sinnvoll, der für seine Freunde da ist (vgl. Joh 15,13: »Es gibt keine größere Liebe, als wenn einer sein Leben für seine Freunde hingibt«).

– *Menschen neu mit Gott verbinden:* Die Lebensaufgabe Jesu (»die Sünde der Welt hinwegzunehmen«) ist zu deuten als die Überwindung der Trennung des Menschen von Gott (»Sünde«), als eine Hinführung des Menschen also zur Gnade Gottes, als ein Brückenschlag, ein neuer Weg, ein Anfang, der Hoffnung gibt. So wird Jesus zum neuen Bund, zum Band der Freundschaft zwischen Gott und den Menschen.

– *Gemeinde (Kirche) als geschwisterliche Gemeinschaft, die von Gott berufen ist:* Das Gemeindeverständnis des Paulus (»die Gemeinde, berufen als Heilige«) kann trotz der fremden Sprache zum Anlass genommen werden, die Geschwisterlichkeit der Gemeindemitglieder zu betonen: Weil Gott unser Vater ist, sind wir Geschwister.

Gestaltungsideen für den Gottesdienst

– *Licht der Völker:* In einer kurzen Einleitung wird ausgedrückt, dass Christen das Sprechen des Jesaja über den Gottesknecht auf Jesus beziehen: Er ist der von Gott Beauftragte, der nicht nur die Menschen in Israel, sondern Menschen aus allen Völkern (Heiden) mit Gott verbinden will. Dies wird danach in einer Zeichenhandlung verdeutlicht. An verschiedenen Stellen der Kirche stehen Kinder mit Papptafeln, auf denen die Namen der fünf Kontinente geschrieben sind (even-tuell tragen diese Kinder auch entsprechende Kostüme). Von der Osterkerze aus werden nun brennende Kerzen zu diesen Kontinenten und damit zu allen Menschen getragen: Jesus schafft aus allen Völkern das eine Volk Gottes. In einem weiteren Schritt sollte dann ausgeführt werden, was dies für die Christen bedeutet (vgl. auch die zweite Lesung): Gottes Gnade gilt allen, die sich zu Jesus bekennen. Damit aber werden alle an Jesus Glaubenden auch untereinander verbunden.

(A 11) 2. So im Jahr

– *Lamm Gottes:* Um das theologisch richtige, uns heute aber fremde Bild zu vermitteln (auch im Blick auf das Lamm-Gottes-Gebet in der Messe) schlagen wir vor, nicht mit diesem Bild zu beginnen, sondern zuerst das damit Gemeinte auf andere Weise auszudrücken. Der Johannessatz von der größten Liebe gibt dazu einen Einstieg: In Spielen, Berichten, Geschichten ... werden Beispiele benannt, wie Menschen ihr Leben für andere hingegeben haben – so ist wirkliche Freundschaft. Für diesen Schritt kann auch das biblische Bild des guten Hirten (vgl. Joh 10,11: »Ich bin der gute Hirt. Der gute Hirt gibt sein Leben hin für die Schafe«) genutzt werden. In einem zweiten Schritt werden diese Aussagen auf Jesus, sein Leben und Wirken, vor allem seinen Tod am Kreuz bezogen: Er ist der gute Freund, der gute Hirt, der ganz für die Seinen da ist. Ein dritter Schritt muss durch eine Sacherklärung erfolgen: Im Jerusalemer Tempel wurde Lämmer geopfert, um dadurch die Verbindung der Menschen mit Gott und ihre Ausrichtung auf ihn auszudrücken. Das Lamm steht stellvertretend für diesen Bund zwischen Gott und den Menschen. Die ersten Christen kannten diese Symbolik und versuchten mit dem Bild vom Lamm Gottes die Bedeutung Jesu zu deuten: Er ist das von Gott gesandte »Lamm«, das freiwillig den Weg bis zum Kreuz geht, um dadurch den Bund der Freundschaft zwischen Gott und den Menschen zu erneuern.

– *Menschen mit Gott verbinden:* Was ist die Lebensaufgabe Jesu? Durch eine Zeichenhandlung soll eine Antwort auf diese Frage versucht werden: Altar (oder auch Tabernakel) stehen dabei für Gott. Von dort aus wird ein Stoffband gespannt, das sich bis zu den ersten Bankreihen erstreckt. Dieses Band kann mit dem Christussymbol oder mit Kreuzen beschriftet sein. Jesus ist das Band zwischen Gott und den Menschen. Statt eines einzigen Bandes können auch mehrere gespannt werden und dabei die Deutung erfolgen, auf welche Weise Gott mit uns und wir mit ihm verbunden sind: Schöpfung allgemein und besonders unser eigenes Leben, Führung auf dem Lebensweg, Taufe, Eucharistie, Gebet, Nächstenliebe ...

– *Geschwisterliche Gemeinschaft:* Dass »heilig sein« im Verständnis des Paulus nicht moralisch integer meint, sondern die Berufung und Annahme (Gnade) durch Gott, mithin also Geschenk statt eigener Bemühung ist, kann durch eine Zeichenhandlung deutlich werden. Auf dem Altar liegen farbige Tücher. Nacheinander werden nun verschiedene Menschen zum Altar »berufen«; ihre unterschiedliche fiktive Lebensgeschichte wird in kurzen Sätzen charakterisiert: behindertes Kind, alleinerziehende Mutter, Arbeitsloser, drogensüchtiges Mädchen, »normale« Vater-Mutter-Kind-Familie, alte Frau ... Ihnen allen wird auf dem Weg zum Altar zugesprochen: »Komm, du Heilige(r) Gottes!« Am Altar erhält jeder ein Tuch. Wenn alle rund um den Altar stehen, verbinden die Tücher alle zu einem Kreis: Weil wir von Gott berufene Heilige sind, bilden wir eine Gemeinschaft durch und mit ihm. Diese Gemeinschaft sollte bis Gottesdienstende so bestehen bleiben.

Weiterführung nach dem Gottesdienst

Zu den ersten Vorschlägen passt ein Jesusbild der Kunst, das den Gottesdienstbesuchern am Ausgang überreicht wird, etwa eine Darstellung Jesu als guter Hirt oder das Grünewald-Bild, das Johannes den Täufer zeigt, wie er auf Jesus verweist ... Beim dritten Vorschlag ist es denkbar, dass ein kleines Stück Band mitgegeben wird, auf dem ein Kreuz oder Christusmonogramm sichtbar ist. Dies kann eine Erinnerung sein, dass jeder durch Jesus mit Gott verbunden ist.

Zum letzten Vorschlag passt die Anregung, die eigene Gemeinde daraufhin zu überprüfen, ob Offenheit füreinander und gegenseitige Annahme bestehen. Werden Menschen in der Gemeinde ausgegrenzt oder durch Vorurteile belastet? Sind alle miteinander auf dem Weg – von Gott gerufen und damit im paulinischen Sinn als heilig? Ist die gemeinsame Beziehung zu Gott die Grundlage der Gemeinschaft? In Familien und Gemeindegruppen kann diesen Fragen nachgegangen werden.

(A 12) 3. Sonntag im Jahreskreis

Zu den Schrifttexten

Jes 8,23-9,3: Das Volk im Dunkeln sieht ein helles Licht. (Vgl. dazu C 5.) Jesaja verkündet etwa um 730-720 den Untergang des Nordreiches (722 erobert Assur Israel). Doch Jesaja macht dem Volk in dieser Situation der Bedrängnis Hoffnung durch ein Verheißungswort. Gottes befreiendes Handeln (erfahrbar geworden im Auszug aus Ägypten) wird dem Volk neue Freiheit und Heil schenken – ein Licht geht auf in der Dunkelheit. Die Verse der Lesung wurden parallel zum Evangelientext ausgewählt, um das Schema »alttestamentliche Verheißung – neutestamentliche Erfüllung« beispielhaft aufzuzeigen. Leider wurde die Sinnspitze des Jesajatextes, die Verheißung eines neuen Königskindes (Jes 9,4-6, vgl. die Lesung an Heiligabend, C 5), dabei nicht übernommen.

1 Kor 1,10-13.17: Seid alle einmütig. In seinem Brief an die Gemeinde in Korinth nimmt Paulus zu Fragen Stellung, die aus der Gemeinde an ihn herangetragen wurden, er mahnt und versucht, den Kern christlicher Botschaft deutlich zu machen, So trifft es ihn, den Gründer der Gemeinde, als er erfahren muss, dass es Spaltung in der Gemeinde gibt: Gruppen, die sich auf verschiedene Personen berufen, die einen auf ihn, Paulus, den Gründer der Gemeinde, andere auf Apollos, einen bedeutenden und beredten Mann, andere auf Petrus (vielleicht Judenchristen), andere unmittelbar auf Christus (vielleicht Schwärmer, die die unmittelbare Erfahrung des Geistes betonen). So zerfällt die Gemeinde.

Paulus wendet dagegen verschiedene Argumente ein: Der einzige Herr einer Gemeinde ist Christus selbst – und der ist nicht geteilt. Der einzige Erlöser ist Christus – und der starb für alle am Kreuz. Der Einzige, der die Mitte der Gemeinschaft ist, ist Christus – und auf seinen Namen wird allein getauft. Trotz aller Unterschiedlichkeit der Menschen muss in einer christlichen Gemeinde die gemeinsame Ausrichtung auf Christus die Grundlage sein, das Herzstück des Gemeindelebens. Diese Mahnung des Paulus gilt über die Gemeinde in Korinth hinaus allen Gemeinden.

Mt 4,12-23: Kehrt um und folgt mir nach, denn das Himmelreich ist nahe. Der Evangelientext ist dreifach gegliedert. Nach der Erwähnung des Johannes (vgl. Mt 3) beginnt Jesus sein öffentliches Auftreten im – von den Juden in Jerusalem als heidnisch angesehenen – Galiläa. Dass diese Provinz am Rande Israels dennoch ihre Bedeutung hat, wird mit dem Zitat aus Jesaja (vgl. die alttestamentliche Lesung) aufgezeigt: Hier erfüllt sich in Jesus die Verheißung, hier erstrahlt in der Dunkelheit ein helles Licht. Der Aufruf Jesu zur Umkehr und seine Verkündigung des Himmelreiches stellt eine Überschrift über sein ganzes Wirken dar.

Es folgt die Berufung der ersten Jünger. Bei Matthäus ist – anders als bei Johannes – Petrus in besonderer Weise herausgestellt. Nachfolge bedeutet Umkehr im Sinne einer radikal neuen Lebensorientierung; die Fischer, die zu Menschenfischern werden, verlassen alles.

Das öffentliche Wirken Jesu gliedert sich in die beiden Bereiche: Lehre und Handeln, Verkündigung und Heilung. So wird Jesu durch Wort und Tat zum Boten Gottes.

Schrifttext und Familien mit Kindern

Die verkürzte Verheißung des Jesaja kann von ihrem geschichtlichen Hintergrund her kaum etwas für heutige Familien aussagen. Wohl aber steht hinter dem Text eine menschliche Grunderfahrung, die auch heute bedeutsam ist: In der Situation der Bedrängnis und Not gibt es immer wieder Hoffnung. Glaubende Menschen richten sich dabei vertrauensvoll an Gott. Auf der Erfahrung anderer Glaubenden aufbauend (etwa auch auf den in der Bibel gesammelten Glaubenserfahrungen) erhoffen sie sich eine Wende zum Guten, einen

Neubeginn, neues Licht. Solchem Vertrauen auf Gott und solchen Wenden zum Guten im heutigen Leben nachzuspüren, kann zum Thema eines Familiengottesdienstes werden und darin Hilfe für das Leben von Kindern und Erwachsenen sein.

Das Thema des Paulus, Streit und Trennung in der Gemeinde (in der Kirche), ist auch heute aktuell: Überall, wo Menschen zusammenleben und zusammenwirken, gibt es solche Auseinandersetzungen. Ökumene bleibt nicht allein im Blick auf die verschiedenen Konfessionen, sondern auch im Blick auf jede einzelne Gemeinde eine ständige Aufgabe: Gemeinschaft muss je neu »erarbeitet« werden. Sie kann nach der Erfahrung des Paulus nur dann gelingen, wenn sich alle auf ihre gemeinsame Grundlage, auf Christus, besinnen. Dies stellt einen Ansatzpunkt für heutiges Gemeindeleben dar.

Das Thema Streit und Gemeinschaft kann aber auch über den kirchlichen Raum hinaus bedacht werden. Die Verschiedenheit von Menschen führt zu Meinungsverschiedenheiten, Auseinandersetzungen und Machtkämpfen. Durch die Besinnung auf eine gemeinsame Grundlage kann dies überwunden werden.

Der Evangelientext bietet zwei Ansatzpunkte für eine Gottesdienstgestaltung: Zum einen kann die Bedeutung Jesu und sein Wirken thematisiert werden, dem Matthäus im ersten Teil der Perikope die Überschrift gibt: »Das Himmelreich ist nahe.« In Jesus begegnet Gott den Menschen. Zum anderen kann mit der Berufung der ersten Jünger das Thema Berufung und Nachfolge aufgegriffen werden: Was bedeutet dies für heutige Menschen? Wie kann man sich heute an Jesus binden und in seiner Nachfolge andere wichtige Dinge des Lebens zurückstellen?

Gestaltungsideen für den Gottesdienst

– *Es wird immer wieder Morgen:* Bedrängende Situationen von Menschen heute werden durch Anspiel, Sprechspiel, Erzählung oder Bilder aufgezeigt. In einem zweiten, mittleren Teil wird die Erfahrung Israels und die Prophezeihung Jesajas eingebracht: Die bevorstehende Eroberung Israels durch fremde Mächte lässt das Volk wie in der Dunkelheit leben. Doch Jesaja verheißt neues Licht: Gott wird alles zum Guten wenden. Im abschließenden Teil zeigen entsprechende Szenen auf, wie die Dinge sich zum Guten wenden können, wie es nach Streit wieder Versöhnung gibt, wie Hilfe gleichsam vom Himmel kommt, wie Menschen füreinander da sein können ...

– *Immer wieder Streit:* Kinder wie Erwachsene leiden je neu unter Streitsituationen und können sie dennoch nicht vermeiden. Streit gehört zum Leben wie die Dunkelheit zur Nacht (vgl. Jesaja). So wird nicht jeder Streit zu vermeiden sein, ein solch ideales Bild sollte auch im Gottesdienst nicht gezeigt werden, erst recht sollten die Besucher nicht durch überzogene Forderungen nach Beendigung allen Streites unter Druck gesetzt werden. Es ist etwa für Kinder einfach nicht zu schaffen, jede Auseinandersetzung zu vermeiden. Oft brauchen sie dieses Reiben aneinander, um zu lernen, den eigenen Willen auszudrücken und einen eigenen Stand im Leben zu gewinnen. So geht es mehr darum, zu einer »christlichen Streitkultur« zu kommen, die das Gewalttätige im Streit zurückdrängt und zur Achtung auch der anderen Meinung ermuntert, die sich um sachgemäße Auseinandersetzung bemüht und vor allem zur Versöhnung ermuntert. Dieses Thema kann mit verschiedenen Zeichenhandlungen verbunden werden, zum Beispiel: Eine Familie wird gespielt. Zu Beginn sind alle untereinander durch bunte Bänder verbunden. Es kommt zum Streit, ein Band nach dem anderen wird gelöst, jeder steht nun isoliert da. Danach wird Versöhnung gespielt, und die Bänder werden neu geknüpft. Das Gleiche ist auch mit der alten Redewendung vom zerschnittenen Tischtuch möglich: Ein (altes) Tischtuch wird von allen Familienmitgliedern so gehalten, dass es aussieht, als stünden alle rund um einen Tisch. Einer zerschneidet das Tuch, sondert sich durch Streit ab, die Gemeinschaft zerfällt. Erst als alle bereit sind, ein »neues Tischtuch« aufzulegen, kommen sie wieder zusammen.

– Es gibt Spaltungen unter euch: Ähnliches wie beim Beispiel der Familie kann auch auf die Gemeinde oder auf die Situation christlicher Kirchen überhaupt ausgesagt werden. So ist ein Zeichen denkbar, dass ein großes Kreuz aus Tonpapier von verschiedenen »Kirchen« zerschnitten wird, jeder will »seinen Christus« haben, aber am Ende hat ihn keiner. Erst als sie sich auf ihre gemeinsame Grundlage besinnen, kommt es zu neuer Einheit.

– Folge mir: Nachfolge als Hinter-einem-Menschen-hergehen, in seinen Spuren gehen, ihm nacheifern kann von heutigen Stars und Vorbildern aus festgemacht werden: Unterschiedliche Größen aus Sport, Musik, Film, vielleicht aus Gesellschaft, Kunst und Politik werden vorgestellt und das Bedeutende, vielleicht sogar Vorbildliche ihres Lebens aufgezeigt. Danach wird die Person Jesu und ihr beispielhaftes Handeln und Lehren in einigen Zügen aufgezeigt und dargestellt, wie er auch heutiges Leben bereichern kann. Das Thema kann durch eine kleine Prozession durch die Kirche abschließen: Wir gehen hinter einem Kreuz, wir folgen Jesus.

– Jesus verkündet das Evangelium: Die Verkündigung Jesu zielt darauf, den Menschen durch die Zusage der Nähe Gottes (etwa Gott als guter Vater) Befreiung, Hoffnung und Lebensmut zu schenken. Ein Spiel kann dies wie folgt darstellen: Im Mittelgang sitzen verschiedene Gestalten. Ein Jesusdarsteller geht von einem zur anderen und fragt nach dem, was sie bedrückt. Einer ist krank – Jesus legt ihm heilend die Hand auf. Einer leidet an seiner Schuld – Jesus spricht ihn los. Einer ist durch Spott und Ausschluss von anderen bedrückt (vgl. Zachäus) – Jesus nimmt ihn in die Arme und zeigt so Gemeinschaft ... Zu jeder Szene kann der (leicht veränderte) Satz des Evangeliums gesprochen werden: »Fangt neu an – Gott ist euch nahe.«

Weiterführung nach dem Gottesdienst

Zum ersten Gottesdienstvorschlag passt gut ein Bild oder Foto von einem Sonnenaufgang. Vielleicht kann ein solches Bild (etwa eine Postkarte) den Besuchern geschenkt werden. Auch kann ein besonderes Segensgebet am Ende des Gottesdienstes zum Mut in das Leben und zum Vertrauen auf Gott ermuntern.

Das Thema Streit kann dadurch weitergeführt werden, dass die Familien zur Besinnung angeregt werden, das Gemeinsame ihres Familienlebens zu bedenken. Dies kann in Art einer Familienkonferenz geschehen: Das Verbindende wird ebenso genannt wie die Probleme und Schwierigkeiten.

Zum Themenfeld Ökumene kann ein Angebot vorbereitet sein, die evangelische Partnergemeinde und ihren Gottesdienst kennen zu lernen. Umgekehrt kann auch eine Einladung an die evangelischen Christen (etwa an einen Kindergottesdienstkreis) zu einem katholischen Gottesdienst und zu einem Treffen in der katholischen Gemeinde erfolgen. Sinnvoll ist auch ein ökumenischer Gottesdienst, der gemeinsam vorbereitet wird.

Auch das Thema Nachfolge kann im Familiengespräch weitergeführt werden: Was sind unsere Vorbilder? Auf wen richten wir unser Leben aus?

(A 13) 4. So im Jahr

(A 13) 4. Sonntag im Jahreskreis

Zu den Schrifttexten

Zef 2,3;3,12-13: Sucht den Herrn, sucht Gerechtigkeit, sucht Demut. Der Prophet Zefanja wirkte zu Beginn der Regierungszeit des Reformkönigs Joschija (640-609) und bereitete dessen Erneuerung des religiösen Lebens durch seine Botschaft vor. Noch vor dieser Reform rief Zefanja durch eine Gerichtsprophetie zur Umkehr und zu einem Gott wohlgefälligen Leben auf. Dies wird im Text der Lesung durch die beiden Begriffe Gerechtigkeit und Demut deutlich. Vor diese Grundbegriffe einer Beziehung des Menschen zu Gott setzt Zefanja die allgemeine Forderung: »Sucht den Herrn!«Das Leben kann nur dann gelingen, wenn sich die Menschen in all ihren Lebensbezügen auf Gott ausrichten. Dies bedeutet, vor Gott gerecht zu leben (»sucht Gerechtigkeit«) und Gottes Größe anzuerkennen (»sucht Demut«). Gerechtigkeit und Demut (als Dien-Mut, Dienstbereitschaft Gott gegenüber) sind die Haltungen des glaubenden Menschen. Sie wirken sich dann auch auf das Zusammenleben der Menschen, auf das Heil des Volkes aus. Wo Gott der Hirte ist (vgl. Psalm 23), da kann die Herde ohne Angst weiden, da hat alle Bedrohung ein Ende.

1 Kor 1,26-31: Das Schwache hat Gott erwählt. Paulus schreibt seinen Brief an die Gemeinde in Korinth, um auf Missstände aufmerksam zu machen und Grundzüge christlichen Glaubens und der Gemeinde aufzuzeigen. Wo sich anscheinend Teile der korinthischen Gemeinde ihres Geistbesitzes und der Gabe der geisterfüllten Zungenrede rühmten, macht Paulus dagegen deutlich, dass niemand sich vor Gott rühmen darf. Alles ist Geschenk, Menschen sind vor Gott Empfangende, ihre Haltung ist die der Demut (vgl. Zefanja) – Menschen sind vor Gott nichts anderes als »Arme«. Dies wird daran deutlich, dass Gott gerade das Kleine und Schwache, das Nied-

rige und Arme erwählt. Diese Glaubenserfahrung gipfelt in der Botschaft vom Kreuz: Den am Kreuz erniedrigten Christus hat Gott erwählt und erhöht. Auf den erhöhten Herrn hat sich der Christ auszurichten; der Reichtum der Christen liegt nicht in eigener Kraft, Weisheit und Stärke, sondern in Christus.

Mt 5,1-12a: Selig, die arm sind vor Gott. (Vgl. auch C 15: Seligpreisungen nach Lk 6,20-23.) In der Bergpredigt wird Jesus als der große Lehrer gezeichnet, der das Volk zu einer hörenden Gemeinschaft zusammenführt und die neue Lebensordnung des Gottesvolkes verkündet. Die Seligpreisungen sind die Eröffnung dieser Lehrrede Jesu. Sie sind Botschaft von der Ankunft des Reiches Gottes, Anspruch an den Menschen, sich auf diese Botschaft einzulassen, und zugleich Verheißung, dass das in Jesus bereits begonnene Reich Gottes durch Gott zur Vollendung geführt wird. Gegenüber der Quelle, die auch Lukas genutzt hat, hat Matthäus die einzelnen Seligpreisungen »spiritualisiert«, es geht bei ihm – anders als bei Lukas – nicht um die Armen, Trauernden, Weinenden. Vielmehr stellt er die Menschen vor Augen, die aus der inneren Haltung der Armut (vgl. Zefanjas Demut) – Gerechtigkeit, Barmherzigkeit ... zu leben suchen. Wer sich so um ganzheitlichen Frieden bemüht, der ist Gottes Kind, der wird bei Gott Vollendung finden.

Schrifttext und Familien mit Kindern

Die drei Schrifttexte sind von einem gemeinsamen Gedanken durchzogen, dem der »Armut« des Menschen vor Gott, die zu einer Haltung der Demut führen muss. Zefanja bezeichnet diese Haltung als Grundlage religiösen Lebens. Paulus führt die Demut vor Gott gegen Überheblichkeit und Selbstruhm in der Gemeinde an. In den Seligpreisungen schließlich wird die (bei Matthäus spiritualisierte) Haltung des Armseins vor Gott gleichsam zur Überschrift nicht allein für die Seligpreisungen, sondern für die ganze Bergpredigt. So kann diese Haltung im Gottesdienst für heutiges Leben erschlossen werden: Wie ist die Haltung der Christen gegenüber Gott?

Im prophetischen Text klingt auch das Thema Gottsuche an, das für heutige Menschen bedeutsam ist. Es kann im Gottesdienst näher ausgearbeitet werden. Dabei spielt die Erfahrung der Bibel eine Rolle, dass sich Gott besonders als Gott der Armen zeigt, der ihnen zugewandt ist und Heil zusagt.

Dazu passt wiederum die Aussage des Paulus, dass Gott das Schwache und Kleine erwählt. Hieran kann sich im Blick auf die Kinder eine Gottesdienstgestaltung anschließen, die diesen Gedanken vertieft (vgl. dazu auch den Text des Magnificat Lk 1,46-55 oder die Erzählung von der Salbung des David, den Gott vor seinen größeren Brüdern auswählt).

Gestaltungsideen für den Gottesdienst

– *Gott wählt anders aus als Menschen:* Kinder wählen vor einem Spiel Mannschaften aus, dabei achten sie für die Reihenfolge der Wahl besonders auf Schnelligkeit, Kraft, Größe ... Ähnliches geschieht in vielen Bereichen der Erwachsenenwelt, wo Leistung, Macht und Können gefragt sind. Dies kann durch Anspiele aufgezeigt werden: So wählen Menschen aus. Gegen diese – durchaus verständlichen – Auswahlkriterien werden Erfahrungen gesetzt, die Menschen mit Gott machten: Er erwählt und beruft nach anderen Maßstäben. Beispiele aus der Bibel können genannt oder gespielt werden, etwa David, Maria, Josef (alttestamentlich), aber auch die Jünger Jesu (meist, nicht alle, einfache Leute, nicht die Schriftgelehrten und Führer des Volkes) ... In einem dritten Schritt kann besonders den »Kleinen« heute zugesprochen werden, dass Gott sie annimmt. Damit sind nicht allein die Kinder gemeint, sondern auch einfache Leute der Gemeinde: Vor Gott sind alle gleich, unabhängig von Wissen, Können, Besitz, Macht und Ruhm. Ein vierter Schritt wird diesen Zuspruch als Anspruch an Menschen heute deuten: Wie gehen wir mit anderen um, sind uns die »Schwachen und Kleinen« ebenfalls wichtig?

– *Dien-Mut:* Das Wort Demut gehört nicht zum heutigen Sprachgebrauch, für viele hat es zudem einen eher erniedrigenden Klang. Das kann leicht anders werden, wenn man seinen Wortstamm deutet als »Mut zum Dienen«. Es geht also nicht um eine unterwürfige und schwache Haltung, sondern um mutiges und einsatzbereites Handeln des Menschen. Wenn der Mensch sich auf Gott ausrichtet und versucht, seinen Willen zu tun, kann er zum Dienst an den Menschen bereit werden. Diese Deutung christlichen Lebens kann an einzelnen Personen, etwa an großen Gestalten christlicher Nächstenliebe wie Mutter Teresa ..., ebenso festgemacht werden wie an gespielten Szenen, die Beispiele solch mutigen Dienens heute aufzeigen. Als Zeichen können ein Besen oder ein Putztuch dienen.

(A 13) 4. So im Jahr

Weiterführung nach dem Gottesdienst

Um den Gedanken des Dienstes als Haltung glaubender Menschen nicht allein durch Worte auszudrücken, kann vielleicht zu einer bestimmten Aktion in der Gemeinde ermuntert werden, an der Familien auch gemeinsam teilnehmen können (etwa im sozialen Bereich für eine soziale Randgruppe oder im Bereich des Gemeindelebens Dienste bei einem Fest, bei der Verschönerung des Pfarrheims ...).

Für das Gespräch in der Familie kann als Anregung die Überlegung stehen: Wer sind heute bei uns die Armen und Kleinen? Wie können wir ihnen von unserem Glauben an den Gott der Armen her zur Seite stehen?

> Inmitten heutigen Lebens
> bist du zugegen, Herr,
> bist du uns Menschen nahe,
> birgst du uns in deiner Hand.
>
> Inmitten heutigen Lebens,
> inmitten Menschen aus allen Völkern,
> inmitten Armen und Reichen,
> inmitten Jungen und Alten,
>
> inmitten Straßen und Häusern,
> inmitten Fabriken und Geschäften,
> inmitten Städten und Dörfern,
> inmitten aller Orte der Erde,
>
> inmitten von buntem Leben,
> inmitten von Liebe und Leid,
> inmitten von Glück und Hass,
> inmitten von Leben und Tod,
>
> inmitten heutigen Lebens bist du zugegen, Herr,
> bist du uns Menschen nahe, birgst du uns in deiner Hand.

(A 14) 5. Sonntag im Jahreskreis

Zu den Schrifttexten

Jes 58,6a.7-10: Ein Fasten, wie ich es liebe. Der letzte, dritte Teil des Jesajabuches wurde in der Zeit nach der Rückkehr aus dem Exil geschrieben, in einer Zeit der Enttäuschung über das Ausbleiben der Verheißungen und der wirtschaftlichen Not, in einer Zeit aber auch, in der die Tempelliturgie bereits wieder in ihren Formen erstarrt war. Gegen solch sinnentleerte Ritualisierung setzt der Prophet die Erinnerung an die Unmittelbarkeit der Gottesbeziehung Israels beim Auszug aus Ägypten (»deine Gerechtigkeit [= Gott selbst] geht vor dir her« entsprechend der Feuer-/Wolkensäule beim Exodus aus Ägypten). Dies kann auch heute dort in der Liturgie erlebt werden, wenn Israel aus dem Bund mit Gott das richtige Verhältnis zu den Volksgenossen zu leben sucht. Drei Werke der Barmherzigkeit werden genannt (vgl. dazu auch Mt 25,35-46), die im Sprechen vom Bruder zusammengefasst werden. Wo Menschen einander (Schwester und) Bruder sind, da wird der Bund mit Gott mit neuem Leben erfüllt, und da gewinnt auch die Liturgie des Volkes neuen Sinn.

1 Kor 2,1-5: Ich weiß nur Christus, den Gekreuzigten. Paulus gibt der Gemeinde in Korinth Rechenschaft ab über den Grund und die Art seiner und jeder christlichen Verkündigung. Es geht nicht um Menschenweisheit, um Redebegabung, um theologische Höhen-

flüge, sondern um das Bekenntnis zu Christus, dem Gekreuzigten. Das Kreuz Jesu steht für Paulus im Mittelpunkt seiner Botschaft. In seinen menschlichen Schwächen sieht sich Paulus diesem Kreuz gleich. Weil er Christus verbunden ist, kann er von ihm künden. Es geht bei der Verkündigung des Evangeliums Jesu Christi also nicht um die Person des Verkündigers und seine Begabungen, sondern allein um das »Geheimnis Gottes« (besser als »Zeugnis Gottes«), das in Jesus, dem Gekreuzigten, offenbar geworden ist.

Mt 5,13-16: Salz der Erde – Licht der Welt. Nach den Seligpreisungen folgen in der Bergpredigt nach Matthäus die beiden Bildworte vom Salz und vom Licht, kontrastiert von ihren Gegensätzen: salzlosem Salz und Licht unter dem Scheffel, das niemand nützt. Angeredet sind die Jünger, das bedeutet die Gemeinde, nicht wenige Auserwählte wie die Apostel also, sondern jeder, der sich an Christus bindet. Die Gemeinde hat, so zeigen diese Bildworte auf, eine universelle und durch nichts zu ersetzende Funktion für die Welt und die Menschheit. Dies deshalb, weil in der Gemeinde das Licht Gottes in unserer Welt sichtbar werden kann. Allerdings müssen Christen für diese Funktion ihrer Aufgabe gerecht werden, das Licht ihrer guten Werke (zu Konkretionen vgl. Jesaja) muss sichtbar werden. So werden Menschen zum Lob Gottes angeregt.

Schrifttext und Familien mit Kindern

Die Paulus-Lesung ist sprachlich und inhaltlich für heutige Hörer – erst recht für Kinder – kaum zu verstehen. Nur die Kernaussage, dass die Mitte christlicher Botschaft die Verkündigung Christus, des Gekreuzigten, ist, kann übernommen und gedeutet werden.

Dagegen sind sowohl die alttestamentliche Lesung als auch das Evangelium in ihrer Aussage so eindeutig, dass sie für einen Familiengottesdienst gewählt werden können. Allerdings müssen sowohl die Impulse Jesajas für

ein gottgefälliges Leben als auch die Bildworte Jesu konkretisiert werden: Was heißt »Salz der Erde, Licht der Welt« für heutige Gemeinden? Was bedeutet »Unterdrückung entfernen, den Gebeugten sättigen ...« für heutiges Leben? Je konkreter im Gottesdienst Möglichkeiten heutigen Handelns aufgezeigt werden, desto größer ist die Hilfe, die der Gottesdienst für heutige Lebensgestaltung geben kann. Von diesen Texten her geht es weniger um das Reden, sondern um konkretes Tun.

Gestaltungsideen für den Gottesdienst

– *Das Kreuz Jesu ist die Mitte unserer Botschaft:* In unseren Gottesdiensten, aber auch in vielen anderen Teilen der Gemeindearbeit werden vielfältige Aussagen zur christlichen Botschaft gemacht – die Frage nach einer inneren Mitte, nach einer Konzentration und Elementarisierung taucht auf. Paulus bietet im Lesungstext eine solche Zentrierung. Diese Aussage kann wie folgt umgesetzt werden: Den Kindern wird eine große Bibelausgabe oder ein Evangeliar mit der Frage gezeigt, was darin alles wohl enthalten sei. Die Kinder zählen Beispiele auf. Daran schließt sich die Frage an, was wohl von allem das Entscheidende und Wichtige sei. Sofern die Kinder nicht von selber das Kreuz Jesu (unter manchem anderen wie etwa »die Liebe Gottes zu uns Menschen« ...) nennen, wird aus dem Buch ein großes Kreuz aus Tonpapier gezogen: Die innere Mitte des Evangeliums ist das Kreuz Jesu. Durch das Kreuz sind wir mit Gott und untereinander verbunden. Dies kann durch die beiden Balken (senkrecht für die Verbindung zu Gott und waagerecht für die Verbindung zu den Menschen) ausgedrückt werden. Ebenso kann auch ein Kreuz des Kirchenraums in den Vordergrund gestellt und zum Ausgangspunkt der Katechese gewählt werden.

Eine Alternative ist die Aufzählung, wo wir überall Kreuze finden (in der Kirche, teilweise in Wohnungen, als Schmuckkreuz am Hals, als Wegekreuz, Pestkreuz, Missionskreuz, Kreuze in Wappen, Wirtshausschildern ...). Beispiele können genannt oder über Dias vorgestellt werden. Daran schließt sich ein Gespräch über die Bedeutung des Kreuzes für den Christen an.

– *Salz der Erde:* Je ein Becher mit salzlosem und gesalzenem Wasser wird vorgestellt – ein Unterschied ist nicht sichtbar, kann aber geschmeckt werden (kosten lassen). Daran schließt sich ein Gespräch über die Bedeutung des Salzes an. Salz ist lebenswichtig, es war früher oft eine Kostbarkeit (besonders in Ländern fern vom Meer). Danach wird das Evangelium gelesen (eventuell nur die ersten Verse vom Salz). Die Aussage Jesu, dass Christen wie Salz sein sollen, kann durch Beispiele gespielt werden: Wie können Christen durch ihr Handeln die Welt zum Guten verändern? Bei diesen Beispielen soll die konkrete Situation der Gemeinde am Ort (also weniger irgendwelche Aktivitäten der Weltkirche) im Vordergrund stehen: Was können wir tun, um Salz der Erde zu sein?

– *Licht der Welt:* In vergleichbarer Weise kann das Thema Licht aufgearbeitet werden. Da dieses Symbol aber häufiger im Kirchenjahr sowohl in Schrifttexten wie in Riten vorkommt, ist das Symbol Salz hier reizvoller.

– *Fasten für Gott und die Menschen:* Den Begriff des Fastens kennen Kinder in der Regel nur bei Erwachsenen, die aus gesundheitlichen Gründen abnehmen wollen. Der Ausdruck muss deshalb zuerst auf seine religiöse Bedeutung hin erschlossen werden: Fasten als Verzicht *für* andere. Es geht beim Fasten im religiösen Bereich nicht um Selbstquälung oder um den Verzicht um des Verzichtes willen, sondern um den verantworteten Einsatz eigener Mittel, um Zeit und Kraft für andere, es geht um die Existenz des Christen für die Menschen. Die Beispiele der Lesung sind einige der möglichen Konkretionen.

Weiterführung nach dem Gottesdienst

Zum ersten Gottesdienstvorschlag kann den Besuchern am Ausgang ein kleines Kreuz (aus Tonpapier, Holzstäbchen oder anderen Materialien) mitgegeben werden.

Für den zweiten Vorschlag kann ein Tütchen mit Salz mitgegeben werden. Um die Bedeutung des Salzes deutlich zu machen, kann die Anregung stehen, ein Essen ohne Salz zu kochen. Nachdem alle davon geschmeckt haben, wird nachgesalzen und der Unterschied deutlich.

Von Lesung und Evangelium her geht es vor allem um das Tun des glaubenden Menschen. So sollten konkrete Möglichkeiten angeboten werden, wie die Besucher zum »Licht« und zum »Salz« werden können.

(A 15) 6. Sonntag im Jahreskreis

Zu den Schrifttexten

Sir 15,15-20: Feuer und Wasser – Leben und Tod. Der Weisheitslehrer Jesus Sirach sieht am Beginn des zweiten vorchristlichen Jahrhunderts das Halten des Gesetzes und die Erfüllung des Willens Gottes als sicheren Weg zum persönlichen und sozialen Glück. Damit tritt er gegen die hellenistischen Strömungen in seinem Volk ein, die griechische Weisheit zur Grundlage der Lebensgestaltung machen wollen. Für Jesus Sirach ist dagegen die Treue zu Gott und seinem Gebot wichtig. Nur so erhält der Mensch Leben. Mit dem Bildwort von Feuer und Wasser, die sich unvereinbar gegenüberstehen, macht der Weisheitslehrer auf die unterschiedlichen Lebenskonzepte aufmerksam, die sich aus jüdischem Glauben und griechischer Weisheit ergeben: Es gilt, eine Wahl zu treffen zwischen Leben und Tod, zwischen Glück und Unglück, zwischen Segen und Fluch (Dtn 11). Die Willensfreiheit des Menschen und seine persönliche, individuelle Verantwortung stehen letztlich unter dem Gericht Gottes. So ist der Text zugleich Anspruch auf Entscheidung zum Guten (Gottes Gesetz tun) und Mahnung, das Heil nicht zu verfehlen. Der Zusammenhang mit dem Evangelientext der Bergpredigt ist von hier aus zu sehen.

1 Kor 2,6-10: Gott bereitet Großes denen, die ihn lieben. Paulus hat in den der heutigen Lesung vorangehenden Versen bereits deutlich gemacht, dass die Botschaft von Jesus, dem Gekreuzigten, keine Weisheit im Sinn dieser Welt ist, sondern in den Augen der Menschen eine Torheit darstellt: Gott erwählt das Schwache und setzt andere Maßstäbe. Dies wird in diesem Text weitergeführt. Dabei geht es um die Gegenübersetzung der Weisheit dieser Welt gegen die Weisheit Gottes und darum, wie sich Menschen für das Eine oder Andere entscheiden. Mit den Machthabern dieser Welt dürften kaum die Mächtigen in Israel zur Zeit Jesu gemeint sein, deren Handeln zum Tod Jesu am Kreuz führte. Vielmehr versteht Paulus dahinter viel allgemeiner die Mächte des Widergöttlichen und Bösen in unserer Welt, die zwar nach innerweltlichen Maßstäben (weltlicher Weisheit) handeln, aber das tiefste Geheimnis, das Geheimnis Gottes, nicht ergründen können. Diejenigen aber, die sich auf die Weisheit Gottes (und damit auf die von Paulus verkündete Botschaft vom Gekreuzigten) ausrichten, werden durch den Geist zur Erkenntnis Gottes und zum Leben in Gottes Vollendung gelangen.

Mt 5,17-37: Nicht das Gesetz aufheben, sondern erfüllen. In der Bergpredigt und besonders in den sogenannten »Antithesen«, deren ersten vier von sechs im Evangelientext enthalten sind, wird Jesus als der neue Gesetzgeber gezeichnet, der Mose am Sinai überbietet und die Ordnung des neuen Gottesvolkes aufstellt. So hebt er nicht das bisherige Gesetz der Tora auf, sondern er vollendet und erfüllt es, erhöht es zu einer größeren Gerechtigkeit. Alle Antithesen behandeln das Verhältnis der Glaubenden zu ihren Mitmenschen – es geht um eine Beziehung der Liebe und der Zuwendung, die das gesamte Verhalten prägen soll. Deshalb dürfen die einzelnen Beispiele der Antithesen auch nicht als neue »Gesetze« verstanden werden, die auf eine buchstabengetreue Ausführung drängen. Es geht um die Haltung zum Nächsten, um die Förderung und das Gelingen seines Lebens, um eine gerechte Gemeinschaft aller.

Schrifttext und Familien mit Kindern

Die Problematik der alttestamentlichen Lesung liegt für heutige Hörer vor allem auf der begrifflichen Ebene: Gebote und Vorschriften werden in der Regel als das Leben einengend und deshalb negativ bewertet – dies gilt besonders, wenn sie aus dem Bereich der Kirche kommen. Der lebensfördernde Aspekt des Willens Gottes, wie er sich in den Weisungen (etwa den Zehn »Geboten«) des Alten Testamentes als Handlungsorientierungen für Menschen zeigt, muss erst vermittelt werden. Dazu kann der Text des Jesus Sirach mit seinem bildhaften Kontrast von Feuer und Wasser dienen.

Die Paulus-Lesung ist – wie meist – sprachlich und inhaltlich schwierig. Wir sehen uns heute weniger vor den Gegensatz zwischen der Weisheit der Welt und der Weisheit Gottes gestellt, sondern versuchen Leben und Glauben, Vernunft und Religion in das Gesamt der menschlichen Person zu integrieren. Die Problematik heutiger Wissenschaft (Ist es erlaubt, das zu tun, was man kann?) ist Paulus fremd, für ihn geht es bei der Weisheit der Welt um eine Weltanschauung, die gegen Gott und sein Handeln steht. Man sollte Paulus deshalb nicht gegen die Emanzipation der Wissenschaft vom Glauben in Anspruch nehmen oder mit Hinweis auf ihn zu einer welt- und kulturfeindlichen Einstellung kommen. Wohl aber lassen sich aus dem Text das Stichwort vom Gekreuzigten (vgl. dazu A 14) und das Vertrauen in Gottes Führung entnehmen (»Gott bereitet Großes ...«).

Die Antithesen der Bergpredigt werfen die Frage auf, wie man mit diesem Anspruch Jesu leben kann. Kann man von Kindern (und Erwachsenen) verlangen, dass es keinen Streit gibt und dass sie sich nicht als »Dummkopf« bezeichnen? Ist ein Leben nach dem Ideal der Bergpredigt möglich – im privaten Rahmen ebenso wie im gesellschaftlichen? Eine solche Fragestellung verkennt allerdings die Sinnspitze der Bergpredigt und dieser Antithesen Jesu: Es geht gerade nicht um die Aufstellung neuer gesetzlicher Regelungen, die dann viel schärfer und anspruchsvoller als die früheren (etwa die zugrundeliegenden Zehn Gebote, vgl. dort 5., 6. und 8. Gebot) gefasst sind. Es geht um die Hinwendung des Christen zum Nächsten, um ein Leben als »Dumensch«, nicht als »Ichmensch«. Wie dies konkret umgesetzt werden kann, ergibt sich aus den konkreten Lebensumständen eines jeden Menschen, kann aber nicht allgemein gefasst werden.

(A 15) 6. So im Jahr

Gestaltungsideen für den Gottesdienst

– *Feuer und Wasser:* Das Bildwort Jesus Sirachs wird konkret dargestellt: Eine Schale mit Feuer ist auf der einen Seite aufgebaut, auf der anderen Wasser (vielleicht ein kleiner Zimmerspringbrunnen mit einigen Topfpflanzen darum – so kann das Wasser gesehen und gehört werden, ebenso wie das Prasseln des Feuers gehört werden kann). Von Feuer und Wasser wird im Gespräch der Gegensatz zwischen Tod und Leben erarbeitet: Feuer kann Symbol für Tod, Wasser für Leben sein (es gibt für beide Symbole auch andere Dimensionen, die hier nicht berücksichtigt werden). Daran schließt sich die Überlegung an, dass menschliches Verhalten zu unterschiedlichen Ergebnissen führen kann – zu Tod oder Leben. Beispiele zu beidem können genannt oder gespielt werden. In einem letzten Schritt sollten diese Beispiele mit einzelnen Geboten Gottes verknüpft werden, an denen seine lebensfördernde Weisung deutlich wird. Dabei können solche Gebote statt ihrer verbietenden Sprachform (etwa: »Du sollst nicht töten«) als positive Anregung formuliert werden (etwa: »Du sollst das Leben schützen und erhalten«). Damit kommt man dem Anspruch Jesu in der Bergpredigt nahe: Es geht bei den Weisungen Gottes nicht um Einschränkung, sondern um Förderung des Lebens – um lebenspendendes Wasser, nicht um zerstörerisches Feuer.

– *Gott bereitet denen Gutes, die ihn lieben:* Dieser Satz kann leicht nach dem Tat-Vergeltungs-Schema missverstanden werden, etwa: *Nur* wer Gott liebt, erhält Gutes – so als ob es in erster Linie auf das Werk des Menschen (Werkgerechtigkeit) ankomme. Gegen eine solche Vorstellung muss aus der Gesamtsicht des Neuen Testamentes deutlich werden, dass Gottes Liebe zum Menschen allem vorangeht. Es geht nun darum, dass der Mensch sich der Liebe Gottes nicht verweigert, sondern öffnet, damit die Liebe Gottes an ihr Ziel kommen kann und alles zum Guten führt. Gott will dem Menschen je neu in Liebe begegnen, der Mensch aber kann sich verweigern – oder zur Antwort der Liebe bereit werden.

Dies kann durch eine Zeichenhandlung sichtbar gemacht werden: Ein Mensch sitzt vor dem Altar, neben ihm ist eine Mauer aufgebaut (etwa aus Pappkartons). Er erzählt, dass er Hunger hat, dass ihm kalt ist, dass er viele Dinge braucht ... Auf der anderen Seite der Mauer kommt ein anderer hinzu (nacheinander mit Brot, einer Decke ...) und sagt: »Ich hab dich gern. Ich will dir etwas schenken.« Doch der erste Spieler lehnt ab:»Ich hab mit dir nichts zu tun.« Erst in einem zweiten Spieldurchgang baut der erste Spieler seine Mauer ab und öffnet sich dem anderen. So können beide einander in Liebe begegnen. Diese Erfahrung wird dann auf das Verhältnis von Gott und Mensch gedeutet: Gott kommt dem Menschen entgegen, dieser aber verschließt sich oft. Erst wenn sich der Mensch Gott gegenüber öffnet, kann er Gottes Güte dankbar annehmen.

– *Das Gesetz Jesu – die größere Liebe:* 1. Schritt: Es gibt verschiedene Gesetze in unserer Gesellschaft (Beispiele: Strafrecht, Steuerrecht, Jugendrecht ..., nennen, eventuell die entsprechenden dicken Gesetzbücher zeigen). Alle Gesetze der Menschen wollen möglichst genaue Vorschriften für das Verhalten des Einzelnen machen. So sollen Gerechtigkeit und sozialer Friede möglich werden. 2. Schritt: Auch Jesus wird von Matthäus wie ein Gesetzgeber dargestellt. Er gibt ein neues Gesetz, das die alten Gebote nicht auflöst, sondern vollendet und erfüllt. Für dieses Gesetz braucht man auch kein dickes Gesetzbuch, sondern eigentlich nur Platz für zwei Sätze: »Du sollst Gott lieben. Du sollst die Menschen lieben.« (Die beiden Sätze werden auf Papptafeln geschrieben.) Alles Weitere ergibt sich daraus. Wenn sich Menschen bei all ihrem Tun fragen, ob ihr Tun auf diese beiden Sätze (»Gesetze« Jesu) ausgerichtet ist, kann ihr Leben gelingen.

Weiterführung nach dem Gottesdienst

Die lebenschaffende und lebenerhaltende Kraft des Wassers ebenso wie die zerstörerische Kraft des Feuers können Eltern ihren Kindern auf unterschiedliche Weise zu Hause zeigen und so das Bildwort des Jesus Sirach vertiefen. Möglich ist, dass das Verhalten von Menschen (in der Familie, in der Schule ...) mit diesen Bildworten wiedergegeben wird:»Was du gemacht hast, ist wie lebendiges Wasser für mich, ist wie schmerzhaftes Feuer für mich.« Ein solches Sprechen kann zum spielerischen Element des Zusammenlebens werden.

Zum zweiten Vorschlag kann den Besuchern des Gottesdienstes das bekannte Lied »Gottes Liebe ist wie die Sonne« mitgegeben werden. Damit verbunden kann die Anregung zur Besinnung sein, wie man sich der Liebe Gottes immer wieder neu öffnen und so zu eigener Liebe bereit werden kann.

Zum letzten Vorschlag kann das Doppelgebot der Gottes- und Nächstenliebe in schön gestalteter Form überreicht werden, verbunden mit der Anregung, sich jeden Tag eine Sache vorzunehmen, wie man auf dieses Gebot der Liebe eingehen kann.

(A 16) 7. Sonntag im Jahreskreis

Zu den Schrifttexten

Lev 19,1-2.17-18: Seid heilig, denn ich bin heilig. Das »Heiligkeitsgesetz« des Buches Leviticus, in der Zeit des Exils oder kurz danach niedergeschrieben, sammelt verschiedene kultische und moralische Gesetze und Forderungen, die sich aus dem Bund Gottes mit den Menschen ergeben. Im Lesungstext ist dabei die »Überschrift« wiedergegeben, aus der der Name des Heiligkeitsgesetzes entstanden ist. Sie gibt die Richtung an, die die einzelnen Weisungen dem Menschen geben: Er soll sich auf Gott ausrichten, nach seinem Willen leben und so sein Leben heiligen, das heißt: auf Gott ausrichten. Passend zum Evangelium ist nur eine Forderung des Heiligkeitsgesetzes herausgegriffen, die aber grundsätzliche Bedeutung für alle anderen hat: Du sollst deinen Nächsten lieben wie dich selbst. Gegen den überall gegenwärtigen Hass setzt der Glaubende die Liebe. Eine solche Haltung gründet auf dem Glauben an Gott und der Ausrichtung auf ihn hin. Nur die Liebe kann die Spirale des Hasses überwinden.

1 Kor 3,16-23: Ihr seid der Tempel Gottes. Die Gemeinde in Korinth steht in der Gefahr der Spaltung (vgl. A 12). Das klingt in den letzten Versen der heutigen Lesung wieder an, wo die einzelnen Gruppen (nach Paulus, Apollos, Kefas ...) aufgeführt werden. Der Gefahr des Auseinanderfallens der von ihm gegründeten Gemeinde begegnet Paulus durch die Bildrede von der Gemeinde als Tempel Gottes: Es gibt in der Welt einen »Ort des Heiligen«, wo Gott begegnet. Dies ist aber nicht länger ein Gebäude (etwa Jerusalemer Tempel), sondern personal zu verstehen: Die Gemeinde ist der Zugangsort zu Gott. Damit aber wird die Einheit der Gemeinde zu einer unersetzlichen Eigenschaft: Alle gehören zu Christus und durch ihn zu Gott. Wer der Einheit der Gemeinde durch Selbstruhm, Par-

teilichkeit und Zank entgegenarbeitet, folgt damit der Weisheit der Welt, die nur auf Eigennutz bedacht ist. Paulus dagegen ermuntert dazu, sich in der Gemeinde gemeinsam und eines Sinnes auf die Weisheit Gottes auszurichten, die im Kreuz Jesu offenbar wird – die Liebe Gottes zu den Menschen.

Mt 5,38-48: Liebt eure Feinde, und seid vollkommen. Die letzten beiden Antithesen treiben den Anspruch Jesu gleichsam auf die Spitze: den Feind lieben, auf jegliche Vergeltung und auf den Rechtsweg verzichten und statt dessen zum Guten ohne Grenze bereit werden – also vollkommen werden nach dem Bild Gottes selbst. Dabei sind diese Sätze keine gesetzliche Regelung, die das Handeln des Menschen einengt und in eine bestimmte Richtung zwingt. Vielmehr kann nur der glaubende Mensch, der alles von Gott erhofft, zu einer Haltung der Liebe und der Versöhnung bereit werden, weil ihm die Bindung an Gott wichtiger ist als alles andere. Den Feind lieben meint dabei keine Gesinnung, kein Gefühl der Zuneigung, sondern die Sorge auch für den feindlich Gesinnten, denn auch er steht unter dem Schutz Gottes, der »seine Sonne aufgehen lässt über Bösen und Guten«. Die sechs Antithesen der Bergpredigt (vgl. auch A 15) sind somit Zielvorstellungen für den Christen, nach denen er sein Leben nach besten Kräften ausrichten soll.

(A 16) 7. So im Jahr

Schrifttext und Familien mit Kindern

Das Thema Nächstenliebe wird von den Gottesdienstbesuchern mit christlichem Glauben in Verbindung gebracht. Wenn dieses Thema aber auf Feindesliebe hin konkretisiert wird, erhebt sich Widerspruch: Muss sich der Christ alles gefallen lassen? Kann von jemandem verlangt werden, auf sein Recht zu verzichten oder sich freiwillig der Gewalt anderer auszusetzen? Keine Frage – wir leben anders als die Verhaltensmuster der Bergpredigt. Hass, Vergeltung, Gewalt gehören zu den täglichen Erfahrungen und niemand kann sich davon frei machen. So muss im Gottesdienst deutlich werden, dass diese Zielvorstellungen Jesu nur aus dem Vertrauen auf Gott heraus

gewagt werden können. Neben dem Thema der Feindesliebe kann auch der Zusammenhang von Nächstenliebe und Selbstliebe (Dumensch – Ichmensch) thematisiert werden.

Das Sprechen des Paulus von der Gemeinde als dem Tempel Gottes ist uns ebenso fremd wie die Betonung der Heiligkeit in der alttestamentlichen Lesung. Näher liegt uns das Thema von Einheit der Gemeinde und der Gefahr von Spaltungen dort, wo Menschen zusammenwirken. Dies kann im Zusammenhang mit 1 Petr 2,5 (»Lasst euch als lebendige Steine zu einem geistigen Haus aufbauen«) zur Grundlage eines Gottesdienstes gewählt werden.

Gestaltungsideen für den Gottesdienst

– *Den Nächsten lieben wie sich selbst:* Das Thema der alttestamentlichen Lesung, das auch im Evangelium anklingt, kann wie folgt dargestellt werden: Es wird eine große Waage mit zwei Schalen bereitgestellt (etwa aus einer Apotheke entliehen). Eine Schale ist mit dem Wort Ich gekennzeichnet, die andere mit dem Wort Du. Es soll deutlich werden, dass eine Ausgewogenheit des Lebens mit einem Ausgleich zwischen der Annahme der eigenen Person und der Anahme anderer zusammenhängt. So werden Beispiele für Selbst- und Fremdliebe gesammelt (im Gespräch oder im Spiel), auf kleine Bausteine geschrieben (oder auf Zettel, die an Gewichten festgemacht sind) und dann auf die Waage gelegt. Dabei ist darauf zu achten, dass unterschiedliche Beispiele für beide Seiten genannt werden, so dass die Waage am Ende ausgewogen ist.

– *Dumensch – Ichmensch:* Zum Thema Ausgewogenheit von Nächstenliebe und Selbstliebe und zum Liebesgebot Jesu überhaupt passt auch die Gegenüberstellung »Dumensch – Ichmensch«, wie sie in unseren verschiedenen Kommunion- und Bußkursen enthalten ist. Die Kinder können dazu leicht Spielszenen gestalten. Die passenden Zeichnungen können vergrößert das Thema verdeutlichen.

– *Die Spirale des Hasses umkehren:* Nicht nur Liebe erzeugt Liebe, sondern umgekehrt erzeugt Hass auch neuen Hass, Gewalt neue Gewalt, Unrecht neues Unrecht. So kann sich eine Spirale ergeben, in der Böses eskaliert und immer belastender wird. Erst dann, wenn jemand nicht Böses mit Bösem vergilt, wird diese Spirale des Hasses und der Gewalt umgekehrt. Auch dies kann durch Spiele der Kinder aufgezeigt werden. Parallel dazu wird auf einer gezeichneten großen Spirale ein Klebepunkt weitergerückt, so dass die Entwicklung zum Bösen, aber auch der Umschwung zum Guten hin sichtbar wird.

– *Die Kette des Bösen durchbrechen:* In ähnlicher Weise kann auch eine Kette als Gegenstand gewählt werden, mit der zwei Spieler aneinander gefesselt sind. Mit jedem Bösen, das sie sich durch Wort und Tat antun, wird die Fesselung enger. Erst als in einem Kontrastbeispiel Liebe deutlich wird, kann die Kette des Bösen gelöst (oder gar zerschnitten) werden.

– *Wir sind der Tempel Gottes:* Zusammen mit dem Petruswort von den lebendigen Steinen kann die Gemeinde als lebendiger Tempel Gottes dargestellt werden. Dazu werden Steine entweder mit den Namen von Kindern oder von Gemeindegruppen zu einem Haus aufgebaut, das dann mit dem Kreuz oder Christuszeichen gekrönt wird: Die Gemeinde ist mit Christus verbunden und durch ihn mit Gott. Wer diesen Tempel durch Spaltung zerstört, macht es Menschen schwerer, Gott in unserer Welt zu erkennen.

Weiterführung nach dem Gottesdienst

Zum einen können Zeichnungen der verschiedenen Gegenstände, die bei den Gottesdiensten gebraucht wurden, an das jeweilige Thema erinnern, also eine Waage, Ichmensch und Dumensch (aus Kommunionkurs), Spirale, Kette und Haus aus Steinen. Zum anderen können Anstöße für das Gespräch in den Familien, aber auch in den Gemeindegruppen gegeben werden, die sich aus den Forderungen der Bergpredigt ergeben: Wie gehen wir mit Menschen um, die uns feindlich gesonnen sind? Wie stehen wir zur Gewalt und zum Hass? Wie setzen wir unser Recht durch? ...

Zum Thema Gemeinde als Tempel Gottes können unterschiedliche Informationen zur Gemeinde am Ort und ihren Gruppen und Diensten gegeben werden. Dabei sollte jeweils erläutert werden, wie die einzelnen Gemeindegruppen auf Christus als inneres Prinzip ihrer Einheit und auf Gott bezogen sind, wie also die Gemeinde und ihre Gruppen etwas von der Liebe Gottes in unserer Welt deutlich machen. Eventuell können einzelne Gemeindegruppen ihre Arbeit auch nach dem Gottesdienst vorstellen. Dies kann auch als Reihe verschiedener Gruppen geschehen.

Einführung Fastenzeit und Ostern

Der Kern des Osterfestkreises ist die Heilige Woche, die Feier von Leiden, Sterben und Auferstehen Jesu. Der häufig gebrauchte Name Karwoche greift für diese zentrale Woche des Kirchenjahres zu kurz, da das altdeutsche Wort »kar« = »leiden, trauern« den Aspekt des Leidens und Sterbens Jesu benennt, nicht aber den letztlich wichtigeren seiner Auferstehung. So sollte der Name »Heilige Woche« mehr und mehr eingebürgert werden. Bei Veröffentlichungen des Gottesdienstkalenders kann dies ebenso geschehen wie bei der Einladung zu einzelnen Gottesdiensten.

Die Heilige Woche besteht aus dem Palmsonntag und den »Heiligen Drei Tagen« (beginnend mit der Abendmahlsmesse am Gründonnerstag, dazu Karfreitag und Osternacht). Hinzu können weitere Gottesdienste kommen, die zu diesen großen Gottesdiensten hinführen. Entscheidender Zielpunkt aller Gottesdienste bleibt die Osternacht, die »Mutter« eines jeden christlichen Gottesdienstes.

Der *Palmsonntag* verbindet in seiner Liturgie zwei Gedanken. Zum einen ist dies die Erinnerung an den Einzug Jesu in Jerusalem, zum anderen die Leidensgeschichte. Der Einzug Jesu damals in seine Stadt wird übertragen gedeutet als Einzug auch in unseren Wohnort und unsere Lebenswelt: An uns liegt es, den Herrn in der richtigen Weise zu empfangen. Dieser Gottesdienstteil bietet sich für eine spielerische Gestaltung an. Im Mittelalter, teilweise noch im heutigen Ortsbrauchtum, wird die Prozession festlich ausgestaltet. Dabei kann besonders für Kinder Raum sein, sie können vorab Palmstecken basteln und bei Palmweihe und Prozession kindgemäß mitwirken. Die Leidensgeschichte nach dem jeweiligen synoptischen Evangelisten (an Karfreitag jeweils nach Johannes) verweist bereits auf das Geschehen der ganzen Woche. Leiden und Sterben Jesu sollen aber mit dem eigenen Leiden verbunden werden: So nur kann die Botschaft der Auferstehung Jesu zu einer Botschaft werden, die für das eigene Leben relevant ist und Hoffnung auf die eigene Auferstehung macht.

Der Name *Gründonnerstag* hat nichts mit der Farbe Grün zu tun, sondern leitet sich von dem altdeutschen Wort »gronan« (vgl. heute im Dialekt greinen) = klagen, weinen ab. Damit wird der Blick auf die beginnende Leidensgeschichte Jesu (Ölbergszene, Verrat des Judas, Verhaftung, Verhandlung vor dem Hohen Rat ...) gerichtet. Dies ist allerdings der zweite Aspekt des Gründonnerstags, der in vielen Gemeinden durch die Nachtwache betont wird. Der Hauptaspekt liegt auf dem Abendmahl Jesu und der Einsetzung der Eucharistie. In manchen Gemeinden werden an diesem Tag auch die Kinder zur Erstkommunion geführt (= Tag der Erstkommunion der Jünger). Da an diesem Tag in der Regel nur ein gemeindlicher Gottesdienst (als Eucharistie) stattfinden soll, ist ein eigener Wortgottesdienst für Familien mit Kindern kaum angebracht.

Der *Karfreitag* richtet das Augenmerk der Gemeinde auf das Leiden und Sterben Jesu. Wiederum geht es nicht allein um den erinnernden Rückblick auf damaliges Geschehen, sondern um die Verbindung des Leidens Jesu mit dem Leiden heutiger Menschen. So nur kann deutlich werden, dass wir durch seinen Tod (und seine Auferstehung) Hoffnung für unseren eigenen Weg haben dürfen. Am Karfreitag ist in vielen Gemeinden am Vormittag ein Kreuzweg oder ein anderer Wortgottesdienst für Kinder; die Karfreitagsliturgie nachmittags ist ebenfalls ein Wortgottesdienst, allerdings mit Kommunionausteilung.

Die *Osternacht* ist der zentrale Gottesdienst des ganzen Jahres. An dieser Feier sollte auch die ganze Gemeinde teilnehmen, Erwachsene wie Kinder. Allerdings muss dann darauf geachtet werden, dass alle Altersgruppen bei der Gestaltung der Feier (Lied- und Textauswahl, Mitwirken bei den unterschiedlichen Diensten ...) beteiligt werden. Weiter unten geben wir dazu einige Anregungen. Die Feier der Auferstehung gliedert sich in Lichtfeier, Wortgottesdienst, Tauferneuerung bzw. Taufe und Eucharistie. Manche Gemeinden setzen die liturgische Feier durch eine Agapefeier im Pfarrheim fort.

(A 17) Aschermittwoch

Zu den Schrifttexten
Schrifttext und Familien mit Kindern
(vgl. im Band zum Lesejahr C)

Gestaltungsideen für den Gottesdienst

Am Aschermittwoch gibt es in vielen Gemeinden Schul- und Abendgottesdienste, nur selten einen eigenen Gottesdienst für Familien. Dennoch führen wir in diesem Band und in den Bänden der anderen Lesejahre Gottesdienstvorschläge auf, die sowohl in Gemeindegottesdienste am Aschermittwoch integriert wie auch in den Gottesdiensten am folgenden Wochenende Berücksichtigung finden können. Dabei schlagen wir folgende Themen vor:

– Lesejahr A: Leben statt Tod
– Lesejahr B: Neuorientierung
– Lesejahr C: Feuer reinigt

Leben statt Tod: Dieser Gottesdienst blickt bereits voraus und nimmt den Zielpunkt der österlichen Bußzeit in den Blick: Leben statt Tod. Aschermittwoch bedeutet dann zum einen das Vertrauen darauf, dass Gott Tod in Leben wendet, zum anderen, dass Christen sich in diese Bewegung eingliedern, dass Christen zu »Protestleuten gegen den Tod« und zu Förderern des Lebens in jeder Weise werden.

Mögliche Gestaltungsweisen:
– Vor dem Altar ist ein schwarzes Tuch gespannt. An dieses Tuch werden nun »Todesnachrichten« geheftet, etwa ein Bericht von einem Unfall mit Verletzten, von Streit zwischen Eheleuten, von Gewalt im alltäglichen Leben, von Hunger und Elend, von Einsamkeit und Ausgrenzung von Menschen. Sinnvoll ist es, wenn diese Berichte, Stichworte und Bilder in Schwarz-Weiß gehalten sind. Über diese »schwarzen Dinge« im Leben der Menschen wird nun ein helles, vielleicht gelbes Tuch gespannt. Im Gespräch wird dies im Blick auf Ostern gedeutet: Gott überwindet unsere Dunkelheit und unseren Tod.

In einem weiteren Schritt wird unsere Berufung als Christen aufgezeigt, dass wir aus dem Glauben an Gott heraus Leben fördern und erhalten sollen. Die Österliche Bußzeit kann zur Trainingszeit werden, das Leben zu schützen und die vielen kleinen »Tode« in unserem Alltag zu überwinden. Mit den Kindern werden dazu konkrete Beispiele überlegt. Die können als Stichworte auf das helle Tuch geheftet werden.

Das Aschenkreuz wird in einem letzten Teil des Gottesdienstes als Versprechen gewertet, sich in diese »Lebensbewegung« einzugliedern. Entsprechend kann die Spendeformel wie folgt formuliert werden: »Kehre um zum Leben, das Gott dir und allen schenken will.«
– Ähnlich kann der Gottesdienst aufgebaut werden mit einer Tulpen- oder Osterglockenzwiebel, bei der noch kein »Leben« erkennbar ist, und einer voll aufgeblühten Blume: Tod kann zum Leben gewendet werden ...

Weiterführung nach dem Gottesdienst

Passend zum Ablauf des Gottesdienstes wird allen Besuchern am Ausgang je ein kleines Stück schwarzen und hellen Stoff gegeben. Dies geschieht mit der Aufforderung, zu Hause allein oder mit der Familie zu überlegen, was im eigenen Leben oder im Lebensumfeld wie »tot« ist und zu neuem Leben erweckt werden muss, etwa: Versöhnung mit einem Menschen, Verantwortung für Menschen, Tiere oder Pflanzen ... Aus dieser Überlegung können konkrete Vorsätze für die kommende Österliche Bußzeit werden.

Passend zum zweiten Vorschlag kann den Gottesdienstbesuchern eine Blumenzwiebel mitgegeben werden. Am Wachsen und Blühen kann das Thema in den kommenden Wochen immer wieder erinnert und ins Gespräch gebracht werden.

(A 18) 1. Fastensonntag

Zu den Schrifttexten

Gen 2,7-9; 3,1-7: *Gott formte den Menschen aus Erde.* Die Perikope stellt Bruchstücke aus drei Erzähltraditionen der jahwistischen Urgeschichte zusammen: aus der Schöpfungserzählung, der Sündenfallerzählung und der Paradieserzählung. Beim Lesen wird durch die Auswahl besonders der Bruch zwischen dem zweiten und dritten Kapitel deutlich. Bei allen Erzähltraditionen der Urgeschichte geht es nicht um Geschichte als Zusammenstellung historischer Fakten, sondern um grundlegende Aussagen über den Menschen überhaupt, über die Menschheit (Adam = Mensch). Aus dem vorliegenden Text lassen sich folgende Linien aufzeigen: 1. Der Mensch ist Gottes Geschöpf und erhält von ihm Leben und Lebensraum. 2. Damit steht der Mensch als Geschöpf im Herrschaftraum Gottes. 3. Der Mensch zerstört die Beziehung zu Gott durch seinen Versuch, wie Gott sein zu wollen, die ihm gesetzten Grenzen zu überschreiten. 4. Durch seinen Versuch gewinnt er nicht, sondern ernüchternd erkennt er seine Ohnmacht und Schwäche Gott gegenüber. Diese Aussagen werden erzählerisch durch eine Vielfalt von Symbolen und Mythen geformt, die hier nicht alle erläutert werden können. Wichtiger sind die genannten Grundgedanken des Textes, die die Bindung des Menschen an Gott betonen, sein Versagen schildern und so seine Heilsbedürftigkeit sichtbar werden lassen (am Beginn der Österlichen Bußzeit geschieht dies im Blick auf Ostern).

Röm 5,12-19: *Durch einen kam der Tod, durch einen das Leben.* In theologisch dichter Form fasst Paulus im Römerbrief die Hauptgedanken christlichen Glaubens zusammen. Der sprachlich – auch in der Kurzfassung – sehr schwierige Text dieser Perikope allerdings kann von den Hörern ohne Hilfe kaum aufgenommen werden. Der Text lebt von der Adam-Christus-Typologie, der Gegenüberstellung von Adam und Christus. Dabei steht Adam (= der Mensch) typologisch für die Menschheit, für alle Menschen. In ihm konzentriert sich das Unheil, das durch die Sünde der Menschen in die Welt kommt. Die Sünde Adams steht für die Sünde aller. Das Ergebnis ist die Verfallenheit des Menschen an den Tod. Er ist das Verbindende, das seit dem Anfang für alle Menschen gilt. Im Tod sind die Menschen vereint, und der Tod kommt durch den Versuch der Menschen, seine Grenzen zu überschreiten und wie Gott zu sein (= Sünde, vgl. Gen 3). Dieser Todesverfallenheit des Menschen wird nun das Heil gegenübergestellt, das durch Christus in die Welt gekommen ist. Von ihm kommt Leben, er schenkt dem Menschen Gerechtigkeit und Rechtfertigung durch Gott. Seine Heilstat gilt allen Menschen, in ihm ist universales Heil in die Welt gekommen.

Mt 4,1-11: *Versuchung Jesu.* Zwischen der Erzählung von der Taufe Jesu und dem Beginn seines öffentlichen Wirkens steht die Erzählung von der Versuchung Jesu in der Wüste. Durch diese Stellung bereits erhält der Text eine programmatische Aussage: Es geht darum, die Bedeutung und das Wirken Jesu sichtbar werden zu lassen. Bezeichnenderweise geschieht dies in der Wüste. Damit wird zurückgegriffen auf die Zeit des Wüstenzuges Israels (vgl. Dtn 8,2), der als eine Zeit der Versuchung und der Glaubensprobe gewertet wird. In vergleichbarer Weise geht es in diesem Text um eine Glaubensprobe Jesu in dreifacher Weise: 1. Gegen die Versuchung, Brot im Überfluss zu haben, setzt Jesus das Vertrauen, dass Gott jeden Tag das tägliche Brot gibt (vgl. alttestamentlich die Manna-Erzählung und neutestamentlich die Vaterunserbitte). 2. Gegen die Versuchung, von Gott ein Zeichen einzufordern, setzt Jesus den unbedingten Glauben an Gott. 3. Gegen die Versuchung, Macht, Reichtum und Ansehen zu bekommen, setzt Jesus seinen Anspruch, Gott zu folgen und nach seinem Willen zu leben. Mit diesem dreifachen Bestehen der Versuchung wird Jesus als neuer Mose, als Messias, als Sohn Gottes offenbar.

Schrifttext und Familien mit Kindern

Jeder der drei Schrifttexte hat seine besonderen Schwierigkeiten, wenn man ihn auf heutige Familien mit Kindern hin fruchtbar machen will. Am alttestamentlichen Text werden sich viele stoßen, weil sie seine Textsorte nicht erkennen und das bildhafte Sprechen historisch verstanden wird und deshalb nicht eingeordnet werden kann. Gegenüber den Urgeschichten des Buches Genesis haben viele zudem besondere Vorbehalte und verstehen sie eher als Märchen. Durch die Zusammenstellung der Perikope wird dieses Missverständnis eher gefördert.

Der neutestamentliche Lesungstext ist nicht allein durch seine komplizierte Sprache belastet, sondern auch durch seine theologische Aussage: Zu der Adam-Christus-Typologie haben wir heute kaum Zugang. Das Thema Erbsünde-Erbtod ist uns mehr als fremd. Auch die Erzählung von der Verklärung Jesu mit ihrem alttestamentlichen Hintergrund wie mit der Gestalt des Teufels stösst eher auf Unverständnis. Wie also können die Texte für heutige Familiengottesdienste fruchtbar gemacht werden?

Für den alttestamentlichen Text schlagen wir eine Beschränkung der Verse auf den Schöpfungsbericht vor. Das Thema Schöpfung kann im Sinne der Verbundenheit von adam (hebräisch = Mensch) und adamah (hebräisch = Erde) aufgegriffen werden: Wir Menschen gehören zur Erde, das Leben auf der Erde ist vernetzt, wir haben Verantwortung für die Erde wie ein Gärtner für seinen Garten.

Die neutestamentliche Lesung zielt auf die Verheißung des Lebens für alle, die sich glaubend an Jesus binden. Weil diese Aussage aber durch die verschachtelten Sätze kaum sichtbar wird, muss die Perikope, sollte sie eingesetzt werden, sprachlich erheblich gekürzt und vereinfacht werden.

Vom Evangelientext her kann in zwei Richtungen gearbeitet werden: Zum einen stellt dieser Text eine Deutung der Person Jesu dar. Er steht in einer besonderen Beziehung zu Gott – dies wird noch vor Beginn seines öffentlichen Wirkens deutlich. Zum anderen sind die Versuchungen Jesu zugleich auch Versuchungen aller Menschen: Besitz, Macht und Ansehen sind für viele Lebensziele, die sie über alles stellen. Die Aussagen Jesu und sein Verhalten stellen eine deutliche Kritik an solchen Verhaltensweisen dar. Dies kann im Familiengottesdienst aufgegriffen und auf heutiges Leben bezogen werden.

Gestaltungsideen für den Gottesdienst

Die fünf Fastensonntage bieten die Chance, durch Themenreihen zusammenhängende und aufbauende Aussagen zu machen. Zudem ist die Aufmerksamkeit der Gottesdienstbesucher, insbesondere etwa der Kommunionkinder, in dieser Zeit größer als sonst. Wir geben deshalb in den Bänden zu den drei Lesejahren Anregungen für jeweils zwei Gottesdienstreihen, zusätzlich auch Anregungen zu einzelnen voneinander unabhängigen Gottesdiensten:

Lesejahr A: – Gestalten der Bibel
                – Was uns Jesus bedeutet
Lesejahr B: – Die Fastenleiter
                – Hungertuch
Lesejahr C: – Türen öffnen
                – Der Weg der Buße

Selbstverständlich können auch einzelne Gottesdienste aus diesen Reihen ohne Zusammenhang mit den anderen ausgewählt werden.

Reihe A: Gestalten der Bibel. Jeweils eine große Gestalt des Alten Testaments soll vorgestellt und auf ihre Bedeutung bedacht werden:

1. Fastensonntag: Adam
2. Fastensonntag: Abraham
3. Fastensonntag: Mose
4. Fastensonntag: David
5. Fastensonntag: Prophet

Stichworte zur Verkündigung: Der erste Sonntag dieser Reihe fällt aus dem Rahmen, weil es hier mit Adam nicht um eine geschichtliche Gestalt, sondern um den Typus des Menschen überhaupt geht – hier geht es um eine grundsätzliche Aussage über den Menschen, nicht um eine einzelne Person. Der Text (erste Hälfte der Perikope) zielt dabei auf eine doppelte Beziehung des Menschen: zu Gott und zur Erde. Von Gott erhält er das Leben, im Garten der Erde darf er leben. Von Gott geschenktes Leben gilt es auf der Erde zu bewahren. Anders als das große Lied des ersten Schöpfungsberichtes (Genesis 1, vgl. Osternacht, A 26) ist der Text recht plastisch, erdverbunden.

Darstellung: Der Mensch zwischen Gott und der Erde kann durch entsprechende Bilder (Symbole) leicht dargestellt werden: Eine Menschengestalt steht auf der runden Erde, darüber ist ein Gottessymbol (Licht, Auge, Hand ...) angebracht. Im Gespräch mit den Kindern wird die doppelte Beziehung erarbeitet, die sich aus dem Text ergibt: Der Mensch hat sein Leben von Gott, ist deshalb auf Gott bezogen. Der Mensch stammt aus der Erde, ist deshalb auf die Erde bezogen. Diese doppelte Beziehung macht die Besonderheit und Würde des Menschen im Vergleich zu allen anderen Lebewesen aus. Danach wird das hebräische Wortspiel »adam – adamah« = »Mensch – Erde« erläutert, das diesen Gedanken zusammenfasst.

Reihe B: Was uns Jesus bedeutet. Ausgehend von den Evangelientexten wird die Bedeutung Jesu für uns an den einzelnen Sonntagen durch einzelne Begriffe ausgedrückt:

1. Fastensonntag: Brot
2. Fastensonntag: Segen
3. Fastensonntag: Wasser
4. Fastensonntag: Licht
5. Fastensonntag: Leben

Stichworte zur Verkündigung: Aus der Versuchungsgeschichte wird die erste Versuchung (Brot statt Steine) besonders hervorgehoben. Menschen leben nicht allein vom Brot, sie brauchen auch andere »Nahrung«, damit ihr Leben gelingt. (Beispiele nennen lassen.) Jesus ist uns das gute Wort Gottes. Somit wird er zu einem anderen Brot, das uns Nahrung

gibt. Die Beziehung zur Eucharistie als zentraler Feier der Christen wird aufgezeigt.

Darstellung: Auf einem Plakat wird als Collage zusammengestellt, was Menschen Brot zum Leben ist, was sie »lebensnotwendig« brauchen, damit ihr Leben sinnvoll und glückend ist. Mitten auf diese Collage wird nach dem Gespräch über den Schrifttext ein Jesussymbol (Kreuz, Weizenähre, Fisch ...) geklebt.

Einzelthemen:

– *Der Baum des Lebens:* Aus dem Schöpfungsbericht (erster Teil der alttestamentlichen Lesung) wird ein anderer Aspekt herausgegriffen: der Baum des Lebens. Der Baum kann als Symbol der Verbindung von unten und oben, von Mensch und Gott, von Erde und Himmel gedeutet werden. Diese Verbindung ist von Gott dem Menschen bereits am Beginn geschenkt. In einem zweiten Schritt wird der Baum des Lebens nun mit dem Kreuz Jesu in Verbindung gebracht (Hinweis auf das Ziel der Österlichen Bußzeit – die Feier der Heiligen Woche). In Jesus sind die Menschen neu mit Gott verbunden worden, das Kreuz ist *der* Baum des Lebens. Zur Veranschaulichung kann ein Vortragekreuz von den Kindern mit Blumen geschmückt werden.

– *Gegen Gier, Machtstreben und Ehrsucht – der Glaube an Gott:* Die drei Versuchungen nach Besitz, Macht und Ehre werden mit Beispielen aus heutigem Leben gefüllt. Dann wird deutlich, was Jesus solchen Bestrebungen entgegensetzt: Der Glaube an Gott vermag Menschen frei werden zu lassen. Als Darstellung ist etwa folgendes Schaubild möglich: Eine Menschengestalt und ein Gottessymbol werden auf Tonpapier befestigt. Dazwischen werden Symbole für die drei Versuchungen geklebt (etwa: »Geldsack«, Schwert, Krone), so dass die Verbindung des Menschen zu Gott behindert ist. Das Evangelium wird besprochen und vom Beispiel Jesu her werden die Gegenstände nun unter die Füße des Menschen befestigt.

(A 18) 1. Fastensonntag

Weiterführung nach dem Gottesdienst

Zur ersten Reihe *Gestalten der Bibel* können an den fünf Fastensonntagen fünf Schriftrollen (etwa aus Pergamentpapier) gestaltet werden, auf denen jeweils groß der Name der betreffenden alttestamentlichen Gestalt geschrieben ist. Diese Schriftrollen werden gut sichtbar in der Kirche befestigt. Zudem erhält jeder Gottesdienstbesucher ein Blatt, auf dem auch fünf Schriftrollen gezeichnet sind, in der ersten ist bereits »Adam« eingetragen. An den folgenden Sonntagen können dann die weiteren Namen in die Schriftrollen eingesetzt werden. Als Anregung wird den Familien zudem auf den Weg gegeben, zu der betreffenden Gestalt passende Schrifttexte zu lesen (zu Hause etwa in einer Familien- oder Kinderbibel). Für diesen Sonntag wären das die Kapitel 2-3 des Buches Genesis, vielleicht darüber hinaus die ganze biblische Urgeschichte (Genesis 1-11).

Zur zweiten Reihe *Was uns Jesus bedeutet* kann in ähnlicher Weise vorgegangen werden. Um ein Kreuz (etwa an der Rückwand der Kirche oder ein vor eine Wand gestelltes, vielleicht besonders geschmücktes Standkreuz) werden an den fünf Sonntagen fünf Bilder mit den Symbolen und Begriffen geklebt, an diesem Sonntag »Brot«. Entsprechend wird auch ein Blatt mitgegeben, das die Reihe zusammenfassend sichtbar macht.

Der *Baum des Lebens* verweist auf das Kreuz Jesu. Die Kinder können mit ihren Familien nachspüren, wo es im häuslichen Bereich, aber ebenso im Wohnort überall Kreuze gibt und was sie ausdrücken. Vielleicht können sie zu Hause ein Kreuz aus einfachen Mitteln basteln und in ihrem Zimmer aufhängen.

Zum zweiten Einzelthema kann als Gesprächsthema für die Familien benannt werden: Was verstellt mir den Blick auf Gott? Was ist mir wichtig?

(A 19) 2. Fastensonntag

Zu den Schrifttexten

Gen 12,1-4: Gott sprach zu Abraham: Ich will dich segnen. Die biblische Urgeschichte endet mit der Zerstreuung der Völker (vgl. Genesis 11: Turmbau zu Babel). Gegen diese Unheilsgeschichte wird mit Erwählung und Beauftragung Abrams (Abrahams) ein neuer Anfang des Heils und des Segens gesetzt, Gott beginnt einen neuen Zeitabschnitt in der Geschichte der Menschen durch die Berufung eines Einzelnen – Abraham. Zwei Themen bilden die Grundlage dieser Perikope. Zum einen ist dies die Aufforderung Gottes an Abraham zu einem unbedingten Glauben und Abrahams Antwort darauf. Zum anderen ist es das Thema Segen. Gott erwartet von Abraham, dass er sich auf den Weg macht, dass er unterwegs ist auf das von Gott gesetzte Ziel des verheißenen Landes. Abraham bricht auf, er stellt sich ohne Bedingung unter das Wort Gottes. Das macht ihn zum Vater des Glaubens für Juden, Christen und Moslems. Abraham wird von Gott Segen zugesprochen. Damit ist zuerst das Wohlergehen des Menschen (Schalom) im Sinn von materiellen Gütern, von Nachkommenschaft und Landbesitz gemeint. Darüber hinaus meint Segen aber auch die Harmonie zwischen Gott und Mensch und Welt), die Ermöglichung von sinnvollem und glückendem Leben. Wenn Abraham so gesegnet ist, kann er selber in vergleichbarer Weise zum Segen für andere werden.

2 Tim 1,8-10: Er hat uns das Licht unvergänglichen Lebens gebracht. Die etwa um das Jahr 100 entstandenen Pastoralbriefe (1. und 2. Timotheusbrief, Titusbrief) sind nicht an Gemeinden, sondern an Einzelpersonen gerichtet, an Leiter von Gemeinden. Sie ermuntern diese zu einem christlichen Leben, das den Gemeinden als Vorbild dienen kann. So soll durch das Leben dieser Menschen der Kern der Botschaft Jesu deutlich werden. Die Aufgabe der Leitung kann durchaus belastend sein und Leid mit sich bringen. Hier ermuntert der Brief zum Durchhalten im Vertrauen auf Gott. Weil Christus unser Heiland (Retter) ist, weil er unsere Dunkelheit in Licht gewandelt hat, dürfen wir im Glauben feststehen.

Mt 17,1-9: *Das ist mein geliebter Sohn.* Der eher befremdliche Text ist nur zu verstehen aus den Ostererfahrungen der ersten Gemeinden. In der Verklärung wird der Auferstandene bereits sichtbar. Gottes Herrlichkeit lässt sich in diesem Jesus punktuell erkennen. Von da aus werden Petrus, Jakobus und Johannes als die drei »Säulen« der Urgemeinde auch als Zeugen dieses Geschehens benannt: Mit ihnen bekennt sich die christliche Gemeinde zu diesem Jesus, den sie als Sohn Gottes, als den Auferstandenen, erfahren, als den, der ihnen die Herrlichkeit Gottes erschlossen hat. Diese zentrale Aussage wird in eine Fülle von Bildern mit alttestamentlichem Hintergrund eingebettet, die bereits deutlich machen, dass es hier nicht um historisch greifbares Geschehen, sondern um Glaubensaussagen, um Theologie, um Bekenntnis geht. Der Berg ist der Ort der Gottesnähe und -erfahrung, die Wolke ist Zeichen von Gottes Gegenwart, das Licht auf dem Gesicht Jesu wie in der leuchtenden Wolke deutet auf Gottes Herrlichkeit. Elija und Mose sind messianische Gestalten, zugleich verkörpern sie Gesetz und Propheten, also das ganze Alte Testament, die Verheißung, die in Jesus in Erfüllung gegangen ist. Die in der Verklärung sichtbar gewordene Herrlichkeit Jesu ist allerdings nur ein kurzer Fingerzeig auf künftige Herrlichkeit; zuerst gilt es, den Weg des Leidens bis zur Auferstehung zu gehen. Dies gilt für Jesus, dies gilt ebenso für die Jünger, die Gemeinde der ersten Christen und auch für uns.

Schrifttext und Familien mit Kindern

Der alttestamentliche Schrifttext gehört zu den zentralen Texten des Alten Testamentes und dürfte den erwachsenen Gottesdienstbesuchern bekannt sein. Durch seine narrative Form ist er Kindern ebenfalls leicht zugänglich. Die Motive dieses Textes (Glaube, Weg, Segen ...) stellen gute Ansatzpunkte auch für heutige Menschen dar, viele werden sich mit der Gestalt des Abraham und seinem Weg auseinandersetzen können – trotz der großen zeitlichen und kulturellen Distanz. Besonders der Gedanke, den Glauben als Weg zu sehen, der ins Ungewisse führt, entspricht weithin den Erfahrungen von Menschen unserer Zeit. Glaube ist nichts Gesichertes, sondern muss je neu gewagt werden – als Antwort auf Gottes Wort, auf seinen Zuspruch und Anspruch.

Die zweite Lesung ist wie die meisten Perikopen der neutestamentlichen Briefliteratur schwieriger aufzunehmen und für Familiengottesdienste fruchtbar zu machen. Ein möglicher Ansatzpunkt darin ist der Kontrast von Dunkelheit und Licht, Tod und Leben. Hieran kann die Heilsbedeutung Jesu für die Menschen aufgezeigt werden: Er ist derjenige, der auch in unser Leben Licht bringen kann.

Das Evangelium von der Verklärung wirkt auf heutige Hörer eher befremdend. Sie werden an den Text vor allem mit der Frage herantreten: *Was ist da geschehen?* Demgegenüber muss klar werden, dass die Fragestellung richtigerweise anders sein muss: *Was bedeutet dieser Text für uns und unseren Glauben an Jesus?* Die Offenbarung Jesu als Sohn Gottes, der erfüllt ist von Gottes Herrlichkeit, führt uns also zur Frage nach unserem Bekenntnis zu ihm.

Die vielfältigen Symbole und alttestamentlichen Hinweise können dabei Einstiegshilfen zu einem besseren Verständnis sein, sie können auch als Ausgangspunkte für die Behandlung einzelner Aspekte des Textes im Gottesdienst gewählt werden: Berg als Ort der Gottesoffenbarung – Wolke als Hinweis auf die Nähe und zugleich Verborgenheit Gottes – Licht als Zeichen der Herrlichkeit Gottes (und Jesu) – das Leuchten Jesu als Hinweis, dass er mehr ist als ein Mensch ...

(A 19) 2. Fastensonntag

Gestaltungsideen für den Gottesdienst

Reihe A: Gestalten der Bibel. Abraham. *Stichworte zur Verkündigung:* Abraham als Vater des Glaubens ist neben Mose und David die herausragende Gestalt des Alten Testamentes, er ist Vorbild und Modell des glaubenden Menschen, Stammvater des Glaubens.

Von verschiedenen Seiten aus kann man dieses Thema erarbeiten: Der leichteste Einstieg erscheint über das Symbol des *Weges*: Abraham bricht auf Gottes Auftrag hin auf, er geht seinen Weg mit Gottes Führung, er errreicht sein Ziel. Unterwegs erfährt er die Begleitung und den Segen Gottes. Wer sich glaubend auf den Weg macht, mit dem geht Gott schützend und führend mit. Glaubende Menschen sind deshalb Menschen auf dem Weg.

Darstellung: Der Wegcharakter des Glaubens kann an der Gestalt des Abraham durch ein Bibelspiel in verschiedenen Szenen (unterbrochen von Lied oder Musik) aufgezeigt werden: 1. Abraham unterhält sich mit seiner Frau (eventuell mit seinen Knechten und Mägden), ob er dem Ruf Gottes folgen und seine sichere Heimat verlassen soll. 2. Abraham auf dem Weg, nunmehr unsicher geworden, weil sich die Verheißung der Nachkommenschaft nicht erfüllt. 3. Abraham mit seiner Frau Sara im verheißenen Land. Sara sagt Abraham, dass sie schwanger ist. Abraham dankt Gott für den »Segen«, den er auf dem Weg erfahren hat. Statt eines solchen Spiels können Kindergruppen auch vor dem Gottesdienst entsprechende Bilder malen, die dann zur Grundlage der Verkündigung werden.

Reihe B: Was uns Jesus bedeutet. Segen. *Stichworte zur Verkündigung:* Das Stichwort des Segens kann auch mit dem Evangelium verknüpft werden: In Jesus kommt Gottes Segen zu uns. Die drei Jünger haben anfanghaft bei der Verklärung erfahren, wie Gottes Herrlichkeit in Jesus sichtbar wurde. Ihr Leben gewinnt durch Jesus neues Licht (vgl. auch die zweite Lesung). So können sie sich zu Jesus als Sohn Gottes und als Segen für ihr Leben bekennen. In Jesus können sie Gott sehen; dies erweist sich als Segen für sie.

Darstellung: Um das Stichwort Segen anschaulich zu machen, wird auf die helfende Hand zurückgegriffen. (Das Symbol Licht ist ebenso möglich, ist aber innerhalb unserer Reihe der Schwerpunkt des vierten Fasten-sonntags, vgl. C 21.) Dies kann in einem Spiel deutlich werden, bei dem ein Kind Jesus spielt, drei weitere die drei Hauptapostel, mehrere andere die Christen der ersten Gemeinde und der Rest die Christen heute. Alle bis auf das erste Kind hocken sich zusammengekauert und bewegungslos auf den Boden. Das erste Kind kommt, reicht den drei »Aposteln« die Hand, richtet sie auf und führt sie zu den anderen. So entsteht eine Kette von Menschen (die sich am Ende rund um den Altar stellen kann): Jesus richtet uns auf, er führt uns zur Gemeinschaft zusammen. In ähnlicher Weise kann das Spiel auch mit der Weitergabe von Gegenständen gespielt werden: ein Buch etwa (NT) oder Kerzen.

Einzelthemen:

– *Du bist gesegnet, sei nun selber ein Segen:* Der Segen Gottes, den Abraham erfährt, ist ihm Zuspruch und zugleich Anspruch. Dieser doppelte Aspekt des Segens gilt auch für uns heute: Gott spricht uns seine Nähe zu, zugleich beansprucht er uns: Wir sollen und dürfen einander Segen sein. Mit den Kindern wird im Gespräch erarbeitet, was Segen für Menschen heute bedeuten kann: gelingende Beziehungen, Gesundheit, Weiterkommen in Ausbildung und Beruf, innere Zufriedenheit, fester Glaube als Fundament des Lebens ... Auf vielfältige Weise erfahren wir Gottes Hilfe und Schutz. Dies ermuntert uns dazu, anderen Hilfe und Schutz zu geben. Passende Beispiele dazu können von den Kindern gespielt werden.

– *Sei Licht für andere, weil Jesus dir Licht ist:* Ausgehend von der neutestamentlichen Lesung (ebenso möglich vom Evangelium her) kann das Symbol des Lichtes aufgegriffen werden: Jesus bringt in unsere Dunkelheit Licht; das ermuntert uns, selber zum Licht für andere zu werden. Entsprechende Szenen werden gespielt, wie es im Leben von Menschen dunkel sein kann und wie ihnen dann durch andere Licht und Hoffnung gebracht werden kann.

Weiterführung nach dem Gottesdienst

Zur ersten Reihe *Gestalten der Bibel* wird eine Schriftrolle an der Altarwand mit dem Namen Abraham bezeichnet. Als Anregung zum Lesen in der Bibel kann auf die ganze Abrahamsgeschichte (Genesis 12-25) oder Ausschnitte daraus verwiesen werden. Zur zweiten Reihe können die Gottesdienstteilnehmer ermuntert werden, in der folgenden Woche für einen anderen insgeheim zum Segen (bzw. zu Licht)

zu werden (vgl. das Wichteln im Advent). Ebenso kann das Thema des Weges aufgegriffen werden: Wo erfahre ich auf meinem Weg die Nähe und den Segen Gottes?

(A 20) 3. Fastensonntag

Zu den Schrifttexten

Ex 17,3-7: Wasser aus dem Felsen. Der Grundbestand des Glaubens Israels ist das Bekenntnis zu Gott, der aus Ägypten gerettet, der durch die Wüste geführt, der ins Gelobte Land hineingeführt hat. In diesem Lesejahr ist für die alttestamentliche Lesung eine Kernerzählung des zweiten Komplexes gewählt, die thematisch zum Evangelium passt. Der lange Weg durch die Wüste führt das Volk immer wieder in lebensbedrohende Situationen. Hunger und Durst führen zur Auflehnung, zum Streit, zum Murren gegen Mose und über ihn gegen Gott. Doch Gott erweist sich trotzdem als den Menschen zugewandt, er straft nicht, sondern schenkt neues Leben – Wasser in der Wüste. Die verschiedensten Theorien, wie Mose Wasser aus dem Felsen schlagen kann, also unsere heutige Frage nach dem Was und Wie und dem historisch Greifbaren hat mit der Intention des Textes nichts zu tun. Historisch greifbar ist die Erfahrung Israels, dass sich das Volk auf seinem Weg von Gott geschützt und geführt wusste. Dies ist die Grundlage seines Glaubens, der in neuen Notsituationen (etwa Exil) das Volk zu tragen vermag: Gott hat gerettet und wird weiterhin retten. Aus diesem Glauben wächst dann auch das Bekenntnis der Christen zu Jesus, dem lebendigen Wasser (vgl. Evangelium).

Röm 5,1-2.5-8: Die Liebe Gottes ist ausgegossen in unseren Herzen. Dieser Abschnitt des Römerbriefes ist eines der theologisch konzentriertesten Stücke neutestamentlicher Botschaft. Durch die Fülle bedeutender Begriffe (gerecht gemacht, Glauben, Frieden, Gnade, Hoffnung, Herrlichkeit, Liebe ...) aber

wirkt der Text überladen, die Dichte der paulinischen Sprache ist zudem beim einmaligen Hören kaum aufzuschlüsseln. Durch die erlösende Tat Gottes ist der Mensch in eine neue Beziehung zu Gott gekommen, er wurde von Gott gerecht gemacht. Dies zeigt sich konkret in der Taufe (durch die der Heilige Geist gegeben wird). Hier wird die Liebe Gottes in die Menschen ausgegossen. Dies aber bewirkt Frieden und Hoffnung. Glaube, Liebe und Hoffnung (vgl. 1 Kor 13) sind so die Grundlagen christlichen Lebens: der Glaube, weil wir Gottes Gnade erfahren haben, die Liebe, weil wir von der Liebe Gottes erfüllt sind, die Hoffnung, weil uns in Jesus Zukunft und Heil geschenkt werden.

Joh 4,5-42: Wasser aus dem Felsen. Die (selbst in der Kurzfassung) lange Perikope greift das Grundthema des Johannesevangeliums auf, wer Jesus für die Menschen ist, was er den Menschen bedeuten kann. So mündet der Text im Bekenntnis der (nichtjüdischen) Samariter: »Dieser ist der wahre Retter (Heiland) der Welt.« Dieser Zielsatz wird in den verschiedenen Gesprächsabschnitten durch unterschiedliche Aussagen vorbereitet. Das einleitende Gespräch beginnt mit dem Symbol des Wassers. Jesus leitet die samaritische Frau behutsam von der äußeren Bedeutung des Wassers zu einer tieferen, symbolischen Bedeutung hin: Er ist das lebendige Wasser, das nicht den alltäglichen Durst des Menschen stillt, sondern seinen grundlegenden Durst nach gelingendem, heilem und ewigem Leben. Ein zweiter Gesprächsstrang entzündet sich an der Erkenntnis der Frau, dass Jesus ein Prophet ist: Für Christen ist kein besonderer Ort zum Gebet und zur Gottesnähe nötig, sondern allein das Erfülltsein mit dem Geist. Das eingeschobene Jüngergespräch greift in einer vielfältigen Bildersprache ein anderes Thema auf: Die Endzeit, die Zeit der Ernte, hat in ihm bereits begonnen. Über die samaritische Frau und den Jüngerkreis hinaus wird am Ende ein Blick auf eine größere Gemeinde geworfen, die miteinander und unabhängig von nationalen Grenzen zum Bekenntnis zu Jesus als dem Retter kommt: ein Ausblick auf christliche Gemeinde.

Schrifttext und Familien mit Kindern

Jeder der drei Schrifttexte bringt für eine Behandlung in Familiengottesdiensten eigene Schwierigkeiten mit sich: Die alttestamentliche Lesung führt wie alle Wunderberichte der Bibel bei vielen zu Fragen nach dem Wie und der Historizität. Dadurch wird von den eigentlichen Aussagen des Textes abgelenkt. Zudem muss der Text in den größeren Zusammenhang der Exodustradition gestellt werden, um die Führung und Nähe Gottes und die Reaktion des Volkes einordnen zu können. Die Ausgangsfrage des Textes dagegen trifft auch heutige Menschen: »Ist der Herr in unserer Mitte oder nicht?« Wo also ist Gott erfahrbar, wo kann man seine Nähe besonders in der Not und im Leid erfahren? Hier liegt ein möglicher Ansatz im Aufweis, dass der Glaube an Gott immer angefochtener und je neu zu erringender Glaube ist. Das galt für Israel damals, das gilt für die Menschen unserer Zeit in gleicher Weise.

Die Römerbrief-Lesung ist durch ihre dichte theologische Sprache nur mit viel Mühen auf Kinder hin zu erschließen. Bestenfalls kann man einzelne Begriffe mit heutigem Leben zu verbinden suchen. Dabei lässt sich etwa am Verständnis christlicher Hoffnung ansetzen. Auch kann das Ausgießen der Liebe Gottes als Thema gewählt werden. Durch die folgende Erwähnung des Heiligen Geistes wird dieses Erfülltwerden mit dem Geist mit der christlichen Taufe verbunden, so dass sich hier ein Ansatzpunkt bietet, der auch mit der Wassersymbolik der ersten Lesung und des Evangeliums verbunden werden kann.

Von den drei großen inhaltlichen Abschnitten des Evangeliums (lebendiges Wasser – Ort der Anbetung – Jüngerbelehrung) kann vor allem der erste Abschnitt (entsprechend gekürzt, damit er das Verständnis von Kindern nicht überfordert) für den Familiengottesdienst genutzt werden. Dabei geht es vor allem um die Symbolik des Wassers (vielleicht in Parallele zur alttestamentlichen Lesung). Ebenso wie am Symbol des Brotes kann am Wasser die Bedeutung Jesu für die Christen aufgezeigt werden. Von dieser Symbolik kann ebenfalls das Thema Taufe eingebracht werden. Beide Themen sind zudem im Blick auf die Osternacht hin zu deuten (Exoduserzählung: Zug durch das Rote Meer und Tauferneuerung).

Gestaltungsideen für den Gottesdienst

Reihe A: Gestalten der Bibel. Mose.
Stichworte zur Verkündigung: Die Gestalt des Mose wird auch vielen Kindern zumindest anfanghaft bekannt sein. Daran lässt sich anknüpfen. Durch ein Gespräch können Stichworte zur Gestalt und zum Wirken des Mose erarbeitet und vielleicht auf einem Plakat sichtbar gemacht werden: Mose ist der von Gott berufene Führer des Volkes, der Israel aus Ägypten herausführt und dann auf den langen Weg durch die Wüste bringt. Mose ist der Prophet, dem Gott im brennenden Dornbusch begegnet und dem Gott seinen Namen als »Jahwe – ich bin da (für euch)« kundtut. Mose ist derjenige, der am Sinai das Gesetz Gottes dem Volk bringt und auf die Einhaltung des Bundes zwischen dem Volk und Gott drängt. Mose wird somit zur überragenden Gestalt am Beginn der Geschichte Israels. Wie Abraham »Vater des Glaubens« ist (vgl. A 19), so ist Mose »Vater des Bundes«, David dann (vgl. A 21) »Vater des Reiches Israel«.
Darstellung: Über die Perikope vom Wasser aus dem Felsen hinaus kann die Gestalt des

Mose durch eine Bildergeschichte dargestellt werden, die von einer Kindergruppe vorbereitet wurde. Dabei können die einzelnen Stationen des Lebensweges des Mose aufgezeigt werden. Die einzelnen Bilder werden dann zu einem »Lebensfilm« zusammengeklebt, der einen Überblick über die Gestalt des Mose gibt. Wo eine solche Bildergeschichte nicht möglich ist, können dennoch die einzelnen, im Gespräch erarbeiteten Stationen aus dem Lebensweg des Mose anschaulich werden: Symbole und Zeichen für einzelne Erzählungen werden zu einem Fries zusammengestellt, etwa: Feuer, Wolke, Brot, Wasser, Gesetzestafel, (Gottes schützende) Hand ...

Reihe B: Was uns Jesus bedeutet. Wasser des Lebens.

Stichworte zur Verkündigung: Wasser stellt ein menschliches Grundsymbol für Leben dar. Wenn Jesus dieses Symbol aufgreift und auf sich und sein Wirken bezieht, macht er damit deutlich, dass er Leben für die Menschen ist, dass die Menschen durch die Bindung an ihn Leben gewinnen können, das über den Tod andauert. Jesus ist Christen so wichtig wie Wasser zum Leben. Dieser Gedanke müsste in folgenden Schritten erarbeitet werden: 1. Die Bedeutung des Wassers für das Leben auf der Erde, an einzelnen Beispielen dargestellt. 2. Menschen, etwa die samaritische Frau oder die Jünger, haben Jesus für ihr Leben als so wichtig erfahren wie Wasser. 3. Auch für uns Christen heute ist Jesus so wichtig wie das Wasser. 4. Taufwasser und Weihwasser erinnern uns daran, dass Jesus uns Wasser des Lebens ist.

Darstellung: An einer blühenden und einer vertrockneten Pflanze kann die Bedeutung des Wassers sichtbar werden. Zur Veranschaulichung, dass Jesus uns wie Wasser ist, kann ein Tauferneuerungsritus gestaltet werden: Aus dem Taufbrunnen wird Wasser genommen und alle werden damit besprengt. Ebenso können alle zum Taufbrunnen kommen, ihre Hand dort in das Taufwasser eintauchen und sich damit bekreuzigen: Erinnerung an die Taufe und Verbindung zu Jesus (Kreuz).

Einzelthemen:

– *Ist Gott in unserer Mitte?* Die Ausgangsfrage der alttestamentlichen Lesung ist auch die Frage vieler Menschen heute. Wo können wir Gott erfahren? Israel hat Gott vor allem in der Wegbegleitung erfahren, nicht allein in wunderbaren Zeichen (wie das Wasser aus dem Felsen), sondern vor allem in der Begleitung in guten und in schweren Stunden. So hat es sich trotz aller Anfechtungen, trotz eigener Schuld und fremder Verfolgung immer in Gott geborgen gewusst. Israel und der Glaube der Juden wird uns so zum Vorbild unseres eigenen Glaubens und Lebens. Gott begleitet auch uns in guten und schweren Stunden. Darstellen lässt sich dies etwa mit dem Bild zweier Freunde, die miteinander einen Weg gehen – so ist Gott.

– *Worauf hoffen wir?* Von der neutestamentlichen Lesung aus kann das Thema Hoffnung angesprochen werden: Was erhoffen wir, was ersehnen wir uns für die Zukunft? Spielt Gott dabei eine Rolle? Psalm 139 kann dazu in einer kindgemäßen Fassung besprochen und den Kindern mitgegeben werden.

Weiterführung nach dem Gottesdienst

Zur ersten Reihe *Gestalten der Bibel* wird eine Schriftrolle an der Altarwand mit dem Namen Mose bezeichnet. Als Anregung zum Lesen in der Bibel können Teile der Mosegeschichte (Buch Exodus) benannt werden, vor allem die wichtigen Perikopen (brennender Dornbusch, Auszug, Manna, Bundesschluss am Sinai, Erreichen des Gelobten Landes ...).

Zur zweiten Reihe wird das Symbol Wasser mit dem Kreuz verbunden (vgl. A 18). Das Thema Taufe und Tauferneuerung kann als Anregung zum Gespräch in den Familien eingebracht werden. Ebenso kann das Thema Abhängigkeit vom Wasser in den Familien dadurch weitergeführt werden, dass die Kinder etwas pflanzen und durch Gießen für die Pflanze sorgen.

Gesprächsanregung zum ersten Einzelthema: Freunde begleiten einander auf dem Weg – wo spüren wir die Nähe unserer Freunde? Wie können wir dies mit der Nähe Gottes in unserem Leben vergleichen?

(A 21) 4. Fastensonntag

Zu den Schrifttexten

1 Sam 16,1.6-7.10-13: Der Geist des Herrn kam über David. Die Perikope stellt eine legendenartige »Kindheitserzählung« über David dar, bei der es weniger um Historizität geht als um die theologische Aussage, dass Gott sich dieses noch nicht kultfähige (und deshalb am Opfermahl nicht teilnehmende) Kind erwählt. Mit diesem Hirtenkind beginnt Gott etwas Neues; Gott erwählt das Kleine, um sein Werk in der Geschichte zu vollbringen. Damit sind Gottes Maßstäbe anders als die der Menschen. Nicht nach Kraft und Größe, nicht nach Aussehen und Ehre erfolgt die Erwählung Gottes, sondern »Gott schaut ins Herz der Menschen«. Die Salbung mit Öl macht einen Menschen zum »Gesalbten«, zum Messias, zum geisterfüllten und geistgestärkten Propheten und Führer des Volkes. Dadurch, dass Gott immer wieder Menschen erwählt, zeigt er sich als Herrscher der Weltgeschichte, seine Kraft und Erwählung gibt den Ausschlag.

Eph 5,8-14: Lebt als Kinder des Lichts! Die von Paulus gegründete Gemeinde Ephesus in Kleinasien war gegen Ende des ersten Jahrhunderts durch die Lebensweise der nichtchristlichen Bevölkerung angefochten. Der Autor des Epheserbriefes, der mit der Autorität des Paulus spricht, versucht – ausgehend von dieser Lebenssituation der Gemeinde – durch Mahnungen und Weisungen den Glauben der Gemeinde zu stärken und ihnen Hilfen zu einem christlichen Leben zu geben. Dabei geht er vom Dualismus Dunkelheit-Licht aus, der in der Antike gebräuchlich war. Für ihn ist Christus und die Bindung an ihn Licht und der Weg zu einem lichtvollen Leben, alles andere ist Dunkelheit. Möglicherweise bezieht sich der Schlussvers (»Wach auf ...) auf eine Taufliturgie. Wer als Getaufter an Christus gebunden ist, der wird fähig zur Güte (entsprechend der Güte Gottes handeln), zur Gerechtigkeit (vor Gott und den Menschen recht handeln) und zur Wahrheit (den rechten Lebenssinn in Christus erkennen).

Joh 9,1-41: Die Heilung des Blinden. Der umfangreiche Text ist von unterschiedlichen Gedanken geprägt. Zum einen übernimmt Johannes aus seiner Zeichenquelle einen bereits geformten Wunderbericht von der Heilung eines Blindgeborenen, der zum Bekenntnis führt, dass Jesus das Licht der Welt ist (vgl. Joh 8,12). In Jesus leuchtet die Herrlichkeit Gottes auf, können Menschen zum Licht Gottes finden. Diesen Wunderbericht erweitert Johannes in der ihm eigenen Sprache durch einen langen Bericht über die Verhöre des Geheilten und seiner Eltern mit folgenden Themen: Entscheidung für oder gegen Jesus – Glaube als Bekenntnis zum lebendigen Herrn – Heilung am Sabbat. Hinter diesen Motiven steht die zeitgeschichtliche Situation der christlichen Gemeinde zur Zeit des Johannes: Von der jüdischen Synagoge ist sie etwa um das Jahr 90 vollständig getrennt worden, die Ausstoßungsformel (am Ende der Verhöre) verweist darauf. In einem Neulesen des Wunderberichtes wird der Blindgeborene also zum Typus des Menschen, der – in Unglauben (Blindheit) geboren – zu Jesus, dem Licht, findet und deshalb aus seiner bisherigen Glaubensgemeinschaft ausgestoßen zu neuer Gemeinschaft im Jüngerkreis gelangt. Der Text wird so zu einer Bekehrungs-, Glaubens- und Bekenntnisgeschichte (»Ich glaube, Herr!«). Die Hörer sollen sich fragen: Sind auch wir blind, oder sehen wir in Jesus das Licht Gottes und bekennen uns zu ihm?

Schrifttext und Familien mit Kindern

Die drei Schrifttexte bieten vielfältige Ansatzpunkte zum Leben heutiger Familien und zur Behandlung in einem Familiengottesdienst.

Für Kinder ist bei der alttestamentlichen Lesung sicher das Motiv wichtig, dass Gott nicht die großen, starken Brüder erwählt, sondern den Kleinsten, den Geringsten, der eigentlich noch gar nicht dazugehört. Dieses Motiv, das in den Texten der Bibel immer wieder aufscheint, hier aber besonders deutlich sichtbar wird, hat Auswirkungen für das Gottesbild und zugleich für das Leben der Christen:

Der Gott, zu dem sich Juden und Christen bekennen, ist ein Gott der Armen, der Kleinen und Geringen. Seine Maßstäbe sind anders als die der Menschen. Er sieht nicht auf das Äußere, sondern ins Herz der Menschen. Dieses Gottesbild wird im Leben Jesu durch dessen Verhalten den Menschen gegenüber bestätigt (vgl. auch das Evangelium). Ein solches Gottesbild hat dann Auswirkungen auf das Leben der Christen und auf ihre Gemeinden. Auch hier muss es darum gehen, dass besonders den Kleinen und Geringen Räume geöffnet werden, in denen sie zu einem erfüllten und gelingenden Leben kommen können. Dies bedeutet einen Einsatz der Gemeinden und der Christen für Randgruppen, für Notleidende, aber auch für Kinder. Die Perikope kann mit der Weisung Jesu an seine Jünger verknüpft werden: Lasst die Kinder zu mir kommen!

Ein anderes Thema ergibt sich aus der in der alttestamentlichen Lesung berichteten Salbung. David wird zum Gesalbten (hebrä-isch: Messias), damit zum Vorläufer Jesu (des »Messias« = griechisch: »Christus«). Auch die Menschen, die sich zu Christus bekennen, sind in Taufe und Firmung zu Gesalbten geworden und haben mit dieser Salbung einen besonderen Auftrag von Gott erhalten: Gestaltet euer Leben aus dem Glauben an Gott. Reiht euch ein in die Gemeinschaft derer, die glauben und die sich Christen nennen. Durch den Familiengottesdienst können Kinder und Erwachsene darauf aufmerksam werden, dass der Name Christ Zuspruch und Auftrag Gottes ist.

Die zweite Lesung und das Evangelium gehen beide vom Symbol Licht aus, wenden es auf Christus an und über ihn auf die Christen. Die Lichtsymbolik bietet sich von da aus für die Gestaltung des Gottesdienstes an. Das kann mit dem Motiv des Sehen-Könnens und der Blindheit verknüpft werden: Durch Jesus kommen wir zum Licht und lernen uns selber, unsere Welt und die Menschen neu sehen.

Ein anderer Ansatz der Epheserbrief-Lesung sind die Begriffe »Güte, Gerechtigkeit und Wahrheit«, die auf heutige Lebenssituationen bezogen werden können: Was heißt es, als getaufter Christ diese Werte in unserer Zeit zu leben?

Gestaltungsideen für den Gottesdienst

Reihe A: Gestalten der Bibel. David.
Stichworte zur Verkündigung: David ist vielen Kindern von der Goliat-Erzählung her bekannt. Obwohl hier das Motiv des von Gott erwählten Kleinen auch zum Tragen kommt, erscheint uns dieser Text wegen seiner legendenhaften und kriegerischen Ausrichtung weniger geeignet, in die Gestalt des David einzuführen, als die vorliegende Perikope. Ähnlich wie bei Abraham und Mose kann eine Art Lebensfilm des David für den Gottesdienst erstellt werden, durch den verschiedene Szenen aus seinem Leben vorgestellt werden: Salbung durch Samuel, David am Hof des Saul (Harfenspieler), David als Kämpfer, als König in Jerusalem, der schuldige David, David als Beter (Psalmen), David mit seinem Sohn Salomo ...

Darstellung: Wiederum kann eine Kindergruppe entsprechende Bilder zu den Lebensstationen des David malen. Wo dies nicht möglich ist, können auch leichter zu erstellende gezeichnete Symbole und Gegenstände die einzelnen Stationen seines Lebens wiedergeben (etwa ein Salbhorn, eine Harfe, die Königskrone ...). Vorbereitete Spiele können einzelne Szenen seiner Lebensgeschichte ebenso gut aufzeigen. Innerhalb der Reihe wird eine Schriftrolle mit dem Namen des David bezeichnet.

Reihe B: Was uns Jesus bedeutet. Licht unseres Lebens.
Stichworte zur Verkündigung: Vom Evangelium oder der zweiten Lesung ausgehend wird das Symbol Licht auf Jesus bezogen. Dies kann in folgenden Schritten geschehen: 1. Die

(A 21) 4. Fastensonntag

73

Bedeutung von Licht und Dunkelheit für uns Menschen, eventuell durch kleine Spiele (Gang in den dunklen Keller ...) dargestellt. 2. Jesus bezeichnet sich als Licht, er macht das Leben der Menschen hell (Evangelientext von der Blindenheilung). 3. Weil Jesus unser Licht ist, können auch wir Licht füreinander sein (eventuell wieder kleine Spiele). *Darstellung:* Auf dem Plakat der Reihe wird ein Licht zu den bisherigen Symbolen (vgl. die vorangegangenen Sonntage) gezeichnet. Zu der Deutung »Jesus ist Licht« können verschiedene Kerzen hinzugenommen werden. Vielleicht kann den Kindern an dieser Stelle bereits eine Deutung der Osterkerze gegeben werden, die zwei Wochen später in der Osternacht angezündet wird. Ebenso können andere Kerzen im Kirchenraum (etwa Ewiges Licht ...) auf Jesus hin gedeutet werden. *Einzelthemen:*
– *Gesalbter sein:* Ausgehend von der Salbung des David wird auf die Salbung bei christlichen Sakramenten (Taufe und Firmung, Priesterweihe, Krankensalbung) aufmerksam gemacht. Dabei wird besonders die Salbung bei der Taufe in den Vordergrund gestellt: Wir sind mit Christus, dem Gesalbten, verbunden, wir dürfen uns Christen nen-

nen. Die bei der Taufe gebrauchten Salböle (Katechumenenöl und Chrisam) sollten den Kindern gezeigt werden.
– *Güte, Gerechtigkeit und Wahrheit:* Wie können wir heute als Christen diese Begriffe konkret in unser Leben umsetzen? Vorbereitete Spiele der Kinder können Alltagsszenen aufzeigen, wo es auf Güte, Gerechtigkeit und Wahrheit ankommt. Eventuell können dabei unterschiedliche Verhaltensweisen gezeigt werden. Ein Gespräch mit den Kindern macht deutlich, dass sich Christsein nicht in Worten, sondern in Taten zeigt.
– *Zur Entscheidung gerufen:* Das Johannesevangelium ermuntert zur Entscheidung für oder gegen den Glauben an Christus. Der Blinde wird dabei als in Wirklichkeit sehend gezeichnet, denn er erkennt den Herrn. Dagegen sind die »sehenden« Pharisäer in Wirklichkeit blind, weil sie nur auf das Äußere blicken und das Wirken und die Bedeutung Jesu nicht erkennen können. Diesen Gegensatz kann man durch ein Spiel mit Augenbinden darstellen: Der Blinde findet zu Jesus, die Sehenden paradoxerweise nicht. So werden sie zu den eigentlich Blinden, die sich nicht auf Jesus hin öffnen, ihn nicht als Licht der Welt erkennen können.

Weiterführung nach dem Gottesdienst

Zur ersten Reihe *Gestalten der Bibel* wird eine Schriftrolle an der Altarwand mit dem Namen David bezeichnet. Als Anregung zum Lesen in der Bibel können Teile der Davidgeschichte (1 und 2 Samuel) benannt werden, vor allem die wichtigen Perikopen (s.o.).

Zur zweiten Reihe können den Kindern Kerzen mitgegeben werden, die sie zu Hause verzieren können (mit farbigen Wachsplätt-

chen oder auch mit Stiften bemalen). Dabei sollten besonders Christussymbole ausgewählt werden. Auch kann in der Familie das Thema Licht-Dunkelheit aufgegriffen und angesprochen werden. Vielleicht wird bereits eine kleine Osterkerze auf den Tisch gestellt, die noch nicht (erst an Ostern) angezündet wird: In der Österlichen Bußzeit richten wir uns auf Christus, das Licht der Welt, aus.

(A 22) 5. Fastensonntag

Zu den Schrifttexten

Ez 37,12b-14: Ich hauche euch meinen Geist ein. In der Zeit des babylonischen Exils verkündet Ezechiel dem Volk eine Botschaft der

Hoffnung. Wo die Menschen im Exil sich wie in einem Grab fühlten, eingeschlossen, unfrei und wie tot, da verweist Ezechiel auf das lebenschaffende Wirken des Geistes Gottes. Er wird – wie damals Israel aus Ägypten – das Volk herausführen und zu neuem Leben befreien. Es geht bei diesem Prophetentext also nicht um die Verkündigung einer persönlichen Auferstehungshoffnung, sondern um die Zusage, dass Gott sein Volk erneut befreit und in sein Land führt. Dennoch wird dieser Text (vgl. das Evangelium von der Auferweckung des Lazarus) von Christen neu gelesen im Blick auf das Geschehen mit Jesus: Er ist der Geisterfüllte, der am Ostermorgen aus dem Grab herausgeführt wird und der so zur Hoffnung für alle wird.

Röm 8,8-11: *Der Geist aber schafft Leben.* Das achte Kapitel des Römerbriefes konzentriert die Botschaft des Paulus auf sein Bekenntnis zur Auferweckung der Toten – Gott setzt das Leben gegen den Tod, sein Geist schafft Leben. In der Perikope dieses Sonntags wird dies durch die Begriffe Fleisch und Geist aufgeschlüsselt. Mit den beiden Worten sind nicht Teile des Menschen gemeint, es stellt keinen griechischen Leib-Seele-Dualismus dar. Vielmehr meinen die beiden Begriffe unterschiedliche Verhaltensweisen des jeweils ganzen Menschen: zum einen das Verhaftetsein an die eigene Kraft, damit aber auch das Gebundensein an die eigene Sterblichkeit, zum anderen die Ausrichtung auf Gott, das Leben in seinem Geist und somit den Überstieg des Menschen in eine größere Wirklichkeit, die er jetzt anfanghaft erfahren kann, die ihn durch Gottes Geist aber zur Vollendung führen wird. Durch die Taufe ist ein Mensch in diese gnadenhafte Wirklichkeit Gottes hineingenommen, ist geisterfüllt und geistdurchwirkt, ist zum Leben der Auferstehung berufen.

Joh 11,1-45: *Die Auferweckung des Lazarus.* Die Erzählung von der Auferweckung des Lazarus ist das letzte der großen Zeichen im Johannesevangelium, durch die Jesus seinen Jüngern seine Person offenbart. So gipfelt dieser Text in seinem Selbstbekenntnis:»Ich bin die Auferstehung und das Leben.« Nach Brot (Große Speisung), Wasser (samaritische Frau) und Licht (Blindenheilung) ist Leben ein Schlüsselwort johanneischer Botschaft von Jesus. Dabei geht es nicht allein um das Zeichen, sondern an diesem Wendepunkt des Evangeliums bereits um Jesu eigenes Schicksal. Er geht bewusst seinen Weg in den Tod – im Vertrauen darauf, dass Gott stärker ist, dass das Leben den Tod besiegt. Somit stellt die Perikope dieses Sonntags weniger einen historischen Bericht dar (die Frage, was da wirklich passiert ist, geht an der Aussageabsicht des Textes vorbei), sondern einen Schlüsseltext christlichen Glaubens an Jesus.

(A 22) 5. Fastensonntag

Schrifttext und Familien mit Kindern

Jeder der drei Schrifttexte führt den Hörer auf eigene Weise zum Thema Auferstehung und neues Leben aus dem Geist Gottes. Dieses Thema passt in die Zeit des Kirchenjahres (zwei Wochen vor Ostern) und lässt sich liturgisch mit vielfältigen Hinweisen auf die Heilige Woche verknüpfen. Dennoch ist das Thema Tod und Auferstehung den meisten Besuchern eines Familiengottesdienstes zuerst einmal fremd. Der Bereich Sterben und Tod ist Tabuthema, der Glaube an die Auferstehung von den Toten ist für viele nicht nachvollziehbar. Hier muss die Bedeutung dieses biblischen Themas erst einmal erschlossen, Interesse für die Frage nach Leben über den Tod hinaus geweckt werden.

Vor allem bei Kindern und Jugendlichen ist dies schwierig, deren Zukunft zuerst die Gestaltung ihres Lebensweges ist, auf den sie unter den unterschiedlichsten Aspekten blicken, und nicht auf das, was danach kommt. Nur selten (etwa beim Tod von Großeltern) sind sie unmittelbar mit der Frage nach dem Sterben konfrontiert. Dennoch kann in aller Behutsamkeit aufgezeigt werden, dass menschliches Leben immer bedrohtes Leben ist, dass alles Glück gefährdet ist, dass Beziehungen zerbrechen können und dass von all diesen und anderen Punkten die Sehnsucht des Menschen nach bleibendem, unvergänglichen Heil vorhanden ist: gegen die vielen Tode unzerstörbares Leben.

Gestaltungsideen für den Gottesdienst

Reihe A: Gestalten der Bibel. Der Prophet.
Stichworte zur Verkündigung: Propheten sind für die Geschichte und den Glauben Israels wichtige Gestalten. Ezechiel ist neben Jesaja, Jeremia und anderen nur ein herausragendes Beispiel für den prophetischen Dienst, den Männer (und Frauen) in Israel ausgeübt haben. Sie haben dem Volk den Willen Gottes kundgetan (insofern war auch Mose ein Prophet, vgl. A 20), sie haben Mahnungen ausgesprochen, vor allem aber haben sie dem Volk Hoffnung gemacht und so Wege in die Zukunft gezeigt. Dies gilt besonders von Jesaja, aber auch von Ezechiel. Propheten sind damit wie Wegweiser in eine Zukunft, die von Gott und seinem Willen bestimmt ist und die das Heil der Menschen bedeutet. Daran kann im Gottesdienst angeknüpft werden: 1. Das Volk ist immer wieder bedroht, von innen und von außen. 2. Man fragt nach Gottes Willen in der je neuen Situation. 3. Propheten sind wie Wegweiser, die Gottes Willen kundtun, die Gottes Wirken in der Geschichte aufzeigen (»Ich schenke euch meinen Geist und mein Leben«).
Darstellung: Ein (oder mehrere) Wegweiser werden aufgestellt und mit den Namen des Ezechiel (und anderer Propheten) versehen. Zudem wird in die letzte Schriftrolle der Reihe der Name Ezechiel eingetragen.

Reihe B: Was uns Jesus bedeutet. Leben ohne Ende.
Stichworte zur Verkündigung: Nach Brot, Segen, Wasser und Licht fasst das Stichwort Leben alle Bedeutungen Jesu zusammen: Wer sich glaubend an Jesus bindet, gelangt zum Leben, das den Tod überwindet. In ihm haben wir eine Hoffnung, die über dieses Leben hinausreicht. Dies kann in folgenden Schritten verdeutlicht werden: 1. Leben ist immer bedrohtes Leben. Dabei geht es nicht allein um Sterben, sondern auch um die vielen kleinen Tode des Alltags (Freundschaften zerbrechen, Gesundheit ist beeinträchtigt ...). Beispiele werden durch Wort oder auch Bild aufgezeigt. 2. Wir sehnen uns nach gelingendem Leben, Harmonie, »Ganzheit« des Lebens und wissen, dass das nie voll erreicht werden kann. 3. Jesus verheißt uns neues Leben über den Tod hinaus.
Darstellung: Über Bilder von den vielen kleinen Toden mitten im Leben wird groß das Christuszeichen oder ein strahlendes Licht geklebt.

Einzelthemen:
Der Themenbereich *Auferstehung* bietet sich für diesen Gottesdienst an. Dabei können unterschiedliche Veränderungen aus dem Bereich der Natur ausgewählt werden, an denen »Sterben« und »neues Leben« sichtbar wird, etwa: Raupe – Puppe – Schmetterling; Weizenkorn – in die Erde gesenkt – Weizenähre; Zweig eines Laubbaums ohne Blätter – blühender Zweig ... An solchen Beispielen kann deutlich gemacht werden, dass Gott immer wieder Leben schenkt und Hoffnung gibt. Dies gilt auch für uns Menschen: Durch den Tod hindurch erlangen wir von Gott neues Leben.

Weiterführung nach dem Gottesdienst

Zur ersten Reihe *Gestalten der Bibel* wird eine Schriftrolle an der Altarwand mit dem Namen Ezechiel bezeichnet. Die Reihe ist nun vollständig, alle fünf Namen können noch einmal kurz aufgezählt und die Bedeutung der Personen in Erinnerung gerufen werden. Zudem kann auf die Bücher der »großen und kleinen« Propheten im Alten Testament aufmerksam gemacht, eventuell einige beispielhafte Texte angegeben werden.

Zur zweiten Reihe und zum Thema Auferstehung können blühende Zweige oder Frühjahrsblumen verteilt werden. Ebenso ist eine Zeichnung von einer Raupe, einer Puppe und einem Schmetterling möglich, vielleicht mit einer passenden Geschichte dazu, die die Veränderung zum neuen, größeren Leben des Schmetterlings deutlich macht. Ferner kann auch ein Überblick über die kommenden Feiern der Heiligen Woche mitgegeben werden.

(A 23) Palmsonntag

Zu den Schrifttexten

Mt 21,1-11: *Das ist der Prophet, Jesus von Nazaret.* (Vgl. auch im Band zum Lesejahr C.) Gegenüber seiner markinischen Vorlage setzt Matthäus mit dem Schlussvers einen zusätzlichen Akzent. Matthäus will durch vielerlei Verweise auf das Alte Testament aufzeigen, dass Jesus aus Nazaret der verheißene und schon lange erwartete Messias ist, der endgültige Prophet, der Gesandte und Gesalbte Gottes. So ist sein Schlussvers »Das ist der Prophet, Jesus von Nazaret« nicht nur einfache Hinzufügung, sondern der Zielpunkt dieser Perikope und zugleich ein Hinweis auf die folgenden Ereignisse: In diesem Jesus kommt Gott zu den Menschen. Der Begriff des Propheten erscheint auch für heutige Verkündigung besser zur Kennzeichnung Jesu geeignet zu sein als im parallelen Lukastext der missverständliche Begriff des Königs.

Jes 50,4-7 und **Phil 2,6-11:** vgl. im Band zum Lesejahr C.

Mt 26,14-27,66: *Das Leiden unseres Herrn Jesus Christus.* Matthäus folgt wie Lukas in etwa der markinischen Vorgabe, Einzelheiten der Leidensgeschichte können hier nicht erläutert werden. Wohl soll auf den besonderen Akzent aufmerksam gemacht werden, den Matthäus gegenüber seiner Vorlage setzt: Für ihn ist Jesus der Gerechte, der unschuldig verfolgt und getötet wird, der Prophet, der von Gott kommt, der Verheißene, auf den sich in vielfältiger Weise die Verheißungen und Erwartungen des Alten Testamentes beziehen. Doch die Menschen erkennen ihn nicht, selbst seine Jünger entfernen sich von ihm. Erst im Licht der Auferstehungserfahrung wird deutlich, dass er der Herr ist.

Schrifttext und Familien mit Kindern
(vgl. im Band zum Lesejahr C)

Gestaltungsideen für den Gottesdienst

In vielen Gemeinden findet kein eigener Gottesdienst für Familien mit Kindern am Palmsonntag statt. Dennoch kann man versuchen, in den Gemeindegottesdienst einige Elemente zu integrieren, die Kinder aktiv beteiligen (etwa Prozession, Fürbitten, Gabenbereitung ...). Auch sollte bei der Auswahl der Lieder und Texte auf Kinder Rücksicht genommen werden. Wenn viele Kinder anwesend sind, ist es ratsam, die Kurzfassung oder eine eigene Auswahl aus der Langfassung zu lesen.

Manche Gemeinden gestalten die Gottesdienste der Heiligen Woche mit einem Symbol (vgl. dazu Hermann-Josef Frisch, Deine Auferstehung preisen wir. Heilige Woche mit Symbolen feiern, Mainz 1995). Für jedes Lesejahr verweisen wir in dieser Reihe auf eines dieser Symbole:

Lesejahr A: Licht
Lesejahr B: Stein
Lesejahr C: Kreuz

Reihe Licht: Statt des Kreuzes als Zeichen für Jesus wird die Osterkerze des vergangenen Jahres mit Buchsbaum und anderem Grün geschmückt und zum Platz der Palmweihe getragen. In die Palmstecken der Kinder sind dünne lange Kerzen eingebunden (etwa Lichtmesskerzen). In der Kirche bilden die Kinder ein Spalier, die kleinen Kerzen werden angezündet, ein Lichterweg entsteht: Wir empfangen Christus, das Licht der Welt. Die geschmückte Osterkerze wird vor den Altar gestellt: Jesus ist in unserer Mitte.

Der Weg zum Kreuz beginnt: Ein Tor und – ein Stück dahinter – ein Kreuz symbolisieren den beginnenden Kreuzweg Jesu (gestaltet aus Holz, vielleicht eine richtige Türzarge, und im Altarraum aufgestellt oder als gemaltes Bild). Der Palmsonntag bedeutet für Jesus den Beginn des Weges zum Leiden und Sterben, das Stadttor von Jerusalem ist die erste Station seines Kreuzweges.

Weiterführung nach dem Gottesdienst

Der Brauch, aus dem Palmsonntagsgottes-dienst geweihte Palm- (Buchsbaum-) zweige nach Hause zu nehmen und dort hinter die Kreuze zu stecken, muss den Kindern erläu-tert werden. Dieser Brauch stellt ein Zeichen der Verehrung von Christus dar, ihn beken-nen wir damit nicht allein als gekreuzigten, sondern als lebenden Herrn.

Je nach Gestaltung der Heiligen Woche er-geben sich vom Symbol her unterschiedliche Anregungen. Für unsere Reihe sind es die kleinen Kerzen, die den Kindern zusammen mit den Buchsbaumzweigen mitgegeben wer-den können. Das Bild mit Tor und Kreuz(weg) kann ebenfalls vervielfältigt den Gottesdienst-besuchern mitgegeben werden.

(A 24) Gründonnerstag

Zu den Schrifttexten
Schrifttext und Familien mit Kindern
(vgl. im Band zum Lesejahr C)

Gestaltungsideen für den Gottesdienst

In der Regel halten wir es für sinnvoll, am Gründonnerstag nur *eine* Eucharistie der Ge-meinde zu feiern, an der alle Altersgruppen teilnehmen und so die Einheit der Gemeinde betonen. Allerdings muss diese Feier dann so ausgerichtet sein, dass sich alle Altersgrup-pen, also auch Kinder, darin wiederfinden und entsprechend ihren Fähigkeiten mittun kön-nen.

Reihe Licht: In dieser Reihe zur Gestal-tung der Heiligen Woche wird bereits von Palmsonntag an die Osterkerze (des alten Jah-res) in die Mitte der Gottesdienste gestellt. Jesus ist das Licht der Welt, er ist in unserer Mitte. Die Kinder nehmen kleine Teelichter und zünden sie an der Osterkerze an. Zur eu-charistischen Prozession am Ende der Messe nehmen die Kinder diese kleinen Kerzen und begleiten damit das Allerheiligste zum Aus-setzungsort. Dort setzen sie ihre Lichter um die Brotschale: Christus ist in unserer Mitte, von ihm her empfangen wir Licht. Die Texte und Lieder der Anbetungsstunden für die Gemeinde und eines gemeinsamen Abendge-betes für Kinder und Erwachsene greifen das Thema Licht ebenfalls auf.

Erstkommunionfeier am Gründonnerstag: Kein Tag des Kirchenjahres ist für die Erst-kommunionfeier sinnvoller als der Gründon-nerstag. Allerdings setzt dieser Tag eine an-dere Gestaltung voraus als die traditionelle Feier am Weißen Sonntag. Manche Gemein-den bieten deshalb den Kindern an, bereits ab Gründonnerstag mit ihren Eltern zur Kommu-nion zu gehen, die große Feier (Feierliche Kommunion im Gegensatz zur Erstkommu-nion am Gründonnerstag) mit der ganzen Ge-meinde und mit den Angehörigen ist dann nach wie vor am Weißen Sonntag. Wo dies geschieht, sollte der Abendmahlsgottesdienst der Gemeinde in aller Schlichtheit gestaltet werden. Die Schrifttexte von der Einsetzung der Eucharistie und von der Fußwaschung ste-hen im Mittelpunkt des Wortgottesdienstes. Die Kinder können Texte und Lieder dazu gestalten und vortragen. Die Kommunion kann allen (Erwachsenen wie Kindern) unter beiden Gestalten gereicht werden.

Weiterführung nach dem Gottesdienst
(vgl. im Band zum Lesejahr C)

(A 25) Karfreitag

Zu den Schrifttexten
Schrifttext und Familien mit Kindern
(vgl. im Band zum Lesejahr C)

Gestaltungsideen für den Gottesdienst

Reihe Licht: In der Symbolreihe Licht kann der Karfreitag unter das Thema gestellt werden:»Das Licht erlischt«. Auf dem sonst kahlen Altar sind nur die brennende Osterkerze des vergangenen Jahres und vier weitere große Kerzen. Während der Leidensgeschichte werden diese Kerzen nacheinander gelöscht. So wird symbolisch die Dunkelheit immer größer (vgl. die Sonnenfinsternis und die Dunkelheit in der lukanischen Leidensgeschichte). Durch kleine Besinnungstexte wird die Johannespassion an folgenden Stellen unterbrochen: Verhaftung Jesu – Verhör und Verspottung – Verurteilung – Kreuzigung – Tod. Zu jeder Stelle gibt ein kleiner deutender Text eine Beziehung zu Menschen heute und zu den Dunkelheiten ihres Lebens, etwa: Wo werden heute Menschen in Unfreiheit gehalten, wo werden sie verurteilt, gequält, ans »Kreuz geschlagen«? Das Kreuz Jesu und das Kreuz von Menschen heute werden also aufeinander bezogen. Nicht nur auf dem Leidensweg Jesu damals wurde es dunkel. Überall, wo heute Menschen Leid ertragen müssen, wächst die Dunkelheit. Das Verlöschen der Kerzen macht dies deutlich. Die Osternacht bringt dann die Wende zum Licht. So werden die Reste der alten Osterkerze und die vier anderen Kerzenstümpfe im Osterfeuer verbrannt.

Ans Kreuz schlagen: Auch bei dieser symbolischen Handlung soll die Leidensgeschichte Jesu mit dem Leiden von Menschen heute verbunden werden. Ein großes, einfaches Holzkreuz steht vor dem Altar bereit, dazu fünf große Nägel und ein Hammer. Am Eingang hat jeder einen Nagel erhalten. Die Leidensgeschichte wird an mehreren Stellen unterbrochen (etwa nach Verhaftung, Geißelung, Verurteilung, Kreuzigung und Tod), und es werden in kurzen Besinnungen Leidenssituationen von Menschen heute aufgeführt. Als Symbolhandlung für das Leiden damals wie heute wird dann jeweils ein Nagel in das Kreuz geschlagen. Zur Kreuzverehrung kommen dann alle nach vorn und legen zum Kreuz den Nagel, den sie empfangen haben: Auch wir werden oft gegenüber anderen schuldig, auch wir schlagen Menschen ans Kreuz, erheben die Hand gegeneinander.

Weiterführung nach dem Gottesdienst
(vgl. im Band zum Lesejahr C)

Mitten in der Finsternis unserer Tage
mitten in der Dunkelheit unseres Lebens
mitten in der Nacht des Todes
erstrahlt ein helles Licht
eine Quelle der Wärme
ein Feuer des Lebens
der Tod ist überwunden
das Leid hat ein Ende
Licht der Auferstehung

(A 26) Osternacht

Zu den Schrifttexten

In den Bänden zu den drei Lesejahren sind die Anmerkungen zu den Schriftstellen wie folgt aufgeteilt:

Lesejahr A: 2. Lesung (Gen 22,1-18)
             7. Lesung (Ez 36,16-28)
             Evangelium (Mt 28,1-10)

Lesejahr B: 3. Lesung (Ex 14,15-15,1)
             8. Lesung (Röm 6,3-11)
             Evangelium (Mk 16,1-8)

Lesejahr C: 1. Lesung (Gen 1,1-2,2)
             4. Lesung (Jes 54,5-14)
             Evangelium (Lk 24,1-12)

Gen 22,1-18: Gott stellt Abraham auf die Probe. (Vgl. B 19.) Hinter dem biblischen Text steht eine alte, vorisraelitische Legende, die erklären will, warum an diesem Ort im Süden des Landes Tier- und nicht – wie damals in Kanaan üblich – Kinderopfer dargebracht wurden. Diese Erzählung wird mit der Abrahamsgeschichte und ihren Verheißungen verknüpft und gewinnt dadurch eine andere Aussagerichtung. Hier geht es weniger um die Frage nach Kinderopfern (für Israel sowieso kein Thema), sondern um den Glauben des Abraham, der von Gott auf die Probe gestellt wird. Gott verlangt von ihm nicht allein die Preisgabe seiner Vergangenheit wie bei seinem Ruf, aus seiner Heimat wegzuziehen. Mit dem Verlust seines Sohnes wäre auch die Preisgabe seiner Zukunft verbunden. Diese Bewährung im Glauben an einen ihm unbegreiflichen Gott wird in einer dramatischen Erzählung dargestellt. Doch Abraham lässt sich nicht beirren und gewinnt so die erneute Verheißung und Zusage Gottes auf reiche Nachkommenschaft und Segen. In diesem Text – ebenso wie in der ganzen Abrahamsgeschichte – geht es also um das Verhältnis Gott–Mensch: ein Gott, der vom Menschen viel fordert, der ihn dann aber auch reich belohnt. Der Mensch hat sich selbst als Gabe vor Gott zu bringen, dann findet er sein Heil, er wird von Gott gesegnet.

Ez 36,16-28: Ich sprenge Wasser über euch, damit ihr rein werdet. Das für Israel einschnei-

dende Ereignis des Exils wird vom Propheten Ezechiel (und seinen Schülern) als Gericht über vergangene Schuld Israels (Abwendung vom Gott der Befreiung aus Ägypten) gedeutet. Zugleich aber verkündet der Prophet eine Botschaft der Hoffnung: Gott wird mit diesem Volk neu beginnen. Beide Gedanken finden sich in dieser Perikope: Im ersten Abschnitt wird rückblickend auf die Geschichte Israels deutlich, dass Israel sein Schicksal selbst verschuldet hat. Im zweiten dann wird ihm verheißen, dass Gott es trotzdem nicht allein lässt, sondern dass er einen neuen Anfang schafft. In einem – rituellen – Akt des Übergießens mit Wasser wird das Vergangene weggewaschen. Ein neuer Bund beginnt, in dem das Tun der Menschen mit Gottes Willen übereinstimmt. Die Symbolik des reinen Wassers deuten Christen auf das Wasser der Taufe. Deshalb hat dieser Lesungstext (und der folgende des Römerbriefes) in der Osternacht unmittelbar vor der Tauffeier seinen Platz gefunden.

Mt 28,1-10: Die Frauen am Grab. Gegenüber seiner Vorlage bei Markus (vgl. B 26) bringt Matthäus entscheidende Änderungen ein. Die Darstellung wird dramatischer, weil er apokalyptische Bilder hinzufügt (Erdbeben, Engel vom Himmel, Wächter haben Angst und fallen zu Boden ...). Damit drückt Matthäus die Zeitenwende aus, die durch die Auferweckung Jesu bewirkt ist: Jetzt beginnt eine neue Zeit, ein neuer Äon. Gott greift ein in die Geschichte der Menschen und führt eine Wende herbei – Leben gegen Tod, Licht gegen Dunkelheit, Auferweckung gegen Verderben. Eine zweite Veränderung betrifft die Frauen, die als zwei Zeuginnen für die Auferstehung dargestellt werden (Jesus erscheint ihnen nach dem Engel auch persönlich). Sie verstummen nicht (wie bei Markus), sondern sie laufen, um Zeuginnen der Frohen Botschaft zu werden. Die Frauen haben als Auferstehungszeugen Vorrang vor den männlichen Jüngern – auch dies eine Wende.

Gestaltungsideen für den Gottesdienst

Die Osternachtsliturgie ist die »Mutter aller Gottesdienste« im ganzen Jahreskreis, jede Feier des christlichen Sonntags leitet sich von Ostern ab. Nachdem die Christen schon seit den ersten Anfängen an jedem Sonntag des auferstandenen Herrn gedachten und sein Gedächtnis im Hören auf das Wort und im Brechen des Brotes feierten, wurde Ostern zum ersten großen Fest des christlichen Jahreskreises.

Die Feier der Osternacht hat dabei unterschiedliche Schwerpunkte: 1. Leiden und Sterben Jesu am Kreuz (Karfreitag) sind nicht das Ende, sondern bergen in sich bereits den Neubeginn, die Auferstehung. Christen bekennen, dass Gott seinen Christus nicht im Tod gelassen hat, sie singen deshalb als freudiges Osterlied das Halleluja (= »Lobt Gott!«). 2. Christus ist das Licht der Welt. Der Auferstandene schenkt mit seinem Weg durch den Tod hindurch zur Auferstehung der Welt Hoffnung und Zuversicht. Osterfeuer und Osterkerzen erinnern daran. 3. Zusage der Auferstehung an die an Christus Glaubenden durch die Taufe. Die Osternacht war der erste und am Anfang einzige Tauftermin. Auch heute steht die Tauferneuerung im Vordergrund. 4. Danksagung im gemeinsamen Mahl. Das Volk Gottes wird so zur Gemeinschaft zusammengeführt.

Diese und noch weitere Gedanken der Osterliturgie können in einem Gottesdienst nicht alle in gleicher Weise ausgedrückt und aufgenommen werden. Deshalb ist es berechtigt, dass jede Gemeinde in ihrer Feier der Osternacht immer wieder Schwerpunkte setzt und in dem einen Jahr mal diesen, im folgenden Jahr einen anderen Gedanken in den Vordergrund stellt. So kann die Gemeinde aufbauend zum Verständnis der Osternacht geführt werden. Bei diesen Schwerpunkten sollte auf die Aufnahmemöglichkeit von Kindern Rücksicht genommen werden.

Reihe Licht: Das Symbol des Lichtes kommt durch das Osterfeuer und die Osterkerzen bereits deutlich zum Ausdruck. Dennoch können weitere Akzente gesetzt werden: In der Reihe Licht wurde innerhalb der Heiligen Woche die alte Osterkerze des vergangenen Jahres an mehreren Stellen eingesetzt. Sie kann jetzt die Mitte des Osterfeuers bilden: Das Alte vergeht, Neues wird. Die Kirche ist mit möglichst vielen Kerzen geschmückt, die während des Wortgottesdienstes nacheinander angezündet werden: Altarkerzen, Apostelkerzen, Lichter an den Bankenden, auf den Stufen des Altars (Teelichter ...), so dass allmählich ein »Lichtermeer« entsteht und auf elektrisches Licht verzichtet werden kann. Der Ruf des »Lumen Christi« – »Das Licht Christi« kann dabei jeweils wiederholt werden.

Im Wasser begraben werden – aus dem Wasser auferstehen: Die Bedeutung der Taufe für das Leben des Christen kann durch das Bildwort des Römesbriefes aufgegriffen und mit der Botschaft der Auferstehung verknüpft werden. Eine Taufe ist in dieser Feier sinnvoll. Wo dies nicht geschehen kann, sollte der Ritus des Eintauchens in das Taufwasser für die Gemeinde durch einen Tauferneuerungsgang nachvollzogen werden: Nach dem Glaubensbekenntnis kommen alle nach vorn, tauchen ihre Hand in das neugeweihte Taufwasser und bekreuzigen sich damit. Durch deutende Texte und Lieder wird dieses Zeichen zusätzlich erschlossen.

(A 26) Osternacht

Weiterführung nach dem Gottesdienst

In manchen Gemeinden besteht der Brauch, zusätzlich zum (meist kleinen) Osterfeuer innerhalb der Osternachtsliturgie ein großes Osterfeuer zu entzünden. Dies kann zum Beispiel nach der liturgischen Feier im Zusammenhang mit einer folgenden Agapefeier sein (etwa auf der Wiese am Pfarrheim). Bei gutem Wetter kann die Agape auch rund um dieses große Feuer stattfinden. In anderen Gemeinden findet das Osterfeuer am Abend des Sonntags auf einem Festplatz ... statt. Oft lassen sich Jugendgruppen für den Aufbau und das Aufräumen gewinnen. Dieser alte Brauch sollte auch in unserer Zeit erhalten bleiben.

(A 27) Ostersonntag

Zu den Schrifttexten
Schrifttext und Familien mit Kindern
(vgl. im Band zum Lesejahr C)

Gestaltungsideen für den Gottesdienst

In den Bänden zu den drei Lesejahren geben wir jeweils drei Anregungen zur Gottesdienstgestaltung am Ostersonntagmorgen. Zudem verweisen wir auf die Anregungen zur Osternacht (vgl. A-C 26), die teilweise auch übernommen werden können.

– *Glauben, ohne zu sehen:* Menschen verlassen sich auf ihre Sinne, besonders auf die Augen. Was wir sehen, das erscheint uns als Wirklichkeit. Abgesehen von den vielfältigen Möglichkeiten von Sinnestäuschungen gibt es zu dieser Auffassung jedoch eine weitere, grundsätzliche Einschränkung: Vieles in unserem Leben ist für die Augen nicht erkennbar und dennoch Realität. Mit den Kindern Beispiele bedenken, etwa: die Liebe zwischen Menschen, Freundschaft, aber umgekehrt auch Hass, Vertrauen und vor allem Lebensglück und Lebenssinn ... Auch der Glaube der Christen und das Bekenntnis zur Auferstehung Jesu (und zur Hoffnung auf die eigene Auferstehung) gehören zu den Dingen, die nicht sichtbar im alltäglichen Sinn sind. Dennoch leben wir gerade bei wichtigen Dingen davon, dass wir aus dem Vertrauen leben, dass wir anderen vertrauen dürfen. Der Osterglaube der Christen fußt darauf, dass wir anderen glaubenden Menschen (am Anfang den Aposteln) vertrauen. Wir werden durch den Glauben anderer gehalten und halten andere durch unseren Glauben. Dies kann etwa durch einen Kreis von Kindern sichtbar werden, die ihre Arme um die Schultern der anderen legen und sie so halten.

– *Die Osterkerze:* Die Osterkerze steht im Mittelpunkt der Osternachtfeier. Dabei kann aber kaum auf ihre einzelnen Symbole eingegangen werden. Wo am Ostersonntag ein eigener Familiengottesdienst stattfindet, kann die Kerze zum Thema gemacht werden. Die Symbole der Kerze werden erläutert, etwa: Das Kreuz ist Zeichen für Jesus. Alpha und Omega (= erster und letzter Buchstabe des griechischen Alphabets) stehen für Anfang und Ende – Jesus ist Anfang und Ende, er ist der Herr über unsere Welt. Die Jahreszahl macht darauf aufmerksam, dass auch wir in einem Jahr des Herrn leben, dass wir unter dem Schutz Gottes und Jesu leben dürfen. Die fünf roten Nägel erinnern an die Leidensgeschichte Jesu und seine fünf Wunden (Hände, Füße, Seite) – das Leid ist durch die Auferstehung überwunden. Weitere Zeichen je nach Gestaltung der Kerzen sind häufig: Weizenkorn und Ähre (Begrabenwerden in der Erde und Aufwachen zu neuem Leben), Wellen als Zeichen für das Wasser der Taufe, ein leeres Grab mit versetzter Deckplatte ...

– *Was das Osterei uns sagt:* Das Osterei ist zum Symbol für Ostern geworden. Es ist Zeichen neuen Lebens im beginnenden Frühjahr: Aus dem »unbeweglichen« Ei kann ein lebendiges Küken werden. Von diesem Gedanken kann das Ei zum Symbol der Auferstehung werden. Beim Bemalen von Eiern kann man das Thema Auferstehung aufgreifen, durch verschiedene Bilder und Symbole wiedergeben und diese Eier im Gottesdienst zeigen.

Weiterführung nach dem Gottesdienst

Neben einer kleinen Osterkerze kann den Gottesdienstbesuchern vielleicht ein Ostergruß der Gemeinde mitgegeben werden. Ein schöner Spruch oder ein Gebet kann das Thema Auferstehung in die Familien bringen.

Die Kinder können dazu aufgefordert werden, selber auf eine weiße Kerze Ostersymbole mit farbigem Wachs zu gestalten. Vielleicht werden – passend zum dritten Vorschlag – nach dem Gottesdienst Ostereier verteilt.

(A 28) 2. Sonntag der Osterzeit (Weißer Sonntag)

Zu den Schrifttexten

Apg 2,42-47: Alle hatten alles gemeinsam. Die Apostelgeschichte zeigt den Weg des jungen Christentums von seinen Anfängen in Jerusalem bis hin zur Verkündigung des Evangeliums in allen Ländern des Mittelmeerraums (mit Rom als Zentrum). In verschiedenen Sammelberichten versucht Lukas diese Entwicklung aufzuzeigen und voranzubringen. Dabei steht ihm das Ideal einer christlichen Gemeinde vor Augen, das er seinen Lesern vermitteln will. Bei diesen Sammelberichten, zu denen die heutige Lesung gehört, geht es also weniger um »Geschichtsschreibung« als um Gemeindetheologie. In diesem ersten Bericht klingen deshalb deutlich die Grundfunktionen christlicher Gemeinde damals wie heute an: Verharren in der Lehre der Apostel – Weitergabe und Vertiefung des Glaubens, Glaubenszeugnis, Martyria; Besitz gemeinsam haben und teilen – Nächstenliebe, Diakonia; Brechen des Brotes und Gebet – Feier der Eucharistie und Gottesdienst, Liturgia; Gemeinschaft – Koinonia. Der von damals erzählende, aus oberflächlicher Sicht »geschichtliche« Text wird damit zu einer Zielprojektion für Gemeinden und ihr Leben auch heute: An diesen Zielen soll sich jede Gemeinde ausrichten. Wo dies geschieht, da wächst die Gemeinde, da wächst die Kirche.

1 Petr 1,3-9: Damit wir eine lebendige Hoffnung haben. Der gegen Ende des ersten Jahrhunderts geschriebene, mit dem Namen und der Autorität des Petrus versehene, aber mehr aus paulinischem Geist geschriebene Erste Petrusbrief ermuntert die durch Verfolgung bedrängten Christen zu einem hoffnungsvollen Glauben. Christlicher Glaube bedeutet dabei nicht allein das Bekenntnis zur Auferstehung Jesu. Vielmehr erwächst daraus die lebendige Hoffnung auf die eigene Vollendung und die Erlösung. Aus solcher Hoffnung heraus gelangt der Christ zum Lob Gottes. So klingt der erste Satz der Lesung wie eine Überschrift: »Gepriesen sei der Gott ...« Nach diesem Lobpreis klingt im zweiten Abschnitt der Lesung das Thema des Glaubens und der Glaubensvergewisserung an, das in den folgenden Kapiteln immer wieder zur Sprache kommt: Glauben ist mehr als Sehen, Liebe überwindet das Leid.

Joh 20,19-31: Der Auferstandene erscheint den Jüngern und Thomas. Vgl. C 28.

Schrifttext und Familien mit Kindern

Am Sonntag nach Ostern (Weißer Sonntag) findet in vielen Gemeinden die Feierliche Kommunion statt, so dass die Gottesdienste vom Gedanken der Eucharistie geprägt sind und oft auch eigene Lesungen haben. Ein eigener Familiengottesdienst findet dann in der Regel nicht statt.

Wo dies nicht der Fall ist, kommen die Gottesdienstbesucher mit der Erwartung zur Kirche, dass die österliche Freude und das Thema Auferstehung auch am Sonntag nach Ostern anklingen. Dies kann vor allem im Zusammenhang mit dem Evangelium geschehen, etwas schwieriger auch mit der zweiten Lesung. Beim Evangelientext können verschiedene Akzente im Vordergrund stehen, etwa: Auferstehung, Erscheinung des Auferstandenen, Friedensgruß, Sendung, Sündenvergebung, Heiliger Geist, Glaube und Zweifel, Glauben und Sehen ... Je nach gewähltem Akzent kann der Text gekürzt werden. Bei der Thomas-Perikope sollte darauf geachtet werden, dass die »realistische« Erfahrung des Thomas (Finger in die Wunden legen ...) nicht zu sehr im Vordergrund steht. Es geht Johannes um den Glauben der Jünger, der entscheidend ohne solches Sehen und Berühren ist. Der Schlusssatz des Evangeliums fasst die Theologie des Johannes prägnant zusammen: »das Leben haben im Namen Jesu«.

Die zweite Lesung nennt das Thema der Auferstehung und der daraus erwachsenden

Hoffnung ebenfalls. Allerdings geschieht dies in einer reich gefüllten, ja mit theologischen Begriffen überfüllten Sprache, die das Hören und Aufnehmen erschwert – besonders für Kinder. Die wichtigen Themen der Hoffnung und der Bewährung im Glauben sind so kaum zu vermitteln.

Anders dagegen ist es mit dem Gemeindebild, das Lukas im Sammelbericht der Apostelgeschichte vermittelt. Sein ideales Bild christlicher Gemeinde benennt die Grundfunktionen einer jeden Gemeinde und ist damit auch heute Auftrag an uns: Verkündigung und Gottesdienst, Nächstendienst und Gemeinschaft sind je neu zu realisieren und den verschiedenen Gemeindesituationen anzupassen. So ist von diesem Text her nicht allein eine Besinnung auf die Gemeindeaktivitäten möglich, ebenso kann er Impulse geben für ein verbessertes Gemeindeleben aus dem Geist Jesu, für eine Erneuerung der Gemeinde.

Das Thema Gemeinde klingt auch in den Apostelgeschichtslesungen der folgenden Sonntage an, so dass eine Themenreihe zur Gemeinde denkbar ist. Dabei sollte möglichst konkret auf die eigene Gemeindesituation Bezug genommen werden.

Gestaltungsideen für den Gottesdienst

– *Glauben und Sehen:* Einleitend kann das Spiel »Ich sehe was, was du nicht siehst« (oder ein Verweis darauf) stehen. Danach wird miteinander besprochen, dass es viele Dinge im Leben gibt, die man nicht sehen kann, die aber dennoch real sind. Manches können wir nur mit den »Augen des Herzens« sehen. Von einem solchen »Sehen« lässt sich ein Zugang zum Geheimnis der Auferstehung erreichen: Jesus lässt sich sehen, er gibt sich den Jüngern zu erkennen, aber dies geschieht auf eine andere Weise als vorher (vgl. auch die Erzählung von den Emmausjüngern). Glauben heißt demnach: tiefer sehen als mit den Augen unseres Körpers.

– *Gott loben:* Der Ausgangspunkt des ersten Petrusbriefes ist das Gotteslob. Trotz großer Bedrängnis, trotz Leid und Not war die Gemeinde des Petrus zum Gotteslob bereit. Vom Anfangssatz dieser Lesung ausgehend kann ein Familiengottesdienst ganz auf das Thema Gotteslob ausgerichtet werden: Lieder und Gebete können entsprechend ausgewählt werden. Zudem können die Kinder Bilder malen, wofür wir Gott loben können. Diese Bilder können noch während des Gottesdienstes zu einem großen Bild zusammengeklebt werden. Ebenso ist bei einer kleinen Zahl von Kindern auch denkbar, dass sie zusammen ein großes Bild gestalten.

– *Was eine christliche Gemeinde ausmacht:* Die vier Grundfunktionen christlicher Gemeinde können in diesem Gottesdienst (oder bei einer Reihe breiter gestaltet in vier aufeinanderfolgenden Gottesdiensten) aufgezeigt werden: Gottesdienst und Nächstendienst, Verkündigung und Gemeinschaft. Dazu können einzelne Gemeindegruppen und -dienste, die sich diese Funktionen in besonderer Weise zum Ziel setzen, vorgestellt werden. Die vier Funktionen können durch Gegenstände oder Symbole visualisiert werden, etwa: Buch für Verkündigung, Hostienschale oder Kerze für Gotteslob, Binde oder Pflaster für Nächstendienst und ein Kreis für Gemeinschaft (besonders bei einer Reihe sind solche Zeichen sinnvoll).

– *Alles miteinander teilen:* Gottes- und Nächstendienst sind für Christen unlösbar miteinander verbunden. Im Einsatz füreinander und besonders für Notleidende zeigt und bewährt sich der Glaube der Christen. Diesen Grundzug christlicher Gemeinde kann man durch eine Zeichenhandlung erfahrbar werden lassen. Runde Fladenbrote oder auch andere Nahrungsmittel werden von den Gottesdienstbesuchern geteilt und in Gemeinschaft gegessen. Im Zusammenhang damit kann man auch das Stichwort »Brotbrechen« als Bezeichnung für die Eucharistie erklären.

– *Das Buch des Lebens:* Ausgehend von den Schlusssätzen des Evangeliums kann die Bedeutung der Evangelien und damit der Bibel herausgestellt werden: Diese Bücher sind geschrieben, damit wir das Leben haben im Namen Jesu.

Weiterführung nach dem Gottesdienst

Zur Erinnerung an den ersten Gottesdienstvorschlag erhalten die Kinder einen kleinen Zettel, auf dem ein Herz in Umrissen und darin ein Auge gemalt ist: Glauben heißt tiefer sehen. Zum zweiten Gottesdienst kann ihnen ein schönes Loblied oder ein Lobgebet mitgegeben werden.

Beim Thema Gemeinde kann über den Gottesdienst hinaus eine Anbindung an Gemeindegruppen und Gemeindedienste versucht werden. Dies kann durch Vorstellen der Aktivitäten, durch Einladungen zu Veranstaltungen und Besuche in Gemeindegruppen geschehen.

(A 29) 3. Sonntag der Osterzeit

Zu den Schrifttexten

Apg 2,14.22-28: Die Predigt des Petrus. Der Text ist ein Ausschnitt aus der Pfingstpredigt des Petrus, ein weiterer Abschnitt wird am folgenden Sonntag verlesen. Durch den Zuschnitt erhält die Lesung eine andere Sinnspitze als die ganze Predigt, die das Geistgeschehen an Pfingsten deutet. Hier geht es um die Verkündigung der Auferstehung Jesu – deshalb auch wird dieser Text zwei Wochen nach Ostern verlesen. Dabei wird dem unheilvollen Wirken der Menschen (»ihr habt ... ans Kreuz geschlagen ...«) das heilschaffende Wirken Gottes gegenübergestellt (»... Gott aber hat ihn auferweckt ... und befreit ...«). Nicht der Tod und nicht menschliche Schuld haben also das letzte Wort, sondern das lebenschaffende Wort Gottes. Gott zeigt mit den Worten des im folgenden Abschnitt zitierten Psalms 16 Wege des Lebens. Diese Wege des Lebens gelten zuerst für Jesus, den Nazoräer, dann aber für alle, die sich glaubend an ihn binden und die so Heil erhalten (dies wird im Textabschnitt des folgenden Sonntags näher mit dem Stichwort Bekehrung ausgedrückt).

1 Petr 1,17-21: Euretwegen ist er erschienen. Gegen Ende des ersten Jahrhunderts mahnt der erste Petrusbrief eine christliche Gemeinde, die zum einen von außen bedrängt und verfolgt wurde, in der sich aber auch Lauheit und mangelnde Umsetzung des christlichen Glaubens in das Leben breit machte. »Führt ein Leben in Gottesfurcht« – das bedeutet für den Verfasser ein vertrauensvolles Hinwenden zu Gott, dem Vater. Auf ihn dürfen Christen hoffen, weil er seinen Sohn für die Menschen gesandt hat. Dies wird mit dem Bild des Freikaufs von Sklaven gezeigt: Nicht irgendein materieller Wert wird eingesetzt, sondern das Leben Jesu, um die Bindung zwischen Gott und Menschen neu zu schaffen. Dieses Bild stammt aus der alttestamentlichen Opfertheologie, es hat aber durchaus seine Entsprechung im Freikauf von Geiseln heute, für die manchmal nicht allein Geld gezahlt wird, sondern ein anderer als Geisel einspringt. Gott setzt also das Leben seines Sohnes ein, um den Menschen zum Leben zu verhelfen. Die Antwort des Menschen auf die zuvorkommende Liebe Gottes ist ein Leben nach dem Willen Gottes.

Lk 24,13-35: Die Emmausjünger. Die Emmauserzählung ist nicht allein der erzählerisch schönste Osterbericht der Evangelien, sondern macht auch gewichtige Aussagen nicht allein als Bekenntnis der Auferstehung Jesu, sondern auch zur Weise, wie Christen Jesus als lebend und ihr Leben begleitend erfahren können. Der Auferstandene erscheint hier zum einen als Mensch wie jeder andere (er geht mit ihnen, ohne dass sie ihn erkennen), zum anderen aber entzieht er sich, als sie ihn erkennen. Es geht also um einen personalen Prozess zwischen Jesus und den Jüngern (den Christen), um ein dynamisches Geschehen. Es geht um den Weg, der gemeinsam zurückgelegt wird. Auf dem Weg – so sagt Lukas – ist der Christ nicht allein, der Herr geht, wenn auch unerkannt, mit ihm. Ihn erkennen und ihm begegnen kann er auf zwei Weisen: durch das Wort der Schrift und durch das Brot des gemeinsamen Mahles. Im Mahl lässt der Herr sich erkennen – dies ist ein deutlicher Hinweis auf die Feier der Eucharistie. Wer im Mahl dem Herrn begegnet, hat dann auch die Kraft, einen weiten Weg (nach Jerusalem) zu gehen und die Botschaft der Auferstehung weiterzusagen. Das österliche Bekenntnis zum auferstandenen Herrn wird in dieser Erzählung angebunden an die christliche Feier der Eucharistie und die Begegnung mit dem Herrn im Wort der Schrift und im gemeinsamen Mahl.

Schrifttext und Familien mit Kindern

Die erste Lesung mit einem Teil der Pfingstpredigt des Petrus bietet vor allem im Bekenntnis zur Auferstehung und in der Gegenüberstellung von zerstörendem menschlichen Handeln und dem Leben schaffenden Handeln Gottes Ansatzpunkte für einen Familiengottesdienst. Zwei Wochen nach Ostern hat das Thema Auferstehung durchaus noch Aktualität. Dies gilt besonders für die Familien, die in den Osterferien verreist waren und jetzt wieder zum Gottesdienst kommen.

Der Kontrast zwischen Tod und Leben, zwischen menschlichem Handeln und Gottes Wirken lässt sich immer wieder neu thematisieren und mit Beispielen aus unserer Welt füllen. Hierzu kann der Text einen Anstoß geben. Der Schriftbeweis mit Psalm 16 dagegen erweckt eher Befremden, als dass er uns eine Hilfe ist. Deshalb sollte man ihn besser weglassen, es sei denn, man möchte das Wort im Schlusssatz von den Wegen des Lebens aufgreifen.

Die Lesung aus dem Petrusbrief ist wiederum sprachlich und theologisch (Opfertheologie, Sühnegedanke) schwierig. Das Stichwort Einsatz des Lebens für andere kann allerdings dann aufgegriffen werden, wenn es mit heutigen Situationen und Geschehnissen verknüpft wird.

Das Evangelium von den Emmausjüngern bietet besser als die beiden Lesungstexte Ansatzpunkte für eine Behandlung im Kindergottesdienst. Nicht nur deshalb, weil es leicht nachgespielt werden kann und es dazu eine Fülle von Medien (Bilder ...) gibt. Es bietet auch verschiedene Gedanken, die für Christen heute von entscheidender Wichtigkeit sind:
– Der Weg des Lebens und Glaubens: Jesus begleitet uns und ist uns, oft unerkannt, nahe.
– Das Wort der Schrift: Es stärkt uns auf unserem Weg und gibt uns Orientierung.
– Die Feier der Eucharistie: In ihr begegnet uns Jesus und gibt sich zu erkennen.
– Die Botschaft der Auferstehung: Christen sind gesandt, der Welt eine Botschaft der Hoffnung zu verkünden.

Welchen dieser Gedanken man in den Vordergrund des Gottesdienstes stellt, hängt von der gesamten Verkündigung der Gemeinde ab. Die Nähe zur Feier der Erstkommunion in vielen Gemeinden lässt den dritten Akzent ebenso sinnvoll erscheinen wie den ersten. Wo Familiengottesdienste nicht jeden Sonntag stattfinden, kann auch die Auferstehungsbotschaft und unsere Sendung im Vordergrund stehen. Denkbar ist auch ein Aufteilen des Textes auf zwei Sonntage mit den Schwerpunkten: Wortverkündigung und Mahlfeier.

Gestaltungsideen für den Gottesdienst

– *Leben gegen Tod:* Menschen schaffen Gutes, aber auch viel Unheil. Doch Gott kann auch das Böse zum Guten wenden – dies ist in der Bibel in vielfältigen Erfahrungen von Menschen wiedergegeben (vgl. etwa die Erzählung vom alttestamentlichen Josef). Diese Erfahrungen, dass Gott den Tod in Leben wandelt, gipfeln im Schicksal Jesu. Hier zeigt Gott in unübertrefflicher Weise, dass er Leben und nicht Tod will. Diese Gedanken kann man wie folgt darstellen. Die Kinder nennen Beispiele für das Wirken des Menschen. An ihnen wird die doppelgesichtige Gestalt menschlichen Handelns deutlich: Gutes und

Böses geschieht durch den Menschen. Zu solchen Beispielen werden Stichworte aufgeschrieben. Möglich ist auch, diesen Gedanken durch Fotos oder von Kindern gemalte Bilder wiederzugeben. Nach dem Vortrag der Lesung werden die Stichworte bzw. Bilder, die Leid wiedergeben, durchgestrichen oder entfernt: Gott will das Gute, nicht das Unglück des Menschen.

– *Wegbegleiter:* Unterschiedliche Menschen begleiten uns auf den verschiedenen Stücken unseres Lebensweges. Besonders wichtig sind solche Begleiter auf Abschnitten, in denen uns der Weg schwer fällt. Beispiele für Wegbegleiter und für die Hilfe und Orientierung, die sie unserem Leben geben können, werden durch Wort oder Spiel aufgeführt. An der Emmausgeschichte wird aufgezeigt, wie die beiden Jünger Jesus als Wegbegleiter erfahren haben, der ihre Resignation und Trauer in Freude und einen Neubeginn (in Jerusalem) wandelt. Auch dies kann durch ein Evangelienspiel anschaulicher werden. Daran schließt sich die Aussage an, dass Jesus auch uns heute auf unseren Wegen begleitet, dass wir auf unseren Wegen nicht allein sind, dass wir auf seine Hilfe vertrauen dürfen. Die Emmauserzählung ist eine »Mutmachgeschichte« auch für uns.

– *Worte des Lebens:* Jesus versucht auf dem Weg, den beiden Jüngern Hilfen aus den Worten der Schrift zu geben. Aus ihr kann der Glaubende Orientierung und Neuausrichtung seines Lebens erhalten. Dies kann ein Anlass sein, die Bibel in den Mittelpunkt des Gottesdienstes zu stellen: Einige wichtige Sätze der Bibel (etwa Jos 1,9 »Hab Mut, denn Gott ist bei dir ...«; Ps 23,1 »Mein Hirt ist Gott, der Herr ...«; Jes 9,1 »Das Volk, das im Dunkeln lebt, sieht ein helles Licht ...«, dazu bedeutende neutestamentliche Sätze) werden auf Papptafeln geschrieben, die zu einem Buch zusammengeheftet sind. Eine Papptafel als Deckel trägt die Inschrift: »Buch des Lebens«. Die einzelnen biblischen Verse werden den Kindern als einige wenige von vielen Sätzen vorgestellt, die Menschen immer wieder eine Hilfe auf ihrem Weg gewesen sind.

– *Brot des Lebens:* Die Emmauserzählung hat eine direkte Beziehung zur Feier der Eucharistie. Dies gilt nicht allein für den Schluss der Erzählung, der vom Mahl in Emmaus berichtet. Auch die beiden Teile der Erzählung (Deutung des Geschehens durch die Worte der Schrift und das Mahl) verweisen auf die Struktur der Eucharistiefeier mit Wortgottesdienst und Mahl. Dies kann im Gottesdienst aufgezeigt werden. Die Jünger werden durch Wort und Brot gestärkt. So können sie nach Jerusalem in die Gemeinschaft der anderen zurückkehren und zu Boten der Auferstehung werden. Als Symbole können im Gottesdienst eine Bibel und eine Schale mit Brot bereit gestellt werden.

– *Die Botschaft der Auferstehung:* Die Emmausjünger können, gestärkt durch Wort und Brot, Jesus als den Auferstandenen verkünden, der ihnen begegnet ist. So können Christen, durch den Gottesdienst gestärkt, das Geheimnis ihres Glaubens verkünden.

Weiterführung nach dem Gottesdienst

Zum ersten Gottesdienstvorschlag passt der Satz: »Durch das Kreuz Jesu und seine Auferstehung durchkreuzt Gott unser Leid.« Dieser Satz kann den Kindern mitgegeben werden mit der Aufforderung, ein Bild von menschlichem Leid zu malen und es mit einem Kreuz in einer leuchtenden Farbe zu durchkreuzen.

Im Gespräch der Familien können Situationen der Angst thematisiert werden. Dabei wird bedacht, wie die Begleitung durch einen Menschen in solchen Situationen weiterhelfen kann. Dazu passend können die Kinder zwei Bilder zur Emmausgeschichte malen: zum einen Jesus mit den beiden Jüngern, zum anderen ersetzen sie die Jünger durch Bilder von sich selber.

Zum Thema Bibel können den Kindern kleine Zettel mit Bibelversen ausgeteilt werden: für jeden ein möglichst unterschiedlicher »Satz des Lebens«. Auch wenn der Familiengottesdienst als Wortgottesdienst gefeiert wird, sollte auf die gemeindliche Eucharistie aufmerksam gemacht werden.

(A 30) 4. Sonntag der Osterzeit

Zu den Schrifttexten

Apg 2,14.36-41: *Bekehrt euch, und lasst euch retten.* Die Pfingstpredigt des Petrus, aus der die Lesung den Schlussteil wiedergibt, ist die erste große Missionsrede der Apostelgeschichte. In den ersten (inhaltlich bedeutsamen) Stücken (vgl. A 29) zeigt Petrus durch einen Rückblick auf das Leben Jesu und einen Schriftbeweis auf, dass der von den Menschen Verstoßene der von Gott Erwählte ist. Diese Aussagen münden im Satz der heutigen Perikope: »Gott hat ihn zum Herrn und Christus gemacht.« Dieses Bekenntnis ist eine Kurzformel christlichen Glaubens und fasst die Aussagen des Evangeliums prägnant zusammen. Beim Bekenntnis bleibt der Text aber nicht stehen. Das Bekenntnis nämlich fordert Konsequenzen für die eigene Lebensgestaltung. So ist die folgende Frage eine notwendige Folge aus dem Vorangegangenen: »Was sollen wir tun?« Ähnlich wie am Anfang des Wirkens Jesu seine Forderung nach Bekehrung und Umkehr steht, so steht am Beginn der jungen Kirche und des Wirkens der Apostel eine vergleichbare Forderung: Israel soll sich bekehren und zum Bekenntnis Jesu als des Herrn kommen. Zeichen dieser Bekehrung ist die Taufe. Dadurch, dass die Anwesenden in großer Zahl der Aufforderung des Petrus folgen, entsteht die Urgemeinde in Jerusalem und damit die junge Kirche überhaupt.

1 Petr 2,20-25: *Christus hat für euch gelitten.* Der zweite Teil des Petrusbriefes wendet den Trost und die Stärkung, die er der bedrängten Gemeinde geben will, auf konkrete Situationen an. Leider ist durch den Zuschnitt der Perikope die konkrete Situation dieser Verse verloren gegangen. In den Sätzen vorher nämlich werden christliche Sklaven angesprochen, die unter ihren Lebensbedingungen leiden. Sie werden hier dazu ermuntert, ihr Leid standhaft anzunehmen und dabei auf Christus zu schauen. Er ist gleichsam das Vorbild eines Menschen, der ungerechter Weise leiden muss. So ist in den Text ein Zitat aus den Gottesknechtliedern des Jesaja aufgenommen. Christus trägt ungerechtes Leiden, und er tut dies für uns. Sein Kreuzestod wird als Sühnetod gedeutet, der den Menschen Heilung und Rettung schenkt. So ist er wie ein guter Hirt, der sich den Seinen zuwendet.

Joh 10,1-10: *Ich bin die Tür zu den Schafen.* Die Bildrede vom guten Hirten (vgl. auch B 30 und C 30) ist in dieser Perikope vermischt mit Bildern vom Türhüter und von der Tür. Von da aus ist es – besonders im Blick auf Kinder – erforderlich, den konkreten Hintergrund eines Schafspferchs zu beschreiben, der den Schafen verschiedener Herden in der Dunkelheit der Nacht Schutz bietet. Am Tag dann werden sie vom Hirten, der sie namentlich kennt und sich mit vollem Einsatz um sie kümmert, auf gute Weide geführt, »damit sie das Leben haben«. Dies nutzt Jesus als Hintergrund, um seine Sendung zu beschreiben. Das Bild vom guten Hirten ist dabei zu sehen auf dem Hintergrund des Alten Testaments, das Gott selber als Hirten seines Volkes bezeichnet und das zugleich den kommenden Messias als Hirten seines Volkes versteht. Mit der Übernahme des Hirtenbildes und der Deutung auf seine Person erhebt Jesus demnach den Anspruch, der von Gott gesandte Messias zu sein, der seinem Volk Leben bringt.

Schrifttext und Familien mit Kindern

Obwohl die drei Schrifttexte klare Aussagen zum Glauben der Christen machen, sind sie doch für heutige Hörer aufgrund ihrer Sprache nicht leicht aufzunehmen. Das Bekenntnis zu Christus als dem Herrn in der Apostel-geschichtslesung etwa erscheint heutigen Menschen eher als religiös-theologische Floskel, die kaum zu einer persönlichen Lebenswende ermuntert. Obwohl uns natürlich klar ist, dass das Bekenntnis des Glaubens an

Christus und die Gestaltung des Lebens miteinander zu tun haben (Was sollen wir tun?), hat das Bekenntnis zu Christus und der Glaube an seine Auferstehung in der Regel wenig Beziehung zu unseren konkreten Lebenssituationen. Der Aufruf des Petrus zur Bekehrung erweckt bei uns zudem auf dem Hintergrund eines verengten Bußverständnisses Misstrauen. Und überhaupt: Müssen wir uns aus »einem verkehrten Geschlecht retten« lassen? Die Problematik biblischer Texte in unserer Zeit wird an solcher Wortwahl überdeutlich.

Für Familiengottesdienste bleiben im Zusammenhang mit der ersten Lesung zwei wichtige Stichworte: der Zusammenhang von Glauben und Lebensgestaltung und die Feier der Taufe als Anbindung an Christus und damit als Zusage der Auferstehung.

Für die zweite Lesung gilt die aufgezeigte Problematik in noch höherem Maß. Die Situation christlicher Sklaven, denen Trost und Mut zur Standhaftigkeit zugesprochen wird, entspricht nicht unserem Leben. Die Deutung des Todes Jesu als Sühneopfer wird weithin als theologische Formel verstanden, die uns unzugänglich bleibt. Das Bild vom Hirten und der Herde ist uns zugänglich, leidet aber unter einem Verständnis des Hirtenberufes als Idylle und unter dem Misstrauen, das wir gegen eine Identifizierung mit Schafen haben.

Hinzu kommen Probleme mit den kirchlichen Autoritäten, den Hirten der Kirche.

Dennoch lässt sich das Bildwort vom guten Hirten für einen Familiengottesdienst nutzen. Dies wird aber weithin unabhängig von dieser Lesung sein und eher im Zusammenhang mit dem Evangelium stehen.

Das Evangelium allerdings ist in seinen vielgestaltigen Bildworten verwirrender als zum Beispiel das Gleichnis vom verlorenen Schaf in Lk 15,4-7 (vgl. C 54), etwa dadurch, dass sich Jesus hier nur indirekt als guten Hirten bezeichnet (anders in Joh 10,11: »Ich bin der gute Hirt«), dagegen direkt als »Tür zu den Schafen«. So wird man mit Kindern eher das Stichwort Hirt als Ausgangspunkt nehmen, die Einzelheiten der Perikope dagegen besser im Hintergund lassen.

Im Zusammenhang mit den Schrifttexten des vierten Ostersonntags steht in der Kirche das Anliegen der geistlichen Berufe. Dieses Anliegen kann mit der Behandlung des Bildwortes vom guten Hirten ebenso verknüpft werden wie mit der Petruspredigt der ersten Lesung. An dieser Predigt wird deutlich, was die Aufgabe des »guten Hirten« auch heute in der Kirche ist: die Menschen zum Bekenntnis zu Christus und zu einem entsprechenden Leben zu führen, damit sie »das Leben in Fülle haben«.

Gestaltungsideen für den Gottesdienst

– *Was sollen wir tun?* Christlicher Glaube ist kein »theoretisches« Aufnehmen von Glaubenswahrheiten, sondern soll immer zur »praktischen« Umsetzung des Glaubens in das eigene Leben führen. Die Frage der Apostelgeschichtslesung kann zum Ausgangspunkt eines Familiengottesdienstes werden: Was können wir heute in Familie, Nachbarschaft, Freundeskreis, Schule ..., in Kirche und Gemeinde tun, um das Evangelium zu leben? Kleine Spielszenen oder Berichte aus dem Alltag von Familien können Situationen von Freude und Leid, von Konflikten und ihrer Bewältigung, von Miteinander-Glauben ... vorstellen. Die Kinder ergänzen im Gottesdienst die vorgegebenen Beispiele durch eigene Erfahrungen.

– *Auf den Namen Jesu getauft:* Die Taufe kennt viele verschiedene Aspekte. Das Symbol Wasser kann im Vordergrund stehen und auf das Leben hinweisen, das uns von Gott geschenkt ist. Die Gemeinschaft der Kirche, in die ein Mensch durch die Taufe aufgenommen wird, kann angesprochen werden. Ausgehend von der Pfingstpredigt des Petrus kann ferner auf die Bindung an Christus verwiesen werden, die durch die Taufe geschieht: Wir werden auf seinen Namen getauft und nennen uns nach ihm »Christen«. Wir tragen seinen Namen. Als Zeichen können den Kindern kleine Namensschilder gegeben werden, auf denen Platz ist, um den eigenen Vor- und Familiennamen einzutragen. Zusätzlich steht als »dritter Name« darauf: »Christ«.

89

– *Der gute Hirt:* Sowohl von der zweiten Lesung wie vom Evangelium her bietet sich das Bildwort des guten Hirten als Thema eines Familiengottesdienstes an. Anders als zu früheren Zeiten muss die Aufgabe des Hirten heute genauer gezeichnet werden, denn Kinder erleben Hirten (etwa einer Schafherde) nur äußerst selten und dann als eher exotische Figuren. Zudem ist die Arbeit des Hirten heute bei uns anders als damals in Israel. Somit wird in einem ersten Schritt das Wirken eines orientalischen Hirten durch Erzählung, Bild oder Spiel vorzustellen sein. Dabei muss seine Einsatzbereitschaft, sein Mut und seine Fürsorge herausgestellt werden. Von diesen »Hirtentugenden« kann man dann in einem zweiten Schritt auf die Fürsorge Jesu für die Menschen verweisen – er ist der gute Hirt. Als Zeichen kann man für diesen Gottesdienst einen Hirtenstab verwenden. Durch ein Querholz, das man für den zweiten Teil der Erarbeitung hinzunimmt, wird dieser Stab zum Kreuz, zum Zeichen Jesu.

– *Gute Hirten heute:* In der Nachfolge Jesu versuchen Menschen auch heute, wie gute Hirten füreinander zu sorgen. Der Sonntag »des guten Hirten« verweist auf die geistlichen Berufe, in denen Männer und Frauen sich für die Menschen einsetzen. Im Familiengottesdienst kann sowohl allgemein auf den Dienst des Christen und der Kirche eingegangen, oder es können einzelne Dienste in Kirche und Gemeinde vorgestellt werden. Dabei ist auf Parallelen zum Hirtendienst Jesu hinzuweisen (Verkündigung des Evangeliums, Einsatz für die Menschen, Heilung und Stärkung, Befreiung und das Geschenk neuen Lebens ...). Als Zeichen für den Dienst Jesu und der Christen kann eine Kerze stehen, die Licht schenkt und sich dafür verzehrt. Denkbar ist auch eine Zeichenhandlung, bei der ein »guter Hirte« einer Gruppe von Menschen vorangeht, um sie zum »guten Wasser« (Taufbrunnen) und auf «gute Weide» (Altar) zu führen. Ein Tragekreuz kann dabei als »Hirtenstab« dienen.

Weiterführung nach dem Gottesdienst

Zum ersten Thema können die Kinder aufgefordert werden, Bilder mit Alltagsszenen zu malen, die Leben aus dem Geist Jesu darstellen. Solche Bilder können zum nächsten Gottesdienst mitgebracht werden.

Zum Stichwort Taufe kann den Kindern das Formular einer Taufurkunde mitgegeben werden, in das sie ihren Namen und ihr Taufdatum selber eintragen können. Vielleicht ist darauf auch Platz, um ein Babyfoto einzukleben oder ein Bild von der Taufe zu malen.

Das Thema Hirte kann dadurch weitergeführt werden, dass die Familien aufgefordert werden, bei Ausflügen in die Umgebung nach Hirten Ausschau zu halten. Vielleicht kann an die Stelle eines Hirten auch ein Bauer treten, der für seine Tiere in vergleichbarer Weise sorgt und von der Mühe und der Freude einer Arbeit mit Tieren erzählt. Ein Familienkreis etwa könnte gezielt einen Bauern ansprechen und ihm einen Besuch abstatten.

Das Thema Dienste in der Kirche kann durch Interviews mit kirchlichen Mitarbeitern, durch Besuche in kirchlichen Einrichtungen und Einblicknahme in deren Aufgaben vertieft werden.

(A 31) 5. Sonntag der Osterzeit

Zu den Schrifttexten

Apg 6,1-7: Sieben Männer, bestellt zum Dienst. Der Bericht von der Wahl der Sieben schildert – in der von Lukas rückblickend sicher idealisierten Sicht –, wie die Gemeinde einen Konflikt gemeinsam löst und dabei einen neuen Dienst entwickelt. Der Konflikt entstand zwischen den »Hebräern«, aramäisch sprechenden und aus Israel stammenden

Judenchristen, und den »Hellenisten«, griechisch sprechenden und aus dem Diasporajudentum stammenden Judenchristen. In der Sache geht es um die Armenversorgung, die als nicht gerecht empfunden wird, und um die Aufgabenstellung der Apostel, die sich mit den unterschiedlichen und in einer wachsenden Gemeinde größer werdenden Aufgaben überfordert fühlen. Der Lösungsweg der Gemeinde ist aufschlussreich: Der Konflikt wird direkt angegangen und zusammen mit der ganzen Gemeinde bearbeitet. Es wird nicht nach Schuldigen gesucht, ebenso wenig werden Vorwürfe gemacht. Ein »kreativer« Vorschlag führt zu einem neuen Dienst, der die anstehenden Aufgaben auf mehr Schultern verteilt. Die Gemeinde wird in den Wahlvorgang einbezogen, zugleich wird durch die Handauflegung ein offizieller Beauftragungsritus durchgeführt. Das Ergebnis ist eine weiterhin starke Ausstrahlungskraft der jungen Jerusalemer Gemeinde, so dass ihre Mitgliederzahl wächst.

1 Petr 2,4-9: Lasst euch als lebendige Steine zu einem geistigen Haus aufbauen. Im ersten Petrusbrief versucht ein unbekannter Verfasser unter der Autorität des Petrus der verfolgten Gemeinde in Kleinasien Mut und Zuversicht zuzusprechen. Im heutigen Text werden dazu gewichtige theologische Aussagen in eine beeindruckende Bildersprache gefasst, die auf Zitaten aus Jesaja 28,16 und Psalm 118,22 aufbaut: Der Glaube der Christen und die Gemeinschaft der Kirche ruht auf Christus, der wie ein Eck- oder Grundstein der tragende Grund für alles ist. Die Gemeinschaft mit ihm ist die Voraussetzung für alles Weite-

re. Wer sich an ihn bindet, soll dann in einem zweiten Schritt selber zu einem lebendigen Stein werden, aus dem das Haus kirchlicher Gemeinschaft aufgebaut wird. Nicht länger der Tempel aus Stein in Jerusalem steht im Mittelpunkt des Glaubens (wie bei den Juden), sondern Christus und die Gemeinschaft mit ihm (Kirche) als geistiges Haus. So ist auch keine Priesterkaste mehr nötig, um an Christus angebunden zu werden, vielmehr sind alle ein Volk von Priestern – eine Verheißung, die jüdischer Glaube für die Endzeit erwartet. In Christus und der Gemeinschaft mit ihm beginnt demnach die Endzeit und unzerstörbares Leben. Das bedeutet Hoffnung und Stärkung für die bedrängte Gemeinde.

Joh 14,1-12: Ich bin der Weg, die Wahrheit und das Leben. In verschiedenen Ansätzen und Bildworten wird in der ersten Abschiedsrede des Johannesevangeliums ausgedrückt, wie Jesus die Mitte der christlichen Gemeinde (der Jünger) ist und wie in ihm der Vater erscheint und Leben gibt. Im ersten Teil dieser Rede (= dem heutigen Evangelium) sind verschiedene Kerngedanken enthalten: 1. Der Glaube an Gott und an Jesus überwindet Angst und Existenzsorge der Menschen – der Glaube schenkt Leben. 2. Die Bindung an Jesus ist der Kern christlichen Glaubens – Jesus ist der Weg zum Vater. 3. Wer sich an ihn bindet, darf auf Erlösung hoffen – die Wohnungen beim Vater sind Bild endgültigen und endzeitlichen Heils. 4. Gestärkt durch den Geist Jesu kann der Glaubende seine Sendung fortführen und die Botschaft des Evangeliums weitertragen – der Glaube führt zu entsprechenden Werken.

(A 31) 5. So Osterzeit

Schrifttext und Familien mit Kindern

Die drei Schrifttexte haben auf je unterschiedliche Weise erhebliche Bedeutung für die Gestalt christlichen Glaubens und der Gemeinschaft der Kirche. Von vielen Seiten her bieten sich – teilweise recht bildhafte – Ansatzpunkte für eine Behandlung im Familiengottesdienst.

In der Apostelgeschichtslesung wird die Struktur der Gemeinde angesprochen. Dies

kann man zum Ausgangspunkt wählen, um die Grundfunktionen der Gemeinde, hier besonders Gottesdienst und Nächstendienst, zu benennen und zu deuten. Die in der Apostelgeschichte aufgeführten verschiedenen Aufgaben einer Gemeinde gibt es heute in durchaus vergleichbarer Weise: Mitglieder der Gemeinde müssen sich ebenso um die Gestaltung des Gottesdienstes kümmern wie um die sozialen Dienste. So wird der Auftrag Jesu nach einer Verbindung von Gottes- und Nächstenliebe erfüllt. Neben diesem grundsätzlichen Blick auf die Aufgaben der Gemeinde kann das Thema Caritas und Nächstendienst auch speziell erarbeitet werden. Dabei kann das Beispiel der Versorgung von Witwen und Waisen in der Urgemeinde als ein Beispiel von vielen aufgeführt werden, wie Christen besonders den Armen und den Randgruppen zur Seite stehen können.

Ein anderer Aspekt dieser ersten Lesung ist die Weise, wie Menschen zu diesem neuen Dienst bestellt werden. Sie werden von der ganzen Gemeinde für ihre Aufgabe gewählt. Dies kann ein Anlass sein, auf die beiden gewählten Gremien unserer Gemeinden, auf Pfarrgemeinderat und Kirchenvorstand, aufmerksam zu machen. Auch bei diesen beiden Gremien tragen Frauen und Männer im Auftrag aller Verantwortung für alle.

Die zweite Lesung führt diesen Gedanken in einer eindrucksvollen Bildersprache weiter. Das Bild von den »lebendigen« Steinen, die zum Haus der Gemeinde (Kirche) aufgebaut werden, ist nicht allein Kindern gut vermittelbar, es ist auch auf einfache Weise anschaulich zu vermitteln. Dies gilt auch für die Deutung Jesu als Eckstein (Grundstein, Fundament ...) dieses geistigen Hauses.

Ein anderer Gedanke führt das Verständnis von Kirche weiter: Kirche ist nicht nur ein Gebäude, sondern vor allem die lebendige Gemeinschaft glaubender Menschen, Kirche ist das Volk Gottes auf dem Weg. Kirche ist auch nicht irgendeine feste Größe, die dem Menschen gegenübersteht, sondern Kirche wird erst durch die Menschen, die sich an Jesus Christus binden und taufen lassen. Von da aus können die Mitglieder einer Gemeinde (auch die Kinder) mit voller Berechtigung sagen: »Wir sind Kirche, wir sind ein königliches Priestertum, von Gott erwählt und von ihm beauftragt, sein Wort zu verkünden.«

Das Evangelium bietet ebenfalls eine Reihe von Ansatzpunkten. Dies ist zuerst das Stichwort Angst: Der Glaube, das Vertrauen auf Gott, überwindet die Angst des Menschen. Glaube hält den Menschen, trägt sein Leben. Ein weiteres Stichwort sind die Wohnungen bei Gott. Mit Wohnung verbinden wir Geborgenheit und Sicherheit, Schutz und Glück. So spricht dieses Bildwort ebenso wie der einleitende Satz vom Vertrauen, das der Christ haben darf: Der von Jesus zugesagte Schutz ist wie ein großes Dach, das vor Unheil bewahrt und Geborgenheit schenkt.

Das Symbol des Weges bietet einen weiteren Ansatzpunkt für einen Familiengottesdienst. Der Weg ist *das* Symbol für das Leben der Menschen. Hier wird dieser Gedanke mit dem Glauben an Jesus verknüpft: Glauben und Leben gehören zusammen, wir gehen unseren Lebensweg immer auch als Glaubensweg. Das Ziel ist die durch Jesus gewirkte Gemeinschaft mit Gott.

Gestaltungsideen für den Gottesdienst

– *Dienst am Wort und an den Tischen*: Die Aufgabe einer christlichen Gemeinde geht wesentlich in die beiden Richtungen Gottesdienst und Nächstendienst. Dies klingt in der ersten Lesung an. Wie diese beiden Aufgaben in der eigenen Gemeinde umgesetzt werden, kann durch Beispiele von Gemeindegruppen und -diensten aufgeführt werden: Was geschieht im Bereich Gottesdienst und Verkündigung, was im Bereich Nächstendienst und Gemeinschaft der Glaubenden? Solche Aktivitäten können auch durch Symbole wiedergegeben werden, etwa Buch (Bibel) und Brotschale für Verkündigung und Liturgie, helfende Hand und Kreis für Nächstendienst und Gemeinschaft.

– *Caritas in unserer Gemeinde:* Wo entsprechende caritative Aktivitäten in einer Gemeinde vorliegen, können sie in einem Gottesdienst vorgestellt werden, etwa das Engagement der Gemeinde für Kinder, für alte Menschen, für Kranke und Behinderte, für Randgruppen. Dabei sollte deutlich werden, dass dieses Engagement nicht allein aus humanitären Gründen geschieht, sondern aus dem Glauben an Christus, der zum Dienst an den Armen aufgerufen hat. In den Armen und Notleidenden begegnet er uns.

– *Lebendige Steine:* Das doppelte Bildwort von Christus, dem Eckstein, und von den Christen als den lebendigen Steinen eines geistigen Hauses kann leicht umgesetzt werden: Auf einem großen Stein ist ein Christuszeichen gemalt oder befestigt. Die Kinder (oder in kleinen Gemeinden auch alle Gottesdienstbesucher) schreiben ihren Namen auf kleinere Steine (oder befestigen Namenszettel daran). Der Christusstein wird als Grundstein genutzt, über den die anderen Steine zu einem Haus ... aufgebaut werden: Christus ist der Eckstein, das Fundament, die Grundlage von allem. Zugleich aber ist jeder von uns so wichtig, dass ohne ihn der Bau der Kirche nicht möglich ist.

– *Wir sind das Volk Gottes:* Kirche, das sind nicht die andern, erst recht nicht »die da oben«, vielmehr wird Kirche erst durch die einzelnen Christen, die sich zu einer glaubenden Gemeinschaft zusammenschließen. Dies kann den Kindern durch eine kleine Zeichenhandlung verdeutlicht werden: Sechs Kinder kommen nach vorn mit Schildern, auf denen die Buchstaben des Wortes »Kirche« stehen. Zuerst laufen sie wirr durcheinander, ihre Buchstaben ergeben so keinen Sinn. Erst wenn sie sich zusammen aufstellen (vielleicht als Zeichen der Gemeinschaft die Arme einhaken), ergibt sich das Wort Kirche. Ähnlich ist dies mit acht Kindern und dem Wort »Gemeinde« möglich, das zudem mit dem Wort »Gemeinschaft« verbunden werden kann.

– *Glaube überwindet die Angst:* Die Kinder spielen Szenen, in denen Menschen Angst haben: Was uns Angst macht. Am Ende einer jeden Szene kommen andere Kinder, die die Angst nehmen und als Zeichen dafür mit ihren Armen und Händen ein großes Dach über die »Angstkinder« formen: Was uns die Angst nimmt. In einem dritten Schritt wird das Angstnehmen mit dem Glauben an Gott verbunden. Wer Gott vertraut, der gewinnt einen Halt für das Leben, der ihm auch in schweren Stunden weiterhilft und der dazu beiträgt, die Lebensangst auszuhalten oder zu überwinden. Als Symbol für Angst und Vertrauen können zwei Herzen dienen, das eine ist »schwarz vor Angst«, das andere hellrot, lebendig, gestärkt und geschützt.

– *Eine Wohnung bei Gott:* Im Gespräch mit den Kindern wird erarbeitet, was eine Wohnung für Menschen bedeutet: Schutz und Sicherheit, Raum für eigene Lebensgestaltung (das eigene Zimmer), Ruhe und Erholung, Beziehung zu geliebten Menschen, Heimat ... In einem zweiten Schritt wird bedacht, dass all dies nicht selbstverständlich ist, sondern immer auch gefährdet bleibt. So wird die Sehnsucht des Menschen nach einer endgültigen und unzerstörbaren Heimat, nach einer »ewigen Wohnung« verständlich. Jesus macht im Evangelium darauf aufmerksam, dass wir diese Wohnung bei Gott finden werden und dass wir deshalb unser Leben daraufhin ausrichten sollen.

– *Unser Lebensweg:* Das Leben eines Menschen wird durch eine Collage als Weg gezeichnet: von der Kindheit bis zum Alter. Dieser Weg endet nicht im Tod, sondern führt darüber hinaus zu Gott. In diesen Weg wird nun das Wort Jesus geschrieben: Er ist der Weg zum Vater. Wer sich an ihn bindet, kommt zum Vater und zu ewigem Heil.

Weiterführung nach dem Gottesdienst

Die ersten beiden Themen können durch weiterführende Informationen über die Gemeindedienste, besonders die caritativen Dienste, fortgeführt werden. Dabei sollte es vor allem darum gehen, dass Personen, die sich in solchen Diensten engagieren, vorgestellt werden und von ihrer Arbeit erzählen.

Zum Thema Kirche als Bau von lebendigen Steinen kann den Kindern als Erinnerung ein Stein mitgegeben werden. Ebenso können die Steine mit den Namen für einige Zeit in der Kirche aufgebaut bleiben und so das Thema im Bewusstsein halten. Zum Thema Kirche können vielleicht kleine Aufkleber (über Druck von Etiketten heute leicht machbar) an die Kinder verteilt werden: »Ich bin Kirche.«

Zum Thema Angst können die Kinder gebeten werden, zu Hause Szenen zu malen, was Angst macht, und umgekehrt, was die Angst nimmt.

(A 32) 6. Sonntag der Osterzeit

Zu den Schrifttexten

Apg 8,5-8.14-17: *Sie empfingen den Heiligen Geist.* Die Steinigung des Stephanus führt zu einer Verfolgung der Christen in Jerusalem, durch die die »hellenistischen« Christen (vgl. A 31) aus der Stadt vertrieben werden. In diesem Zusammenhang kommt Philippus, einer der »Sieben« wie Stephanus, nach Samaria und verkündet dort das Evangelium von Jesus Christus. Für Lukas ist damit entsprechend dem Auftrag Jesu ein weiteres Stadium der Verkündigung christlichen Glaubens erreicht: von Jerusalem ausgehend über Samaria hin zu den Heidenvölkern, für die die Stadt Rom als Zentrum steht. Das böse Geschehen in Jerusalem wird also aus seiner Sicht durch Gottes Eingreifen in Gutes gewendet, in die Verbreitung des Evangeliums. Gott geht seinen Weg mit den Menschen, alles geschieht entsprechend seinem Willen. Neben diesem Gedanken hat die Perikope in den ausgewählten Versen einen zweiten Schwerpunkt. Es geht um den Zusammenhang von Taufe und Geistübertragung, den Lukas zwar zeitlich trennt, den er aber dennoch betont: Die aus dem Glauben an Jesus erfolgte Taufe ist das das eine, die durch den Geist erfolgte Eingliederung eines Menschen in die Gemeinschaft der ganzen Kirche (hier dargestellt an den Aposteln) das andere. Persönlicher Glaube und Bindung an die Gemeinschaft der Glaubenden gehören zusammen.

1 Petr 3,15-16: *Seid bereit, jedem zu antworten.* Trotz des Namens Petrusbrief fußt der Verfasser dieses Briefes auf paulinischem Gedankengut. Am Ende des ersten Jahrhunderts will er eine von außen und von innen bedrängte Gemeinde auf das Wesentliche christlichen Glaubens aufmerksam machen.

Dies ist die Hoffnung auf Überwindung des Leides und des Todes, die sich für den Christen aus der Bindung an Christus und der Lebensgemeinschaft mit ihm ergibt. Wer Christus als Vorbild und Modell des eigenen Lebens wählt und versucht, ihm nachzufolgen, der erlangt auch im Leiden und in einer als sinnlos erscheinenden Welt Orientierung und Sinn. Der Christ weiß, dass Christus ihn zu Gott hingeführt hat. Aus dieser Gewissheit heraus gestaltet er sein Leben. Doch diese Gewissheit gibt ihm nicht allein Trost und Hilfe für die eigene Lebensgestaltung, sie ist zugleich die Aufforderung zu Mission und Verkündigung, also dazu, auch andere zu dieser Hoffnung zu führen und dadurch ihr Leben hell zu machen.

Joh 14,15-21: *Der Geist der Wahrheit.* Die Abschiedsrede Jesu gibt dem Evangelisten Gelegenheit, Grundlegendes über den christlichen Glauben an Gott auszudrücken. Dabei klingt in diesem Text das christliche Glaubensgeheimnis der Dreifaltigkeit bereits ansatzhaft an: Der Vater wird benannt, dazu Jesus in einer Weise bleibender Gegenwart bei seinen Jüngern und schließlich der Geist, der als tröstender und Kraft spendender Beistand gezeichnet wird. Der Geist kündet von einer tieferen Wahrheit, als es die Wahrheit der Welt ist. Es ist die Wahrheit Jesu (»Ich bin der Weg, die Wahrheit ...«, vgl A 31), es ist das Zeugnis für Jesus selbst. Wer sich also an Jesus bindet (»ihn liebt und sein Gebot der Gottes- und Nächstenliebe hält«), der wird die Kraft des Geistes empfangen, der kann zum Zeugen für Jesus werden, der bleibt nicht verwaist zurück, sondern lebt aus der Gemeinschaft mit dem auferstandenen Herrn.

Schrifttext und Familien mit Kindern

Die drei Schrifttexte lösen bei heutigen Hörern unterschiedliche Assoziationen aus. Der Missionsbericht mit der Aufführung der Wunder erregt eher Skepsis, vor allem aber entspricht dieser Vorgang nicht der Erfahrung, die Menschen heute mit der Botschaft der Kirche machen. Verkündigung setzt heute »keinen Lahmen mehr in Bewegung«. So werden viele das dargestellte Wirken des Philippus unter dem Stichwort »ja – damals« buchen. Für christliche Gemeinden heute ist es kaum eine Hilfe.

Anders dagegen verhält es sich mit der in der Lesung erzählten Trennung von Taufe und Geistübertragung. Obwohl der Geistempfang aus theologischer Sicht mit der Taufe verbunden ist, gab es in Samarien eine andere Praxis. Dies ist heutigen Christen insofern nicht fremd, als sie den Geistempfang eher mit dem Sakrament der Firmung verbinden, das ja in der Regel in erheblichem zeitlichen Abstand von der Taufe empfangen wird. Dem entspricht auch, dass in der Lesung die Apostel die Handauflegung vornehmen – vergleichbar dem Besuch des Bischofs in unseren Gemeinden. Von diesem Gedanken her liegt das Thema »Taufe – Firmung« für einen Gottesdienst zu diesem Schrifttext nahe.

Wenn auch die Situation heutiger Gemeinden nicht die der direkten Bedrängnis ist, wie das bei der Gemeinde war, für die der Petrusbrief geschrieben wurde, so ist der Glaube der Christen dennoch in unserer Zeit in Frage gestellt, er wird kritisiert und oft nicht ernst genommen. Auch für heutige Christen gilt also, die »Hoffnung, aus der wir leben«, zu bezeugen. Dies geschieht durch unser Wort ebenso wie durch ein »rechtschaffenes Leben«, durch das andere nach der Grundlage dieser Lebensgestaltung fragen. Allerdings muss kritisch angefragt werden, ob sich Christen wirklich in ihrer Lebensgestaltung aufgrund ihres Glaubens von anderen Menschen unterscheiden. Dies dürfte wahrscheinlich nur für einen kleinen Teil überzeugter Christen gelten, kaum für die Mehrheit derer, die zu unseren Gemeinden gehören.

In der wenig kindgemäßen Sprache des Johannesevangeliums geht der Evangelientext dieses Sonntags auf den Geist der Wahrheit ein, der uns von Jesus verheißen ist. Der Geist Gottes steht uns als Beistand für unseren Glauben und unser Leben zur Seite. Dies lässt sich als verbindendes Thema aller drei Texte benennen. Durch den Geist ist Jesus bei uns, durch den Geist werden wir mit dem Vater verbunden (Evangelium). Durch den Geist entsteht Gemeinde (Apostelgeschichte); durch den Geist werden Christen zum Zeugnis für ihren Glauben befähigt (Petrusbrief). Das Thema Geist Gottes geht somit nicht allein auf die Texte ein, es führt auch zum bevorstehenden Pfingstfest hin. Denkbar ist deshalb eine Themenreihe zum Geist Gottes.

Gestaltungsideen für den Gottesdienst

– *Handauflegung:* Die Hände auf etwas legen, bedeutet, Besitz davon zu ergreifen. Das geschieht im Spiel der Kinder immer wieder (evtl. kleine Spielszenen als Einstieg). Wenn bei Sakramenten (wie der Firmung), aber auch bei Segensriten die Hände auf den Kopf eines Menschen gelegt werden, dann bedeutet dies: Gott nimmt dich »in Besitz«, nimmt dich ganz an, ist dir nahe und begleitet dich. Die Handauflegung ist ein religiöses Zeichen, das bereits im Alten Testament berichtet wird und das es auch in anderen Religionen gibt. Im Familiengottesdienst kann nach einer Besprechung dieses Zeichens allen Kindern ein Einzelsegen mit Handauflegung gespendet werden (»N., Gott segne und schütze dich.«).

– *Taufe und Firmung:* Für uns erscheinen diese beiden Sakramente als weit auseinanderliegend und getrennt. Schon bei der Taufe eines Jugendlichen und Erwachsenen aber wird die innere Verbindung beider Sakramente deutlicher – sie werden gemeinsam gespendet. Die Ostkirche kennt auch bei der Kindertaufe die Verbindung mit der Firmung. Diese unterschiedliche Praxis liegt an verschiedenen Schwerpunkten, die man mit der Firmung setzen will. Ist in der Ostkirche die Firmung eher die mit der Taufe unmittelbar verknüpfte Geistsendung (vgl. die Praxis der Apostelgeschichte) wichtig, so ist aufgrund der Kindertaufe die Firmung bei uns die später erfolgende persönliche Bestätigung durch den Menschen (Tauferneuerung) und die Besiegelung dieses Bundes durch Gott. Uns ist bei der Firmung der Akzent der mündigen und verantwortlichen Zustimmung zum Glauben wichtig. Taufe und Firmung können zum Ausgangspunkt eines Familiengottesdienstes ge-

(A 32) 6. So Osterzeit

wählt werden. Dabei kann das bei beiden Sakramenten benutzte Öl Chrisam ein verbindendes Element sein. Ebenso kann die Handauflegung die Verbindung beider Sakramente aufzeigen: Gott nimmt uns »in Besitz«, wir gehören durch Taufe und Firmung zu ihm. Er stärkt uns durch seinen guten Geist.

– *Unsere Hoffnung bezeugen:* Was mir für mein Leben wichtig ist, bezeuge ich auch anderen gegenüber. Dies sollte auch für den Glauben gelten. Für dieses Thema können einleitend einige Spielszenen vorbereitet werden, bei denen Kinder (und Erwachsene) von dem erzählen, was ihnen wichtig ist. Daran könnten sich Glaubenzeugnisse verschiedener Gemeindemitglieder anschließen, die davon künden, wie ihnen der Glaube für ihr Leben wichtig ist. Dies kann auch in Form eines Gespräches (etwa: Ein Kind fragt, ein Erwachsener antwortet) geschehen.

– *Gottes Beistand für uns:* Gott ist uns nahe in guten und schweren Stunden, er begleitet uns, er schenkt uns seinen Beistand, seinen Geist. Er begleitet uns auf unserem Lebensweg wie ein guter Freund. Die Kinder spielen zu Beginn des Gottesdienstes Szenen, wie Freunde Beistand leisten, wie man sich auf sie verlassen kann, wie sie einem auch in schweren Situationen weiterhelfen. Danach erfolgt die Übertragung: Wie ein guter Freund – so ist Gott. Er zeigt mir den richtigen Weg. Er stärkt mich für meinen Weg. Er ist mir Beistand und Helfer. Als Symbol für diesen Gedankengang kann die helfende Hand stehen oder auch Fußabdrücke, die dicht zusammen (beieinander) stehen.

Weiterführung nach dem Gottesdienst

Zum Stichwort Handauflegung und Segen können die Eltern aufgefordert werden, ihren Kindern regelmäßig einen Segen mit Handauflegung zu spenden. So wird ein Segensgebet deutlicher erfahrbar. Eventuell können den Eltern verschiedene kurze Segensworte mitgegeben werden, so dass sie für ihr Beten mit den Kindern eine Hilfe erhalten.

Kinder haben ein besseres Verständnis von der Taufe als von der Firmung. Dennoch kann im Zusammenhang mit diesem Gottesdienst weiter auf die Firmung eingegangen werden. Wenn etwa in der Gemeinde zu diesem Zeitpunkt ein Firmkurs durchgeführt wird, können die Firmlinge im Gottesdienst oder im Anschluss daran von ihrem Kurs erzählen.

Der Begriff der Firmung (= Stärkung) kann mit dem Stichwort Beistand verknüpft werden: Durch die Sakramente (besonders durch die Eucharistie, aber auch durch die anderen Sakramente wie die Firmung) steht Gott uns bei. Dies kann durch eine Zeichnung verdeutlicht werden, in der verschiedene Hände einen Menschen stützen. In diese Hände sind die Namen der Sakramente eingetragen und machen die Hilfe Gottes deutlich.

(A 33) Christi Himmelfahrt

Zu den Schrifttexten

Apg 1,1-11 und Eph 1,17-23: vgl. C 33.

Mt 28,16-20: Ich bin bei euch alle Tage. Mit einer majestätischen Schlussszene beendet Matthäus sein Evangelium. In ihr werden wesentliche Grundzüge seiner Botschaft noch einmal konzentriert wiedergegeben. Räumlich ordnet Matthäus dies an in Galiläa, der Landschaft, der die Botschaft Jesu als Erstes galt, und auf einem Berg, dem Ort der besonderen Nähe Gottes, dem Offenbarungsort. In der beschriebenen Haltung der Jünger dürfte sich die Situation der matthäischen Gemeinden widerspiegeln: Einige kommen zum Glauben und verehren Jesus ohne Einschränkung, andere haben Zweifel – Menschen sind zu allen Zeiten und Orten in die Entscheidung zum Glauben oder Unglauben gestellt. Das hoheitliche Wort Jesu, das das Evangelium abschließt, ist in drei Teile gegliedert: 1. Ein Offenbarungswort, mit dem Jesus seine Stellung als Kyrios, als Herr über Himmel und Erde, ausdrückt. Diese Stellung ergibt sich aus der in der Auferweckung erfolgten Erhöhung durch Gott. 2. Sendung der Jünger und Taufbefehl: Das Heil, das durch Jesus gewirkt wird, gilt allen Menschen, die Einschränkung auf Israel besteht nicht mehr. Dieses Heil erlangen Menschen durch die glaubende Hinwendung zu Jesus, die sich in der Taufe manifestiert. Auffallend ist die im Neuen Testament an dieser Stelle einmalige Verbindung der Taufe mit einer trinitarischen Formel (Vater, Sohn und Geist). 3. Jesus verheißt seine bleibende Gegenwart inmitten der Gemeinde. Dies stellt für die Christen Grund zur Freude und zur Hoffnung dar und ist Grundlage ihres Glaubens.

Schrifttext und Familien mit Kindern

(Vgl. C 33.) Anders als bei den beiden lukanischen Texten in der Apostelgeschichte und im Evangelium (vgl. Lesejahr C) wird die Himmelfahrt Jesu im Matthäusevangelium nicht berichtet. Dennoch klingt das Thema der Erhöhung Jesu und seiner Herrschaft in dem hoheitlichen Wort der Schlussverse des Matthäus an, so dass sich von hier aus eine Beziehung zum Festtag ergibt.

Dies kann eine Chance sein, die theologische Aussage von Himmelfahrt besser darzustellen. Es geht bei diesem Fest nicht um die Erinnerung an ein historisch greifbares, sich in Raum und Zeit vollziehendes Geschehen damals, sondern um das Bekenntnis glaubender Christen, dass Jesus ganz bei Gott ist und dennoch ganz bei den Menschen. Es geht um die Aussage, dass er der Herr ist, der Himmel und Erde verbindet, der eine Brücke darstellt zwischen Gott und den Menschen, einen Weg zu Gott hin und somit die Mitte des Glaubens.

Unabhängig von der bei Lukas sich ergebenden Gefahr des räumlichen Missverständnisses (Himmelfahrt als Bewegung nach oben – Fahrstuhl zum Himmel) kann der Matthäustext besser eine Brücke zu heutigem Leben schlagen, weil hier neben dem Bekenntnis zu Jesus als dem Herrn zwei weitere Gedanken deutlich ausgesprochen sind. Dies ist zum einen die bleibende Nähe Jesu, aus der heraus Christen und ihre Gemeinden leben können. Die Zusage der Gegenwart Jesu ist das Lebensprinzip jeder Gemeinde. Zum anderen ist dies der Auftrag, zu den Menschen zu gehen, sie mit Christus in Verbindung zu bringen und dies im Sakrament der Taufe auszudrücken.

Somit ergeben sich als thematische Ansatzpunkte für diesen Tag: die Erhöhung Jesu zu Gott und seine Herrschaft über Himmel und Erde; seine bleibende Nähe unter den Christen; der Auftrag zur Sendung und zur Taufe, der auch für Christen heute gilt.

Gestaltungsideen für den Gottesdienst

– *Jesus verbindet Himmel und Erde*: Als Zeichen wird ein Reißverschluss gewählt, der zwei Teile eines Kleidungsstücks verbindet. Sie sind zuerst getrennt, der Reißverschluss bringt sie zueinander. So kann Jesus als der gekennzeichnet werden, der Gott und die Menschen, Himmel und Erde zusammenbringt. Er ist Gottes gutes Wort an uns und zeigt uns Gottes Liebe. Umgekehrt ist er der Weg, auf dem wir zu Gott gelangen können. Eventuell kann an dieser Stelle auch die Bedeutung des Namens Jesu eingebunden werden: »Gott hilft, Gott rettet.«

– *Taufe, das Licht Jesu bringen:* Der Taufauftrag Jesu an seine Jünger fordert sie dazu auf, zu allen Menschen zu gehen und ihnen das Licht Jesu zu bringen. Dies kann in einer Zeichenhandlung dargestellt werden: Einige Kinder versammeln sich am Taufbrunnen, zünden dort (an der Osterkerze) kleine Kerzen an und bringen sie den Gottesdienstbesuchern in der Kirche. Damit kann eine Tauferneuerung verbunden werden: Gebet und Glaubensbekenntnis – wir sind durch die Taufe mit Christus verbunden. Sein Licht erhellt unser Leben.

(A 33) Himmelfahrt

– *Jesus ist mitten unter uns:* Die bleibende Nähe Jesu unter den Menschen wird durch ein Rad mit Nabe, vielen Speichen und Reifen dargestellt (etwa von einem Fahrrad). Die Mitte stellt Jesus dar, er ist mitten unter uns (vgl. auch den Kreis der Kinder rund um den Altar). Der Reifen außen stellt die Gemeinde der Christen dar. Die Speichen können verschieden gedeutet werden. Zum einen sind sie zu deuten als die verschiedenen Gelegenheiten, durch die wir mit Christus in Berührung kommen: durch Taufe, Eucharistie, die anderen Sakramente, durch Hilfe für den Nächsten, Gottesdienst, Gebet, Heilige Schrift ...

Zum anderen können mit den Speichen auch die verschiedenen Gemeindegruppen und Gemeindedienste symbolisiert werden. Mit ihrer Hilfe kommen wir mit Christus in Berührung.

– *Christus, der Herr:* Manche Kirchen haben an der Rückwand, in einer Kuppel oder an anderer Stelle das Bild von Christus Pantokrator – Christus, Weltenherrscher. Es kann zum Mittelpunkt einer Katechese gewählt werden: Christus ist Herr über Himmel und Erde. Am Festtag Christi Himmelfahrt rufen wir uns diesen Gedanken besonders in Erinnerung.

Weiterführung nach dem Gottesdienst

Wenn nicht zu teuer, kann den Kindern als Erinnerung an diesen Gottesdienst ein kleiner Reißverschluss mitgegeben werden. Es reicht aber auch die Zeichnung eines Reißverschlusses. Dann können die Kinder entsprechend ihrer Vorstellung zu Hause auf die eine Seite Erde und Menschen, auf die andere Seite Himmel und Gott malen und ein Jesusbild mitten in den Reißverschluss einfügen.

Die kleinen Kerzen, die bei der Tauferneuerung genutzt wurden, können mitgegeben werden.

Zum dritten Vorschlag ist die Zeichnung eines Rades möglich, das die Kinder weiter gestalten können: in die Mitte Jesus zeichnen, in die Speichen Namen von Gemeindegruppen oder auch der Sakramente eintragen, in den Reifen Bilder von sich und vielen anderen Menschen malen.

(A 34) 7. Sonntag der Osterzeit

Zu den Schrifttexten

Apg 1,12-14: Sie verharrten einmütig im Gebet. Die Perikope setzt den Bericht von der Himmelfahrt fort (vgl. A 33) und ist in drei Gedanken gegliedert: Rückkehr nach Jerusalem, eine nach dem Ausscheiden von Judas korrigierte Apostelliste und das Verharren des Jüngerkreises im Gebet. Jerusalem hat für Lukas eine herausragende Bedeutung als Stadt des Heils, des Todes Jesu, aber auch der Erscheinungen des Auferstandenen. Von Jerusalem aus beginnt die junge Kirche ihren Weg bis hin nach Rom. Hier wird sie mit dem Geist Gottes gestärkt. Diese junge Kirche ist auf das Fundament der Apostel gegründet, auf Menschen, die das Wort Jesu aufgenommen und zur Grundlage ihres Lebens gemacht haben

und die diese Frohe Botschaft an andere weitergeben werden. Im letzten Satz klingt die Gemeinschaft der Jünger an, die von Lukas an vielen Stellen der Apostelgeschichte herausgestellt wird: Die Bindung an Jesus und die Stärkung durch seinen Geist führt Menschen in der Gemeinschaft der Kirche zusammen.

1 Petr 4,13-16: Im Leid Gott verherrlichen. In einer Zeit der äußeren Verfolgung und der inneren Bedrängnis soll die Gemeinde, die der Petrusbrief anspricht, den Mut fassen, sich uneingeschränkt und standhaft zu Christus zu bekennen. Dass Christen Verfolgung erleiden, ergibt sich aus dem Leidensweg Jesu selbst, der zum Maßstab auch für Christen späterer Zeiten wird: Mit Christus vereint bedeutet – in gut paulinischem Denken – auch mit ihm zur Herrlichkeit zu gelangen. Von diesem Ziel her können Christen Verfolgung und Ungemach ertragen. Diese Perikope ist auch deshalb bedeutsam, weil hier zusammen mit zwei Stellen der Apostelgeschichte für die Glaubenden der Name »Christ« genannt wird. Dieser Name kennzeichnet die Bindung des glaubenden Menschen an Christus. Dies schließt ein, dass der Glaubende bereit ist, Leid zu ertragen, um so mit Christus verherrlicht zu werden.

Joh 17,1-11: Durch Jesus Einheit mit Gott und untereinander. Das »hohepriesterliche Gebet« zeigt Jesus als den, der vor seiner Rückkehr zum Vater Fürbitte hält für die ihm Anvertrauten. Seine Bitte lässt sich in dem sprachlich nicht einfachen und theologisch höchst konzentrierten Text zusammenfassen in dem Satz: Wie Jesus mit dem Vater eins ist, so werden die an ihn Glaubenden durch ihn mit dem Vater eins und auch untereinander. Dies befähigt sie, in der »gottfernen« Welt auszuharren und aus dieser Bindung an Gott heraus zu leben. In der ersten Hälfte des Textes bittet Jesus um seine Verherrlichung. Damit ist entsprechend johanneischem Denken seine Erhöhung am Kreuz gemeint, die eine Erhöhung zum Vater darstellt, in die Herrlichkeit Gottes. Mit dem Stichwort der Erhöhung ist nach Johannes das Ziel des Weges Jesu ausgedrückt: Die Erhöhung am Kreuz bedeutet das Heil für alle. Dies wird im zweiten Abschnitt näher ausgeführt. Das Heil ergibt sich für den einzelnen Christen und für die Gemeinschaft der Glaubenden aus der Erkenntnis der Wahrheit, also aus der Erkenntnis, dass Jesus der von Gott Gesandte ist, der mit dem Vater eins ist. Diese Erkenntnis führt dazu, dass auch die Glaubenden durch Jesus zur Einheit mit dem Vater geführt werden. Dies bedeutet dann aber auch die Einheit der Glaubenden untereinander.

Schrifttext und Familien mit Kindern

Thematik und Sprache der drei Schrifttexte machen eine Anbindung an das Leben heutiger Familien schwierig und eine Vermittlung auf Kinder hin fast unmöglich. Der Bericht der Apostelgeschichte wäre besser als Schluss der Himmelfahrtsperikope (vgl. A 33) geeignet, um die Konsequenz aus der Himmelfahrt für die Jünger deutlich zu machen: das Warten in Jerusalem auf die Gabe des Geistes, damit sich die Kirche dann auf den Weg in die Welt machen kann. Durch die fehlende Anbindung an den Himmelfahrtstext hängen die drei Sätze der Perikope in der Luft. Ein Ansatzpunkt ist die Gemeinschaft der Apostel und der Jünger, die einmütig zusammen sind – Ideal einer christlichen Gemeinde. Durch das Stichwort angeregt kann man auch auf die Bedeutung Jerusalems für den Glauben eingehen und diese Stadt als Symbol für das von Gott gewirkte Heil deuten. Dies geschieht dann aber ohne unmittelbaren Zusammenhang mit dieser Perikope.

Die zweite Lesung spricht in eine Situation der Verfolgung hinein, die unserem Leben nicht entspricht. Wohl ist christlicher Glaube heute stärker angefragt, wohl erfahren bereits Kinder Spott von anderen, wenn sie den Gottesdienst besuchen; deshalb von einer Verbindung mit dem Leiden Christi zu sprechen, erscheint aber als zu hoch gegriffen. Als Ansatzpunkt erscheint dann nur die Haltung der Standhaftigkeit: Es gilt auch bei Schwierigkeiten von außen oder innen treu zum Glauben zu stehen. Ein anderes Stichwort, das für einen Gottesdienst genutzt werden kann, in der Lesung aber nur am Rande erwähnt ist, ist der Name »Christ«. Wir nennen uns nach Jesus Christus, dies zeigt unsere Verbundenheit mit ihm auf.

Das hohepriesterliche Gebet ist für Kinder eindeutig zu schwierig. Selbst viele Erwachsene dürften bei diesem konzentrierten Text überfordert sein, vor allem, wenn nicht nur einzelne Verse, sondern ein größerer Abschnitt gelesen wird. So lässt sich unabhängig vom Text der Gedanke der Einheit der Christen mit Gott und untereinander aufgreifen, die durch Jesus gewirkt wird.

Gestaltungsideen für den Gottesdienst

– *Eine Gemeinschaft sein:* Wesentliches Kennzeichen christlicher Gemeinde ist die durch den Glauben gewirkte innere Einheit, die alle äußeren Unterschiede und auch alle Meinungsverschiedenheiten und Konflikte überbrücken soll. Die Gemeinschaft der Apostel und Jünger damals stellt – in sicher von Lukas idealisierter Weise – diesen Gedanken in den Vordergrund. In zwei kleinen Spielen kann das Thema aufgearbeitet werden: Zuerst treten verschiedene Apostel auf, dazu Maria und einige Frauen. Sie stellen sich kurz vor und machen dabei ihre Verschiedenheit deutlich. Um den Altar bilden sie dann einen Kreis – sie sind eine Gemeinschaft durch Christus. Danach kommen in einer zweiten Szene weitere Kinder nach vorn, die stellvertretend für unterschiedliche Menschen heute stehen. Auch sie stellen sich in ihrer Unterschiedlichkeit kurz vor und schließen dann einen zweiten Kreis um den Altar: Wir heute sind durch Christus eine Gemeinschaft; wir bilden diese Gemeinschaft auf der Grundlage der Apostel.

– *Jerusalem, die heilige Stadt:* Vielleicht können Dias von Jerusalem gezeigt werden. Es wird dabei aufgezeigt, dass Jerusalem heute für drei Religionen eine heilige Stadt ist, für Juden, Christen und Moslems. Jerusalem war Ziel des Weges Jesu, es ist zugleich Beginn der Kirche. Deshalb bleiben Christen mit Jerusalem verbunden. Über diese Bedeutungen hinaus hat Jerusalem für Christen eine symbolische Bedeutung: Jerusalem steht als Sinnbild für die christliche Hoffnung auf Voll-

endung und Erlösung – Jerusalem, die goldene Stadt (von den Kindern malen lassen).

– *Standhaft bleiben:* Standhaftigkeit hat mit Festigkeit, Widerstand gegen Gegenwind, eigener Kraft und entsprechendem Vertrauen zu tun. Dies kann durch eine Zeichenhandlung deutlich werden. Mehrere Kinder gehen gegen Wind, dann Sturm an (durch andere Kinder pantomimisch spielen lassen). Beim Sturm fallen einige zu Boden, sie haben keinen Halt mehr, leisten keinen Widerstand. Andere gehen gegen den Sturm weiter. Dies wird erleichtert, wenn sie sich gegenseitig festhalten – die Gemeinschaft hilft auf dem Weg. Danach werden Beispiele angesprochen oder auch gespielt, wie der Glaube und die Gemeinschaft der Christen auch gegen Widerstände wichtig sind.

– *Wir nennen uns nach Jesus:* Namen schaffen Zugehörigkeit und Beziehung. Dies gilt etwa für einen Familiennamen, dies gilt für Gruppen, die sich einen gemeinsamen Namen geben, dies gilt auch für die Gemeinschaft der Christen. Durch diesen Namen zeigen wir unsere Verbindung zu Christus auf. Die Kinder erhalten Namensschilder mit dem Aufdruck »Christ«.

– *Einheit mit und durch Christus:* Im ersten und vierten Vorschlag ist die durch Jesus gewirkte Einheit bereits aufgegriffen. Sie kann im Blick auf das Evangelium vertieft werden: Jesus führt uns zum Vater und zueinander. Ein Spiel verdeutlicht dies: Ein Spieler (Jesus) führt andere zum Altar und stellt sie dort zu einer Gemeinschaft auf.

Weiterführung nach dem Gottesdienst

Die Kinder können im Anschluss an den ersten Vorschlag zu Hause einen Kreis von Menschen rund um den Altar malen: die Gemeinschaft ihrer Pfarrgemeinde.

Zum zweiten Vorschlag kann den Kindern vielleicht ein Foto von Jerusalem mitgegeben werden. Zugleich können sie zu einem Malwettbewerb ermuntert werden: die »Goldene Stadt Jerusalem«. Die Bilder werden zum nächsten Gottesdienst mitgebracht.

Die Namensschilder können den Kindern mitgegeben werden. Zugleich können die Familien darüber sprechen, welche Bedeutung Namen für uns haben: Was ist mit dem Familiennamen, mit dem Straßen- und Ortsnamen, mit Namen von Gruppen ...? Was drückt der Name »Christ« aus, in wie weit stellt er eine Verpflichtung dar? Wer gehört zur Gemeinschaft der Christen, und wodurch ist diese Zugehörigkeit begründet?

(A 35) Pfingsten

Zu den Schrifttexten
Schrifttext und Familien mit Kindern
(vgl. im Band zum Lesejahr C)

Gestaltungsideen für den Gottesdienst

– *Wo Menschen sich verstehen:* Zusätzlich zur ersten Lesung wird die Erzählung vom Turmbau zu Babel ausgewählt (im Lektionar die 1. Lesung des Vorabends von Pfingsten). Von beiden Texten her lässt sich eine Gegenüberstellung von Jerusalem (vgl. auch A 34) und Babel erarbeiten. Babel ist Symbol für die Menschen, die aus eigener Kraft, aus eigenem Geist alles schaffen und erreichen wollen und dabei scheitern. Menschliche Selbstüberschätzung und Überheblichkeit vergisst, dass wir von einem Größeren, von Gott, abhängig sind. Das Ergebnis ist, dass die Menschen sich nicht mehr verstehen, nicht mehr die gleiche Sprache sprechen – alles fällt auseinander. Wo Menschen sich dagegen – wie an Pfingsten – dem Geist Gottes öffnen und auf ihn hören, da können sie sich über Völkergrenzen hinweg verständigen – neue Gemeinschaft entsteht. Kirche ist da, wo der Geist Gottes Menschen zusammenführt. Spielerisch kann dies durch zwei Szenen dargestellt werden. In der ersten sprechen verschiedene Kinder »verschiedene« (Phantasie-) Sprachen, verstehen sich nicht und geraten darüber in Streit. In der zweiten sprechen Kinder auch verschiedene Sprachen, darin kommt aber bei jedem der Name »Jesus« vor. Dies ist die Basis, auf der man sich verständigen kann und zur Gemeinschaft findet.
– *Der Geburtstag der Kirche:* Jeder Mensch hat Geburtstag, die meisten feiern ihn mehr oder weniger intensiv. Die Kinder erzählen von ihren Geburtstagsfeiern. Danach wird überlegt, wann der Geburtstag der Kirche ist. Pfingsten stellt für die Gemeinschaft der Jünger einen Neubeginn dar, weil sie ab diesem Tag über den von Jesus zusammengeführten Kreis hinauswachsen und neue Menschen in ihre Gemeinschaft eingliedern. Somit stellt Pfingsten den Geburtstag der Kirche dar. Dies kann ein Anlass sein, über die Funktion der Kirche nachzudenken, über ihre Aufgabe, die Botschaft von Jesus weiterzugeben und so zu einer völkerübergreifenden Gemeinschaft von Menschen beizutragen: »Die Kirche hat Geburtstag und lädt dazu Menschen aus allen Völkern ein.«
– *Gottes Geist in uns:* Schon für Erwachsene ist das Wirken des Geistes schwer zu erklären, mehr noch für Kinder. Deshalb soll durch einen den Kindern vertrauten Gegenstand ein Zugang zum Verständnis des Geistes erschlossen werden. Eine Blockflöte wird gezeigt. Sie ist als Musikinstrument nutzlos, wenn nicht hineingeblasen wird. Der Atem des Menschen gibt der Flöte und den in ihr »verborgenen« Tönen Leben. Vergleichbar ist es mit unserer Welt und den Menschen. Der Geist Gottes schenkt uns Leben, er ist Gottes lebensspendende Kraft, die Leben schafft und erhält. An Pfingsten denken wir – neben anderen Aspekten – daran, dass Gott uns das Leben gibt, uns mit vielen Gaben (2. Lesung) beschenkt (vgl. auch das Evangelium vom Vorabend, Joh 7,37-39).

Weiterführung nach dem Gottesdienst

Zum ersten Vorschlag kann ein Wort (etwa »Frieden«) in verschiedenen Sprachen rund um eine den Geist symbolisierende Taube aufgeschrieben werden (peace, paix, pax, schalom ...). Dieses Blatt wird Kindern mitgegeben.

Der zweite Vorschlag kann durch das Thema »Geburtstag unserer Gemeinde« fortgeführt werden: Wann wurde unsere Gemeinde gegründet? Wann ist bei uns Kirchweihfest? Wie alt sind einzelne Gruppen und Dienste unserer Gemeinde?

(A 36) Dreifaltigkeitssonntag

Zu den Schrifttexten

Ex 34,4-6.8-9: Jahwe ist ein mitfühlender Gott. Das Thema des 34. Kapitels im Buch Exodus ist die Erscheinung Gottes vor Mose auf dem Sinai und der erneute Bundesschluss, nachdem das Volk durch die Verehrung des Goldenen Kalbes dem Bund untreu wurde. In den Versen dieser Perikope geht es – parallel zur Aussage des Evangeliums – um die Liebe und die Barmherzigkeit Gottes. Er zeigt sich den Menschen als liebender und mitfühlender Gott, der immer wieder zur Vergebung und zu einem Neubeginn bereit ist. Damit ergibt sich aus dieser Stelle eine Grundaussage des Alten und vor allem des Neuen Testaments: Gott wendet sich dem Menschen zu, der Verborgene erscheint im irdischen Leben. Er verstößt den Menschen auch nach Schuld nicht, sondern schenkt ihm seine Nähe und seinen Bund. Dieser Bund verpflichtet den Menschen (vgl. die dieser Perikope folgenden Verse mit der Bundeserneuerung und den Gesetzestafeln). Eine wichtige Antwort des Menschen aber auf die Erfahrung der Liebe Gottes ist die Anbetung. So wirft sich Mose auf den Boden und verehrt damit Gott. Er hält Fürbitte und bittet darum, dass Gott das Volk auf seinem Weg begleitet, weil es ohne seinen Schutz hilflos ist.

2 Kor 13,11-13: Der Gott der Liebe und des Friedens. Der zweite Korintherbrief ist aus mehreren Teilen (= Einzelbriefen) zusammengesetzt. Im letzten Teil geht es Paulus um die Spaltung der korinthischen Gemeinde und um sein Bemühen, diese Spaltung zu überwinden. Dies wird durch die Schlussmahnungen des Briefes ausgedrückt: Es geht Paulus um eine Erneuerung des Lebens aus dem Glauben und dadurch um die Vollendung des Menschen aus der Gnade Gottes. Es geht ihm darum, dass der Glaube Menschen zur Einheit führt, und deshalb um umfassenden Schalom. Einheit, Liebe und Frieden sind für Paulus Kennzeichen Gottes, deshalb müssen sie auch zu Kennzeichen der christlichen Gemeinde und aller Getauften werden. Der Brief schließt mit einer trinitarischen Segensformel, die zur Auswahl dieses Textes für den Dreifaltigkeitssonntag geführt hat. Neben dem Taufbefehl im Schlusskapitel des Matthäusevangeliums ist dies im Neuen Testament die einzige explizite Formel, die Aussagen zur Dreifaltigkeit macht. Wahrscheinlich stammt sie aus der urchristlichen Liturgie: Jesus Christus schenkt uns seine Gnade durch die Erlösung am Kreuz; Gott schenkt uns seine Liebe, die unser Leben trägt und erhält; der Geist führt uns zur Gemeinschaft zusammen und schenkt uns umfassenden Frieden.

Joh 3,16-18: Gott hat die Welt so geliebt. Das Gespräch Jesu mit Nikodemus im dritten Kapitel des Johannesevangeliums wird zu einem längeren Monolog Jesu über das Heil und wie das Heil zu den Menschen kommt. Durch Kreuz (= Erhöhung) Jesu erlangt der Mensch Zugang zum Bereich Gottes und zu seinem Heil. Dieser Gedanke wird in der heutigen Perikope weiter hinterfragt. Das Motiv, warum Gott seinen Sohn hingibt, ist seine grenzenlose und unbegreifliche Liebe zu den Menschen. Sie rettet den Menschen, sie schenkt ihm das Heil in seiner Fülle. Durch Gottes Liebe erlangt der Mensch ewiges Leben, Leben, das den Tod überwindet. Dieses Entgegenkommen Gottes auf den Menschen hin setzt aber auf Seiten des Menschen voraus, dass er sich vertrauend und glaubend auf Jesus hin öffnet. Nur durch die Bindung an Jesus ist Rettung möglich.

Schrifttext und Familien mit Kindern

Der verbindende Gedanke aller drei Schrifttexte ist die unbegreifliche und treue Liebe Gottes zu den Menschen, die auch nach Versagen der Menschen immer wieder neu ansetzt und ihnen Gelegenheit zum Heil gibt. Dieser Gedanke findet im Evangelium seinen

Höhepunkt, wo er mit der Sendung Jesu und seinem Heilsweg bis zum Kreuz verknüpft wird.

Von diesem Gedanken der Liebe Gottes her ergibt sich auch eine Anbindung an das Fest Dreifaltigkeit: In die Liebe Gottes wird der Mensch hineingenommen. Dies geschieht durch die Sendung des Sohnes in unsere Welt (vgl. Evangelium), dies geschieht in der Kraft und Gemeinschaft des Geistes (vgl. 2. Lesung).

Die drei Schrifttexte sind sprachlich für Kinder nicht einfach. Nur in der alttestamentlichen Lesung findet sich eine konkreter erzählte Geschichte, die die Kinder sprachlich leichter nachvollziehen können. Allerdings ist sie von ihren Inhalten so weit von heutigem Leben entfernt, dass ihre Aussagen und ihr symbolischer Gehalt (Berg = Ort der Gottesbegegnung, Wolke = Verborgenheit und dennoch Nähe Gottes ...) kaum aufgenommen wird. Wahrscheinlich ist es deshalb sinnvoll, sich von Einzelheiten der Schrifttexte zu lösen und über Assoziationen zum Stichwort Gottes Liebe zu einer Gottesdienstgestalt zu finden (vgl. 1. Vorschlag). Der zweite Vorschlag greift einen anderen Satz der ersten Lesung auf, die Bitte Mose an Gott um Wegbegleitung. Das Thema Dreifaltigkeit kann schließlich an diesem thematischen Sonntag auch explizit behandelt werden, der dritte Vorschlag ist ein Weg dazu. Vgl. aber auch die entsprechenden Vorschläge in den beiden Bänden zu den anderen Lesejahren.

Gestaltungsideen für den Gottesdienst

– *Gott hat ein Herz für uns:* Die Liebe Gottes zu uns Menschen wird an einem Zeichen deutlich gemacht. Das Herz steht Menschen für ein Symbol der Liebe und Zuwendung. Entsprechend sind rote Herzen aus Tonpapier gestaltet worden. Sie sollen die Liebe Gottes zu uns darstellen. Im Gespräch mit den Kindern wird erarbeitet, wie uns diese Liebe Gottes begegnet. Stichworte, Zeichen oder Symbole zu den einzelnen Antworten werden jeweils auf ein solches Herz geschrieben oder gemalt und die Herzen dann am Altar befestigt, etwa: Jesus kommt zu uns Menschen (Kreuz oder anderes Zeichen für Jesus); die gute Schöpfung (Pflanze und Tier); durch Menschen, die uns gut sind (Namen oder Bilder von Personen); durch unsere Gaben und Fähigkeiten (Begriffe oder bildhafte Darstellungen) ... Ebenso können die verschiedenen Sakramente als Zeichen der Liebe Gottes zu uns gedeutet werden. Dies ist auch als Gottesdienstreihe denkbar.

– *Der Herr ziehe mit uns:* Israel hat in besonderer Weise die Wegbegleitung Gottes erfahren. Dies gilt an herausragender Stelle von seinem Weg aus der Knechtschaft Ägyptens durch die Wüste zum Gelobten Land. Unterwegs machte Israel zudem die Erfahrung, die in der alttestamentlichen Lesung anklingt, dass Gott sein Volk auch dann nicht im Stich lässt, wenn es versagt und den Bund mit Gott verrät. Israel darf auf Gottes Erbarmen und Liebe vertrauen. Christen sind heute das Volk Gottes auf dem Weg. Somit dürfen auch wir die Bitte des Mose aussprechen, dass Gott auf unseren Wegen mit uns zieht, uns segnet und beschützt. Dies kann durch eine Bildbetrachtung eines Wegbildes und durch ein sich anschließendes Bittgebet angeregt werden. Möglich ist auch ein Wegspiel, bei dem einige Kinder als »Volk Gottes« einen Weg durch die Kirche gehen und dabei an schwierigen Wegstationen (etwa: Streit, Misserfolg, Enttäuschung, Angst ...) um die Hilfe Gottes bitten.

– *Das Kleeblatt:* Es gibt die Erzählung vom heiligen Patrick, dem Missionar Irlands, dass er ein Kleeblatt als Zeichen nahm, um seinen Hörern das Geheimnis der Dreifaltigkeit zu deuten: Das Kleeblatt hat drei Blätter und ist dennoch nur ein Blatt. So ist Gott ein einziger und dennoch drei Personen. Zur besseren Anschaulichkeit kann ein großes Kleeblatt gemalt und aufgehängt werden, in das entweder die Worte »Vater«, »Sohn« (»Jesus«) und »Heiliger Geist« eingetragen und / oder entsprechende Bilder (etwa Hand, Kreuz, Taube ...) gemalt werden. Besonderer Wert sollte in diesem Gottesdienst auch auf das Kreuzzeichen gelegt werden.

(A 36) Dreifaltigkeit

Weiterführung nach dem Gottesdienst

Als Erinnerung an den ersten Gottesdienst kann den Kindern ein rotes Herz aus Tonpapier mitgegeben werden. Vielleicht schreibt man darauf den Satz: »Gott liebt dich, N.« und ergänzt die Namen der Kinder am Ende des Gottesdienstes, so dass diese Erinnerung einen persönlichen Charakter annimmt.

Zum zweiten Vorschlag passt ein kleiner Gebetstext, der den Kindern mitgeben werden kann, entweder ein Segenstext (etwa: »Der Herr stehe an deiner Seite. Er begleite dich auf all deinen Wegen. Er schütze dich ...«) oder ein Bitttext (etwa: »Guter Gott, begleite mich auf all meinen Wegen. Sei mir zur Seite in guten und schweren Stunden meines Lebens ...«).

Zum dritten Vorschlag sollte man den Kindern Kleeblätter mitgeben. Vielleicht ist als Erinnerung auch Kleesamen möglich, den sie zu Hause selber einpflanzen können. Ein Gebet zum dreifaltigen Gott kann dieses Zeichen ergänzen.

(A 37) Fronleichnam

Zu den Schrifttexten

Dtn 8,2-3.14-16: *Der Mensch lebt nicht nur von Brot.* Der Kernsatz dieser Lesung ist zum geflügelten Wort geworden, das auch in der Versuchungsgeschichte Jesu (Lk 4,4) eine Rolle spielt. Dieses Wort muss hier auf dem Hintergrund des ganzen Textes, ja des Buches Deuteronomium gesehen werden. Dieses fünfte Buch der Bibel blickt in der Form einer fiktiven Rede des Mose am Ende der Wanderung Israels durch die Wüste zum einen auf die im Exodus und auf dem Weg erfahrenen Wohltaten Gottes zurück (Befreiung, Manna, Wasser ...). Zum anderen blickt es nach vorn, in das nun erreichte Gelobte Land. Die Gefahren des nun möglichen Überflusses werden deutlich: Der Mensch schaut nur auf sich selber, auf das, was er besitzt und konsumieren kann – es ist die Gefahr des Abfalls vom Bundesgott Jahwe zu kanaanäischen Fruchtbarkeitsgöttern. In dieser Situation wird Israel vom Brot (hier: Besitz, Wohlstand, eigenes Schaffen ...) weg auf den lebensspendenden Gott verwiesen. Sein Wort gibt dem Menschen Leben und zugleich Orientierung. Das Bundesgesetz Israels ist also nicht einengende Bestimmung über den Menschen, sondern befreiende Chance zum Leben.

1 Kor 10,16-17: *Wir haben teil an dem einen Brot.* Die kurze zweite Lesung von Fronleich-nam macht in prägnanter Form den doppelten Wesenszug christlicher Eucharistie deutlich: Gemeinschaft mit Christus und Gemeinschaft untereinander. Paulus kommt im Korintherbrief von konkreten Fragen und Problemen der Gemeinde immer wieder zu grundsätzlichen Aussagen. Der Hintergrund ist hier eine Auseinandersetzung in der Gemeinde, ob es Christen erlaubt ist, vom Fleisch zu essen, das den Göttern im Tempel geweiht wurde. Paulus verneint diese Anfrage, nicht weil der Christ in seinem Handeln nicht frei sei, sondern weil er an Christus und nicht an den Götzen Anteil hat, und weil er zudem Verantwortung für die durch Christus gestiftete Gemeinschaft untereinander hat. Die Rücksichtnahme auf die anderen verbietet den Genuss von Götzenopferfleisch. Dagegen ist die Eucharistie die lebendige Teilhabe an Christus selbst.

Joh 6,51-58: *Ich bin das lebendige Brot.* (Vgl. B 50.) Gegen Ende der großen Brotrede Jesu (Joh 6,26-66) spricht Jesus im Stil alttestamentlicher Gottesoffenbarungen: »Ich bin ...« Solche Formeln verweisen in der Prägnanz eines Bildes auf konzentrierte Glaubenswahrheiten. Dies wird in den folgenden Versen verdeutlicht und gipfelt in der Schlussverheißung: »Wer dieses Brot isst, wird leben in

Ewigkeit.« Das Brot nicht allein als Nahrung, sondern ebenso als Symbol für das, was der Mensch wesentlich zum Leben braucht, wird hier zur Nahtstelle zwischem Materiellem und Geistigem, zwischen Sichtbarem und Unsichtbarem, zwischen Erde und Himmel, Menschen und Gott. Der Menschensohn (sein Fleisch = seine irdische Existenz) ist von den Menschen konkret erfahrbar. Doch wer mit ihm Gemeinschaft hat, gewinnt dadurch zugleich Gemeinschaft mit dem Vater, und er gewinnt das ewige Leben. Die im Brot der Eucharistie gewonnene Lebensgemeinschaft mit Christus schafft dem Menschen Heil und Rettung. So ist das Brot der Eucharistie für den Glaubenden unverzichtbar.

Schrifttext und Familien mit Kindern

Die Feier der Eucharistie ist die innere Mitte einer jeden christlichen Gemeinde, die Kraftquelle, aus der heraus die Gemeinde ihr Leben gestaltet. Diese grundsätzliche Aussage wird heute keineswegs von allen Christen nachvollzogen. Zu viele haben Schwierigkeiten mit dem Verständnis und der Teilnahme an der Eucharistie. Nur noch ein – im Vergleich zu den Getauften – kleiner Teil der Christen nimmt regelmäßig an der Eucharistiefeier teil. Immer schwieriger wird es auch, Kindern den Zugang zur Eucharistie zu ermöglichen.

Fronleichnam als »Eucharistisches Fest« kann angesichts dieser Entwicklung einen besonderen Akzent setzen. Dabei geht es weniger um die traditionelle Form der eucharistischen Prozession (zur Teilnahme der Kinder daran vgl. C 37), sondern um eine Neubesinnung auf die Bedeutung der Eucharistie für Leben und Glauben des Christen und jeder Gemeinde.

Die drei Schrifttexte dieses Tages geben dazu unterschiedliche Impulse. Die alttestamentliche Lesung verweist darauf, dass hinter der äußeren Bedeutung des Brotes als Nahrungsmittel ganz andere Ebenen liegen, und dass die Beziehung zu Gott »wie Brot« für den Menschen ist. Die neutestamentliche Lesung stellt die doppelte Gemeinschaft heraus, die in der Eucharistie geschieht: mit Christus und untereinander. Die Brotrede des Evangeliums zeigt in ihrer bildhaften und zugleich abstrakten Redeweise (für Kinder nur teilweise zumutbar) die Bedeutung des eucharistischen Brotes auf: Es schenkt durch die Bindung an Christus Lebensgemeinschaft mit ihm und dadurch ewiges Leben.

Nur selten wird am Fronleichnamstag ein eigener Familiengottesdienst möglich sein. Wohl aber muss es gerade an einem solchen Festtag der Gemeinde möglich sein, alle Gemeindeglieder, also auch Familien mit Kindern, intensiv einzubinden. Dies kann bei der Prozession geschehen (vgl. die Hinweise in C 37), aber auch im Gottesdienst selber. Gut gestaltete Elemente eines Familiengottesdienstes verhelfen allen Mitgliedern der Gemeinde zu einem besseren Verständnis der Eucharistie.

Gestaltungsideen für den Gottesdienst

– *Paschafest – Abendmahl – Messe:* Die große Linie vom jüdischen Pascha bis zur Eucharistiefeier der Christen kann in einigen Linien aufgezeigt werden. Dabei kann man von der alttestamentlichen Lesung ausgehen: Die Juden erinnern sich beim Paschafest dankbar an die Rettung und Führung durch Gott. So wird das Mahl des Pascha für sie mehr als nur Sättigung – es ist Gemeinschaft mit Gott selber. Jesus feierte Pascha mit seinen Jüngern. Er gibt diesem Mahl am Vorabend seines Todes eine tiefere Bedeutung: Brot und Wein schaffen Gemeinschaft mit ihm. Wenn Christen Eucharistie feiern, setzen sie dies fort: Das Brot der Eucharistie schafft Gemeinschaft mit Jesus und untereinander. Die drei Schritte des Themas können durch Elemente des Paschafestes und durch eine Hervorhebung des Eucharistischen Hochgebetes deutlich werden. Durch Erzählung und Gespräch mit den Kindern wird der Bezug der drei Feiern zueinander aufgezeigt.

– *Durch das Brot verbunden:* Mit wem ich mein Brot teile, mit dem bin ich verbunden, der ist mein Freund. Diese Kindern leicht zu vermittelnde Erfahrung ist einer der Aspekte der Eucharistie: Jesus teilt »sein Brot« mit uns, dadurch erhalten wir Gemeinschaft mit ihm und untereinander. Deshalb gehen Christen zur »Kommunion« (= Gemeinschaft). Angesichts unserer Praxis des Erstkommunionalters müssen kleinere Kinder oft »getröstet« werden mit der Erwartung, dass sie »bald« auch das heilige Brot empfangen können. Das Kreuzzeichen, das ihnen in den meisten Gemeinden beim Kommuniongang gegeben wird, ist nur ein Ersatz. Vielleicht ist es an Fronleichnam möglich, in der Art des ostkirchlichen Brauches am Ende der Messe (nicht gewandeltes) Brot zu verteilen und so eine Mahlgemeinschaft auch mit den kleineren Kindern zu ermöglichen.

– *Geladen zum Tisch des Herrn:* Der Altar wird als Tisch gedeutet, zu dem wir eingeladen sind und um den wir uns versammeln. Dabei kann von der Bedeutung des Tisches in einer Familie ausgegangen werden: Er ist Mittelpunkt familiären Lebens. So ist der Altar die Mitte der christlichen Gemeinde und ihres Lebens. Von diesem Tisch her werden wir gestärkt für unseren Weg.

– *Die vier Altäre:* Bei vielen Fronleichnamsprozessionen werden traditionell vier Segensaltäre aufgebaut (früher in den Feldern in den vier Himmelsrichtungen), an denen jeweils ein eucharistischer Segen gespendet wird. Diese vier Altäre können im Gottesdienst und bei der Prozession unterschiedlich gedeutet werden: Zum einen kann dies auf die vier Himmelsrichtungen hin geschehen: Gottes Segen umfasst die ganze Welt. Zum anderen können mit den einzelnen Altären verschiedene Teile der Gemeinde bezeichnet werden: An einem beten wir besonders für die Alten und Kranken, an einem anderen besonders für die Kinder und Jugendlichen ... Auch können verschiedene thematische Aspekte (etwa Frieden, Gerechtigkeit, Schutz der Umwelt, miteinander teilen ...) mit jeweils einem Altar verknüpft werden.

Weiterführung nach dem Gottesdienst

Die Paschaerzählung kann ebenso wie ein Abendmahlsbericht den Kindern mitgegeben werden, um so die Verbindung von beidem zur Eucharistie der Christen zu verdeutlichen.

Zum zweiten Vorschlag können die Familien aufgefordert werden, zu Hause ein Brot zu backen und es sehr bewusst miteinander zu essen. Die Gemeinschaft des Mahles wird so Kindern erfahrbar.

Auch kann im familiären Gespräch die Bedeutung des Tisches für die Gemeinschaft der Familie herausgestellt werden.

Zum letzten Vorschlag: Vielleicht ist es möglich, dass ein Familienkreis die Gestaltung eines Fronleichnamaltars übernimmt (Aufbau und Schmuck des Altares, aber auch Gestaltung der Gebete und Lieder dieser Station ...).

(A 38) 8. Sonntag im Jahreskreis

Zu den Schrifttexten

Jes 49,14-15: *Gott – wie eine Frau, wie eine Mutter.* In der Zeit des babylonischen Exils versucht der Prophet Deuterojesaja (= der zweite »Jesaja«) dem Volk Trost und Hoffnung auf eine Wende seiner bedrückenden Situation zuzusprechen. Aus einem längeren Heilsorakel sind die wenigen Verse der ersten Lesung entnommen. Sie beginnen mit der Klage des Volkes. »Zion« steht dabei für das Volk, die Klage selbst für eine Zusammenfassung der Not des Exils und der Zerstörung Jerusalems. Gegen diese Klage antwortet der Prophet mit einem Gottesspruch: Gott verlässt sein Volk nicht, sondern bleibt ihm treu. Der Mensch, sein Volk kann sich ganz auf ihn verlassen, sich vertrauensvoll in seine Hände legen. Dies wird mit einem eindrucksvollen Bild unterstrichen: Gottes Liebe und Zuwendung zu den Menschen entspricht, ja übertrifft die Liebe und Zuwendung, die eine Mutter ihrem Kind schenkt. Liebevolles Erbarmen kennzeichnet Gottes Handeln. Darauf darf der Mensch sich verlassen, der sich Gott vertrauensvoll zuwendet (vgl. auch das Evangelium).

1 Kor 4,1-5: *Diener Christi und Verwalter göttlicher Geheimnisse.* In der Gemeinde in Korinth gibt es Streit und Spaltungen, teilweise wird auch die Autorität des Gemeindegründers Paulus bestritten. In dieser Situation macht Paulus deutlich, dass er nicht dem Gericht der Gemeinde unterstellt ist, sondern als »Diener Christi und Verwalter göttlicher Geheimnisse« nur Gott selber verantwortlich. Durch diese Aussage will Paulus sich Freiheit für die Verkündigung bewahren; er ist nur Gott Rechenschaft über seine Arbeit schuldig. Seinen Auftrag muss er treu wahrnehmen, der Gemeinde gegenüber aber ist er frei und ungebunden. Dies bedeutet keine Willkür des Apostels gegenüber der Gemeinde und ebensowenig Überheblichkeit, vielmehr versteht er sich als Apostel (Gesandter) eines Höheren, als Diener einer Botschaft, die nicht in das Ermessen von Menschen gestellt ist.

Mt 6,24-34: *Sorgt euch nicht, sondern vertraut dem Vater.* Die Bergpredigt (Mt 5-7) versucht, das Verhältnis des Menschen zu Gott und der Menschen untereinander unter dem Stichwort der Gottesherrschaft und der sich daraus ergebenden Gerechtigkeit zu beschreiben. In der vorliegenden Perikope geht es um das grundlegende Vertrauen des Menschen zu Gott und seiner liebenden Zuwendung (vgl. auch die alttestamentliche Lesung). Das Vertrauen in den Vater im Himmel prägt das ganze Leben des Christen, alles ängstliche Sorgen ist deshalb unangebracht. In zwei Abschnitten wird dieser Gedanke entfaltet. Zuerst wird darauf verwiesen, wie der Mensch sein Leben ausrichten kann: Er kann seine Kraft dem Mammon, der Absicherung der irdischen Existenz, widmen, oder er kann sein Leben auf Gott und seinen Willen hin orientieren. Dieser zweite Weg ist dem Christen gemäß, denn so beweist sich das Vertrauen auf den Vater, der dem Menschen in Liebe zugewandt ist. Zwei Beispiele aus der Natur zeigen die Fürsorge Gottes auf – es geht bei ihnen nicht um Sorglosigkeit, sondern um Vertrauen als Grundhaltung, die der Stellung des Geschöpfes dem Schöpfer gegenüber entspricht.

Schrifttext und Familien mit Kindern

Der kurze alttestamentliche Text macht für heutige Menschen die prägnanteste und unmissverständlichste Aussage der drei Schrifttexte. Hier wird ein Gottesbild gezeichnet, das der Vorstellung widerspricht, die viele vom Alten (Ersten) Testament haben. Auch heute wird noch oft die neutestamentliche (Jesus) Benennung Gottes als Vater einem Gottesbild des Alten Testaments gegenübergestellt, das von Strenge, Rache und Strafe geprägt ist. Sicher gibt es viele dunkle Züge im Mosaik der Gotteserfahrungen des Alten Testaments. Ebenso aber – wie in dieser Stelle des Deuterojesaja – finden wir immer wieder barmherzige und menschenfreundliche Züge, die im Bild von Gott als liebevoller Mutter gipfeln. Das Gottesbild der Bibel lässt sich also nicht in ein (überholtes) alttestamentliches und ein (übersteigendes) neutestamentliches Verständnis aufteilen. Zusammen ergeben beide Testamente ein differenziertes und vielfältiges Gottesbild, in dem unterschiedliche Erfahrungen vieler Menschen zusammengetragen sind.

An dieser Stelle lässt sich ein Ansatz für die Gestaltung von Familiengottesdiensten finden. Viele Menschen – auch Kinder – suchen nach einem tragfähigen Gottesbild, das sie auch in wechselvollen Lebensgeschichten halten und stützen kann. Die Tröstung, die Deuterojesaja mit seinem Wort dem Volk damals ausgesprochen hat, kann auch uns eine Hilfe sein.

Die neutestamentliche Lesung dagegen lässt sich schwerer in Familiengottesdiensten einsetzen. Das Verhältnis des Paulus zu seiner Gemeinde ist heute in dieser Weise kaum interessant und setzt auch viel an Sachwissen über die paulinischen Gemeinden voraus. Allein die Bezeichnung des Apostels als »Diener Christi und Verwalter göttlicher Geheimnisse« kann zum Anlass genommen werden,

Dienste in der Kirche und ihre Gestalt zu bedenken.

Der Text der Bergpredigt im heutigen Evangelium wird von vielen als realitätsfern angesehen. Wir müssen uns schon um unseren Lebensunterhalt mühen, wir sind eben keine Vögel oder Blumen. Dies ganz abgesehen davon, dass sich auch Vögel um Nahrung mühen müssen und oft genug verhungern oder erfrieren. Das Bild Jesu scheint also nicht zu passen. Dies gilt allerdings nur dann, wenn man es als Empfehlung einer Sorglosigkeit versteht, die zur sonstigen Botschaft Jesu von Entscheidung und entschlossenem Handeln konträr steht. Dies ist aber hier nicht gemeint. Es geht vielmehr um das Thema des bedingungslosen Vertrauens in Gott, das aufgrund der Erfahrung Gottes als Vater (Jesaja: Mutter) berechtigt ist. Das Vertrauen auf Gott ist deshalb auch ein Ansatzpunkt für eine Behandlung dieses Textes im Gottesdienst.

Ein zweiter Akzent ergibt sich vom Evangelium her am Rande. Es muss den glaubenden Menschen, so Jesus, um die »Gerechtigkeit des Reiches Gottes« gehen, um ein verändertes Handeln also. Er charakterisiert diese Gerechtigkeit hier nicht, aus dem Gesamt seiner Botschaft aber wird deutlich, dass die Verbindung von Gottes- und Nächstenliebe gemeint ist.

Gestaltungsideen für den Gottesdienst

– *Mutter und Vater zugleich:* Das biblische Gottesbild konzentriert sich in den Schrifttexten dieses Sonntags im Bild der Mutter (AT) und des Vaters (NT). Dies kann durch Spielszenen aufgegriffen werden, in denen die Treue und Fürsorge von Eltern für ihre Kinder dargestellt wird. Im Gespräch wird das jeweils übertragen: So wie eine liebe Mutter, ein guter Vater ist Gott. Er lässt die Menschen nicht im Stich. Passende Bilder ergänzen diese Gedanken.

– *Diener Christi und der Menschen – Berufe der Kirche:* Einzelne Berufe der Kirche werden dargestellt und an ihnen gezeigt, wie Menschen zum Dienst für andere bereit sind und dies als Dienst an Christus verstehen. Die Forderung Jesu nach der Verbindung von

Gottes- und Nächstenliebe wird somit konkret umgesetzt. Dies kann bildlich durch eine Waage mit zwei Schalen im Gleichgewicht dargestellt werden. Ebenso können zwei Tafeln mit den Aufschriften »Dienst an Gott« und »Dienst an Menschen« die doppelte Ausrichtung kirchlichen Dienstes anschaulich machen. Zu kirchlichen Berufen passen Interviews mit solchen Menschen, Spielszenen, die ihre Arbeit deutlich werden lassen, Fotos und Berichte ...

– *Die Wunder unserer Welt:* Hier geht es ausgehend vom Evangelium um das Wahrnehmen der Schönheiten unserer Welt, der ganzen Natur mit Pflanzen, Tieren und ebenso mit Menschen. Diese Welt hat Gott uns in ihrer Vielfalt und Schönheit geschenkt. Wir dürfen dafür dankbar sein und ihm vertrauen. Die Kinder können zu diesem Thema Bilder malen (eventuell jeweils mehrere zusammen große Poster). Ebenso können Pflanzen und Tiere in den Gottesdienst mitgebracht und ihre Besonderheiten erläutert werden.

– *Ich schmiege mich in deine Hand, guter Gott:* Das Vertrauen zu Gott ist der Kerngedanke des Evangeliums (und der alttestament-lichen Lesung). Von verschiedenen Künstlern (etwa Habdank, Köder ...) ist dieser Gedanke durch die große Hand versinnbildlicht worden, in die sich ein Mensch schmiegt. Dies lässt sich sowohl als Bild in den Gottesdienst einbeziehen wie auch als Spiel: Eine große, mit weichem Stoff überzogene Hand ist aufgebaut. Die Kinder lehnen sich an die Hand: Gott hält mich.

Weiterführung nach dem Gottesdienst

Erfahrungen von Geborgenheit in der Familie sind für die Entwicklung des Glaubens von Kindern an einen guten und barmherzigen Gott wichtig. Dieser Gedanke kann den Eltern im Rahmen von Elterngesprächen (etwa im Kindergarten oder Kommunionkurs) oder bei Treffen von Familienkreisen und Gemeindegruppen bewusst gemacht werden.

Zu den Diensten in der Kirche gibt es eine Fülle von Informationsmaterial, das die Aussagen des Gottesdienstes ergänzen kann. Wichtiger aber sind Kontakte und Gespräche mit Menschen, die einen kirchlichen Beruf ausüben.

Die Wunder unserer Welt lassen sich am besten in der Natur selbst entdecken. Vielleicht ist ein »Familiensonntag« der Gemeinde möglich, bei dem ein Ausflug in den Wald, an einen See ... gemacht wird. Erklärungen zu Phänomenen der Natur (etwa durch einen Förster ...) sind dabei eine Hilfe.

Zum letzten Gottesdienstvorschlag kann den Kindern eine Hand aus Tonpapier als Erinnerung mitgegeben werden.

(A 39) 9. Sonntag im Jahreskreis

Zu den Schrifttexten

Dtn 11,18.26-28: *Ich werde euch Segen und Fluch vorlegen.* Inmitten der (literarisch geformten) Abschiedsrede des Mose mit geschichtlichen Rückblicken, vor allem aber einer Fülle von Geboten und Gesetzesvorschriften macht der Verfasser deutlich, warum all diese Lebensregeln für das Volk Israel »lebenswichtig« sind: Welchen Stand der Mensch zu den Geboten Gottes einnimmt, entscheidet zwischen Heil und Unheil, zwischen Segen und Fluch. Das Halten der Gebote nämlich bedeutet nicht eine ihn einengende Gesetzesreligion, sondern die persönliche Bindung an Gott, einen Bund, der Leben schafft und die Fülle des Lebens gewährt. Wo der Mensch dazu nicht bereit ist, schafft er sich »Fluch«, Unheil und Chaos. Das Schicksal Israels im Exil ist ein Beispiel dafür. Der Verfasser will also dem Volk eine Deutung seiner geschichtlichen Situation geben und zugleich einen Ausweg aus der Situation weisen. Nicht andere (etwa babylonische) Götter schenken erfülltes Leben, sondern allein Jahwe und seine Weisung. Dies muss den Israeliten so wichtig sein, dass sie sich immer daran erinnern. Der jüdische Brauch, sich kleine Kästchen mit Gesetzestexten auf Stirn und Oberarm zu binden (Tephillim), ist von da aus entstanden.

Röm 3,21-25.28: *Der Mensch wird nur durch den Glauben gerecht.* In einer theologisch ausgesprochen kompakten und begrifflich schwierigen Sprache wird an dieser Stelle der Kerngedanke paulinischer Theologie sichtbar: Der Mensch wird nicht durch eigene Werke, sondern allein durch die Gnade Gottes gerettet. Vom Menschen ist deshalb nur der unbe-

(A 39) 9. So im Jahr

dingte Glaube an das Entgegenkommen und die Barmherzigkeit Gottes nötig, um gerettet zu werden. »Gnade allein rettet« – »der Glaube allein macht gerecht«, diese beiden Sätze sind für Paulus die Quintessenz seines Denkens. Durch diese Aussagen relativiert sich auch das jüdische Gesetz. Es ist nicht länger der Weg zum Heil, sondern verführt den Menschen zur Selbstgerechtigkeit, zum Vertrauen auf die eigenen Werke und führt damit gerade zum Verlust des angestrebten Heils. Das Heil dagegen bedeutet Erlösung in Christus, Gerechtigkeit und Herrlichkeit Gottes, sein Erbarmen, das dem Menschen ungeschuldet zuteil wird.

Mt 7,21-27: Das Doppelgleichnis vom Hausbau. Der Abschluss der matthäischen Bergpredigt besteht aus zwei Teilen: einem Doppelspruch vom Herr-Sagen und dem Doppelgleichnis vom Hausbau. Beide Teile verbindet das Thema, das die ganze Bergpredigt durchzieht. Es geht Jesus um ein entschiedenes Handeln: Nicht die Worte eines Menschen

sind wichtig, sondern seine Taten. Allerdings müssen diese Taten auch mit seiner inneren Gesinnung übereinstimmen. Heuchlerisches Verhalten wird von Jesus an verschiedenen Stellen der Bergpredigt hart angeprangert. Es geht um die Übereinstimmung von Wort und Tat entsprechend der Aufforderung Jesu zu Gottes- und Nächstenliebe. Wer diese innere Übereinstimmung nicht hat, der erreicht das Ziel nicht – so die Aussage des Doppelspruchs vom Herr-Sagen. Das Gleichnis kontrastiert menschliche Verhaltensweisen durch ein einfaches, uns heute noch ansprechendes Bild: Der Fels im ersten Gleichnis ist das Wort Jesu, seine Botschaft, sein Zuspruch und Anspruch an den Menschen. Wer sich dem öffnet, das Wort Jesu bereitwillig aufnimmt und danach glaubwürdig handelt, dessen Lebens- und Glaubenshaus steht fest gegen alle Stürme des Lebens. Wo jemand sein Haus allerdings auf den Sand vergänglicher Dinge baut, seine Lebensziele nicht auf das Endgültige ausrichtet, sondern auf Nebensächliches, da wird er untergehen.

Schrifttext und Familien mit Kindern

Die alttestamentliche Lesung ist uns sowohl von ihrer (fiktiven) Situation (Abschiedsrede des Mose) wie von einzelnen Aussagen her (Verhältnis zu den Geboten, Brauch der Tephillim ...) recht fern. Dennoch gibt es einige mögliche Ansatzpunkte, die diesen Text auch für Menschen unserer Zeit bedenkenswert machen.

Zum einen ist dies das Verhältnis von Selbstbestimmung und Autorität. Kann sich der nach Freiheit und Selbstverwirklichung sehnende Mensch heute bereitwillig einem Gefüge von Gesetzen und Geboten unterwerfen – so wie es gläubige Juden damals wie heute versucht haben und versuchen? Geraten Gebote und Vorschriften – besonders wenn sie von Menschen der Kirche autoritativ gefordert werden – nicht sofort unter Manipulations- und Diktaturverdacht? Solche kritischen Anfragen kann man nicht einfach zurückweisen, weil sie nur zu viel Wahres auch in der Kirche ausdrücken. Allerdings lässt sich deutlich machen, dass das von Gott gesetzte

»Gebot« nicht zu einer Gesetzesreligion führt, sondern ein »Lebensweg« ist, der allen größere Lebenschancen, größere Gerechtigkeit (vgl. das Grundthema des Matthäus) und erfüllteres, sinnvolleres Leben ermöglicht. So wird unsere Aufgabe heute eher die sein, zwischen dem Kern dieser von Gott gezeigten Lebensweisungen und den vielen, geschichtlich gewachsenen, kulturell gebundenen und deshalb uns heute nicht mehr gemäßen Menschensatzungen zu unterscheiden.

Es geht also bei diesem Text um das Sich-auf-Gott-Verlassen und deshalb Sich-auf-Gott-Einlassen. Weil ich Gott vertraue, deshalb kann ich auch seiner Orientierung und Lebensweisung (seinen »Geboten«) folgen. Nichts anderes macht den Sinn biblischer Gebote aus, die sich sowohl im Alten (Ersten) wie im Neuen (Zweiten) Testament im Doppelgebot der Gottes- und Nächstenliebe zusammenfassen lassen.

Einige andere Stichwort gibt der Text zusätzlich: Segen und Fluch – der Mensch kann sich entscheiden und sein Schicksal selbst durch sein Verhalten prägen. Zum Schmuck auf der Stirn werden – die Bindung an Gott prägt den Menschen. Ins Herz schreiben – Innen und Außen des Menschen, Denken, Sprechen und Handeln sollen übereinstimmen (vgl. Evangelium).

Die Römerbrieflesung ist zwar inhaltlich durchaus wichtig, in ihrer gefüllten theologischen Sprache für Kinder aber zu schwer. Hier ließe sich nur das Thema aufgreifen: Wir sind von Gott beschenkt (Gnade) – wir danken ihm dafür (Antwort des Glaubens).

Zum Evangelium schlagen wir vor, die Verse 21-23 zu kürzen und nur das Doppelgleichnis vom Hausbau zu behandeln. Es kann in seiner bildhaften Ausdrucksweise von Kindern verstanden werden, die einleitenden Sprüche dagegen erschweren das Verständnis nur. Das Symbol Haus lässt sich in unterschiedlicher Weise auf das »Haus des Lebens« und das »Haus des Glaubens« hin deuten. Immer aber geht es um Verlässlichkeit, um einen entschiedenen Lebensentwurf, um Orientierung auf das Eigentliche, um eine aus dem Glauben erwachsende Praxis.

Gestaltungsideen für den Gottesdienst

– *Wer sich auf Gott verlässt:* Das Bild von der Orientierung (Wegweiser) und den Lebenswegen kann leicht umgesetzt werden. Verschiedene Wegweiser werden aufgestellt und gedeutet: Die »Wegweiser« Gottes helfen dem Menschen bei einer Lebensgestaltung, die allen nützt und »Segen« bringt. Wo der Mensch aber anderen Wegweisern folgt, seinen Egoismus in den Vordergrund stellt, da ergibt sich Unheil (»Fluch«). Der Mensch muss sich also je neu entscheiden: Segen, Glück und Heil oder Unheil, Unglück und Fluch. Diese Alternative kann auch durch weitere Symbole aufgezeigt werden: Licht – Dunkel, blühender – vertrockneter Zweig ...
– *Auf die Stirn eingeprägt:* In manchen Kulturen wird die Stirn genutzt, um darauf etwas »einzuprägen und einzuschreiben«. Im Altertum erhielten Sklaven manchmal ein Zeichen auf die Stirn eingebrannt. Der jüdische Brauch, sich ein Kästchen mit Gesetzesworten auf die Stirn zu binden, geht in eine vergleichbare Richtung: Man macht so deutlich, wer der Herr seines Lebens sein soll – Gott und seine Weisung. Im Bereich des Christentums gibt es in Äthiopien den Brauch, dass sich manche Christen ein Kreuz auf die Stirn tätowieren lassen – Zeichen ihrer Zugehörigkeit zu Christus. Für uns relevanter sind aber die Salbungen auf der Stirn bei Taufe und Firmung: Auch hier bedeutet das Kreuzzeichen der Salbung sowohl Zusage Gottes an uns wie auch unsere Antwort – die Bereitschaft zum Glauben. Das Aschenkreuz am Aschermitt-

woch (vgl. A-C 17) geht neben anderen Bedeutungen (Vergänglichkeit, Buße ...) in eine ähnliche Richtung. All dies kann im Gottesdienst erwähnt werden. Vielleicht können sich die Kinder mit Farbe dann selber ein Kreuz auf die Stirn machen als Zeichen ihrer Bereitschaft, sich an Jesus und seine Weisung zu binden.
– *Ins Herz schreiben:* Ein großes Herz aus Tonpapier wird abwechselnd mit allen möglichen Dingen gefüllt: Dies oder das kann das Herz eines Menschen belegen und ihm keinen Raum für anderes lassen. Dies können Beispiele aus dem Familienleben und anderen Lebensbereichen der Kinder sein (auch als Spiel darstellbar und anschließend durch ein Stichwort im Herz wiederzugeben), etwa: einseitige Hobbies, die keinen Raum für gemeinsames Tun der Familie lassen ... Danach wird ein zweites großes Herz angebracht, in dem die Worte stehen: »Gott und seine Weisung«. Beide Herzen fordern zur Entscheidung auf – zwischen Segen und Fluch, Heil und Unheil.
– *Geschenk und Dank:* Gott beschenkt den Menschen, dieser kann sich Gott dankbar im Glauben zuwenden – so der Kern der Pauluslesung. Beides muss konkretisiert werden. So können verschiedene große Geschenkkartons, die einem Kind gebracht werden, die Geschenke aufzeigen, die Gott uns Menschen gibt: Leben, Schöpfung, Gemeinschaft mit anderen, Jesus ... Ebenso wird die Antwort, die der Mensch gibt, durch konkrete Gesten

ausgedrückt: Staunen (offener Mund und ausgebreitete Arme), Lob (zum Himmel erhobene Hände), Dank (betende Hände) ... – alles Ausdrucksformen des glaubenden und Gott dankenden Menschen.

– *Das Haus des Lebens und des Glaubens:* Für die Behandlung dieses Gleichnisses ist es gut, wenn man zur Veranschaulichung zwei kleine Häuser (etwa aus Styropor oder Bausteinen) aufbaut, eines davon auf festem Bo-

den, eines auf Sand oder einem anderen nachgiebigen Boden. Das Haus kann als Symbol für die menschliche Existenz gedeutet werden. Worauf bauen wir unser Leben, unseren Glauben? Was ist das Fundament, dem wir vertrauen? Verschiedene Beispiele für unterschiedliche Lebensfundamente werden benannt. Der Glaube an Gott ist *das* Fundament, das unser Leben sicher und dauerhaft tragen kann.

Weiterführung nach dem Gottesdienst

Das Lied: »Wer sich auf Gott verlässt« (Rolf Krenzer/Detlev Jöcker) macht in einer bildreichen Sprache den Grundgedanken des Vertrauens auf Gott deutlich. Jede Strophe schließt mit der Verheißung des Segens. »So wird er gesegnet sein«. Dieses Lied kann sowohl im Gottesdienst gesungen wie auch den Kindern auf einem Blatt mitgegeben werden.

Wenn in der Gemeinde ein Firmkurs läuft, können die Kinder Firmlinge und ihre Katecheten nach dem Ritus der Firmung (Salbung mit Öl auf der Stirn) befragen. Ebenso können die Kinder an einer Taufe teilnehmen und dabei den Ritus der Salbung beobachten und entsprechend der Aussage des Gottesdienstes deuten.

Zum dritten Vorschlag kann den Kindern ein Herz aus Tonpapier mitgegeben werden, auf dem etwa steht: »Gott – Jesus«.

Das Thema der Römerbrieflesung kann dadurch weitergeführt werden, dass den Kindern Hilfen für verschiedene Gebetsformen gegeben werden, mit denen sie Gott Ehrfurcht (Staunen), Lob und Dank ausdrücken können. Solche Formen (vgl. die oben genannten Gesten) sollten immer wieder im Familiengottesdienst eingeübt werden.

Das Gleichnis vom Hausbau kann in den Familien im Gespräch aufgegriffen werden: Was ist uns Fundament, was sind Wände unseres Lebens, was gibt uns ein Dach und Schutz ...?

(A 40) 10. Sonntag im Jahreskreis

Zu den Schrifttexten

Hos 6,3-6: Liebe will ich, nicht Opfer. Die Perikope kann nur auf dem Hintergrund der geschichtlichen Situation zur Zeit des Propheten Hosea verstanden werden. Es ist die Zeit, da das Nordreich Israel (Ephraim) von Assur bedrängt wird und schließlich (722) untergeht. Theologisch wird dieses geschichtliche Geschehen von der Abwendung Israels von Jahwe her, also dem Bundesbruch, gedeutet. Das Volk erkennt angesichts der Bedrängnis sein Versagen und drückt in einem Bußlied seine Umkehrbereitschaft aus (Vers 3 und vorhergehende Verse, die nicht in der Perikope enthalten sind). Doch seine Buße geht nicht weit

genug und bleibt oberflächlich in Riten und kultischen Opfern stehen, erreicht nicht das Herz der Menschen. Hier setzt der Gottesspruch ein (ab Vers 4): Die wirkliche Zuwendung zu Gott äußert sich nicht in kultischem Tun und in der Liturgie, sondern in Liebe und Barmherzigkeit. Das ist der eigentliche Wille Gottes, den es zu erkennen gilt, das ist die Gerechtigkeit, die Menschen leben lässt.

Röm 4,18-25: Abraham – stark im Glauben und Vater vieler Völker. Paulus versucht im Römerbrief christlichen Glauben in seinen Kernaussagen verständlich zu machen. Dies geschieht in dieser Perikope durch eine Beschreibung des Glaubens Abrahams, der zum »Vater des Glaubens« für viele geworden ist. Dabei werden verschiedene Aspekte des Glaubens deutlich: 1. Glauben ist für Abraham (und für Paulus) nicht das Fürwahrhalten verschiedener Glaubenssätze, sondern das unbedingte und treue Setzen auf Gottes Treue und Barmherzigkeit. Glaube heißt also Vertrauen. 2. Glaube bedeutet für Abraham (und ebenso für Paulus) einen ständigen Aufbruch, das Wagnis, neue Wege zu gehen, das Alte hinter sich zu lassen, für Neues bereit zu sein. Glaube heißt also Neubeginn und Wagnis. 3. Glaube ist nur denkbar aus der Hoffnung heraus, dass Gott sich immer wieder neu als Herr des Lebens erweist, dass er selbst aus dem Nichts (gegen alle menschliche Vorstellung) Leben erwecken kann. Dies galt für Abraham im Blick auf die verheißene Nachkommenschaft. Dies gilt für Christen im Blick auf die Auferstehung, den Kern christlicher Botschaft. Glaube heißt also Hoffnung. Wer sich nach dem Beispiel des Abraham um Glauben bemüht, der ist nach Paulus gerechtfertigt – der Glaube bringt das Heil.

Mt 9,9-13: Ich bin gekommen, Sünder zu rufen. Verschiedene Einzelelemente der Perikope bilden zusammen eine einheitliche Aussage: Jesus ruft Menschen aus allen Schichten zu seinem Jünger- und Apostelkreis zusammen und bildet aus ihnen eine neue Gemeinschaft, die sich im Miteinander-Essen deutlich zeigt. Am Anfang steht eine kleine Berufungsgeschichte, die Parallelen zur Abrahamsgeschichte der zweiten Lesung zeigt: Von Jesus (Abraham: Gott) angesprochen und berufen, lässt Matthäus (Abraham) alles zurück und folgt Jesus (Abraham: bricht in ein anderes Land auf). Der Zöllner Matthäus, also ein Mitglied einer verachteten und gesellschaftlich am Rande stehenden Schicht, wird zum Apostel berufen – einem Außenseiter wird ein Platz unter denen eingeräumt, die die zwölf Stämme Israels, das bedeutet das Volk Gottes, symbolisieren. Der Bildrede Jesu vom Arzt entspricht also sein Verhalten. So passt das Zitat des Propheten Hosea gut: Barmherzigkeit, Liebe und Versöhnungsbereitschaft sollen das Handeln des Menschen prägen – dies entspricht der Weise, in der Gott dem Menschen begegnet.

Schrifttext und Familien mit Kindern

Mitmenschlichkeit, Barmherzigkeit und Nächstenliebe als Kern des Glaubens, das entspricht nicht allein der Prophetenbotschaft, sondern auch der Vorstellung vieler Menschen heute. Die Forderung des Hosea wird somit die Meinung vieler Zeitgenossen wiedergeben, zumal sie mit einer liturgie- und kultkritischen Aussage verknüpft ist. Nicht allein vom heutigen Evangelium, sondern auch von vielen anderen Worten und Taten Jesu her lässt sich eine vergleichbare Botschaft verkünden: Es geht bei Religion und Glauben nicht um ein äußeres Tun, sondern um die Erfahrung der Zuwendung Gottes und die daraus resultierende Zuwendung zum Menschen. Wort und Tat müssen dabei übereinstimmen (vgl. A 39).

Die zweite Lesung erinnert ·an die Abrahamsgeschichte. Kindern wird sie in der Schule in der Regel im vierten Schuljahr vermittelt. An diesen Text anknüpfend bietet sich

jedoch die Gelegenheit, einige Grundzüge der Abrahamsgeschichte in den Familiengottesdienst aufzunehmen (evtl. auch in einer Reihe). Dabei kann Abraham als Vater des Glaubens dargestellt werden, zugleich können an ihm Grundzüge des Glaubens (Vertrauen, Aufbruch, Hoffnung ...) erläutert werden.

Das Evangelium bietet neben dem bereits genannten Gedanken der Barmherzigkeit und der Zuwendung Jesu zu den Armen und Geringen eine Reihe weiterer Gedanken, die aufgegriffen werden können. Zum einen ist dies das Thema Berufung und Nachfolge: Jesus wählt Menschen aus, ruft sie zu sich, will mit ihnen Gemeinschaft haben. Die so Berufenen müssen sich nun entscheiden, ob sie diesem Ruf folgen wollen. Der Jüngerkreis damals und die Christen heute sind die so vom Herrn Berufenen.

Zum anderen beschreibt der Text die Mahlgemeinschaft Jesu mit den Menschen, etwas,

(A 40) 10. So im Jahr

das an vielen Stellen der Evangelien erzählt wird. Jesus hat immer wieder mit Menschen Mahl gehalten, Feste gefeiert, Gemeinschaft gepflegt. Mahlgemeinschaft ist eines seiner Kennzeichen, sie wurde auch ein Kennzeichen der ersten christlichen Gemeinden (Apg 2,46) und soll ein Kennzeichen von Christen heute sein. Diese Mahlgemeinschaft übersteigt alle Grenzen und schließt alle Menschen ein, auch die Ausgestoßenen und Randexistenzen. So wird das Mahl für Christen zum sinnenfälligen Zeichen der Versöhnung und des Friedens, der Freude und des Neubeginns, zugleich aber auch der Vollendung im Reich Gottes. Die Feier der Eucharistie greift diese Deutungen auf.

Gestaltungsideen für den Gottesdienst

– *Was Gott von uns will:* Die Bibel ist voller Normen, Gebote, Regeln ..., so die Meinung vieler. Wenn man manche Bücher des Alten Testamentes (etwa Deuteronomium) liest, fühlt man sich darin bestätigt. Dennoch lassen sich die vielfältigen Weisungen der Bibel in zwei Richtungen einteilen: Zum einen sind es geschichtlich und kulturell gebundene Vorschriften (etwa zum Tempel- und Opferkult), die uns heute nicht mehr betreffen. Die anderen, wichtigeren Forderungen dagegen sind die Weisung Gottes an uns, die sich letztlich im Doppelgebot der Gottes- und Nächstenliebe zusammenfassen lassen, so wie Jesus es getan hat. Dies kann im Gottesdienst wie folgt umgesetzt werden: Eine große Bibel wird gezeigt und dazu erklärt, dass in ihr viele Erfahrungen der Menschen mit Gott gesammelt sind und vieles, was die Menschen als Lebensregeln von Gott erfahren haben. Dies lässt sich auf einem einzigen Blatt Papier wiedergeben: Du sollst Gott lieben – du sollst deinen Nächsten lieben. Wer diese Sätze aufnimmt, der hat den Kern der Bibel verstanden.

– *Abraham:* Die Abrahamsgeschichte kann in ihren Grundzügen erzählt werden. Dazu kann man auf Tageslichtfolien den Weg des Abraham sichtbar werden lassen (oder auf einem großen Plakat): Vorbereitete Elemente werden aufgelegt (aufgeklebt). Als Stationen von Abrahams Weg sind denkbar: Leben in seiner Heimat, mit seiner Familie; Aufbruch ins Ungewisse; Verheißung Gottes an Abraham; Ankunft in Kanaan und Bau eines Altares; Sarahs und Abrahams Sohn als Erfüllung der Verheißung ... Dieser Weg des Abraham ist als Glaubensweg zu charakterisieren, nur von seinem Glauben her kann Abraham aufbrechen und Neues wagen.

– *Das Neue wagen – Menschen wie Abraham:* Abraham, aber auch viele andere glaubende Menschen sind Menschen des Aufbruchs, die Vergangenes zurücklassen können und im Vertrauen auf Gott und in der Hoffnung auf seinen Beistand Neues wagen. So finden wir unter glaubenden Menschen viele, die neue Wege gehen und der Menschheit an vielen Stellen weitergeholfen haben. Neben dem Beispiel des Abraham kann dies durch andere beispielhafte Personen auch unserer Zeit erläutert werden.

– *Zu Jesus dürfen alle kommen:* Der Umgang Jesu mit Menschen spiegelt die Barmherzigkeit und Versöhnungsbereitschaft Gottes wider. Er ist deshalb der Heilsbringer (Heiland) auch für die Menschen am Rand der Gesellschaft. Dies gilt auch für unsere Zeit. Zu ihm dürfen alle kommen. Die Kinder können dies als Spiel darstellen, in der unterschiedliche Menschen zum Altar gerufen werden und dort eine Gemeinschaft bilden. Das Bild »Gastmahl der Sünder« von Sieger Köder passt dazu.

– *Jesus ruft dich:* Dieses Spiel des Gerufenwerdens kann auch auf alle Kinder ausgedehnt werden: Jesus ruft auch uns in seine Gemeinschaft, wir dürfen zu ihm kommen. Für Kinder ist dies eine tiefe Erfahrung: einzeln mit Namen gerufen zu werden. Eine besinnliche Musik kann diese Zeichenhandlung untermalen.

– *Das Mahl der Gemeinschaft:* Die von Jesus zusammengerufene Gemeinschaft hält ein Mahl des Friedens und der Versöhnung, das zugleich ein Hinweis auf die Vollendung bei Gott ist: Gott will ein Fest mit uns feiern. Dies verbindet uns mit ihm, aber auch untereinander. Ein Gottesdienst zu diesem Thema sollte deshalb eine Reihe festlicher Elemente beinhalten: Musik und Bewegung, Essen und Trinken (auch ohne Eucharistie) ... Die Kinder sollen immer wieder einmal von der Freude und der Gemeinschaft christlichen Glaubens erfahren, die im Gottesdienst erlebbar ist.

Weiterführung nach dem Gottesdienst

Die Familien können dazu ermuntert werden, immer wieder Texte der Bibel zu lesen und so von Glaubenserfahrungen biblischer Gestalten zu erfahren.

Passend zum zweiten Gottesdienstvorschlag kann besonders die Abrahamsgeschichte in einer Familien- oder Kinderbibel gelesen werden. Das Stichwort Aufbruch und Neubeginn kann teilweise von eigenen Erfahrungen der Familie nachempfunden werden, etwa: Aufbruch in Urlaub, Umzug und Neubeginn an einem anderen Ort, dauerhafter Abschied von lieben Menschen ...

Die Kinder können aus Zeitschriften Bilder sammeln von Menschen, die am Rand leben und die nicht geachtet sind. Solche Bilder werden in der Familie, einer Gemeindegruppe oder auch dem nächsten Familiengottesdienst zu einer Collage zusammengestellt, die als innere Mitte den Satz hat: Jesus lädt alle ein.

Mahlerfahrungen im allgemeinen Bereich sind Voraussetzungen für Gottesdienst- und besonders Eucharistieerfahrungen der Kinder. So sollte auf die Gestalt des gemeinsamen Essens in der Familie geachtet werden.

(A 41) 11. Sonntag im Jahreskreis

Zu den Schrifttexten

Ex 19,2-6: Wie auf Adlerflügeln getragen. Die Perikope leitet die Sinaierzählung ein und macht den Hörer bereits auf die grundlegenden Gedanken des Bundesschlusses zwischen Gott und seinem Volk am Sinai aufmerksam. Leider fehlen im Schnitt der Perikope die zugehörigen Verse 7-8 mit der Antwort des Volkes und seiner Verpflichtung, den Bund zu halten. Diese Verse sollten mitgelesen werden, weil sie nach dem Wort Gottes die Antwort der Menschen schildern und nur im Zusammenspiel beider der Bund lebendig werden kann. Zum Text: Israel ist nach der Befreiung aus Ägypten und dem Zug durch die Wüste am Sinai, dem heiligen Berg, angekommen. Mose wird auch hier als Prophet und Mittler zwischen Gott und den Menschen dargestellt. Er übermittelt deshalb Gottes Angebot, das in drei Gedanken zusammengefasst ist: 1. Der Rückblick auf die erfahrene Rettung dient der Bekräftigung des Folgenden: Weil Gott bisher für sein Volk gesorgt hat, darf es ihm auch weiterhin vertrauen. 2. Der angebotene Bund ist Zuspruch Gottes, beinhaltet aber auch einen Anspruch an das Volk. 3. Wenn es diesen Anspruch erfüllt, verwirklicht sich an ihm eine besondere Verheißung Gottes – es wird zum heiligen Volk.

Röm 5,6-11: Mit Gott versöhnt durch den Tod seines Sohnes. Nach den Kernaussagen des Römerbriefes, dass die Rettung durch Gott gnadenhaftes Geschenk ist, dem der Mensch nur im Glauben begegnen und das er nicht durch eigene Werke erzwingen kann (vgl. A 40), folgt nun ein Gedankengang, bei dem Paulus die Liebe Gottes mit dem Kreuz und dem Tod Jesu verbindet. Gottes Liebe zu den Menschen, die sich von ihm abwandten, ist so unvorstellbar groß, dass sein Christus für uns sein Leben gab. Gott setzt also für die Menschen das Höchste und Beste ein – seinen eigenen Sohn. Durch diese außergewöhnliche Tat seiner Liebe geschieht Versöhnung und wird für die Menschen ein Weg zum Heil möglich. So sind Sünde und Tod durch die Hinwendung Gottes zum Menschen überwunden.

Mt 9,36-10,8: Die zwölf Apostel und ihre Sendung. Der Evangelientext besteht aus mehreren Teilen, die von Matthäus redaktionell zusammengefügt wurden und unter der Überschrift »Sendung der Zwölf« stehen. Jesus selbst ist von Matthäus in den vorangegangenen Kapiteln als der Lehrer gezeichnet worden, der den Menschen die Botschaft der Rettung bringt, und als der Heiland, der den Notleidenden unterschiedlichster Art durch die helfende Tat zur Seite steht. Diese Aufgabe, den Menschen durch Wort und Tat zu helfen, wird nun auf die Jünger übertragen. Dabei geht der Text von der Situation der Menschen aus, die einer erschöpften Herde gleichen, mit der man Mitleid haben kann. So sind mehr Helfer nötig, Jünger, die das Werk Jesu weitertragen und fortsetzen, die die Ernte einbringen. Die Namensliste der Apostel ist ein Einschub, mit dem Matthäus an den Begriff »zwölf Jünger« anknüpft. Der Text selber geht dann mit dem konkreten Auftrag an die zwölf Jünger (Apostel) weiter: Sie sollen wie Jesus die Botschaft vom nahe gekommenen Himmelreich verkünden. Sie sollen wie Jesus den Menschen Heil bringen. Sie können so in beiden Weisen die Menschen beschenken, weil sie selber Beschenkte sind.

Schrifttext und Familien mit Kindern

Die erste Lesung ist einer der Schlüsseltexte, die die Botschaft des Alten Testamentes ausdrücken. Allerdings muss – nicht allein Kindern – dazu vorab der Hintergrund der Verse deutlich gemacht werden: die Erfahrung der Rettung aus Ägypten, der Weg durch die Wüste bis zum Sinai, der Bundesschluss am Sinai und dadurch die Formung des Volkes zu einem heiligen, Gott gehörenden und auf ihn ausgerichteten Volk.

In dieser Folge sind bereits Gedanken enthalten, die ebenso für die Kirche und Christen heute gelten und die aktuelle Bedeutung haben können. Es geht auch heute darum, wie Menschen zu einem »heiligen«, Gott gehörenden und auf Gott ausgerichteten Volk werden können, wie sie eine Gemeinschaft bilden, die den angebotenen Bund mit Gott hält und auf ihn hört. Dieser Bund lässt Menschen auch heute die Erfahrung machen, von Gott getragen zu werden »wie auf Adlerflügeln«.

Somit klingen hier folgende Themen an: das Verhältnis des Menschen zu Gott, das Vertrauen als Grundlage dieser Beziehung, die Gemeinschaft von Menschen als »Volk Gottes auf dem Weg« und die Orientierung des Lebens auf Gottes Willen und Weisung hin.

Die neutestamentliche Lesung bietet an diesem Sonntag noch größere Schwierigkeiten als am Sonntag zuvor. Die Begrifflichkeit des Paulus in ihrer konzentrierten und mit theologischen Fachworten gefüllten Sprache übersteigt beim einmaligen Hören im Gottesdienst die Verständnismöglichkeit heutiger Hörer. Dies gilt nicht allein für Kinder, sondern durchaus auch für Erwachsene. Somit wird man diesen Text kaum einsetzen können. Uns erscheint allein ein Ansatzpunkt möglich: das Kreuz als Zeichen der Versöhnung zwischen Gott und den Menschen und zugleich als Verbindung zwischen den Menschen.

Aus dem Evangelientext ergeben sich verschiedene Ansatzpunkte, die mit der Situation der Kirche heute zu tun haben (vgl. auch das Stichwort »Volk Gottes« aus der ersten Lesung). Dass es zu wenig Arbeiter für die anstehende Ernte gibt, entspricht der Situation der Kirche auch heute – zumindest so lange, wie die Auswahlkriterien, nach denen Arbeiter zugelassen werden, eng geformt sind.

Doch dieser Gedanke kann hinter einer Beschreibung zurückstehen, die das Wirken der »Arbeiter« (der Jünger, Apostel und der Mitarbeiter der Kirche heute) entsprechend dem Vorbild Jesu näher aufführt: So wie Jesus sollen die Jünger heute das gute Wort von der Rettung und Erlösung durch Gott zu den Menschen bringen. So wie Jesus sollen die Jünger heute durch die heilende Tat Menschen aus Not befreien und ihnen Hilfe bringen. Der Sendungsauftrag Jesu kann durch konkrete Beispiele für das Wirken von Kirche heute erläutert werden: Wenn Christen auf das Beispiel Jesu blicken und ihm folgen, dann kann die Ernte eingebracht werden, dann ist das Reich Gottes den Menschen nahe.

Gestaltungsideen für den Gottesdienst

– *Der Bund der Freundschaft:* Gott bietet dem Menschen Freundschaft und Nähe an. Der Mensch jedoch muss diesem Bund zustimmen, für das Entgegenkommen Gottes offen sein. Die Kinder erarbeiten in einem ersten Schritt im Gespräch, was Freundschaft zwischen Menschen bedeutet: füreinander dasein, einander beistehen, zusammenhalten ... Danach wird darüber gesprochen, wie sich Freundschaft zwischen Menschen in Zeichen darstellen kann: Freundschaftsbändchen, Ringe, Bilder und Andenken aneinander, »Blutsbrüderschaft« ... In einem dritten Schritt wird erarbeitet, dass Gott den Menschen ebenfalls einen Freundschaftsbund anbietet – damals Israel, heute uns. Damals wie heute ist es nötig, dass sich Menschen diesem Bund öffnen und ihn bejahen. In einem vierten Schritt folgt eine Zeichenhandlung: Die Kinder nehmen jeweils ein farbiges Band auf, das am Altar (hier: Symbol für Gott) angeknüpft ist. So entsteht nicht nur Gemeinschaft mit Gott, sondern auch untereinander.

– *Wie auf Adlerflügeln getragen:* Hinter diesem alttestamentlichen Bildwort steht die Weise, wie junge Adler fliegen lernen. Sie werden mehr oder weniger unsanft von ihren Eltern aus dem Nest geworfen, so dass sie fliegen müssen. Wenn ihre Kräfte jedoch dabei erlahmen, sind ihre Eltern da, fangen sie mit den Flügeln auf und tragen sie zum Nest zurück. Dieses Bild kann auf das Verhältnis von Gott zum Menschen übertragen werden: Gott fängt den Menschen immer wieder auf, er ist ihm nahe und hält ihn. Passend dazu kann ein Bild von einem Adler gezeigt werden. Das Bildwort kann auch von einigen Kindern spielerisch dargestellt werden.

– *Versöhnung durch das Kreuz:* Die schwierige Aussage des Paulus kann durch eine Deutung der beiden Kreuzbalken anschaulich werden: Der senkrechte Balken verbindet Unten und Oben, Menschen und Gott. Der waagerechte Balken verbindet die Menschen untereinander. So geschieht durch das Kreuz Jesu eine doppelte Versöhnung. Dies bedeutet Heil und Erlösung. Als Anschauung sollte ein möglichst großes Kreuz ohne Korpus dienen.

– *Die zwölf Apostel:* Berufung und Sendung der Zwölf können gut in ein Bibelspiel umgesetzt werden, bei dem viele Kinder mitwirken. Dabei sollten zwei Bewegungsrichtungen deutlich werden: Zuerst das Rufen Jesu und die Bewegung der Menschen auf ihn hin. Danach die Bewegung der Jünger zu anderen Menschen (etwa den Kindern in den Bänken). Von Jesus geht eine Bewegung aus, die alle umfasst – das ist das Volk Gottes.

– *Das Volk Gottes auf dem Weg:* Von der ersten Lesung und vom Evangelium her kann der Volk-Gottes-Gedanke aufgegriffen werden. In einem Volk sind unterschiedliche Menschen durch Gemeinsames verbunden. Bei Christen als dem Volk Gottes ist dies der gemeinsame Glaube an Gott und an Jesus. So können sehr verschiedene Menschen zur Gemeinschaft finden. Im Spiel kann man unterschiedliche Menschen aufeinander zugehen lassen. Sie entdecken ihren gemeinsamen Glauben und bilden so ein Volk. Das lässt sich auch durch ein gemeinsames Erkennungszeichen (etwa ein Kreuz) darstellen.

Weiterführung nach dem Gottesdienst

Zu den einzelnen Gottesdienstvorschlägen können passende Gegenstände mitgegeben werden, die an das Thema erinnern: Freundschaftsbändchen oder kleine Ringe, eine Feder (nicht unbedingt von einem Adler), ein Kreuz aus Tonpapier, Holzstäben oder anderen Materialien ...

Das Stichwort Volk Gottes führt zum Thema Kirche. Informationen über die Gestalt der Kirche bei uns und in anderen Ländern sind eine mögliche Ergänzung. Die Gemeinschaft der Kirche (des Volkes Gottes heute) sollte allerdings auf konkrete und kindgemäße Weise deutlich werden, etwa durch ein Fest der Gemeinde, durch ein gemeinsames Tun (etwa eine gemeinsame Wanderung mit Spiel, gemeinsamem Essen und auch besinnlichen Elementen).

(A 41) 11. So im Jahr

(A 42) 12. Sonntag im Jahreskreis

Zu den Schrifttexten

Jer 20,10-13: Der Herr steht mir bei in der Not. Der Prophet Jeremia wirkte in der Endphase des Reiches Juda besonders unter den Königen Jojakim (609-598) und Zidkija (597-586), die das Land durch ihre falsche Politik gegenüber Babylon in den Untergang (586) führten. Vehement hatte sich der Prophet gegen diese Politik gewandt, die – auf eigene Stärke bauend – ein Wechselspiel zwischen den Großmächten Babylon und Ägypten versuchte. Jeremia dagegen wendet sich kritisch gegen das Vertrauen auf den Tempelkult als Sicherheit für das Volk. Das trägt ihm Hass und Verfolgung der führenden Schicht ein. Aus solchen Erfahrungen heraus schreibt der Prophet »Bekenntnisse«, in denen er seine Not klagt und dennoch zum Vertrauen auf Gottes Nähe und Hilfe findet. Die Perikope ist ein Teil eines solchen Bekenntnisses. Im ersten Teil schildert Jeremia seine Notlage: Alle haben ihn verlassen, selbst seine engsten Freunde wenden sich von ihm ab. Jeremia aber vertraut auf Gott: Er wird die Gerechtigkeit wieder herstellen. Der Schlussvers ermahnt die hörende Gemeinde, auch in eigenen Notlagen (etwa damals Exil) zu gleichem Vertrauen bereit zu werden und Gott zu danken.

Röm 5,12-15: Durch einen kam der Tod, durch einen das Leben. Vgl. A 18.

Mt 10,26-33: Mit Mut verkünden. Das zehnte Kapitel des Matthäusevangeliums besteht aus einer Jesusrede, die die Sendung der Jünger und die zu erwartende Reaktion der Menschen (Verfolgung ...) beinhaltet. In der heutigen Perikope sind eine Reihe von Einzelsprüchen zusammengetragen, die Matthäus bereits in seiner Spruchquelle vorgefunden hat. Diese unterschiedlich ausgerichteten Sätze lassen sich in dem Kerngedanken zusammenfassen: Das Vertrauen auf Gott überwindet die Angst vor den Menschen. In einem ersten Teil macht Jesus deutlich, dass die Botschaft des Evangeliums den Menschen immer mehr bekannt werden muss – das ist die Aufgabe der Jünger, sie sind zur Verkündigung gesandt. Dabei werden sie Widerstand und Verfolgung zu erwarten haben. Dennoch brauchen sie keine Angst vor den Menschen zu haben, weil Gott mit ihnen ist und sie beschützt. Der Doppelspruch am Schluss der Perikope macht deutlich, dass sich am furchtlosen Bekenntnis zu Christus Heil und Unheil eines Menschen entscheidet.

Schrifttext und Familien mit Kindern

Alttestamentliche Lesung und Evangelium sind durch den Gedanken verbunden, dass die Verkünder (Prophet und Jünger) Widerstand und Verfolgung zu erwarten haben, aber in ihrer Not dennoch auf Gott vertrauen dürfen, der den Menschen zugewandt ist und Gerechtigkeit wieder herstellen wird. So passen die beiden Texte gut zueinander.

Die neutestamentliche Lesung dagegen ist nicht allein für Kinder unverständlich (vgl. auch A 18). Auch Erwachsene unserer Zeit können diesem Gedankengang des Paulus kaum folgen. Adam-Christus-Typologie, »Erbsünde« ... – mit all dem können wir heute nichts anfangen. Zudem erschwert die verschachtelte Sprache das Verständnis.

So bleiben für die Gestaltung von Familiengottesdiensten die beiden anderen Schrifttexte, die aber von ihrer zeitgebundenen Situation (bei Jeremia, aber durchaus auch bei den Jüngern = den ersten Gemeinden) uns ebenfalls fremd erscheinen. Besser ist es deshalb wohl, einzelne Gedanken der Texte herauszustellen.

Das kann zum einen das Stichwort »Prophet und Prophetenschicksal« sein. Der Name Prophet wird heute auf alle möglichen Menschen angewandt (vgl. manche obskure Sekte). So ist es gut, einmal deutlich zu machen, was der Kern wirklicher prophetischer Botschaft und die Grundlage prophetischen Lebens ist: das Vertrauen auf Gott.

Die Jeremia-Lesung bietet durch ihre Gestalt als Gebet ein weiteres Stichwort für den Gottesdienst. Es kann bedacht werden, wie Jeremia sein Leben mit all seiner Not vor Gott zur Sprache bringt und gerade dadurch zu einem Weg des Vertrauens findet. Für Christen heute – und besonders für Kinder – gilt es also, Beten zu lernen aus gleichem Geist: Beten bedeutet, das Leben vertrauensvoll in die Hand Gottes zu legen.

Dies führt zum dritten Ansatz: dem Stichwort »Angst und Vertrauen«, das besonders am Beginn des Evangeliums, aber ebenso im Schicksal des Propheten anklingt. Alle Menschen, nicht nur Kinder, haben Angst; Kinder allerdings können oft leichter über ihre Ängste sprechen. Dies kann auch im Gottesdienst erfolgen und so das Leben der Kinder aufgenommen werden. Danach folgt die Verheißung, dass das Vertrauen zu Gott dem Menschen helfen kann, mit seiner Angst zu leben und sie im Tiefsten zu überwinden. Der Glaube an Gott, das Vertrauen auf ihn steht gegen die vielfältige Angst unseres Lebens.

Gestaltungsideen für den Gottesdienst

– *Propheten – Menschen für Gott:* Propheten werden meist missverstanden als Menschen, die die Zukunft vorhersagen und über allerhand magische Kräfte verfügen. Dies lässt sich vom biblischen Begriff des Propheten nicht sagen. Dort sind Propheten Menschen, die in besonders intensiver Weise auf das Wort Gottes hören und es dem Volk verkünden und auslegen. Propheten deuten die Gegenwart des Volkes aus den Glaubenserfahrungen der Vergangenheit und ziehen von da aus Linien in die Zukunft. Dies geschieht nicht im Sinn von Vorhersage, sondern von Mahnung und Ermutigung zu einem bestimmten, gottgefälligen Handeln. So sind für einen Propheten folgende Schritte nötig, die für die Kinder im Gottesdienst jeweils durch ein passendes Symbol deutlich werden können: 1. Hören auf Gott (Symbol: großes Ohr), 2. Sprechen und Verkünden der Botschaft Gottes (Symbol: großer Mund), 3. Gestaltung des eigenen Lebens entsprechend dieser Botschaft, damit das eigene Leben zur Verkündigung wird (Symbol: große Hand). Von dieser Darstellung biblischer Propheten kann dann eine Brücke zu Propheten heute geschlagen werden: Auch heute gibt es Menschen, die in besonderer Weise für Gott offen sind (Hören), die seine Botschaft weitertragen (Sprechen) und die auch selber danach leben (Handeln).
– *Ich trage mein Leben vor dich, guter Gott:* Beten bedeutet nicht in erster Linie, vorgeformte Texte zu sprechen, die sich an Gott richten, sondern das eigene Leben mit Höhen und Tiefen zu bedenken und vor Gott auszu-

sprechen. Zum Beten gehören deshalb Lob und Dank ebenso wie Klage und Bitte um Hilfe. Kinder, aber auch Erwachsene, müssen ein solches Beten ein Leben lang lernen, sie müssen lernen, ihre Lebenssituationen in guten und schweren Stunden vor Gott zu bringen. Das Ausrichten auf Gott und das freie Sprechen mit ihm sollte immer wieder im Familiengottesdienst geübt werden. So sind spontan formulierte Fürbitten besser als – von der Wortwahl vielleicht bessere – vorbereitete Fürbitttexte. Die Erfahrung zeigt, dass Kinder bei entsprechender Anleitung zu einem solchen Beten in der Lage sind. Erwachsene haben meist mehr Hemmungen vor einem solchen Beten vor der Gemeinde. Dennoch sollte man dies immer wieder versuchen. In einem Gottesdienst kann diese Form des Betens thematisiert werden.
– *Gegen die dunkle Angst:* Alle Menschen sind von Ängsten geprägt. Dies kann in einem ersten Schritt durch Beispiele von Kindern und Erwachsenen bewusst gemacht werden. Dazu können Beispiele im Gespräch benannt, von den Kindern gemalt oder durch Spiele und Fotos wiedergegeben werden. Wenn so vieles uns Angst macht – was nimmt uns die Angst? Auch hier können Beispiele aus dem Alltagsleben benannt werden. Sie lassen sich in der Regel auf eine Grundaussage zurückführen: Wo Menschen uns zur Seite stehen als gute Freunde, da wird Angst genommen. Die Überwindung von Angst ist also ein Vorgang, der personal geschieht und an Beziehungen gebunden ist. Dies ist ein An-

satzpunkt, um die Aussage des Glaubens deutlich werden zu lassen: Die persönliche Beziehung zu Gott gibt die Kraft, mit angstvollen Erlebnissen und Erfahrungen fertig zu werden, die Angst auszuhalten oder zu überwinden. Das Beispiel des Jeremia ist nur eines von vielen Beispielen (vgl. etwa die Seesturmperikope Mt 8,23-27 – B 42), wie sich eine solche Erfahrung in der Bibel widerspiegelt. Der Kontrast Angst-Vertrauen lässt sich gut mit der Dunkelheit-Licht-Symbolik wiedergeben.

Weiterführung nach dem Gottesdienst

Die Kinder und die Gemeinde können durch verschiedene Medien auf prophetische Gestalten heute (innerhalb und außerhalb der Kirche) aufmerksam gemacht werden. Dabei kann deutlich werden, dass prophetische Gestalten den Mut haben, neue Weg zu gehen, sich auch gegen die Meinung vieler auszusprechen und vor allem ihr Leben vom Hören auf Gott bestimmen zu lassen.

Das Stichwort Gebet muss ein ständiges Thema bei der Gestaltung von Familiengottesdiensten sein. Solche Gottesdienste können für Kinder ebenso wie für Erwachsene zu einer Gebetsschule werden, die ihnen nicht nur im gemeinsamen Beten, sondern auch im persönlichen Gebet je neue Impulse gibt. Es ist denkbar, bei jedem Familiengottesdienst eine Gebetsform besonders zu betonen. Ebenso können den Kindern nach jedem Gottesdienst Blätter mit beispielhaften Gebeten überreicht werden, aus denen sie dann zu Hause – ergänzt durch eigene Gebete – ihr ganz persönliches Gebetbuch erstellen können.

Das Thema Angst kann im Familiengespräch aufgegriffen werden: Was macht uns Angst – was nimmt uns die Angst?

(A 43) 13. Sonntag im Jahreskreis

Zu den Schrifttexten

2 Kön 4,8-10.14-16: Der Gottesmann Elischa. Der Prophet Elischa wirkte etwa von 850-800 im Nordreich. In einer Zeit religiöser Vermischung mit anderen Kulten setzte er sich vehement für den reinen Glauben an Jahwe ein. Sein Auftreten beeindruckte so sehr, dass sich schon bald eine ganze Reihe von Prophetenlegenden und Wundergeschichten um sein Leben rankten – Elischa wird zum Propheten par excellence. In diesem Zusammenhang ist der vorliegende Bericht zu sehen. Er wird in den folgenden Versen weitergeführt durch eine Totenerweckungsgeschichte – der verheißene Sohn wird erneut ins Leben gerufen. Die wohlhabende Frau aus Schunem gibt ein gutes Beispiel für orientalische Gastfreundschaft, die dem Gast nicht nur das Nötigste zuteil werden lässt, sondern ihn in jeder Weise beschenkt. Elischa zeigt Dankbarkeit und schenkt ihr das zurück, was sie am meisten vermisst – einen Sohn, der für sie Anerkennung und Sicherheit für das Alter bedeutet. So wird nicht nur im Sohn neues Leben geschenkt, sondern auch der Frau eine neue Lebensmöglichkeit gegeben. Die Schenkende wird zur Beschenkten. Nur am Rand angedeutet (»heiliger Gottesmann«) ist, dass dieses Geschenk von Jahwe kommt, dem Spender und Erhalter des Lebens (vgl. die folgende Erweckung des Jungen von den Toten).

Röm 6,3-4.8-11: Auf seinen Tod getauft. (Vgl. auch B 26.) Nach den grundlegenden Aussagen über die rettende Kraft des Glaubens in den vorangegangenen Kapiteln (vgl. A 40 und A 41) kommt Paulus nun mit diesen Sätzen über die Bedeutung der Taufe zu einem gewissen Abschluss seines Gedankengangs. Wer sich so im Glauben auf die Gnade Gottes einlässt, gewinnt Zugang zu einer neuen Lebenswirklichkeit. Er verbindet sich mit Christus, sein Lebensweg wird dem Weg

Christi angeglichen. So ist er durch die Taufe hineingenommen in Tod und Auferstehung. Hinter dem Begriff des Begrabenwerdens steht der alte Taufritus des Untertauchens und wieder aus dem Wasser Aufsteigens. Das Untertauchen bedeutet Sterben, das Auftauchen die Auferweckung zu neuem Leben. Wie Gott seinen Christus zu neuem Leben erweckt hat, so erweckt er auch uns je neu zu neuer Lebenswirklichkeit. Die Taufe ist uns dazu ein Unterpfand.

Mt 10,37-42: Das Kreuz auf sich nehmen und das Leben gewinnen. Die von Matthäus zusammengetragenen Sprüche zur Jüngersendung (vgl. A 41 und A 42) werden in dieser Perikope fortgesetzt. Hier geht es vor allem um zwei Gedanken: Die Nachfolge Jesu verlangt unbedingten Einsatz bis hin zum Kreuz. Die Worte von der Aufnahme eines Jüngers sind der Anlass gewesen, die alttestamentliche Lesung von der Aufnahme des Propheten für diesen Sonntag auszuwählen. Das Wort vom Kreuz tragen kann in zwei Richtungen gedeutet werden: Zum einen hören Christen nach Ostern natürlich immer die Verbindung zum Kreuz Jesu heraus – wer also sein Jünger sein will, muss zur Lebenshingabe bereit sein, muss Verfolgung, Leid und Kreuz erwarten. Zum anderen klingt in diesem Wort ein alttestamentlicher Gedanke mit. Der Prophet Ezechiel (Ez 9,4ff) nennt ein Schutzzeichen, das Menschen vor Tod und Zerstörung bewahrt. Dieses Zeichen ist ein hebräisches Tau, geschrieben wie ein schräggestelltes Kreuz. Hier ist das Kreuz also nicht Leidenszeichen, sondern Zusage der Hilfe Gottes. Wer dieses Zeichen auf sich nimmt, verbindet sich mit Gott und stellt sich unter seinen Schutz. Die Sprüche zur Aufnahme eines Jüngers machen die innere Verbindung der Jünger mit Jesus deutlich: In ihrem Wirken erscheint der Herr selbst. Was Menschen ihnen tun, das tun sie Jesus.

Schrifttext und Familien mit Kindern

Zum alttestamentlichen Text: Leider liegt er in gekürzter Form vor; die Erzählung wird stimmiger, wenn die Verse 11-13 hinzugenommen werden. Wenn mehr Zeit vorhanden ist, ist die folgende Erzählung von der Totenerweckung (Verse 18-37) eine Ergänzung. Neben dem Thema des Propheten (vgl. dazu A 42) bieten sich folgende Ansatzpunkte für den Familiengottesdienst: Gastfreundschaft damals in Israel und heute bei uns – wie im Aufnehmen eines Gastes Gottes- und Nächstenliebe miteinander verbunden werden. Dankbarkeit – wie echter Dank versucht, die Situation des anderen aufzunehmen und seinem Leben weiterzuhelfen. Ein Kind als Segen – wie Kinder das Leben bereichern.

Die neutestamentliche Lesung verweist auf die Taufe der Christen. Dabei geht es hier vor allem um die Anbindung an Christus, die in der Taufe erfolgt: Die Taufe bindet einen Menschen an Christus und sein Schicksal. Für Kinder ist dabei der Christusweg mit Tod und Auferstehung nur schwer mit dem eigenen Leben in Verbindung zu bringen. Für sie ist es besser, wenn man sich bei diesem Thema auf Taufe allgemein und ihren Ritus beschränkt und eher grundlegende Kenntnisse dazu vermittelt. Zudem sollte deutlich werden, dass die Taufe Gemeinschaft mit Christus schenkt. In einer Tauferneuerung kann dies im Gebet und in einer Zeichenhandlung ausgedrückt werden.

An diesen Gedanken schließt auch eine Behandlung des Evangelientextes an. Das Kreuz ist nicht allein das Zeichen Jesu, sondern ebenso das Zeichen der Christen. Das kann in den beiden genannten Richtungen gedeutet werden: Gemeinschaft mit Jesus auch im Leid – Schutzzeichen und Symbol für die Verbindung mit Gott aus dem Glauben heraus. So gewinnt das Kreuz verschiedene Bedeutungen und kann für den Glauben und das Leben der Kinder fruchtbar gemacht werden.

Das Thema Gastfreundschaft verbindet das Evangelium mit der ersten Lesung. Einander aufnehmen und füreinander sorgen ist seit den Anfängen ein Kennzeichen der Christen gewesen und soll es auch weiterhin sein. Dies kann vielleicht mit einer konkreten Aktion verbunden werden.

(A 43) 13. So im Jahr

121

Gestaltungsideen für den Gottesdienst

– *Gastfreundschaft – einander annehmen:* Orientalische Gastfreundschaft meint mehr als nur Beherbergung oder Beköstigung eines Gastes. Wen ich als Gast in mein Haus aufnehme, der ist mir Freund, dem kann ich nicht mehr Feind sein. So schafft die Gastfreundschaft eine innere Verbindung zwischen Menschen – am Beispiel des Propheten und der Frau lässt sich dies gut darstellen. Die Prophetenerzählung, vielleicht ergänzt durch die folgende Erzählung von der Totenerweckung, lässt sich gut als biblisches Spiel gestalten. Das Thema Gastfreundschaft kann sich daraus ergeben und durch die Aspekte Gemeinschaft, gemeinsames Essen, Verbindung weitergeführt werden: Dazu kommen die Kinder um den Altar zu einer Runde zusammen. Möglich ist auch ein gemeinsames Essen nach dem Gottesdienst im Pfarrheim.

– *Dankbarkeit:* Echter Dank nimmt den anderen Menschen wahr und versucht auf ihn und seine Bedürfnisse einzugehen. Es geht also beim Dank nicht um irgendein Geschenk, sondern darum, das Leben des anderen zu bereichern. Dies kann mit materiellen Dingen geschehen, immaterielle Werte sind jedoch bedeutender. Auch dies wird an Elischa und der Frau deutlich. Die Kinder bedenken Beispiele, wie Menschen in unterschiedlichen Situationen auch auf verschiedene Weise ihren Dank ausdrücken können.

– *Ein Kind als Segen:* Das Sprichwort »Jedes Kind ist ein Geschenk des Himmels« kann zum Ausgangspunkt genommen werden, um sowohl die alttestamentliche Erzählung zu deuten wie auch auf die Bedeutung von Kindern heute einzugehen. Kinder sind eine Be-

reicherung des Lebens, die vielfältige Mühe kostet, aber ebenso Freude schenkt. Das Ja zum Kind kann in diesem Gottesdienst durch passende Gebete und Texte ausgedrückt werden, aber ebenso durch die Gemeinschaft von Eltern und Kindern rund um den Altar. Sie sind einander in Liebe verbunden (Zeichenhandlung: durch farbiges Band aneinander binden).

– *Taufe verbindet mit Christus:* Der Ritus der Taufe ist vielleicht im Zusammenhang mit anderen Schrifttexten behandelt worden (vgl. C 10, C 20, C 43). Vielleicht haben die Kinder auch an einer Tauffeier der Gemeinde teilgenommen, oder es wurde ein Kind in einem Familiengottesdienst getauft. So könnte in Verbindung mit der Lesung eine Tauferneuerungsfeier stattfinden, in der die in der Taufe erfolgte Bindung an Christus betont wird. Neben entsprechenden Texten und Liedern ist dazu eine Zeichenhandlung sinnvoll: Die Kinder kommen zum Taufbrunnen und bekreuzigen sich mit Taufwasser (Kreuz als Zeichen für Jesus und für die Christen).

– *Das Kreuz in seiner doppelten Bedeutung:* An diesen Gedanken schließt ein anderer Vorschlag an, der das Stichwort von der Kreuzesnachfolge aufgreift. Das Kreuz ist Leidenszeichen und kann damit auch auf eigenes Leid gedeutet werden. Das Kreuz ist aber auch als Schutzzeichen Gottes zu deuten (vgl. oben). In diesem Sinn wird es zum Beispiel bei den verschiedenen Salbungen der Kirche (Taufe, Firmung, Krankensalbung, Priesterweihe) gebraucht. Auf diese Bedeutung können die Kinder hingewiesen werden. Ihnen wird dann einzeln ein Kreuz auf die Stirn gezeichnet.

Weiterführung nach dem Gottesdienst

Zu den Themen Gastfreundschaft und Kinder passt ein Familienfest im Pfarrheim. Ebenso können die Familien ermuntert werden, immer wieder Menschen zu sich einzuladen, besonders Alleinstehende und Einsame.

Zum Thema Taufe können Kinder wie Erwachsene immer wieder zu den Tauffeiern der Gemeinde eingeladen werden. Durch die Teil-

nahme von Gemeindemitgliedern über den Kreis der jeweiligen Tauffamilien hinaus wird die durch die Taufe gewirkte Gemeinschaft mit Jesus und den Glaubenden sichtbar.

Zum letzten Vorschlag können die Kinder ermuntert werden, Kreuze aus verschiedenen Materialien zu basteln und zum nächsten Gottesdienst mitzubringen.

(A 44) 14. Sonntag im Jahreskreis

Zu den Schrifttexten

Sach 9,9-10: *Dein König kommt zu dir.* Der Prophet Sacharja verkündet unmittelbar nach der Exilszeit (etwa 520-500) dem nach Jerusalem zurückgekehrten Volk eine Botschaft des Heils. Die letzten Kapitel des Sacharjabuches, zu denen diese Perikope gehört, sind wahrscheinlich zweihundert Jahre später entstanden. Sie zeichnen das Bild eines von Gott gesandten Messiaskönigs, der nicht nur dem Volk Israel, sondern der ganzen Welt den Frieden bringt. Dieser auf einem Esel reitende Friedenskönig ist in bewusstem Kontrast geschildert zu einem Gewaltherrscher, von dem in den vorangegangenen Versen die Rede war und dessen Reittier das Kriegsross ist. Dagegen ist der messianische König arm, ja ohnmächtig; er erinnert an den Gottesknecht des Jesaja, der für das Volk sühnt und ihm so Heil bringt. Der hebräische Begriff »schalom« ist weiter gefasst als das deutsche Wort »Frieden«, er meint umfassendes und ganzheitliches Heil, Frieden und Wohlstand, Gesundheit und Wohlergehen, volles, erfülltes Leben, kurz: die eschatologischen (endzeitlichen) Heilsgüter in ihrer Gesamtheit. Dieses umfassende Heil sprengt alle Volksgrenzen. Das Reich des messianischen Königs umfasst alle Länder und Völker der Erde.

Röm 8,9.11-13: *Ihr seid vom Geist Gottes bestimmt.* Nach den grundlegenden Aussagen über den Glauben in den vorangegangenen Kapiteln fasst Paulus an dieser Stelle (aber ebenso in anderen Briefen) das Neue des Glaubens mit einer Gegenüberstellung zweier verschiedener Lebensweisen zusammen: der Gegensatz zwischen »Geist« und »Fleisch«. Diese Begriffe haben in der Geschichte der Christen Auswirkungen gehabt, die verfälschend und einengend waren (etwa »Fleischessünden«). So muss man sich beide Begriffe aus paulinischer Sicht verdeutlichen: »Geist« meint den lebenschaffenden Geist Gottes, der die Welt aus dem Chaos des Anfangs zur lebensfördernden Ordnung bewegte. Diese Kraft des Lebens wird in der Auferweckung Jesu von den Toten ebenfalls wirksam und dem Glaubenden sichtbar. Für den Menschen, der zum Glauben an Jesus gelangt, beginnt durch das Wirken des Geistes etwas völlig Neues, er wird hineingenommen in den Heilsbereich Gottes. Der Begriff »Fleisch« dagegen ist nicht engzuführen auf den Körper des Menschen (oder gar auf seine Sexualität). Er meint die Bindung des Menschen an die Erde, seine Hinfälligkeit, Sterblichkeit, Vergänglichkeit. Fleisch deutet somit auf Unheil und Untergang hin – das Schicksal des Unglaubens. Mit dem Kontrast zwischen Geist und Fleisch ist somit der Kontrast zwischen Leben und Tod, zwischen Heil und Unheil, zwischen Untergang und Vollendung, zwischen Glauben und Unglauben gemeint. Der Mensch hat zwischen diesen beiden Lebensbereichen zu wählen, und er hat sich in dieser Wahl je neu zu bewähren – also Werke des Geistes zu tun und nicht des Fleisches, Werke, die Leben schaffen und nicht Tod.

Mt 11,25-30: *Kommt alle zu mir.* Die Perikope besteht aus drei verschiedenen Sprüchen, die von Matthäus redaktionell zusammengebracht wurden. Für den Evangelisten liegt das Ziel dieser Zusammenstellung in den Schlussversen, in denen Menschen eingeladen werden, sich an Jesus zu binden. Der erste Spruch von den Kleinen greift eine Linie auf, die sich sowohl im Alten Testament wie in vielen Äußerungen Jesu findet: Gott ist ein Gott der Armen und Kleinen, er ist denen am Rande zugewandt. In Jesus zeigt sich diese Liebe Gottes zu den Armen. Der zweite Spruch macht deutlich, dass Jesus dieser Weg Gottes zu den Menschen ist: Über ihn können Menschen umgekehrt zu Gott finden. Mit der im dritten Spruch erwähnten Last kann die Last des Gesetzes gemeint sein, die dem einfachen Volk von den Schriftgelehrten aufgelegt wird und die es nicht tragen kann. Demgegenüber ist Jesus der sanfte und gerechte Messias (vgl. Sacharja), der Erleichterung, Ruhe und Frieden bringt.

Schrifttext und Familien mit Kindern

Alle drei Schrifttexte sind nicht für Kinder geschrieben, ihre Vermittlung im Familiengottesdienst bereitet von unterschiedlichen Gesichtspunkten her Schwierigkeiten. Dennoch lassen sich in allen drei Perikopen Gedanken finden, die aufgegriffen werden können.

Der alttestamentliche Prophet Sacharja ist – anders als etwa die «großen« Propheten Jesaja und Jeremia – weithin unbekannt. Dies gilt auch für die zeitgeschichtliche Situation des Volkes nach dem Exil und im vierten Jahrhundert (Entstehung des zweiten Teils des Sacharjabuches). Dennoch sind in der Prophezeiung der Perikope Aussagen, die uns heute deshalb wichtig sind, weil wir sie als Christen im Blick auf Jesus lesen (den »bescheidenen und gerechten Messias«, vgl. Evangelium).

Dies gilt für folgende Aspekte, die zugleich Themen von verschiedenen Gottesdiensten sein können: 1. Der von Gott geschenkte »Schalom« als umfassendes, ganzheitliches Heil. 2. Der Messiaskönig bringt statt Gewalt Frieden (Symbol: Esel statt Pferd). 3. Bis an die Grenzen der Erde – eine Menschheitsfamilie. 4. Wie geschieht »Frieden schaffen«? Wie lassen sich Mauern zwischen Menschen einreißen und Brücken bauen?

Die Sprache des Paulusbriefes ist Menschen heute fremd, den Kontrast zwischen Geist und Fleisch finden wir heute – von einer anderen Bedeutung der beiden Begriffe ausgehend – eher falsch und wenig hilfreich. Dennoch lassen sich an diesem Text Lebensweisen von Menschen aufzeigen, die auch in unserer Zeit prägend und relevant sind. Dabei sollte allerdings versucht werden, die belasteten Begriffe Geist und Fleisch durch andere Worte zu ersetzen. Es geht bei ihnen um eine dem Leben oder dem Tod, dem Heil oder dem Unheil verpflichtete Lebensweise. Es geht um die Ausrichtung des Menschen auf Gott und seine Ordnung für die Welt oder um die Ausrichtung auf menschlichen Eigenwillen. Es geht um Auferweckung oder Untergang.

Auch im Evangelium gibt es unterschiedliche Aspekte, die – wenn auch mit einigen Mühen – für den Familiengottesdienst fruchtbar gemacht werden können. Dies sind etwa: 1. Jesus hat eine Botschaft besonders für die Armen und Geringen. Die Aussage dieser Perikope stimmt dabei mit seinem Handeln überein. An der Art, wie Jesus mit Menschen umgeht, kann Gottes Liebe zu den Geringen abgelesen werden. 2. Jesus ist wie der gerechte und demütige Messiaskönig der alttestamentlichen Lesung. Christen finden die alttestamentliche Verheißung in Jesus erfüllt. 3. Jesus befreit von Fesseln und Lasten. Dies gilt im Blick der Zeitgenossen damals von den Lasten des jüdischen Gesetzes. Heute würden wir die von Jesus geschenkte Freiheit in anderen Punkten erkennen.

Gestaltungsideen für den Gottesdienst

– *Ich wünsche dir Schalom:* Die Fülle eines umfassenden Schalom kann gut durch eine Collage von Worten und Bildern dargestellt werden: Die Kinder malen und schreiben, was ihrer Meinung nach zu einem gelingenden und guten Leben gehört. Diese Bilder und Begriffe werden anschließend zusammengestellt und daran der Begriff des biblischen Schalom erläutert. Die Kinder können sich danach den Friedensgruß mit dem Wort »Schalom« geben, ja, sie können angeregt werden, den Gruß Schalom auch sonst in ihrem Leben zu benutzen.

– *Esel statt Pferd:* In der Gegenüberstellung der beiden Reittiere wird die unterschiedliche Verwendung (damals im Orient) aufgezeigt. Das Pferd – ursprünglich in Palästina fremd – ist dort zuerst das in Kampf und Krieg eingesetzte und deshalb gefürchtete Tier – es ist ein Symbol für Gewalt und Krieg. Der Esel dagegen ist das alltägliche Reit- und Lasttier – für den Einsatz im Kampf viel zu langsam. So lässt sich von beiden Tieren auf Verhaltensweisen der Menschen schließen: Ein König auf einem Esel (vgl. Jesus beim Einzug in Jerusalem) wird so zum Zeichen des Friedens und der Gewaltlosigkeit. Sein Tier gibt entsprechend dem Propheten Sacharja einen Hinweis auf die Deutung Jesu als Friedenskönig.

– *Gottes Familie bis an die Grenzen der Erde:* Die Verheißung alttestamentlicher Propheten (nicht allein Sacharja, sondern auch Jesaja und andere), dass das Heil allen Menschen gilt, kann durch das Symbol einer Familie rund um eine Erdkugel visualisiert werden. Dazu können die Kinder auch viele Menschen rund um eine Erdkugel malen (oder zuerst auf kleinen Blättern verschiedene Menschen malen, diese ausschneiden und zur Kugel kleben).

– *Frieden schaffen:* Zum Frieden zwischen Menschen gehören unterschiedliche Verhaltensweisen: Es ist nötig, Mauern des Missverständnisses, des Vorurteils, der Fremdheit ... einzureißen – dies kann leicht durch eine Mauer aus Kartons dargestellt werden, auf der diese und vergleichbare Begriffe stehen. Es ist nötig Brücken der Freundschaft, des Verständnisses, der Hilfe und Zuwendung ... zu bauen – dies kann aus den »Mauersteinen« geschehen. Schließlich bedeutet Frieden, dass Menschen Schritte aufeinander zu gehen. Dies kann durch eine Pantomime dargestellt wer-

den, bei der man alle anwesenden Kinder einbezieht.

– *Leben oder Tod:* Menschen können wählen zwischen »Geist und Fleisch«, zwischen der Ausrichtung auf Gott oder der Ausrichtung auf eigene vergängliche Wünsche. Dieser »Schwarz-Weiß-Kontrast« nicht nur bei Paulus vereinfacht natürlich menschliche Lebenssituationen. Für eine grundlegende Orientierung kann er aber dennoch hilfreich sein. Die Kinder tragen dazu im Gespräch Verhaltensweisen zusammen, die zu der ein oder anderen Seite passen (vgl. etwa die Tugend- und Lasterkataloge in anderen neutestamentlichen Briefen).

– *Eine Botschaft besonders für die Armen:* Zum ersten Evangelienspruch muss überlegt werden, wer heute bei uns die Armen und Beladenen sind, denen die Zuwendung Gottes (in Jesus) besonders gilt. Vielleicht können Beispiele durch Geschichten oder Bilder benannt werden.

– *Frei von Fesseln und Lasten:* Zum letzten Evangelienspruch kann gut eine Pantomime gestaltet werden, in der Menschen von Fesseln und Lasten (entsprechende Aufschriften, was belastet) befreit werden, durch andere Entlastung finden.

Weiterführung nach dem Gottesdienst

Der Gruß »Schalom« kann auch in der Familie genutzt werden. Das Thema Frieden kann für Familien und andere Lebensbereiche zum Thema gemacht werden.

Zum Thema Menschheitsfamilie können Eltern mit ihren Kindern auch zu Hause ein ähnliches Bild gestalten wie oben angeregt.

Auch wir bilden mit vielen anderen Gottes Familie auf der Erde.

Zum letzten Vorschlag kann miteinander bedacht werden, was man als Belastung des Lebens und Fessel empfindet und wie man einander nach dem Beispiel Jesu Lasten abnehmen und Befreiung schaffen kann.

(A 45) 15. Sonntag im Jahreskreis

Zu den Schrifttexten

Jes 55,10-11: *Das Wort Gottes wirkt.* Der Prophet Deuterojesaja (= zweiter Jesaja, Kapitel 40-55 des Jesajabuches) wirkte gegen Ende des Exils in Babylon. Gegen die verzweifelte Lage seines Volkes und gegen die resignierte

Stimmung verkündete er eine Botschaft der Hoffnung: Gott verlässt sein Volk nicht, sondern schenkt ihm einen Neubeginn. Es ist verständlich, dass gegen diese Prophezeiung Widerspruch erfolgte. Die Abschlussverse des

(A 45) 15. So im Jahr

Deuterojesaja in unserer Perikope zeigen durch ein Gleichnis die Verlässlichkeit und Wirksamkeit des durch den Propheten vermittelten Wortes Gottes auf. Das Bild vom Niederschlag, der die Erde zum Keimen und die Pflanzen zum Wachsen bringt, damit sie dem Menschen zum Segen werden, ist der alltäglichen Erfahrung entnommen. Genau so selbstverständlich wirksam ist nach Jesaja das Wort Gottes. Das Volk kann sich auf Gott verlassen, es kann deshalb auch die Botschaft des Propheten annehmen und sein Leben danach gestalten.

Röm 8,18-23: Wir warten auf die Erlösung. Durchaus der Situation des Deuterojesaja vergleichbar geht es in diesem Paulustext um Hoffnung angesichts von Leiden. Dabei greift Paulus weit aus, macht geradezu kosmologische Aussagen: Die ganze Welt unterliegt der Hinfälligkeit, der Vergänglichkeit und vielfältigem Leiden. Paulus hat dies am eigenen Leib zu spüren bekommen. Auch seine Gemeinden haben auf unterschiedliche Weise Leid zu tragen. Doch Leid trifft alle Menschen, und mehr noch: alle Lebewesen, die ganze Schöpfung. Die Schöpfung »seufzt« und sehnt sich zugleich nach der grundlegenden Änderung ihres leidvollen Zustands – sie sehnt sich nach Erlösung. Hier setzt für Paulus der Glaube an Christus ein. So wie sich alles Leid der Welt im Kreuz Jesu konzentriert, so geht von Christus auch die künftige Herrlichkeit aus, die alle umfassen wird. Die ersehnte Erlösung hat in

Christus bereits begonnen. Deshalb haben Christen gegen alle Hoffnungslosigkeit der Welt eine Botschaft der Hoffnung und der Zuversicht. Diese Botschaft gilt es zu verkünden und zu leben.

Mt 13,1-23: Das Gleichnis vom Sämann. Der Text der Perikope gliedert sich in eine Einleitung, die den Beginn des ganzen Gleichniskapitels 13 darstellt, in das eigentliche Gleichnis, das auf das Markusevangelium zurückgeht, eine Jüngerbelehrung und eine Deutung des Gleichnisses. Mit dem Gleichnis vom Sämann beginnt eine Gruppe von Gleichnissen, die das Reich Gottes und sein Kommen zu den Menschen beinhaltet. So geht es in diesem Text um die Reaktionen der Menschen auf die Botschaft vom Reich Gottes. Drei Gruppen von Menschen sind für diese Verkündigung gar nicht offen, bzw. sie nehmen die Botschaft zwar an, halten aber nicht an ihr fest. Das Gleichnis dagegen ermuntert, zu »gutem Boden« zu werden, das Reich Gottes in sich so wachsen zu lassen, dass man gute, ja außerordentliche Frucht bringt. Matthäus unterscheidet in diesem Text zwischen der großen Volksmenge und den Jüngern. Hinter den Jüngern, die mit der Deutung des Gleichnisses unmittelbar angesprochen werden, steht für Matthäus die Gemeinde der Christen. Ihnen soll das Gleichnis als Katechese und als Ermahnung dienen: Lebt nicht oberflächlich, sondern lasst das Reich Gottes so euer Leben bestimmen, dass ihr reiche Frucht bringt.

Schrifttext und Familien mit Kindern

Die drei sehr unterschiedlichen Texte (von Inhalten und Sprachformen her) lassen sich dennoch unter einen gemeinsamen Gedanken stellen: Gott wirkt in unserer Welt und kommt auf den Menschen zu, und deshalb »lohnt« es sich, an ihn zu glauben und von diesem Glauben her das Leben bestimmen zu lassen.

Die alttestamentliche Lesung greift das Verhältnis des Menschen zum Wort Gottes auf. Sie ermuntert zum Vertrauen auf Verlässlichkeit und Wirksamkeit des Wortes Gottes in unserer Welt. Gott also lässt den Menschen nicht allein, sondern ist ihm in seinem

Wort nahe. Diese Aussage des Propheten kann zum Anlass genommen werden, dem Wort Gottes und seiner Wirksamkeit heute nachzuspüren: Wo begegnet uns etwas von Gott? Können wir auch heute sein Wirken in unserer Welt erfahren? Können wir – wie Israel damals – auch heute in geschichtlichen Ereignissen oder persönlichen Erlebnissen und Lebenswenden Gottes Hand sehen und solche Erfahrungen als sein Eingreifen deuten? Anders gefragt: Sehen wir die Welt mit den Augen des Glaubens, und sehen wir damit tiefer, als eine oberflächliche Weltsicht dies tut?

Ein anderes Thema bietet sich sowohl von der ersten Lesung wie vom Evangelium an und hängt mit dem ersten Stichwort zusammen. Es kann im Gottesdienst um das Verhältnis zur Bibel gehen. Welchen Stellenwert hat für uns die Bibel? Wie gehen wir mit ihr um? Lassen wir uns den »Tisch des Wortes« immer wieder neu decken? Und vor allem: Kann das Wort Gottes auch heute unser Leben bestimmen und fruchtbar werden lassen?

Diese letzte Frage klingt besonders im matthäischen Gleichnis an. Sie stellt sich für jeden Christen immer neu: Welchen Boden gebe ich für das Wort Gottes, für die Botschaft Jesu vom Himmelreich ab? Wie kann ich in meinem Leben Frucht bringen?

Die schwere Pauluslesung wird kaum zum Thema eines Familiengottesdienstes werden können. Dennoch geht es in ihr um ein Thema, das auch für Kinder nicht unwichtig ist: die Erfahrungen von Vergänglichkeit, Leid und Kontingenz in unserer Welt und die daraus resultierende Sehnsucht nach Veränderung. Es geht also darum, dass die Hoffnung der Glaubenden stärker ist als die Leiderfahrung aller. Dies verbindet Paulus mit Jesaja, aber auch mit den Himmelreichgleichnissen des Evangelisten.

Das Gleichnis selbst kann auf Kinder hin methodisch vielfältig gestaltet werden. Sein Inhalt ist von der anschaulichen Bildhälfte her leicht verständlich.

Gestaltungsideen für den Gottesdienst

– *Gott spricht sein gutes Wort zu uns:* Es gibt sehr unterschiedliche »Worte«: Worte, die informieren, Worte, die verletzen, Worte, die Mut machen, Worte, die Freude schenken ... Die Kinder nennen verschiedene Beispiele für gute Worte in ihrem Leben. Eventuell können solche Worte auch in kleinen Szenen spielerisch vorgestellt werden. Danach soll deutlich werden, wie Gott immer wieder gute Worte zu Menschen spricht. Er will, dass unser Leben gelingt, dass es zur Vollendung und zum Glück (zu »Schalom«) kommt. Er macht uns Mut in schwierigen Lagen. Er schenkt uns Hoffnung und Vertrauen. Einzelne Beispiele für gute Worte Gottes an uns Menschen können vorgetragen werden. Vielleicht lässt sich auch ein Satz in schön gestalteter Weise jedem Kind mitgeben (etwa Jos 1,9: »Sei mutig und stark – ich bin bei dir!«). In diesem Zusammenhang der guten Worte Gottes an uns kann auch Jesus (»Gott rettet«) als *das* Wort Gottes gedeutet werden.

– *Der Mensch lebt nicht vom Brot allein:* Worte Gottes, Worte der Bibel können Menschen zu gelingenderem Leben verhelfen, sie sind wie Brot zum Leben. Die Kinder erarbeiten in einem ersten Schritt durch eine Collage, was Menschen zum Leben brauchen. Dabei werden sie schnell herausfinden, dass über die materiellen Dinge der Grundversorgung hinaus andere Werte für ein gutes Leben nötig sind. Dazu werden Beispiele aufgeführt. In einem letzten Schritt wird dargelegt, dass der Glaube an Gott für viele Menschen »lebenswichtig« ist. So wird zur Collage ein entsprechendes Gottessymbol geklebt.

– *Die Bibel – gute Worte für jeden Tag:* Die Bibel, ihre Botschaft und ein sachgemäßer Umgang mit ihr ist ein Dauerthema für Verkündigung, Katechese und jede Art von Vermittlung christlichen Glaubens, da sie die Ursprungsurkunde des Christentums ist und in unübertrefflicher Weise Erfahrungen glaubender Menschen mit Gott wiedergibt. So kann die Bibel auch zum Thema eines (oder mehrerer) Familiengottesdienstes werden, bei denen die Bibel als Buch vorgestellt wird, ihre Aufteilung in viele Bücher, ihre wesentlichen Inhalte, wichtige Personen auf einem Zeitstrang ... Zusammenfassend kann deutlich werden, dass für die Christen die Bibel auf die Verkündigung Jesu hinausläuft: auf das, was er vom Reich Gottes (Evangelium) verkündet hat, und auf die Verkündigung Jesu als des Christus Gottes.

– *Das Gleichnis vom Sämann:* Im Familiengottesdienst sollte man sich auf das eigentliche Gleichnis (= Kurzfassung des Evangeliums) beschränken. Die Aussage des Textes ist Kindern leicht verständlich. Sie kann durch Bilder anschaulich werden. Auch ist mit ei-

ner Kindergruppe eine Pantomime zum Text möglich, die das unterschiedliche Wachsen der Körner sichtbar werden lässt. Die Deutung des Gleichnisses muss danach im Gespräch erfolgen. Allerdings können auch hier Spiele der Kinder die Umsetzung sichtbar werden lassen, etwa: Wie geht einer, der gute Frucht bringt, mit einer Situation um, wie die anderen, die keine Frucht bringen?
– *Hoffnung gegen alles Leid:* Leiderfahrungen sind allgemein – die »ganze Schöpfung seufzt«. Beispiele können genannt oder

durch eine Tageszeitung und Bilder sichtbar werden. Dagegen wird die Hoffnung der Christen gesetzt, dass wir durch Leid hindurch zur Vollendung gehen. Dies kann am Beispiel eines dunklen Tunnels dargestellt werden, an dessen Ende Licht aufscheint (eventuell sogar einen solchen Tunnel durch einen Schlauch von Tüchern aufbauen und die Kinder zum Licht krabbeln lassen). Christen sind Menschen, die auch in der Dunkelheit noch Licht sehen können – weil Christus das Licht ihres Lebens ist.

Weiterführung nach dem Gottesdienst

Die Bibel bleibt für Familien und Gemeindegruppen ein Dauerthema. So kann von den Gedanken dieses Familiengottesdienstes her die Bedeutung der Bibel neu ins Gespräch gebracht werden. Vielleicht wird dies verknüpft mit einer kleinen Ausstellung von Bibeln (besonders Kinderbibeln) in der Pfarrbücherei. Auch können die Familien angeregt werden, die Bibel immer wieder zur Hand zu nehmen.

Zum Gleichnis vom Sämann können den Kindern als Erinnerung Samenkörner mitgegeben werden, die sie zu Hause selber in unterschiedliche Bodenarten säen können. So kann die Bildhälfte des Gleichnisses noch einmal anschaulich werden.

Zum Stichwort Hoffnung gegen alle Dunkelheit und alles Leid können den Gottesdienstbesuchern kleine Kerzen mitgegeben werden – Zeichen der Hoffnung auch heute.

(A 46) 16. Sonntag im Jahreskreis

Zu den Schrifttexten

Weish 12,13.16-19: Es gibt keinen Gott außer dir. Das Buch der Weisheit ist das jüngste Buch des Alten Testamentes, geschrieben etwa 150 vor Christus (und deshalb im jüdischen Kanon nicht mehr enthalten). Es geht in einer Zeit, da in Israel Fremdeinflüsse immer stärker wurden, den Grundfragen menschlichen Lebens nach und versucht, diese Fragen auf der Grundlage des überlieferten Glaubens zu beantworten. Im dritten Teil des Buches, zu dem diese Perikope gehört, geht es dabei um die Frage nach dem Leid in der Welt, nach Schuld, nach dem Schicksal der Glaubenden wie der Gottlosen. Es geht also letztlich um die Frage nach dem Eingreifen Gottes und seiner Gerechtigkeit. Hier kommt der Verfasser zu einem klaren Bekenntnis: Weil Gott der Schöpfer ist, besitzt

er auch alle Macht und kann jederzeit eingreifen, um die durch die Menschen gestörte Gerechtigkeit wiederherzustellen. Er tut es aber keineswegs sofort, sondern lässt auch dem schuldigen Menschen Zeit zur Umkehr. Gottes Verhalten ist von Güte, Erbarmen und Menschenfreundlichkeit geprägt. Dies soll beim Glaubenden – so der Schlussgedanke – dazu führen, dass auch er gütig und menschenfreundlich lebt und zur Versöhnung bereit ist.

Röm 8,26-27: Der Geist tritt für uns ein. In den dieser Perikope vorangegangenen Versen (vgl. A 45) wies Paulus auf die Vergänglichkeit des Menschen hin und darauf, dass der Glaubende Hoffnung auf Vollendung haben darf. Zur Hinfälligkeit und Schwachheit des Menschen – so unser Text – gehört auch, dass er aus eigener Kraft nicht in der Lage ist, in richtiger Weise zu Gott zu beten. Von sich aus kann der Mensch Gott nicht erreichen. Doch auch an dieser Stelle wird Gottes Barmherzigkeit sichtbar: Sein Geist wird zum Mittler, der die Herzen der Menschen erforscht und ihre Anliegen Gott überbringt. Der Mensch kann sich deshalb der Führung des Geistes anvertrauen, er darf die Hoffnung haben, dass sich durch das Wirken des Geistes alles vollenden wird.

Mt 13,24-43: Gleichnisse vom Unkraut, vom Senfkorn, vom Sauerteig. Bedingt durch die Klammer, die Matthäus mit seiner redaktionellen Auslegung des ersten Gleichnisses setzt, sind in dieser Perikope drei Gleichnisse mit unterschiedlicher Thematik zusammengefasst, die inhaltlich durch das Stichwort »Himmelreich« verbunden sind. 1. Das Gleichnis vom Unkraut unter dem Weizen geht von der Frage aus, die auch die alttestamentliche Lesung beschäftigt: Wie ist das mit dem Bösen, das neben dem Guten und Fruchtbringenden in der Welt da ist? Das Gleichnis mahnt wie das Buch der Weisheit zur Geduld und zum Warten auf das Endgericht. Dann wird Gottes Gerechtigkeit hergestellt. 2. Das Gleichnis vom Senfkorn verdeutlicht, dass das Reich Gottes (durch das Kommen und die Verkündigung Jesu) bereits anfanghaft da ist und die Welt durchzieht. Durch das Wirken Gottes wird das Himmelreich wachsen und schließlich für alle sichtbar sein. 3. Eine vergleichbare Aussage macht das Gleichnis vom Sauerteig: Das Reich Gottes durchzieht unsere Welt und ist im Glauben zu erfahren. 4. Die Deutung des Gleichnisses stellt eine Gerichtsdrohung dar. Dazu passt dann auch die kleine eschatologische Rede am Schluss des Textes. Sie mahnt zur Wachsamkeit und zum Glauben.

Schrifttext und Familien mit Kindern

Die Sprache der Gleichnisse ist heutigen Hörern zugänglich, das behandelte Thema vom Reich Gottes mitten unter den Menschen und vom Warten auf das Gericht stößt jedoch auf einige Schwierigkeiten. Noch größere Probleme ergeben sich aus den Lesungen. Der Ansatz des Weisheitsbuches, angesichts des Leids auf Gottes barmherziges, aber auch strafendes Eingreifen in unsere Welt zu vertrauen, ist angesichts der Glaubensferne vieler kaum nachzuvollziehen. Die Römerbrieflesung entspricht vom Thema und von der Gedankenführung und Ausdrucksweise her nicht unserem Denken und wird eher Kopfschütteln hervorrufen.

So ist es nötig, nicht vom Gesamt der Perikopen, sondern aus einzelnen Gedanken darin Themen für den Familiengottesdienst zu erarbeiten. Dies kann bei der alttestamentlichen Lesung durch den Schlussgedanken erfolgen: Die Erfahrung des menschenfreundlichen Gottes führt zum Anspruch, selber menschenfreundlich und barmherzig zu handeln.

Die neutestamentliche Lesung greift das Thema Beten auf. Dies ist unabhängig von den Gedanken des Paulus ein wichtiger Aspekt, der zu einer durchlaufenden Linie von Familiengottesdiensten gehört. Ebenso wie das richtige Gebet kann auch der Geist Gottes thematisiert werden: Der Geist ist wie ein Mittler zwischen Gott und den Menschen. Er ist Gottes Bewegung auf den Menschen zu und umgekehrt der Weg, wie Menschen mit Gott verbunden sind.

Die Gleichnisse des Evangeliums sollten nicht zusammen vorgetragen werden. Eine Beschränkung auf das Gleichnis vom Unkraut oder auf die beiden Gleichnisse vom Senfkorn oder Sauerteig ist sinnvoll. Wegen den zeitgebundenen Vorstellungsweisen zur Endzeit (Gerichtsdrohung, Teufel, Feuer ...) sollte die redaktionelle Deutung des ersten Gleichnisses und die apokalyptische Rede am Schluss nicht gelesen werden.

Die einzelnen Aussagen der Gleichnisse können für Kinder aufgearbeitet werden. Ihre bildhafte Sprache regt zur Umsetzung in Bilder, Zeichenhandlungen und Spiele an. Dabei muss der Akzent auf das barmherzige Entgegenkommen Gottes zum Menschen hin gelegt werden.

(A 46) 16. So im Jahr

Gestaltungsideen für den Gottesdienst

– *Menschenfreundlich wie Gott:* Manchmal wird über jemanden gesagt: Der war ein großer Menschenfreund. Die Kinder erarbeiten, was ein solcher Ausspruch bedeuten kann. Sie überlegen Beispiele, wie sich Menschenfreundlichkeit konkret gestaltet (evtl. spielen lassen). So wird erarbeitet, dass dazu Liebe, Geduld, Zuwendung, Versöhnungsbereitschaft und Erbarmen gehören. Diese Begriffe werden nun auf Gott gewendet: Er ist den Menschen in solcher Weise zugewandt. Sein Erbarmen trifft den Menschen wie die goldenen Strahlen einer Sonne (als Bild darstellen). Für uns bedeutet dies: Die von Gott empfangenen Gaben (Strahlen) sollen wir nun selber an andere weitergeben. Wir sollen »Gottes Erbarmen« in unserem Leben ausstrahlen.

– *Mit den Augen Gottes sehen:* Wie geschieht »richtiges« Beten? Beten bedeutet nicht einfach Sprechen mit Gott, sondern vielmehr sich auf Gott einstellen (durch Sprechen, Hören und Schweigen), seinen Willen aufmerksamer wahrnehmen, die Welt, die Menschen und das eigene Leben mit den Augen Gottes sehen lernen. Dies kann an unterschiedlichen Situationen aufgezeigt werden: Was heißt hier, etwas oder jemanden mit den Augen der Menschen oder mit den Augen Gottes zu sehen? Zur Visualisierung können verschiedene Augen gemalt werden, vielleicht in verschiedenen Farben.

– *Der Briefträger zwischen Gott und den Menschen:* Um die schwierige Aussage vom Geist als Mittler deutlich werden zu lassen, ist ein Bildwort hilfreich, das in einem Firmkurs erarbeitet wurde: Der Geist ist der Briefträger zwischen Gott und den Menschen. Er bringt uns die Frohe Botschaft von Gott und umgekehrt trägt er unsere Bitten und Wünsche (das, was uns im tiefsten Herzen bewegt) vor Gott. Vielleicht lässt man diese Aussage auch durch ein kleines Spiel sichtbar werden. Ein ähnliches Bild ist die Brücke, die auch die Verbindung zwischen zwei Seiten darstellt.

– *Unkraut zwischen dem Weizen:* Das Gleichnis kann gut spielerisch (etwa als Pantomime) dargestellt werden: Kinder in verschiedenfarbigen Gewändern hocken sich zuerst als kleine Samenkörner auf den Boden, wachsen dann und werden schließlich geerntet und nach ihren Farben sortiert. Schwieriger ist die Übertragung: Menschen können wie gute Frucht oder wie Unkraut sein. Das Gleichnis ist eine Mahnung, gute Frucht zu bringen (vgl. A 45).

– *Gottes Reich wächst und ist wirksam:* Die Bildhälften der beiden Gleichnisse vom Senfkorn und Sauerteig können gut anschaulich gemacht werden. Die Kinder erhalten kleine Senfkörner und betrachten danach eine große Pflanze (in natura oder auf einem Bild). Ebenso kann eine Mutter oder ein Bäcker von der Bedeutung des Sauerteigs erzählen, eventuell einen Teig vor den Augen der Kinder mischen. Danach folgt die Übertragung auf die Botschaft vom Reich Gottes: Gott wirkt bereits – wenn auch oft verborgen, klein – in unserer Welt. Wir dürfen ihm vertrauen.

Weiterführung nach dem Gottesdienst

Erbarmen und Menschenfreundlichkeit sollen Grundzüge christlichen Lebens sein (»Ihr sollt vollkommen sein, wie es euer himmlischer Vater ist«, vgl. Mt 5,48). In Familie und Gemeindegruppen kann überlegt werden, wie dies zu konkreten Folgerungen im eigenen Leben führen kann. Als Erinnerung an diesen Gedanken erhalten alle ein rotes Herz: Erbarmen bedeutet, ein Herz füreinander zu haben.

Das Thema Gebet kann durch Anregungen zu eigenem Beten, durch eine Ausstellung von ansprechenden Kindergebetbüchern, durch gemeinsame Gestaltung von Gebeten für den Familiengottesdienst und durch das Üben von spontanem Beten im Gottesdienst weitergeführt werden.

Nach dem Gottesdienst zum Thema Geist erhalten die Kinder einen kleinen »Brief von Gott« mit dem Satz. »Ich, dein Gott, liebe dich aus ganzem Herzen.«

Zu den Gleichnissen können die Kinder Ähren oder Senfkörner erhalten.

(A 47) 17. Sonntag im Jahreskreis

Zu den Schrifttexten

1 Kön 3,5.7-12: Verleihe deinem Knecht ein hörendes Herz. Die Perikope am Anfang der Salomogeschichte gehört zu den schönsten Texten des Alten Testaments, weil hier nicht allein etwas Wichtiges über einen bedeutenden König Israels ausgesagt wird, sondern letztlich über jeden Menschen. Salomo hatte sich nach dem Tod Davids (um das Jahr 1000 v. Chr.) brutal gegen Konkurrenten durchgesetzt. Damit sein Königtum anerkannt wurde, brauchte er eine Bestätigung von Gott. Davon erzählt dieser Text in einer Art »Königslegende«. Der Traum ist wie oft im Alten Orient die Weise, wie Gott dem Menschen begegnet. Salomo darf Gott um etwas bitten, und seine Bitte ist ungewöhnlich: Wo andere um Reichtum, Macht, Sieg über die Feinde, langes Leben ... bitten, geht es ihm um ein »hörendes Herz«, um Weisheit für ein gutes Regieren des Volkes. Das Herz meint alttestamentlich die Personenmitte, also den ganzen Menschen. »Hören« ist hier ein Offensein für die Welt, die Menschen und vor allem für Gott und seinen Willen. Salomo möchte also ein für Gott und die Menschen offener König sein, der nicht dem eigenen Egoismus verfällt. Gott erkennt dies an und gewährt ihm seine Bitte. Zusätzlich schenkt er ihm noch langes Leben und Reichtum (vgl. die dieser Perikope folgenden Verse).

Röm 8,28-30: Gott führt alles zum Guten bei denen, die ihn lieben. Die Erfahrungen von Hinfälligkeit und Ungenügen, von Versagen und Leid beeinträchtigen menschliches Leben bis hin zur Depression. Gegen solche Erfahrungen setzt Paulus in diesen kurzen (und schwierigen) Versen eine Botschaft der Hoffnung, in der er ein Gesamtbild von Kosmos und Mensch vor den Augen Gottes entwirft. Paulus ist davon überzeugt, dass Gott einen Plan mit unserer Welt hat, und dass dieser Plan gut ist. Letztlich ist der Gott, der das Leben geschaffen hat, stärker als alle Beeinträchtigungen des Lebens und alles Leid darin – Gottes Leben ist stärker als der Tod. Dies wird in Jesus, seinem Sohn, in besonderer Weise deutlich. Er ist der »Erstgeborene« dieses neuen, stärkeren Lebens, er ist als Erster den Weg durch den Tod zur Auferstehung gegangen. Alle, die wie Jesus Gott lieben, das heißt, sich auf Got hin orientieren, auf ihn hin ein »hörendes Herz« (Salomo) haben, werden in diesen Prozess des den Tod überwindenden Lebens hineingenommen. Deshalb kann Paulus am Ende des Textes sagen, dass trotz aller Leiderfahrungen der Gegenwart die kommende Herrlichkeit und Vollendung bereits begonnen hat, Realität geworden ist (vgl. dazu die Gleichnisse vom Senfkorn und vom Sauerteig in A 46).

Mt 13,44-52: Gleichnisse vom Schatz, von der Perle vom Fischernetz, vom Hausherrn. Das Thema des ganzen Gleichniskapitels – die Botschaft vom bereits zu den Menschen gekommenen Gottesreich – wird in den vier Gleichnissen dieser Perikope von verschiedenen Akzenten her beleuchtet. Die Gleichnisse vom Schatz und der Perle machen als Doppelgleichnis eine gemeinsame Aussage: Menschen begegnet unerwartet ein besonderes Geschenk. An ihnen liegt es nun, sich beschenken zu lassen, offen zu werden für das Neue, überaus Wertvolle. In Konsequenz dieser Ausrichtung auf das Geschenk lassen sie das Alte zurück. So ist der Christ mit dem Gottesreich beschenkt, so soll er sein Leben unbedingt daran binden. Das Gleichnis vom Fischernetz ähnelt dem von Unkraut unter dem Weizen (vgl. A 46). Bis zum endzeitlichen Gericht stehen Gutes und Böses nebeneinander, dann erst werden sie getrennt. Ähnlich wie beim Unkrautgleichnis fügt Matthäus eine redaktionelle apokalyptische Rede an, die in zeitgebundener, uns heute fremder Sprache ein Gerichtsbild zeichnet und dadurch zu konsequentem Leben auffordert. Das Schlussgleichnis vom Hausherrn zeigt die Jünger als Menschen, die auf der Tradition (des Glaubens Israels, des Alten Testaments) aufbauend zu je Neuem bereit sind.

Schrifttext und Familien mit Kindern

Die drei Schrifttexte bieten trotz einiger Schwierigkeiten der kulturellen (Salomo als König), sprachlichen (Römerbrief) und theologischen (Himmelreich und heutiges Weltverständnis) Distanz eine ganze Reihe verschiedener Ansätze für eine Behandlung im Familiengottesdienst.

Aus der alttestamentlichen Lesung kann man folgende Stichworte entnehmen: 1. Wünsche äußern – Menschen haben unterschiedliche Wünsche. Welche davon geben dem Leben wirklich eine sinnvolle Ausrichtung? 2. Ein hörendes Herz – Menschen können sich öffnen für andere, für die Welt und letztlich für Gott. Salomo ist das Vorbild eines solch weisen Menschen. 3. Ein König nach Gottes Willen – wie Menschen sein können und sollen. Das Vorbild des Salomo liegt nicht allein in einer bestimmten Regierungsform, sondern vor allem in seiner ganzheitlich auf Gott ausgerichteten Lebensweise. Darin kann er auch Menschen zu anderen Zeiten und mit anderem kulturellen Hintergrund ein Vorbild sein. 4. Die wahre Weisheit – vielfältiges und unüberschaubares Wissen gibt es in unserer Welt. Wirkliche Weisheit aber meint etwas anderes: eine Weltsicht, die den Menschen als Geschöpf Gottes versteht und von da aus sein Leben und sein Verhalten prägt. 5. Gott um etwas bitten – von der Berechtigung des Bittgebetes und von seiner richtigen Gestalt. Das fürbittende Gebet ist für die meisten Menschen die wichtigste Gebetsform.

Die neutestamentliche Lesung ist von ihrer Sprachform und kompakten paulinischen Theologie her bei einmaligem Hören ausgesprochen schwierig aufzunehmen. Dennoch gibt es auch in ihr einige Grundgedanken, die uns heute wichtig sind: 1. Gott führt alles zum Guten – von der grundlegenden Hoffnung der Christen gegen alle Hoffnungslosigkeit dieser Welt. 2. Gott lieben heißt ihm begegnen – von der Ausrichtung des ganzen Menschen auf Gott, von Offenheit und Bereitschaft, das Geschenk Gottes anzunehmen, seine Herrlichkeit, die alles Leid überwindet. 3. Was ist das Gute – von der Einheit und Harmonie zwischen Gott und den Menschen.

Die verschiedenen Gleichnisse des Evangeliums behandeln das Kommen des Gottesreiches und die richtige Reaktion der Menschen darauf. Dabei geht es im Doppelgleichnis vom Schatz und der Perle um die Haltung des Beschenktwerdens, um die grundlegende Offenheit des Menschen für das Entgegenkommen Gottes. Für heutige Hörer muss dazu der Begriff des Reiches Gottes aufgeschlüsselt werden, da er in heutiger Lebens- und Welterfahrung nicht mehr vorkommt. Dies kann mit den oben zur Pauluslesung gemachten Aussagen erfolgen: Die Herrlichkeit des Reiches Gottes bedeutet eine Harmonie von Gott und Mensch und dadurch die letzte Sinnerfüllung für den Menschen.

Die apokalyptische Deutung des Matthäus nach dem Fischernetzgleichnis ist von ihrer Sprache so zeitgebunden, dass man sie besser nicht lesen sollte, um Missverständnisse zu vermeiden. Ob der im Gleichnis selbst angesprochene Gerichtsgedanke eingebracht werden kann, muss gut überlegt werden, damit aus der Frohen Botschaft nicht eine einseitige Drohbotschaft wird.

Ein letzter Akzent ist die Offenheit der Jünger (der Kirche!) für Neues – Kirche muss immer sich reformierende Kirche sein.

Gestaltungsideen für den Gottesdienst

– *Drei Wünsche frei:* Aus vielen Märchen kennen Kinder das Motiv von den drei Wünschen. Entsprechend können sie – noch vor der Lesung aus dem Buch der Könige – benennen, was sie sich wünschen würden. Ihre Wünsche werden durch Stichworte oder Bilder auch optisch wiedergegeben. Danach wird die Erzählung von Salomo gelesen und seine Bitte nach Weisheit besprochen. Die Wünsche der Kinder können danach noch einmal betrachtet werden – jetzt aus anderer Sicht.

– *Ein hörendes Herz:* Das Symbol Herz muss zuerst einmal (gegen heutige Vereinnahmung durch Kitsch, vgl. Schlagertexte

...) als Personenmitte, das heißt als das Zentrum des ganzen Menschen gedeutet werden. Dies kann man leicht dadurch visualisieren, dass man eine große Umrisszeichnung eines Menschen anklebt und darin ein rotes Herz als innere Mitte. Auf dieses Herz kommen dann in einem zweiten Schritt drei kleinere Ohren in eine anderen Farbe: ein hörendes Herz für die Menschen, ein hörendes Herz für unsere Welt und die Aufgaben darin, ein hörendes Herz für Gott und seinen Willen. Dies wird jeweils durch Beispiele gedeutet.

– *Ein König nach Gottes Willen:* Salomo versucht, sein Volk weise zu regieren, das bedeutet nach dem Willen Gottes. In kleinen Spielen kann etwas vom Leben und von den weisen Entscheidungen des Salomo vermittelt werden – etwa die dieser Perikope folgende Erzählung von den beiden Frauen und ihren Säuglingen (1 Kön 3,16-28), die dem biblischen Erzähler als Beleg der Weisheit Salomos dient. Hinzukommen sollten auch andere Aspekte seines Lebens: Dichten von Liedern und Sprüchen, Bau des Tempels, Segensspruch über das Volk ... (vgl. 1 Kön 3-11). Neben David ist Salomo für die Glaubenstradition der Juden wie der Christen der wichtigste König Israels. Er sollte den Kindern deshalb in Grundzügen seines Lebens bekannt sein.

– *Was ist Weisheit?* Weisheit bedeutet nicht ein das normale Maß übersteigendes Wissen, sondern eher die Einordnung allen Wissens in ein Gesamtbild, das aus der Sicht des Glaubens von der Beziehung zu Gott geprägt sein muss. Die Kinder tragen in Beispielen zusammen, was an Sachwissen in unserer Welt da ist. Vielleicht kann dies auch durch kleine Zeichen und Bilder (Fernglas, Mikroskop, Computer, Reagenzglas, Stethoskop ...) verdeutlicht werden. Diese Bilder werden in einem Kreis angeordnet. In die Mitte dieses Kreises wird anschließend ein Licht gemalt (oder gestellt): Es gibt ein tieferes Wissen, eine größere Weisheit.

– *Ich bitte dich, guter Gott:* Fürbitten sind das Gebet, das Kinder (wie Erwachsene) leicht formulieren und vortragen können. Dennoch kann am Beispiel des Salomo gezeigt werden, wie ein richtiges Bitten nicht von eigenen egoistischen Strebungen (Ich-mensch) ausgeht, sondern den anderen Menschen einbezieht (Dumensch). Zu diesen beiden Ausrichtungen werden jeweils Beispielsätze gesucht, die auf die eigene Person eingeengte Gebetsworte und danach ein Beten zeigen, das in guter Weise »Für«bitte ist.

– *Ein Wohlklang des Guten:* Das Gute in der Sicht des Paulus bedeutet ein Einstimmen des Menschen auf Gott. Dieser Gedanke kann durch eine Zeichenhandlung dargestellt werden, zu der verschiedene Instrumente nötig sind. Ein wohlklingendes Instrument gibt eine Melodie vor, andere Instrumente kommen hinzu, müssen aber zuerst auf das erste hin gestimmt werden. Vergleichbar muss sich der Mensch erst auf Gott hin stimmig machen, damit eine Harmonie, ein Wohlklang von Gott und Mensch entstehen kann – dies ist das Gute.

– *Einen Schatz finden:* Das Doppelgleichnis kann gut in ein Spiel umgesetzt werden: Dabei sind folgende Akzente wichtig: die intensive Suche, die Freude über das Finden, das Zurücklassen von anderen Dingen, weil jetzt nur eins bedeutsam geworden ist. Danach werden diese Gedanken auf die Botschaft Jesu übertragen: Das Evangelium (vom Reich Gottes) ist uns ein kostbarer Schatz, der unser Leben verändern kann.

(A 47) 17. So im Jahr

Weiterführung nach dem Gottesdienst

Das Thema Wünsche können Familien aufgreifen: Was sind unsere Wünsche? Wie weit sind es im biblischen Sinn weise Wünsche? Daran kann man ebenso das Thema vom Schatz anknüpfen: Was ist unser Schatz?

Zum zweiten Vorschlag wird den Kindern ein Herz (Tonpapier) übergeben, auf das in Umrissen ein Ohr gezeichnet ist – Erinnerung daran, dass wir nur mit dem Herzen gut sehen und hören.

Es sollte zu jedem Familiengottesdienst gehören, dass das Fürbittgebet von Kindern und Erwachsenen vorbereitet oder frei gesprochen wird.

(A 48) 18. Sonntag im Jahreskreis

Zu den Schrifttexten

Jes 55,1-3: Kommt zu mir, so werdet ihr leben. Dieser Abschnitt am Ende des zweiten Teils des Jesajabuches, von einem unbekannten Heilspropheten im Exil in Babylon geschrieben (Deuterojesaja = der »zweite« Jesaja), wurde im Blick auf das Evangelium dieses Sonntags ausgewählt. In einer bildhaften Sprache beschreibt er die große Verheißung, dass Gott sein Volk zur Vollendung und zum Heil führen wird. Das festliche Mahl (Wein) mit kostenlosem Essen und Trinken wird zum Zeichen für die zugesagte Rettung und das von Gott geschenkte Heil. Dies entspricht einer breiten Tradition des Alten Testaments, die im Neuen Testament fortgesetzt wird (etwa Gleichnis vom Hochzeitsmahl, aber auch die große Speisung, s.u.). Dieses Heil ist Gottes gnadenhaftes Geschenk an die Menschen, es kann nicht »bezahlt« werden, sondern ist grundsätzlich kostenlos – der Mensch kann ihm nur mit Dankbarkeit antworten. Dieses Heil entspricht dem Bund, den Gott mit den großen Gestalten Israels (hier beispielhaft: David) geschlossen hat. Dieser Bund wird in der extremen Notlage des Exils neu auf das ganze Volk hin ausgesagt – ein Bund des Lebens im Übermaß.

Röm 8,35.37-39: Was kann uns scheiden von der Liebe Christi? Die konzentrierten theologischen Aussagen des Römerbriefes finden in den Versen dieser Perikope ihre innere Mitte, in denen von der Liebe Christi und der Liebe Gottes gesprochen wird. Mit dieser Liebe ist nicht allein das Entgegenkommen Gottes auf den Menschen hin gemeint, sondern die Fülle der Erlösung und der Vollendung, die mit Jesus, dem Christus Gottes, begonnen hat. Die erlösende Liebe Gottes hat alle dem Heil entgegenstehenden Mächte dieser Welt, ja des ganzen Kosmos, überwunden.

Paulus nennt dabei zuerst sieben (= Vollkommenheitszahl – alle sind gemeint) Bedrängnisse, unter denen er selber zu leiden hatte. Danach zählt er die innerweltlich wirksamen Kräfte auf, es sind für ihn teils unheimliche, nicht genauer zu fassende Gewalten, die den Menschen bedrängen. Doch für ihn gilt: Die Erlösung durch Christus hat all dies überwunden.

Mt 14,13-21: Fünf Fische und zwei Brote. (Vgl. zur großen Speisung, Lk 9,11-17, C 37.) Gegenüber seiner markinischen Vorlage hat Matthäus in den Text des Wunderberichtes kürzend und straffend eingegriffen. Zudem setzt er in verschiedenen Punkten eigene Akzente. Der Bericht schildert ein Geschenkwunder, bei der zwar ebenso wie bei Heilungswundern eine Notlage von Menschen da ist (hier Hunger, sonst Krankheit, Behinderung, Tod), diese aber nicht um Hilfe bitten. Jesus wendet sich barmherzig dem Volk zu, er ist wie ein guter Hirte, der sein Volk auch mitten in der Wüste (»einsamer Ort«) auf gute Weide führt. Was historisch hinter diesem Wunderbericht steht, ist nicht mehr auszumachen, sicher aber die Erfahrung von Mahlgemeinschaft mit Jesus, die die Menschen, vor allem die Jünger, immer wieder machten. Mit Sicherheit bildet auch die eucharistische Gemeinschaft der ersten Gemeinden einen Deutungshorizont des Textes – Segensformel und Brechen des Brotes erinnern daran. Mit dem Bezug zur Eucharistie wird auch verständlich, dass die Jünger im Vergleich zur Markusvorlage stärker betont werden (sie verteilen das von Jesus erhaltene Brot). Mit ihnen sind die Vorsteher der jungen Gemeinden gemeint, die ihrer »Herde« das Brot des Lebens reichen sollen. Es ist im Überfluss vorhanden (Reste) – ein Hinweis auf künftige Vollendung.

Schrifttext und Familien mit Kindern

Die drei Schrifttexte dieses Sonntags lassen sich unter dem Obergedanken »Gott schenkt dem Menschen Heil« zusammenfassen. Die Fülle des Lebens, symbolisiert im Wasser und im Brot, ist Gottes Geschenk an den Menschen, das er ohne eigene Verdienste nur mit Dankbarkeit entgegennehmen kann. Diese Liebe Gottes – so Paulus – überwindet die Not des Menschen, eine Aussage, die das Evangelium auf den Hunger bezieht. Aus diesem Grundgedanken heraus lassen sich eine Reihe von einzelnen Themen herausschälen, die für die Gestaltung von Familiengottesdiensten zu nutzen sind.

Die alttestamentliche Lesung bietet eine Reihe von Stichworten, die auch für heutige Familien leicht verständlich sind und symbolhaft Aussagen zum Menschen und seinem Leben machen. 1. Gott schenkt die Fülle des Lebens. Der Mensch kann diese Fülle nicht aus eigener Kraft erhalten, sondern darf sie mit offenen Händen als Geschenk entgegennehmen. 2. Das festliche Mahl ist Hinweiszeichen auf das kommende Heil, auf die von Gott geschenkte Vollendung. Wo Menschen Feste feiern und miteinander Mahl halten, da wird die von Gott gewollte und verheißene Gemeinschaft bereits anfanghaft sichtbar. 3. Wasser und Brot sind auf je eigene Weise Symbole für das Lebensnotwendige, für all das, was der Mensch zum Leben braucht. Wein dagegen ist Zeichen des Festes, Hinweis darauf, dass es immer noch ein »Mehr« gibt, das dem Menschen geschenkt wird. 4. Ein weiterer Akzent ist »Hören, um zu leben«. Sich auf Gott einstellen, auf ihn hin ein hörendes Herz (vgl. A 47) haben, ist Aufgabe des Menschen. 5. Ein letzter Gedanke der Lesung ist der Bundesschluss, hier auf David und Israel bezogen, aber durch Christus gültig für alle Menschen.

Die Pauluslesung ist in ihrer Sprache und Vorstellungsweise sicher weit von unserer Zeit weg. Dennoch erfahren auch wir heute unsere Welt von verschiedensten Kräften geprägt, die uns oft unheimlich sind, die wir nicht beherrschen können und die unser Leben einengen. Somit ist das Bekenntnis des Paulus nicht unwichtig, dass die Liebe Christi (durch ihn die Liebe Gottes) stärker ist als alle Mächte dieser Welt. Es ist somit ein Mutmachtext, der dem glaubenden Menschen Hoffnung schenken kann.

Bei der Erzählung von der großen Speisung lassen sich verschiedene Akzente setzen. Zum einen klingen Themen an, die bereits für die alttestamentliche Lesung genannt wurden: unverdientes Geschenk, Brot als Zeichen des Lebens, Mahl als Hinweis auf von Gott geschenkte Vollendung ... Zwei andere Themen sind in der Fassung des Matthäus besonders deutlich: zum einen der Bezug zur Eucharistie, der durch die Segensformel und den Spenderitus sichtbar wird. Hier liegt ein guter Ansatzpunkt, Kindern und ihren Familien Hilfen zum Verständnis der Eucharistie zu geben. Zum anderen ist dies bei Matthäus die Betonung der Jünger. Sie teilen die von Jesus gegebenen Brote weiter aus. Dies ist Auftrag auch an uns heute, das von Jesus geschenkte Brot weiterzugeben – wie er anderen zum Brot des Lebens zu werden.

Gestaltungsideen für den Gottesdienst

– *Schenken und Empfangen:* Gott beschenkt den Menschen mit der Fülle des Lebens. Dies kann durch die Handhaltungen des Gebens und Empfangens symbolisiert und von den Kindern pantomimisch gespielt werden. Ein Kind verteilt etwas (einen Gegenstand, der auf erfülltes Leben hinweist, etwa ein Licht, ein Brot, das gebrochen wird, einen Becher mit Wasser ...). Andere Kinder halten ihre Hände wie eine offene Schale – sie empfangen und verneigen sich anschließend als Zeichen der Dankbarkeit. Im Gespräch wird gedeutet, was Geschenke Gottes an uns sein können.

– *Das Mahl der Gemeinschaft:* Menschen essen gern miteinander und feiern Feste, bei denen gemeinsames Essen und Trinken wichtige Bestandteile sind. Ein Mahl verbindet, schafft Freude und Gemeinschaft. Die Kinder nennen Beispiele aus ihren Erfahrungsbereichen. Von der alttestamentlicher Lesung oder dem Evangelium her wird das gemeinsame Essen auf die Gemeinschaft von Gott mit den Menschen gedeutet: Gott lädt uns ein zum Mahl in seinem Reich. Wir dürfen darauf hoffen, dass er uns Freude und Gemeinschaft, vollendetes Leben schenkt.

– *Wasser, Brot und Wein:* Wasser und Brot sind Zeichen des Lebensnotwendigen, Wein ist Zeichen der Lebensfreude. Dies wird etwa in Redewendungen deutlich, die am Anfang stehen können: »Nur von Wasser und Brot leben.« – »Wein erfreut das Herz des Menschen.« Wenn in der Lesung dem Menschen beides zugesprochen wird, dann macht das deutlich, dass Gott dem Menschen ganzheitliches Heil schenken will: Für alles ist gesorgt, Gott beschenkt den Menschen reichlich. Die Kinder können – aufgeteilt – Bilder von Wasser, Brot und Wein malen, dazu eine Gemeinschaft von Menschen bei einem Fest. Die einzelnen Teilbilder der Kinder werden danach zu einem großen Bild zusammengestellt.

– *Hören, um zu leben:* Vgl. zu A 47 – ein hörendes Herz.

– *Ein Bund mit Gott:* Das Thema Bundesschluss Gottes mit den Menschen durchzieht die ganze Bibel und wird immer wieder an einzelnen großen Gestalten sichtbar (Abraham, Mose oder in der Jesajalesung David). Christen glauben, dass durch Jesus ein Bund Gottes mit allen Menschen möglich wurde: Gott reicht uns die Hand zu einem Bund der Freundschaft. Diese Handreichung kann gespielt werden, oder es wird der Bund durch ein Zeichen (Band oder Seil als Verbindung) deutlich.

– *Ein Licht gegen dunkle Mächte:* Die Kinder überlegen Beispiele, wo in unserer Welt »dunkle« Mächte am Werk sind: Gewalt und Krieg, Unterdrückung in vielfältigen Formen, Zerstörung der Umwelt durch verantwortungsloses Handeln ... Solche Beispiele werden als Bilder in dunklen Farben (eventuell nur in Schwarz-Weiß) in einem Kreis angeordnet, dessen Mitte offen ist. Nach der Lesung aus dem Römerbrief wird in die Mitte ein Bild eines strahlenden Lichtes geklebt und von diesem Licht ausgehend Lichtstrahlen, die das Dunkle darum »überstrahlen« – die Liebe Gottes (Jesu) überwindet das Dunkle in der Welt. Wir dürfen deshalb auch in schwierigen Situationen (Beispiele) Mut haben.

– *Das Mahl der Eucharistie:* Selbst wenn Gottesdienste mit Kindern häufig als Wortgottesdienste gefeiert werden (und angesichts des Priestermangels künftig noch häufiger), so sollte wenigstens von Zeit zu Zeit eine Eucharistiefeier möglich sein. Im Zusammenhang mit dem Evangelium von der großen Speisung ist dies sinnvoll. Dabei kann dann von der Segens- und Austeilungsformel des Wunderberichtes her leicht eine Brücke zu den Einsetzungsworten der Messe geschlagen werden. Auch die durch das Mahl geschaffene Gemeinschaft verbindet Evangelium und Eucharistie miteinander.

Weiterführung nach dem Gottesdienst

Zum ersten Vorschlag sollten die Kinder am Ende des Gottesdienstes mit einer Kleinigkeit beschenkt werden und dabei ihre Hände als offene Schale halten. Das Thema Mahl kann in den Familien durch eine entsprechende Mahlkultur weiter gepflegt werden. So können die Kinder Erfahrungen mit der durch das Mahl geschaffenen Gemeinschaft machen.

Passend zu der Römerbrieflesung können die Kinder zu Hause eine vergleichbare Collage gestalten. Eventuell gibt es auch eine Kindergruppe (etwa Kommunionkurs), die eine solche Arbeit für das Pfarrheim ausführt.

Bei einem Besuch einer Eucharistiefeier können die Kinder darauf verwiesen werden, dass Jesus Brot schenkt – damals wie heute.

(A 49) 19. Sonntag im Jahreskreis

Zu den Schrifttexten

1 Kön 19,8-9.11-13: Gott erscheint Elija am Horeb. In der Mitte des 9. vorchristlichen Jahrhunderts (vor allem unter dem König Achab und seiner Frau Isebel) stand der Jahweglaube

Israels in der Gefahr einer synkretistischen Vermischung mit dem Baalsglauben und den Fruchtbarkeitsriten der Kanaanäer. Dieser Prozeß wurde bereits ausgelöst durch die Erweiterung des Reiches durch David und Salomo und dem damit zunehmenden Teil kanaanäischer Bevölkerung im Reichsgebiet. Durch aktive Förderung des Baalskultes durch die nichtisraelitische Königin Isebel und durch den Bau eines Baal-Tempels in Samaria durch Achab wurde der Konflikt zwischen den beiden Religionen zugespitzt. In dieser Situation tritt Elija als Prophet Jahwes auf. Seine Botschaft lässt sich abschließend im Kontrast »Jahwe – Baal« (vgl. 1 Kön 18) zusammenfassen. Elija wird wegen dieser Botschaft von Isebel verfolgt, flieht in die Wüste und ist dort – elend und resigniert – am Ende. Durch wunderbare Speise gestärkt wandert er in 40 Tagen zum Berg Horeb und erlebt dort eine tiefe Gotteserfahrung. Gott erscheint ihm nicht in den Kräften der Natur (Sturm, Erdbeben, Feuer), sie sind nur Geschöpfe Gottes. Er selber ist in der Stille und in seinem Wort erfahrbar. Die Gotteserscheinung führt weiter dazu (leider in der Perikope gekürzt), dass Elija mit einem neuen Auftrag zurückgesandt wird: Die Begegnung mit Gott gibt Kraft für einen neuen Weg.

Röm 9,1-5: *Juden und Christen.* Weil Israel sich der Botschaft des Evangeliums Jesu widersetzt hat, ist für Paulus der Weg des Evangeliums zu den Heiden frei geworden. Dennoch bleibt für ihn das Schicksal seines Volkes – er ist überzeugter Jude und überzeugter Christ – wichtig. So geht er in diesem Text (und den folgenden Abschnitten) der Frage nach, ob das Volk Israel nach der Ablehnung Jesu auch von Gott abgelehnt wird. Eindeutige Meinung des Paulus ist, dass sich Israel zwar der Gerechtigkeit Gottes verschließt, aber dennoch in Gottes Gnade geborgen bleibt. Gott steht zu seinem Volk, das lässt sich aus der Geschichte heraus aus den vielfältigen Vorzügen Israels vor anderen Völkern aufzeigen: Israel ist der »Sohn Gottes«, sein Erstgeborener, sein Kind. Gott hat mit ihm auf vielfache Weise einen Bund geschlossen, im Gesetz (vom Sinai) und im Gottesdienst (am Tempel in Jerusalem) zeigen sich Auswirkungen dieses Bundes. Vor allem aber geht aus dem Volk Israel – und das ist seine größte Bedeutung – der Messias dem »Fleisch nach« hervor. Paulus fühlt sich trotz Verfolgung durch die Synagoge und trotz seines Weges zu den Heiden seinem Volk zugehörig, er wünscht sich sehnlich, dass Israel zu Christus findet. So läuft der Text in einem hymnischen Lobpreis aus.

Mt 14,22-33: *Seewandel – habt Vertrauen, ich bin es.* Matthäus hat der Markusfassung vom Seewandel Jesu den Abschnitt mit Petrus zugefügt (entsprechend seiner Betonung des Petrus) und die Aussage des Textes damit deutlicher personalisiert: Es geht um Vertrauen und Glauben auf der einen Seite und um Angst und Kleinglauben auf der anderen Seite. Petrus steht hier stellvertretend für die Jünger (und diese für die christliche Gemeinde). Die Erfahrung der Nähe und Zuwendung des Herrn soll zum glaubenden Bekenntnis zu Christus als dem Sohn Gottes führen. Wie alle Wunderberichte darf man auch diesen Text nicht auf naturwissenschaftliche Fragen kurzführen (etwa: Wie kann man über das Wasser wandeln?). Vielmehr geht es in sehr differenzierter Form um vielfältige symbolische Aussagen: Dies wird schon im Ausgangspunkt der Geschichte durch den Kontrast Berg (Jesus) und Meer (Jünger) deutlich: Festigkeit gegen Gefährdung, Halt und Bestand gegen Unzuverlässigkeit und Not. Auch die Nacht (4. Nachtwache = 3-6 Uhr) ist der Bereich der Gefahr, der Angst, des Dämonischen. Dies wird besonders durch den Wind symbolisiert, den Petrus wie eine Person »sieht«. Das Boot stellt die christliche Gemeinde dar, die durch die Bedrängnis hindurch zum Bekenntnis zu Jesus finden muss. Der über das Wasser schreitende Jesus erweist sich als Herr über die Mächte der Natur und damit als Gottes Sohn. Seine Identifizierungsformel »Ich bin es« erinnert an die Selbstbenennung Gottes im Alten Testament »Ich bin, der ich bin« (vgl. Mose, brennender Dornbusch). So ist der Text ein Aufruf zum Vertrauen und zum Glauben. Vertrauen auf den Herrn trägt den Menschen gegen alle Angst und Not.

Schrifttext und Familien mit Kindern

Alle drei Schrifttexte haben theologisch und für den Glauben von Christen heute eine große Bedeutung. Die erste Lesung und das Evangelium zählen zu den Schlüsseltexten jüdischer und christlicher Tradition. Dennoch ergeben sich für die Vermittlung dieser Perikopen auf Familien mit Kindern hin unterschiedliche Probleme.

Die Erzählung von der Gottesbegegnung am Horeb setzt Kenntnis vom zeitgeschichtlichen Hintergrund (s.o.) voraus. Zudem muss auch der Kontrast unterschiedlicher Gottesbilder (kanaanäischer Fruchtbarkeitskult und Gott erfahrbar in Naturgewalten gegenüber dem personalen, im Wort sich offenbarenden, transzendenten biblischen Gott) deutlich werden. Erst dann wird die Kernaussage dieses Textes verständlich. In elementarer und konzentrierter Weise lässt sich diese Aufgabe aber auch im Blick auf heutige Menschen hin erfüllen.

Der alttestamentliche Text hat zudem eine Reihe von Nebenaspekten, die sich auch für Gottesdienstgestaltung und Katechese eignen: 1. Elija erfährt im Augenblick größter Not und Verfolgung Gottes helfende Nähe; die Begegnung mit ihm schenkt einen neuen Auftrag, ein neues sinnvolles Lebensziel: Wo der Mensch am Ende ist, beginnt Gott (vgl. auch die Aussage des Evangeliums: Wo Petrus versinkt, hält Jesus ihn). 2. Der Berg ist Symbol für Gott und Gottesbegegnung. Zusammen mit dem Symbol Meer und Fahrt darauf (Evangelium) lässt sich eine Gegenüberstellung beider Symbole erreichen: Der Glaube gibt Halt bei der Fahrt durch das Leben. 3. Verschiedene Gottesbilder sind in der Bibel enthalten. Sie alle kommen aber in dem Punkt überein, dass Gott den Menschen zugewandt, menschenfreundlich ist, dass sie sich an ihn halten dürfen: Gott will das Heil des Menschen. 4. Die Begegnung mit Gott führt zu neuer Sendung, zu einem neuen Auftrag. Dieser Aspekt (der in den der Perikope folgenden Versen enthalten ist – nach Bedarf hinzunehmen) verbindet den Zuspruch Gottes mit seinem Anspruch – ein durchlaufendes Thema biblischer Botschaft.

Die neutestamentliche Lesung thematisiert das Verhältnis von Christen und Juden. Auch wenn den Kindern in der Regel Juden und jüdische Religion nur im Zusammenhang mit der Verkündigung christlichen Glaubens begegnen (Begegnungen mit Juden und jüdischen Gemeinden sind heute nur in seltenen Ausnahmefällen in manchen Städten möglich und für die meisten Kirchengemeinden kaum zu erreichen), kann das Stichwort Judentum dennoch bedeutsam sein. Dies führt weiter zu dem Aspekt, dass sich für Paulus, aber auch für Christen (wie Juden) letztlich alles an der Stellung zu Jesus entscheidet. Ist er mehr als ein Jude mit einem tragisch endenden Lebenslauf, so wird der Weg frei zum Bekenntnis dieses Jesus als des Sohnes Gottes (vgl. den Schlusssatz des Evangeliums).

Das Evangelium bietet verschiedene Möglichkeiten der Gottesdienstgestaltung vor allem im symbolischen Bereich: 1. Auf den Kontrast Berg – Meer wurde bereits bei der alttestamentlichen Lesung hingewiesen. 2. Ein anderer symbolischer Kontrast, der mit Kindern gut aufgearbeitet werden kann, ist der Gegensatz zwischen Nacht und Tag, zwischen bedrückender Dunkelheit und mutmachendem Licht. So wird Jesus für die Jünger in der Bedrängnis der Nacht zum Licht, das ihnen aus der Not heraushilft. 3. Auch der Gegenwind – als dämonische Kraft gezeichnet – kann symbolisch auf Lebenssituationen heute hin gedeutet werden: Was ist bei uns ein widriger Wind, der unser Leben beeinträchtigt, ja uns in Gefahr bringt? 4. Ein letztes Symbol ist schließlich das Boot, in dem die Jünger (die Gemeinde) sitzen. Es ist auf der großen Fahrt durch das Leben, bleibt aber immer gefährdet. Untergang und Rettung sind möglich.

Dies führt zur tiefsten Aussage des Evangeliums: Jesus wird hier als Herr gezeichnet. Das Vertrauen zu ihm, der Glaube an ihn rettet, gibt Halt, überwindet Angst und Kleinglauben, hilft das Leben zu bestehen. Die Wundergeschichte ist also ein Mutmachtext. Kindern wie Erwachsenen kann dies auch heute eine Hilfe für ihr Leben sein.

Gestaltungsideen für den Gottesdienst

– *Gott begegnen:* Wo ist Gott zu erfahren? Diese Frage spielt für Menschen, die sich um den Glauben bemühen, auch heute eine entscheidende Rolle. Viele erfahren die Schwierigkeit, zu Gott inmitten heutigen Lebens zu finden. Hier kann die Aussage des Schrifttextes weiterhelfen, dass Gott dem Menschen vor allem im Unscheinbaren, im Verborgenen begegnet, im »sanften, leisen Säuseln«. Vor dem Lesen des Textes kann mit den Kindern die Frage besprochen werden, welche Naturerscheinungen für sie am besten zum Erscheinen Gottes passen würden. Sturm, Erdbeben, Feuer und Windhauch werden als Beispiele genannt. Danach wird kurz in die Person des Propheten Elija und in die zeitgeschichtlichen Hintergrund eingeleitet und dann der Schrifttext vorgetragen. Er eignet sich auch für ein pantomimisches Spiel, bei dem die Naturkräfte durch kostümierte Kinder gespielt werden. Der Gottesdienst endet mit dem Thema Gottesbild: Gott begegnet dem Menschen oft auf leise, unscheinbare Weise – wir müssen ihm gegenüber offen werden, ein offenes Auge, Ohr, Herz für ihn haben.

– *Wo der Mensch am Ende ist, beginnt Gott neu:* Der Weg des Propheten Elija wird in seinen verschiedenen Stationen geschildert: Bekenntnis zu Gott, Verfolgung, Flucht, Not in der Wüste – Elija am Ende. Dann Stärkung durch Gott (Brotgabe), Weg durch die Wüste, Begegnung mit Gott am Horeb, neuer Auftrag – Elija kehrt zurück. Dieser Weg kann gut durch verschiedene Bilder dargestellt werden. Zu diesen Bildern können dann auch passende Szenen aus dem Leben heutiger Menschen hinzugefügt werden: Wo erfahren wir Verfolgung, Not, Bedrängnis, Resignation und Angst, wo umgekehrt Hilfe, neuen Mut, einen neuen Weg?

– *Berg und Meer:* Der Berg ist Symbol für die Verbindung zwischen Himmel und Erde, zwischen Gott und den Menschen. Zugleich ist er Symbol der Beständigkeit, Sicherheit, Unerschütterlichkeit und Treue. Es ist daher verständlich, dass der Berg nicht nur in der Bibel (Horeb, Sinai, Berg der Verklärung ...), sondern auch in anderen Religionen als Ort

der Begegnung mit Gott verstanden wird. Das Meer hat eine doppelte symbolische Bedeutung: Zum einen ist es als Wasser Symbol für Leben und Lebenskraft, die unerschöpflich ist. Zum anderen stellt das Meer eine Bedrohung des Menschen dar und ist von da aus Symbol für Gefahr, Not, Untergang, auch für das Versinken im Unbewussten. Durch die Verbindung beider Symbole und ihren Kontrast wird vor allem die letzte Bedeutung von Meer hervorgehoben. Für die Jünger im Evangelium – und dann übertragen für glaubende Menschen auch heute – geht es darum, aus den dämonischen Wassern des Untergangs herauszufinden zum Berg des Glaubens, der Halt im Leben gibt. Insofern ist es auch verständlich, dass Jesus nicht in das Meer einsinkt, sondern darüber bleibt – wo er als Herr und Sohn Gottes dargestellt wird wie in den Wunderberichten, ist er von solcher Not nicht belastet. Die Symbole Berg und Meer können durch Bilder und Fotos in den Gottesdienst eingebracht werden. Die Deutung führt zum Aufruf zum Vertrauen: Wer Halt sucht, kann sich an Jesus, den »Berg unseres Glaubens« wenden.

– *Juden und Christen:* Das Thema Juden und Judentum kann – ausgehend von der zweiten Lesung – durch unterschiedliche Informationen über den jüdischen Glauben angegangen werden. Man kann die Geschichte Israels und den Bund Gottes mit Israel einbringen. Man kann Jesus als gläubigen Juden aufzeigen. Man kann auch auf den Glauben und das Schicksal von Juden heute (in Israel und bei uns) eingehen. Alle Wege führen letztlich zur Frage nach Jesus und dazu, ob Menschen sich zu ihm bekennen oder nicht. So wird Gemeinsames und Trennendes zwischen Juden und Christen deutlich.

– *Gegen den Wind:* Die Kinder zeigen durch gemalte Bilder oder Spiel auf, was Gegenwind heute in ihrem Leben sein kann: widrige Winde, die die »Lebensfahrt« beeinträchtigen und gefährden. Am Beispiel des Petrus wird dann dargestellt, wie das Vertrauen hilft, Angst und Bedrängnis zu überwinden.

– *Ein Schiff, das sich Gemeinde nennt:* Durch Kunstbilder oder das gleichnamige

Lied kann die Kirche als Gemeinschaft der Glaubenden mit einem Schiff verglichen werden, das auf einem unruhigen Meer unterwegs ist (Gegenwind für Christen heute). Dabei können verschiedene Aspekte herausgestellt werden: Das Boot gibt Halt unter den Füßen. Die Mannschaft ist wichtig. Man braucht einen Kurs (Bibel als Kompass), man braucht Verpflegung (Eucharistie), man braucht einen Rettungsring (Buße). Man braucht vor allem Mut, um sich die große Fahrt durch das Leben zuzutrauen. Dies gelingt leichter, wenn der »Herr« im Boot ist, wenn die Lebensfahrt vom Vertrauen auf ihn geprägt und geführt ist.

Weiterführung nach dem Gottesdienst

Das Thema Gottesbild und Begegnung mit Gott kann in den Familien und den Gruppen der Gemeinde auch über den Gottesdienst hinaus aufgegriffen werden. Ebenso passen die in den drei Schrifttexten behandelten Themen Hilfe in Not, Vertrauen gegen Angst, Hilfe gegen Bedrängnis zu vielen Situationen heutigen Lebens, sind also für die Familien im Alltag relevant.

Die einzelnen Symbole Berg/Meer, Wind, Boot ... lassen sich durch kleine, aus Tonpapier geschnittene Bilder erinnern, die den Kindern mitgegeben werden. Auf diese farbigen Papiere können auch zum Thema des Gottesdienstes passende Sätze geschrieben werden, etwa: »Hab Mut!«, »Fang neu an«, »Halte dich an Jesus« ...

Das Stichwort Judentum kann durch weitere Informationen und Materialien vertieft werden. Wo dies – in seltenen Fällen – möglich ist, ist ein Besuch in einer Synagoge sinnvoll.

(A 50) 20. Sonntag im Jahreskreis

Zu den Schrifttexten

Jes 56,1.6-7: *Ein Bethaus für alle Völker.* Mit diesen Versen beginnt der dritte Teil des Jesajabuches (Tritojesaja). Während (der erste) Jesaja vor dem Exil zur Umkehr aufrief, war der zweite Jesaja (Deuterojesaja) ein unbekannter Prophet der Hoffnung in der Exilszeit, der den nach Babylon Verschleppten Mut zusprach. Der dritte, ebenso unbekannte Prophet, dessen Texte im Buch Jesaja gesammelt sind, verkündete seine Botschaft unmittelbar nach dem Exil an die nach Jerusalem Zurückgekehrten. Nach der Begeisterung des Neubeginns zog bei diesen Menschen bald Resignation ein. Der Wiederaufbau des Tempels kam nicht so recht voran, es gab Probleme zwischen den verschiedenen Gruppen im Volk, zwischen den Rückkehrern und den im Land Verbliebenen, zwischen den Jahwegläubigen und Anhängern anderer Religionen, zwischen Gliedern des Volkes Israel und im Land ansässigen Fremden. Tritojesaja versucht durch seine Worte dem Volk eine Weisung zu geben. Dabei stellt er alles unter die Überschrift »Recht und Gerechtigkeit«. Wo Menschen aus der Erfahrung der Gerechtigkeit Gottes selber zur Gerechtigkeit bereit werden, da ist Gottes Volk. Ein konkretes Beispiel für Gerechtigkeit ist die Haltung zu den Fremden. Anders als eine heilsindividualistische Sicht, die sich in Israel durchsetzte und nur das Heil des eigenen Volkes sah, gelangt Tritojesaja (ebenso wie Deuterojesaja) zu einer universalen Sicht: Alle Menschen gehören dem Abrahamsbund an und haben deshalb zu Gottes heiligem Berg Zugang, wenn sie sich an seinen Bund halten. Somit soll aus der Sicht des Jesaja auch der neue Tempel zum »Bethaus für alle Völker« werden.

Röm 11,13-15.29-32: *Unwiderruflich ist die Berufung Gottes.* Das Thema Verhältnis zwischen Heiden und Juden (vgl. A 49) beschäftigt Paulus auch in diesem Text. Es geht ihm um die Frage, warum das von Gott berufene Israel nicht zum Glauben an Jesus gefunden hat. Der Unglaube Israels hat für Paulus eine ganz bestimmte Funktion: Dadurch nämlich, dass das Evangelium von den Juden abgelehnt wurde, wird der Weg frei für die Verkündigung an die Heiden. Insofern ist selbst der Unglaube Israels letztlich aus der Sicht des Heilsplans Gottes ein »Segen«. Mit diesem Weg zu den Heiden ist Israel aber nicht abgetan. Es wird eine neue Chance bekommen, weil Gott Heiden und Juden am Ende zu einem glaubenden Volk vereinigen wird. Dann wird allen »Leben aus dem Tod« gewährt, die Gemeinschaft im vollendeten Reich Gottes. Paulus hat also für sein Volk durchaus Hoffnung. Trotz seines Verkündigungsschwerpunktes bei den Heiden bemüht er sich auch um die »ungläubigen« Juden. Dies geschieht im Vertrauen darauf, dass alle vor Gott Erbarmen finden.

Mt 15,21-28: Jesus und die kanaanäische Frau. Ein Fernheilungswunder ist nur der äußere Rahmen für ein Gespräch zwischen der kanaanäischen Frau und Jesus (bzw. am Anfang den Jüngern). An diesem Gespräch wird deutlich, wie Matthäus Jesus versteht und wie er seiner Gemeinde die Bedeutung Jesu nahe bringen will. Der irdische Jesus selbst versteht sich als zu »den verlorenen Schafen Israels« gesandt, sein Auftrag ist also die Sammlung Israels zum eschatologischen Volk Gottes (vgl. in diesem Zusammenhang die Berufung der Zwölf als Repräsentanten dieses endzeitlichen Israels). Dabei versteht Jesus dieses durch ihn gesammelte Israel durchaus als beauftragt, alle Völker in den Heilsbund mit Gott einzugliedern, doch dies ist nicht seine primäre Aufgabe. Nur an einigen Stellen (neben dieser Stelle etwa beim heidnischen Hauptmann) klingt bei Matthäus an, dass der nachösterliche Christus (über seine Jünger) Menschen aus allen Völken zum Neuen Bund beruft. So wird an dieser Stelle in einem Einzelfall vorweggenommen, was später allgemein gelten wird: Auch die Heiden sind zum Heil berufen – der Glaube an Christus kann auch sie retten und ihnen Heilung bringen.

Schrifttext und Familien mit Kindern

Das Grundthema aller drei Schrifttexte ist – auf je unterschiedliche Weise – das Verhältnis des glaubenden Menschen zu den Fremden. Dieses Thema war für Israel aufgrund seiner Überfremdungsangst und der Sorge, angesichts der großen umliegenden Mächte seine religiös-kulturelle Identität zu verlieren, ein Dauerthema und ist es ebenso bis auf den heutigen Tag. Für Paulus und die ersten christlichen Gemeinden war die Klärung des Verhältnisses zu den Nicht-Juden eine Überlebensfrage, an der sich das Schicksal der jungen Kirche entschied. Dies klingt ebenso im Evangelientext an – Matthäus sieht Jesus aus dem Blickwinkel seiner Gemeinde und ihrer Probleme.

Die gemeinsame Aussage dieser drei Texte (es gibt in der Bibel, vor allem im Alten Testament, auch enge, das Heil auf Israel einschränkende Aussagen) ist, dass Gott alle Menschen zum Heil beruft und für alle da ist. Von da aus ist sein Volk nicht auf ein Volk eingegrenzt, vielmehr gilt sein Erbarmen allen Menschen. Christliche Gemeinden haben diesen Grundsatz in ihrer Lebensgestaltung umzusetzen.

Der Blick auf die Fremden, die Angst vor Überfremdung und die Frage nach einer toleranten, die Fremden als Bereicherung ansehenden Haltung bestimmt auch die heutige gesellschaftliche Situation. Das Problemfeld erweist sich angesichts der sehr unterschiedlichen »Fremden« in unserem Land als komplex und nicht einfach zu lösen. Hinzu kommt, dass es bei diesem Thema ja keineswegs allein um ausländische Menschen unter uns gehen muss, sondern viel weiter gefasst um die Frage, wie man mit anderen Lebensstilen, fremden Lebensweisen, unbekannten kulturellen und religiösen Eigenarten umgehen muss. Die Frage nach den Fremden wird damit auch zur Frage nach der eigenen Identität. Nur wer in seiner eigenen individuellen und sozialen, gesellschaftlichen und religiösen Identität einen guten Stand gefunden hat, kann tolerant und weithin angstfrei mit dem

(A 50) 20. So im Jahr

Fremden unter uns und den Fremden in unserer Gesellschaft umgehen. Dies bedeutet eine dauerhafte Bemühung; der Familiengottesdienst kann hierzu nur einen kleinen Impuls geben.

Neben diesem »Generalthema« können den Texten auch andere Ideen entnommen werden. So spielt (vgl. A 49) die Thematik Juden-Christen eine Rolle.

Ebenso ist vom Evangelium her das Bekenntnis zu Jesus als dem Herrn und Christus Gottes ein mögliches Thema: Wer sich an den Herrn hält, dessen Leben gewinnt Heil und Heilung.

Gestaltungsideen für den Gottesdienst

– *Ein bunter Regenbogen:* Die Vielfalt der Menschen, Völker und Kulturen soll nicht als Bedrohung, sondern als Bereicherung vermittelt werden. Dies kann durch unterschiedliche Symbole verdeutlicht werden. Ein gutes Beispiel ist der aus vielen Farben bestehende Regenbogen. Nur durch das Zusammenspiel von Farben und dem Licht der Sonne ergibt sich das schöne Bild. Übertragen gesagt: Nur durch das Zusammenspiel von vielen andersfarbigen Menschen und dem Licht Gottes ergibt sich der Reichtum der Menschheit und der guten Schöpfung. Die Kinder können einen Regenbogen malen und auf die verschiedenen Farben Bilder (aus Zeitschriften) von Menschen unterschiedlicher Herkunft und mit unterschiedlichem Lebensstil kleben.

– *Eine Erde, eine Menschheit:* Auf einen großen Ball (Erdball über Sportgeschäfte zu besorgen oder großer Luftballon mit Kontinenten bemalt) werden Bilder von Menschen verschiedener Völker aufgeklebt: Wir alle gehören zusammen, wir leben auf einer Erde, sind eine Menschheit.

– *Christus schafft Gemeinschaft:* Verschiedene (möglichst alle) Kinder erhalten Namenskärtchen, die sie als Angehörige verschiedener Völker ausweisen. Vielleicht lassen sich auch passende Kostüme oder Kostümteile besorgen, die das Bild noch bunter machen (Karnevalskostüme bieten viele Möglichkeiten). Die Kinder werden dann nacheinander zum Altar gerufen und bilden dort im Kreis eine Gemeinschaft, die durch Christus geformt ist und zusammengehalten wird.

– *Ein Gott für alle Völker:* Die Aussage der alttestamentlichen Lesung wird aufgegriffen: Auf ein großes Plakat (oder Tuch, etwa Betttuch) ist bereits ein hoher Berg gemalt, der an der Spitze von strahlendem Licht umgeben ist (»heiliger Berg«). Die Kinder malen nun verschiedene Menschen aus verschiedenen Völkern. Diese Bilder werden dann von ihnen auf verschiedenen Wegen dieses »Berges« geklebt: Menschen gelangen auf verschiedenen Wegen zu Gott. Diese Zeichenhandlung kann mit einem mehr oder weniger intensiven Blick auf die verschiedenen Weltreligionen verbunden werden: Religionen sind wie Wege, die an verschiedenen Seiten des Berges aufsteigen, die aber alle Gott als Ziel haben.

– *Symbol Berg:* Vgl. A 49.

– *Wurzel und Baum:* (Vgl. neutestamentliche Lesung.) Das schwierige Verhältnis Juden und Christen kann den Kindern durch ein Bild (das allerdings nur eine Seite beleuchtet) dargestellt werden. Für uns Christen bildet das Judentum die Wurzel, aus der unser Glaube gewachsen ist. Dies gilt in doppelter Hinsicht. Zum einen sind uns die Glaubenserfahrungen Israels (gesammelt im Alten, Ersten Testament) wichtig für unseren eigenen Glauben. Zum anderen war Jesus Jude und ist in seinem Leben und in seiner Botschaft nur auf diesem Hintergrund zu verstehen. Vielleicht lässt sich dieses Bild von der Wurzel auch so erweitern, dass aus einer Wurzel drei Bäume ausschlagen: Judentum, Christentum und Islam.

– *Gott beständig bitten:* Ein Nebengedanke des Evangeliums ist das Bittgebet, das sich hier an ihn, aber durch ihn an Gott richtet. Wir dürfen unsere Bitten Gott vortragen. Dies kann zum Thema des Gottesdienstes gemacht werden. Die Kinder spielen dabei Szenen, in denen jemand um etwas bittet (vielleicht auch das Evangelium als Spielszene). Nach einem Gespräch über das Beten sprechen die Kinder frei formulierte Fürbitten.

Weiterführung nach dem Gottesdienst

Das Thema »Die Fremden bei uns« kann durch Kontakt von Gemeindegruppen zu Ausländern vertieft werden. So sind Kontakte zwischen Familien aus verschiedenen Völkern möglich, im (vielleicht gemeindeeigenen) Kindergarten kann das Thema aufgegriffen werden (etwa: »Fest der Völker und Kulturen«), ebenso in Kinder- und Jugendgruppen. Je nach den örtlichen Gegebenheiten bieten sich weitere Punkte an, etwa: ausländische Gemeinde, Asylbewerberheim, Moschee ...

Die verschiedenen Symbole und Bilder, die zur Gottesdienstgestaltung vorgeschlagen wurden, können in kleine Zeichen umgesetzt werden, die den Kindern nach dem Gottesdienst als Erinnerung mitgegeben werden.

Das Thema Bittgebet kann dadurch fortgesetzt werden, dass die Kinder regelmäßig im Gottesdienst Bittgebete formulieren und vortragen. Dazu ist es auch sinnvoll, dass in der Kirche ein Fürbittbuch ausliegt, in das Bitten eingetragen werden können.

(A 51) 21. Sonntag im Jahreskreis

Zu den Schrifttexten

Jes 22,19-23: Der Schlüssel des Hauses David. Vom Schlüsselwort des Evangeliums her (s.u.) ist der Prophetentext als erste Lesung ausgewählt worden. Der Text ist durch drei Ebenen gekennzeichnet, die historische, die heilsgeschichtliche und die messianische. Historisch steht hinter dem Text der Wechsel vom assyrienfreundlichen (und sich damit gegen Jahwe stellenden) König Achas (741-725 v. Chr.) und seinem Haushofmeister Schebna zum König Hiskija (725-697 v. Chr.), der durch vielfältige Reformen dem Jahweglauben zu neuem Leben verhilft und den Jesaja deshalb mit aller Kraft unterstützt hat. Hiskija wechselt den Haushofmeister aus – statt Schebna nun Eljakim. Der Schlüssel zum königlichen Palast (und damit Schatz) ist neben Gewand und Schärpe das Amtszeichen des Haushofmeisters. Heilsgeschichtlich versteht der Text diesen Wechsel als Eingreifen Gottes in die Geschichte: Gott führt sein Volk immer wieder neu auf den Weg des Heils. Dazu kann er Menschen, die sich seinem Plan in den Weg stellen (wie Schebna) verstoßen, andere, die seinen Plan voranbringen (wie Eljakim) berufen und beauftragen. Die dritte Dimension dieses Textes ist messianisch: Es sind zwar die Schlüssel des Königshauses David, die Eljakim erhält. Sie verweisen aber über die augenblickliche geschichtliche Situa-tion hinaus auf das endzeitliche Volk Gottes, das sich in Jerusalem versammelt. Diese Bedeutung wird im Schlüsselwort des Evangeliums aufgegriffen.

Röm 11,33-36: Wie unerforschlich sind die Wege Gottes. Seine Betrachtung über Juden und Heiden, denen beiden das Heilsangebot Gottes gilt (Röm 9-11), schließt Paulus mit dem vorliegenden Hymnus. Sein Lobpreis geht zurück auf alttestamentliche Vorbilder (Zitat von Jes 40,3), vor allem auf die spätjüdische Weisheitstheologie des im griechischen Kulturraum sich befindenden Diasporajudentums. Gott wird mit den Attributen Reichtum, Weisheit und Erkenntnis beschrieben. Reichtum meint die Fülle der »Geschenke« Gottes an den Menschen, seine Führung in der Geschichte, die Paulus am eigenen Leib, aber auch in der Geschichte seines Volkes erfahren hat. Weisheit meint die Weisheit Gottes gegen die Torheit der Welt, bezieht sich also auf das Erscheinen Gottes in Jesus, dem Gekreuzigten. Erkenntnis ist eine Weise der liebevollen, sich dem anderen zuwendenden Begegnung. Am Schicksal von Juden und Heiden erkennt Paulus also die Liebe Gottes. Die Antwort des Menschen darauf können nur Lobpreis, Dank und Verehrung sein – »Ehre in Ewigkeit«.

Mt 16,13-20: Die Schlüssel des Himmelreiches. Die Situation spitzt sich für Jesus immer mehr zu. Er hat zwar einen kleinen Jüngerkreis gewonnen, der ihm folgt, aber die Mächtigen im Volk stellen sich immer offener gegen ihn (vgl. Mt 16,1-4). Somit ergibt sich für Jesus eine Entscheidungssituation. Er kann nicht länger damit rechnen, dass sich das Volk Israel als Ganzes zu ihm bekennt. Es wird daher nötig, ein neues Gottesvolk zu gründen – der Jüngerkreis bildet die Mitte dieses Volkes. Den Jüngerkreis fordert Jesus deshalb zu deutlichem Bekenntnis heraus. Petrus führt dieses Bekenntnis als Sprecher für alle aus:»Jesus ist Messias und Sohn Gottes«. Dieses Bekenntnis ist sicher aus der nachösterlichen Erfahrung des Auferstandenen in den Gemeinden der jungen Kirche entstanden. Entsprechend seiner Linie, die Rolle des Petrus zu betonen, führt Matthäus – anders als die beiden anderen Synoptiker – das Bekenntnis mit einer Zusage Jesu an Petrus weiter: Petrus soll der Verwalter der Schlüssel zum Himmelreich sein, er wird also mit einer besonderen Aufgabe betraut. Dies geschieht aufgrund seines Bekenntnisses: Das Bekenntnis zu Christus und damit die treue Bindung zu ihm ist die Grundlage dafür, dass Petrus zum Felsen, zum Fundament der jungen Kirche werden kann. Nur aus dieser Bindung an Christus heraus ist der Auftrag des Petrus zu verstehen. Diese Bindung aber vollzieht sich innerhalb der Gemeinde, nur eingebettet in die Gemeinde der Glaubenden kann Petrus zum Felsen werden und den Glauben der Gemeinde stützen und halten.

Schrifttext und Familien mit Kindern

Wer die drei Schrifttexte auf Gestaltungsmöglichkeiten für den Gottesdienst hin bedenkt, wird das im Evangelium aufgegriffene Thema des Petrusamtes mit Vorrang bedenken. Die zeitgeschichtliche Situation der alttestamentlichen Lesung ist uns nicht allein unbekannt, sondern auch weithin ohne konkrete Bedeutung. Die hymnische Sprache des Paulus mit ihren tiefen theologischen Begriffen erreicht uns kaum. Bleibt – auf den ersten Blick – nur das Evangelium.

Dies gilt besonders deshalb, weil die Rolle des Papstes in Kirche und Welt heute ausgesprochen kontrovers diskutiert wird und aufgrund der heutigen Ausformung des Papstamtes mit vielfacher und oft berechtigter Kritik überzogen wird. Das Thema Papst und sein Dienst wird also bei Erwachsenen durchaus auf Interesse stoßen, bei Kindern dagegen kaum – für sie ist der Papst jemand aus einer fernen Welt.

Wo also lässt sich bei der Gestaltung von Familiengottesdiensten an diesem Sonntag ansetzen? Es gibt – wenn auch ein wenig versteckt – durchaus verschiedene Möglichkeiten.

Der in erster Lesung und Evangelium verwendete Begriff des Schlüssels kann als Symbol gebraucht und gedeutet werden: Wir brauchen einen Schlüssel zum Verständnis, um die vielen»wunderbaren Sachen« in unserer Welt zu verstehen und zu einer eigenständigen Weltsicht gelangen zu können. Solche Schlüssel zu Sinn und Glauben, Lebensziel und Religion sind vor allem Menschen, denen wir begegnen und die uns das Leben»aufschließen«. Die Personalisierung des Schlüssels, die Jesus auf Petrus hin ausspricht und die bereits in der Lesung anklingt, lässt sich durchaus auf Personen unserer Zeit hin verlängern: Wir brauchen Menschen, die uns»Schlüssel ins Leben« sind und die dadurch zum Felsen werden, an den wir uns halten können und auf den wir unser Leben bauen können.

Die alttestamentliche Lesung greift in ihrer zweiten Schicht (s.o.) das Thema auf, dass Gott durch die Geschichte führt und immer wieder eingreift. Dieses Eingreifen erleben wir heute in einer säkularisierten Welt nicht länger in der direkten Weise, in der etwa Israel seine Geschichte verstehen konnte. So kann der Frage nachgegangen werden, wo wir heute Gott und sein Wirken in unserer Welt und in unserer Lebensgeschichte erfahren können.

Lesung und Evangelium greifen das Stichwort Messias (= hebräisch, griechisch = christos) auf. Jesus ist der Gesalbte und Gesandte Gottes, der erwartete Retter, der das Heil

Gottes neu, unwiderruflich und unüberbietbar vermittelt. Dies kann ein Anlass sein, den Begriff des Messias aufzugreifen, damit eine Deutung der Person Jesu zu verbinden und zu einem eigenen Bekenntnis zu Jesus zu ermuntern.

Auch der Paulus-Hymnus der zweiten Lesung bietet einige Themen, die als Ansatzpunkte für eine Gottesdienstgestaltung dienen können: 1. Menschen haben verschiedene Fragen und forschen nach Antworten. Nicht auf jede Frage aber sind Antworten möglich. Manches, und zwar besonders das Tiefste, bleibt geheimnisvoll, unergründlich, unerforschlich. Die eigentlichen Fragen des Lebens können nur durch den Glauben einer Antwort näher kommen. 2. Menschen erhalten von »Gottes Reichtum« unverdient Geschenke, die ihr Leben prägen. Dem kann man dadurch nachgehen, dass man aufspürt, wo wir Geschenke Gottes in unserem Leben erfahren. 3. Die Antwort des Menschen auf Gottes Güte sind Lobpreis und Dank. Dies kann näher ausgeführt und vor allem in entsprechende Gebetsformen eingebracht werden.

Neben dem Thema des Petrusamtes in der Kirche ergeben sich aus dem Evangelium ebenfalls weitere Gestaltungsmöglichkeiten: 1. »Für wen haltet ihr mich?« Wer ist Jesus für uns heute? Wie können wir unseren Glauben an ihn in ein Bekenntnis fassen? 2. Der Fels des Glaubens an Jesus ist Fundament kirchlicher Gemeinschaft. Das Bild vom Bau der Kirche kann näher dargestellt und damit gezeigt werden, was die Grundlage kirchlicher Gemeinschaft darstellt.

Gestaltungsideen für den Gottesdienst

– *Schlüssel zum Schatz des Lebens:* Ein »Schatz«-kästchen mit einem großen Schlüssel (auch aus Tonpapier geschnitten) wird aufgestellt. Mit den Kindern wird bedacht, was »der Schatz des Lebens« ist: Was gehört zu einem glückenden Leben? Was erhoffen wir uns für unser Leben? In einem zweiten Schritt wird überlegt, was und vor allem wer uns wie ein Schlüssel zu gelingendem Leben ist. Schnell wird dabei deutlich, dass es neben materiellen Dingen, die auch wichtig sind, vor allem um Personen geht, die mit uns unseren Weg gehen und die uns beistehen. Beispielhaft können Namen solcher »Schlüsselpersonen« auf den großen Schlüssel geschrieben werden.

– *Warum ist das geschehen?* Diese Frage wird meist mit Leiderfahrungen in Verbindung gebracht. Glückerfahrungen werden kaum hinterfragt. Glaubende Menschen (etwa damals in Israel, aber auch heute) haben jedoch hinter Erfahrungen von Rettung und gelingendem Leben, von Veränderungen zum Positiven (etwa von Schebna zu Eljakim) und Neuaufbruch das Eingreifen und die kraftvolle Hand Gottes gespürt und bekannten sich dazu. So können auch wir vieles in unserem Leben dankbar als Geschenk Gottes betrachten (vgl. auch die neutestamentliche Lesung). Entsprechende Beispiele aus heutigem Leben sind zu überlegen.

– *Jesus, der Messias, der Christus Gottes:* Ausgehend vom alttestamentlichen Messiasbegriff kann das Bekenntnis des Petrus gewählt werden, um die Bedeutung Jesu zu erläutern. Jesus ist für uns mehr als irgendein Mensch: Er ist der Weg zu Gott, der Schlüssel zu ihm, er ist der von Gott Gesandte, der, auf den Menschen seit jeher hoffen. Jesus ist wie das Licht Gottes, das in unsere Welt einfällt. Die Kinder sammeln Namen und Titel, die die Bedeutung Jesu für uns ausdrücken. Diese Namen werden neben ein Jesusbild geschrieben, das auf dem Altar aufgestellt ist. Aus den verschiedenen Namen wird dann eine Jesuslitanei geformt, die das Abschlussgebet dieses Gottesdienstes darstellen.

– *Wir danken für Gottes Geschenke:* In einer vergleichbaren Weise können Gedanken der zweiten Lesung aufgegriffen werden: Die Kinder bedenken, wie Gott uns in unserem Leben beschenkt. Ihre Antworten werden in Wort und gemaltem Bild zu einer Collage zusammengestellt. Aus dieser Collage heraus ergibt sich ein Lob- und Dankgebet, das miteinander gesprochen wird. Es kann durch einen Liedruf unterbrochen oder überhaupt in Liedform gestaltet werden.

– *Der Bau der Kirche:* Die Gemeinschaft der Kirche kann als Bau dargestellt werden. Dies kann in zwei Richtungen hin geschehen. Eine erste, mehr äußerliche Darstellung nennt verschiedene Ämter und Personen in der Kirche und stellt sie als Teile des Hauses dar, die dann auf ein Plakat gemalt werden. In diesem Zusammenhang kann das Petrusamt als Fels (Fundament) dargestellt werden – bei aller Problematik dieses Bildes heute. Eine tiefere Deutung fragt nach dem, was für die Glaubensgemeinschaft und ihr Glaubensbekenntnis wichtig ist, und formt daraus ein Haus des Glaubens. Dann wird man mit dem Fundament etwa den Glauben an Christus bezeichnen, mit dem Dach den Schutz Gottes ...

Weiterführung nach dem Gottesdienst

Zum ersten Gottesdienstvorschlag erhalten die Kinder als Erinnerung einen Schlüssel aus Tonpapier (oder auch einen richtigen Schlüssel – mal bei einem Schreiner oder Schlüsseldienst nach alten Schlüsseln fragen).

Die verschiedenen Vorschläge zum Thema Geschenk laden dazu ein, den Kindern am Ende des Gottesdienstes ein kleines Geschenk zu machen. Es ist immer wieder gut, wenn sie aus der Kirche etwas mit nach Hause bringen.

Zum dritten Vorschlag passt ein schönes Jesusbild als Kunstbildchen oder Kunstpostkarte.

Zum Thema Lob und Preis können die Familien dazu ermuntert werden, aus ihren Lebensgeschichten heraus Dankgebete zu schreiben und mitzubringen.

Der Bau der Kirche kann in beiden vorgeschlagenen Richtungen als Zeichnung dargestellt werden, die vervielfältigt und den Kindern mitgegeben wird.

(A 52) 22. Sonntag im Jahreskreis

Zu den Schrifttexten

Jes 20,7-9: Du hast mich betört, Herr. Der Abschnitt aus den Bekenntnissen des Propheten Jeremia ist im Zusammenhang mit der Leidensvorhersage Jesu im Evangelium ausgewählt worden: Das Schicksal Jesu steht in Parallele zum Schicksal des Propheten. Der Hintergrund des Propheten ist die Situation in Jerusalem kurz vor der Eroberung durch Babylon um das Jahr 600. Jeremia hatte von Gott den Auftrag erhalten, Volk und König wegen sozialer Ungerechtigkeit und wegen unberechtigtem Vertrauen auf falsche politische und militärische Macht anzuklagen. Diese prophetische Klage und Anklage wird von seinen Hörern gegen ihn selber gerichtet, er hat Verfolgung und Widerstand zu erleiden. So steht der Prophet in der Gefahr zu resignieren. In seinen Bekenntnissen reflektiert er seine Situation in Form eines Gebetes: Trotz Verfolgung und persönlicher Nachteile kann Jeremia dennoch nicht von seinem Auftrag und seinem prophetischen Wort lassen – Gott hat ihn betört wie ein Verführer ein Mädchen. Mehr noch, Gott ist gleichsam in seinem Inneren wie ein loderndes Feuer, das ihn verzehrt. Leider ist der Text der Perikope so geschnitten, dass die Klage des Jeremia zwar aufgegriffen wird, nicht aber sein vertrauensvolles Bekenntnis in Vers 11: »Der Herr steht mir bei wie ein gewaltiger Held.«

Röm 12,1-2: Erneuert euer Denken. Die beiden Verse stehen an einer entscheidenden Stelle des Römerbriefes. Nach den ersten beiden Hauptteilen des Briefes (Kapitel 1-8: Gottes Erbarmen rettet die Menschen, Kapitel 9-11: Dieses Erbarmen gilt Juden wie Heiden) folgen im dritten Teil Mahnungen, Folgerungen, die sich aus dem Zuspruch des Glaubens als Anspruch an eine christliche Lebensgestaltung ergeben. Auf die ersten beiden Teile greift Paulus mit dem Begriff des »Erbarmens

Gottes« zurück. Sein Erbarmen, seine Gnade ist die Grundlage von allem, nur von seinem Erbarmen aus kann der Christ zu eigenem barmherzigen Verhalten bereit werden. Von diesem Ausgangspunkt der erfahrenen Gnade Gottes folgert Paulus, dass der Christ zu ganzheitlichem Einsatz für die Welt bereit werden muss – das ist sein Gottesdienst. Trotz einer liturgisch-kultisch geprägten Sprache (»heiliges Opfer«) ist für Paulus hier Gottesdienst mit Welt- und Menschendienst gleichzusetzen. Es geht ihm nicht um einen abgehobenen Bereich eines weltfernen Kultes, sondern um die Bewährung des Christen mitten in der Welt. Dies bedeutet aber eine grundlegende Erneuerung des Denkens, eine Ausrichtung des glaubenden Menschen nicht auf die Maßstäbe der Welt, sondern auf den Willen Gottes, auf sein Erbarmen und seine Menschenfreundlichkeit.

Mt 16,21-27: Leidensvorhersage und Kreuzesnachfolge. Die beiden Teile der Perikope (erste Leidensvorhersage Jesu und Sprüche zu den Bedingungen der Nachfolge) gehören inhaltlich zusammen: Das Kreuz stellt eine Verbindung zwischen dem Herrn und seinen Jüngern dar. Nach der Verkündigung in Galiläa beginnt nun ein neuer Abschnitt im Wirken Jesu: Bewusst begibt er sich auf den Weg nach Jerusalem, auf den Weg zum Leiden und Tod. Er versteht sich nicht als Messias der politischen Macht, sondern als der Messias in Niedrigkeit, im Dienst an den Menschen. Von seinen Jüngern erwartet er die gleiche Bereitschaft, Leid und Kreuz auf sich zu nehmen, um so den Menschen zu dienen. Er fordert sie zur Entscheidung heraus. Dies wird besonders in der Person des Petrus sichtbar. Noch kurz vorher bekannte sich Petrus zu Jesus als dem Sohn Gottes (vgl. A 51) und wird von Jesus zum Felsen der Kirche erklärt. Jetzt stellt er sich gegen den Weg Jesu und will sein eigenes Messiasverständnis in Jesus verwirklicht sehen – Jesus erklärt ihn zum Satan, der sich gegen die Pläne Gottes stellt. Wie Petrus sind alle die, die Jesus nachfolgen, immer in der Gefahr, ihre eigenen Vorstellungen höher zu stellen als den Willen Gottes. Nachfolge aber bedeutet Selbstaufgabe um eines höheren Zieles willen, Kreuz und Leid um der Auferstehung willen.

Schrifttext und Familien mit Kindern

Alle drei Schrifttexte erweisen sich im Blick auf Familiengottesdienste mit Kindern als sperrig und von ihrer Themenwahl wie Sprache als schwierig. Bis auf das Stichwort Kreuz im Evangelium scheint nichts Konkretes, nichts unmittelbar Umsetzbares in diesen Texten zu sein. Dennoch gibt es in jedem Text einige Gedanken, die man aufgreifen kann.

Von der alttestamentlichen Lesung und dem Schicksal des Propheten Jeremia ausgehend kann das Stichwort »Prophet« aufgegriffen werden. Propheten sind gleichsam der »Mund Gottes« in einer bestimmten geschichtlichen Situation des Volkes. Propheten verweisen auf Gottes Willen, sie geben Zuspruch und erheben gleichzeitig einen Anspruch auf bestimmte Verhaltensweisen. Solche prophetischen Menschen gab es nicht allein damals, es gibt sie auch heute in Kirche und Welt.

Ein weiteres Thema ergibt sich dann, wenn man den arg gekürzten Text um die beiden folgenden Verse erweitert und damit zum Bekenntnis des Jeremia gelangt: »Der Herr steht mir bei in der Not.« Dieses Bekenntnis ist das Bekenntnis aller Glaubenden, immer wieder machen Menschen die Erfahrung, dass Gott selbst tiefste Not zum Guten wendet. Solche Bekenntnisse stellen damit für die Hörer eine Ermunterung zum Vertrauen auf Gott dar – eine Aufgabe, die auch für den Familiengottesdienst immer wichtig ist.

Bei der Paulus-Lesung sind zwei Akzente für heutiges Leben der Christen wichtig: Christsein bedeutet eine ständige Erneuerung des Denkens (und Lebens) auf den Willen Gottes hin, also das, was Jesus mit »Umkehr« bezeichnet, die ständige Bemühung zur Verbesserung und zum Neubeginn.

Zum anderen ist für Paulus Gottesdienst immer Welt- und Menschendienst. Der Christ übt seinen Gottesdienst mitten in der Welt aus. Damit wertet Paulus die Liturgie nicht in kultkritischer Weise ab (an vielen Stellen seiner Briefe betont er die Bedeutung des Herrenmahles). Wohl aber sieht er – wie Jesus – Gottesliebe und Nächstendienst unlösbar miteinander verknüpft. Nur in der Welt kann der Christ seinen Glauben leben und sich im Glauben bewähren.

Das Evangelium vergleicht in seinen beiden Teilen den Weg Jesu und den Weg der Jünger. Für beide gilt, dass Selbsthingabe durch Leid und Not hindurch, ja bis in den Tod notwendig ist. Nur durch das »Verlieren des Lebens« wird der Weg für Gott frei zum Neubeginn der Auferstehung, zum Eingang des Menschen in die Herrlichkeit Gottes. Das

Thema des Weges durch Leid zur Herrlichkeit kann auch in Familiengottesdiensten aufgegriffen werden.

Im Zusammenhang mit dem am vorangegangenen Sonntag vorgetragenen Petrusbekenntnis kann das Doppelbild zu Petrus eingebracht werden: Fels der Kirche – Stein des Anstoßes. Beides gilt für Petrus und auch für jeden Jünger. Entscheidend ist, ob ein Mensch sich dem Willen Gottes öffnet oder nicht. Wer sich auf den Weg Jesu einlässt, der kann von seinem Glauben her zum Felsen werden, der auch andere hält und trägt. Wer seinen eigenen Vorstellungen nachgeht wie hier Petrus, der wird zum Stein des Anstoßes.

Gestaltungsideen für den Gottesdienst

– *Mund Gottes sein:* Wie können wir Gott erfahren? Wie können wir Gottes Wort vernehmen? – Nicht so, wie wir die Worte von Menschen vernehmen, sondern in anderer, oft vermittelter Weise. Gottes Wort und damit sein Wille, seine Weisung erreichen uns vermittelt durch andere Menschen, durch die, die uns »Mund Gottes« sind. Propheten nennen wir solche Menschen, die in herausragender und für die Gemeinschaft glaubhafter Weise »Mund Gottes« waren und sind. Das Thema kann durch einen großen gemalten Mund dargestellt werden. Zu diesem Mund (Gottes) werden Namen großer biblischer Propheten und Gestalten geschrieben: Jesaja und Jeremia, aber auch Mose und andere. Ebenso können Heilige der Kirchengeschichte genannt werden (etwa Franziskus) und Menschen unserer Zeit (etwa Mutter Teresa), die Gottes Willen durch ihr Sprechen und Handeln bezeugten. Der Gottesdienst kann mit der Aufforderung schließen, dass auch wir selber bereit sein sollen, »Mund Gottes« zu werden.
– *Der Herr steht mir bei:* Menschen erleiden immer wieder Not und sinnloses Leid. Oft aber werden auch Erfahrungen gemacht, dass sich Böses zum Guten wandelt. Glaubende Menschen verstehen solche Wendungen als barmherziges Eingreifen Gottes. Für sie sind diese Erfahrungen Grund zum Vertrauen. Wo eine Vorbereitungsgruppe für den Familiengottesdienst besteht, kann in einem Vorge-

spräch solchen Erfahrungen im eigenen Leben nachgespürt werden. In kleinen Spielen oder Erzählungen werden diese Erfahrungen im Gottesdienst vorgestellt. Als Zeichenhandlung ist dabei sinnvoll, nach jeder Szene eine Kerze anzuzünden: Gott macht unsere Dunkelheit hell.
– *Das Leben erneuern:* Die Kinder kennen bereits, dass vieles im Leben immer wieder erneuert werden muss: Die Wohnung muss renoviert werden, Gegenstände altern und nutzen sich ab, Kleidung verschleißt ... Von solchen Ansätzen her können sie die Forderung des Paulus einordnen, dass auch unser Leben immer wieder erneuert, renoviert, neu ausgerichtet und gestaltet werden muss. Dieser Gedanke muss nach einer grundsätzlichen Betrachtung in einzelne konkrete Schritte umgesetzt werden: Wo können wir zu einer Erneuerung unseres Denkens und Handelns kommen?
– *Gottesdienst und Menschendienst:* Jesus – und in seiner Nachfolge auch Paulus – fordert, dass Gottesdienst und Nächstendienst zusammengehören. Beides gehört zu christlichem Leben dazu. Auch hierzu bieten sich vorbereitete oder Stegreifspiele an, die deutlich machen, wie Christen im Nächstendienst den Willen Gottes erfüllen, damit also Gottesdienst leisten. Ebenso können Beipiele von Menschen vorgestellt werden, die aus ihrem Glauben heraus zu vorbildlichem Handeln der

Nächstenliebe gelangen. Für Kinder wie für Erwachsene sind solche Beispiele wichtig: Vorbilder prägen die eigene Lebensgestaltung. Ebenso kann auf Gruppen in der Gemeinde verwiesen werden, die sich dem Dienst am Menschen in unterschiedlicher Weise widmen.

– *Das Kreuz:* Das Kreuz ist das Zeichen Jesu, aber ebenso das Zeichen der Christen. Die meisten Kirchen haben ein großes Kreuz, vor dem man die Kinder versammeln und über die Bedeutung des Kreuzes sprechen kann. Danach können die Kinder aus grauen Pappstreifen kleine Kreuze zusammenkleben und mit nach Hause nehmen. Auf diese Kreuze schreiben sie den Namen Jesus (oder malen ein Jesusbild), um damit ihre Zugehörigkeit zu Jesus auszudrücken.

– *Durch Leid zur Herrlichkeit:* Der Weg Jesu war kein Weg der Macht und der politischen oder religiösen Gewalt. Sein Weg war ein Weg der Selbsthingabe für die Menschen, ein Weg des Dienstes. Damit prägt er den Weg der Christen: Wer ihm nachfolgt, soll seinen Lebensweg in gleicher Weise gestalten. Ein solcher Weg kann Leid und Not bedeuten, Verzicht auf vieles, das für andere Menschen selbstverständlich ist, um anderer willen, Dienst und Einsatz, Verantwortung und sinnvolles Opfer. Auch hier müssen der allgemeinen Aussage konkrete Beispiele folgen, damit die Bedeutung des Weges Jesu für heutiges Leben erkennbar wird. Als Zeichen für den Dienst kann dabei ein Weg gemalt werden, der zu Menschen in Not hinführt.

Weiterführung nach dem Gottesdienst

Zum ersten Thema kann vielleicht auf einem Blatt das Schicksal eines »Propheten« aus Geschichte oder Gegenwart vorgestellt und dabei gezeigt werden, wie dieser Mensch »Mund Gottes« für seine Zeit war oder ist. Ein gemalter Mund (eventuell einfach mit Lippenstift auf Papier oder Pappe) erinnert an das Thema des Gottesdienstes.

Zum zweiten Thema passt ein Psalm oder ein anderes Gebet, das von der Not eines Menschen spricht, aber zum Bekenntnis zu Gottes Hilfe und zum Vertrauen auf Gott gelangt. Die Gottesdienstbesucher werden aufgefordert, diesen Gebetstext aufzuheben und in Notsituationen zu beten, damit also zu versuchen, die Not aus der Haltung des Glaubens zu bewältigen.

Das Thema »Erneuerung unseres Lebens« kann im Familiengespräch aufgegriffen werden: Wo brauchen wir für unser Zusammenleben einen Neubeginn, eine Erneuerung unseres Denkens und Handelns?

Zum Thema Kreuz können die Gottesdienstbesucher dazu ermuntert werden, auf Kreuze an ihrem Wohnort zu achten und zu bedenken, welche Aussage solche Kreuze von ihrer Gestaltung machen (Friedhofskreuze anders als Wegkreuze ...).

(A 53) 23. Sonntag im Jahreskreis

Zu den Schrifttexten

Ez 33,7-9: Ich gebe dich Israel als Wächter. Mit dem Evangelium (und in anderer Weise auch mit der zweiten Lesung) ist diese Perikope durch das Thema der Verantwortung für den anderen, für seine Umkehr und seinen Neubeginn verbunden. Was zuerst einmal in die historische Situation des Ezechiel hinein gesagt ist, gilt auch in übergeordneter Weise. Die Situation des Ezechiel ist die des Untergangs Israels durch die babylonische Eroberung und das folgende Exil. Zusammen mit der Oberschicht des Volkes ist der Priester und Prophet in die Verbannung geraten. Dort soll er im Auftrag Gottes zur Umkehr mahnen. Im ersten Teil des Buches Ezechiel ging es um die Verkündigung des Untergangs, der zweite Teil blickte auf andere Völker und ihr Schicksal, der mit Kapitel 33 beginnende dritte Teil des Buches gelangt zu einer vorsichtigen Heilsprophetie. Dies liegt im von Ezechiel erkannten Willen Gottes begründet, der nicht den Tod des Sünders, sondern sein Leben will. Das Volk, aber auch jeder Einzelne hat eine Chance zur Umkehr und zum Neubeginn. Die Wächteraufgabe Ezechiels liegt darin, auf die geforderte Umkehr immer wieder aufmerksam zu machen. Darin liegt seine persönliche Verantwortung. Der Prophet hat mit seinem Auftrag Verantwortung für Glauben und Leben derer, denen er seine Botschaft auszurichten hat. Im Evangelium wird diese Verantwortung zu einer gegenseitigen Verantwortung der »Brüder« (= Mitglieder) der christlichen Gemeinde (s.u.).

Röm 13,8-10: *Die Liebe ist die Erfüllung des Gesetzes.* Unter den vielen bedeutsamen Aussagen des Römerbriefes gehört der vorliegende Abschnitt zu den entscheidenden Texten paulinischer Glaubensverkündigung. Auf der Basis des bisher Gesagten von dem unbedingten und grenzenlosen Erbarmen Gottes, von seiner Liebe zu den Menschen, fasst Paulus hier die Antwort des Glaubenden in aller Prägnanz zusammen: Die Liebe ist die Zusammenfassung und Erfüllung des ganzen Gesetzes. Mit Gesetz meint Paulus aufgrund seiner Herkunft und seiner theologischen Grundlagen die jüdische Tora, das Gesetz des Mose, in dem er (wie die folgenden Beispiele zeigen) eine grundlegende Richtschnur sieht, das Leben nach dem Willen Gottes zu erfüllen. Mit dem Wort »Du sollst deinen Nächsten lieben wie dich selbst« greift er nicht allein einen

Schlüsselsatz Jesu auf (vgl. Mk 12,31 – B 61), sondern auch die dahinter liegenden Aussagen des Alten Testamentes (vgl. etwa Lev 19,18). In diesem Satz also ist für Paulus die ganze Botschaft jüdischen wie christlichen Glaubens zusammengefasst; er ist damit die grundlegende Richtschnur christlichen Handelns.

Mt 18,15-20: *Das Leben der Gemeinde.* In dieser Perikope sind verschiedene Belehrungen der Jünger über das Leben in einer christlichen Gemeinde zusammengefasst, die aus unterschiedlichen Quellen stammen und sehr verschiedene Akzente setzen. In der Sicht des Matthäus meint dabei die Anrede der Jünger eine Anrede aller Gemeindemitglieder, die die Jünger Jesu zu ihrer Zeit und an ihrem Ort sind. Es geht ihm um die Ordnung in der Gemeinde, vorrangig in seiner judenchristlichen Gemeinde. So greift er für den Fall der Verfehlung eines Gemeindemitglieds zurück auf ein dreistufiges Verfahren, das im jüdischen Bereich beheimatet ist: persönliches Gespräch, Gespräch mit zwei Zeugen, Verhandlung vor der Gemeinde. Trotz seiner Verfehlung bleibt der andere »Bruder«. Der Ausschluss aus der Gemeinde (mit »wie Heide und Zöllner« wird der judenchristliche Hintergrund des Mattthäus sichtbar) muss nicht auf Dauer sein – der folgende Spruch vom Binden *und* Lösen macht dies deutlich. Ein anderes Thema wird mit den beiden Schlussversen aufgegriffen: die Kraft des Gebetes und die Nähe Jesu mitten in der christlichen Gemeinde.

Schrifttext und Familien mit Kindern

Das Generalthema aller drei Schrifttexte ist die Verantwortung füreinander, die sich im Hauptgebot der Liebe zusammenfassen lässt (vgl. zweite Lesung). Diese Verantwortung konkretisiert sich in besonderer Weise dann, wenn Menschen schuldig werden. Auch in solchen Situationen geht es für den glaubenden Menschen nicht um Verurteilung und Ausstoßung (dies ist auch im Evangelium nur die letzte und eine zudem umkehrbare Möglichkeit), sondern um Hilfe und Solidarität,

damit der schuldige Mensch wieder auf einen guten Weg zurück findet.

Der Umgang mit schuldigen Menschen bleibt auch in unserer Zeit ein brisantes Thema, das oft in einer gereizten Atmosphäre stattfindet. In einer Zeit zunehmender Angst und Sorge um die eigene Existenz wird die Forderung nach Abgrenzung und Härte im Umgang mit Schuldigen stärker. Dabei geht es zunehmend mehr um Strafe und Rache als um Hilfe für einen Neubeginn.

Hier können und sollen Christen von ihrem Glauben her andere Akzente setzen. Sowohl die Lesung aus dem Buch Ezechiel wie auch das Evangelium betonen die nicht abweisbare Verantwortung füreinander, die auch bei Schuld des anderen nicht endet, sondern gerade da einen wesentlichen Auftrag zur Hilfe enthält. Es gilt für den schuldigen »Bruder« zu sorgen, um ihm den Weg zum Heil offen zu halten. Dies erfordert die Liebe, die die Erfüllung des Gesetzes ist.

Für Familien und ihre Kinder wird eine solche Haltung nicht nur allgemein auszusagen sein, sondern vor allem in konkreten Handlungsimpulsen bestehen müssen. Dies ist in der Gottesdienstgestaltung zu berücksichtigen.

Die Forderung nach Liebe als Grundlage eines christlichen Lebens erscheint zum einen recht allgemein. Zudem wirkt das Wort »Liebe« heute recht abgegriffen, der inflationäre Gebrauch in Medien, Schlager ... zeigt Wirkung. Darüber hinaus wird Liebe weithin auf Erotik und Sexualität eingeengt, das im Paulusbrief Gemeinte ist von da aus nur schwer einzuordnen. Somit ist es ratsam, die zweite Lesung durch andere Begriffe zu ergänzen, die das hier gemeinte Wort Liebe umschreiben und klarer hervortreten lassen: Offenheit füreinander, Solidarität, gegenseitige Zuneigung, Einsatz und Hilfe ... Mit solchen Begriffen ist danach leichter ein Übergang zu dem möglich, was heute von Christen erwartet wird als »die Erfüllung des ganzen Gesetzes« Gottes.

Das Evangelium bietet über das genannte Thema hinaus zwei andere Ansätze für eine thematische Behandlung im Gottesdienst. Zum einen ist dies das gemeinsame Gebet. Dieses Stichwort kann aufgegriffen werden, um über die Polarität von privatem und gemeinsamem Beten (und damit über die Bedeutung des Gottesdienstes) zu sprechen. Da Gebet ein wesentlicher Teil des Gottesdienstes ist, ist eine »Gebetsschule« im Gottesdienst immer wieder sinnvoll.

Ein anderes mögliches Thema ergibt sich aus dem letzten Vers des Evangeliums: die ständige Anwesenheit Jesu in der Gemeinde und seine Gemeinschaft mit den Gläubigen. Jesus zeigt sich in diesem Zuspruch als der Immanuel, als der »Gott-mit-uns«, der der glaubenden Gemeinschaft durch seine Anwesenheit Kraft und Mut schenkt.

Gestaltungsideen für den Gottesdienst

– *Einander Wächter sein:* Mit dem Wort Wächter verbinden Kinder den Wächter eines Schatzes oder den, der vor herannahenden Feinden warnt, also jemanden, der aufmerksam und einsatzbereit für jemanden oder etwas sorgt. Dies können die Kinder durch Stegreifspiele (etwa »einen kostbaren Schatz bewachen«) darstellen und so zu einem Einstieg in das Thema gelangen. Von diesem Gedankengang her kann die alttestamentliche Lesung (ebenso aber auch der erste Teil des Evangeliums) vorgetragen werden. Wir sollen einander Wächter sein – nicht um uns über den anderen zu erheben oder um ihn auszugrenzen, sondern um ihm zu helfen, wieder zu einem guten Weg im Leben zu finden. Auch diese Aussage kann durch kleine Spiele aus dem Leben der Kinder verdeutlicht werden: Wo wir einander zum Guten verhelfen können ...

– *Einander Wegweiser sein:* In ähnlicher Weise kann der Grundgedanke der zweiten Lesung aufgegriffen werden: Die Liebe will dem anderen Gutes. Die Liebe ist deshalb wie ein Wegweiser, der unser Denken und Handeln ausrichten will. Ein großer Wegweiser (Pappschild auf Besenstiel) wird aufgerichtet, auf ihm steht die Forderung Jesu und Paulus: »Liebe deinen Nächsten wie dich selbst.« Auch hier müssen im folgenden Gespräch, in Geschichten, Spielen, Bildern ... konkrete Handlungsmöglichkeiten aufgezeigt werden, die den allgemeinen Begriff »Liebe« (Solidarität, Hilfe, Zuwendung ...) deuten und in das Leben der Kinder übertragen.

– *Der Schlüssel zum Leben:* Mit dem Zeichen eines großen Schlüssels kann die Bedeutung der Liebe für gelingendes Leben deutlich gemacht werden: Gelingendes, gutes Leben ist wie ein Schatz, der uns zuerst einmal

(A 53) 23. So im Jahr

verschlossen bleibt, den wir uns erobern müssen. Der Schlüssel zu diesem Schatz ist die Liebe (vgl. A 51). Ein großer Schlüssel mit der Aufschrift »Liebe« schließt uns die Türen zu vielen Menschen auf (als Zeichenhandlung spielen lassen). Ebenso können auch viele kleine Schlüssel mit Einzelbegriffen die Liebe deuten. Am Schlüsselbund ist dann das Schild »Liebe«, die einzelnen Schlüssel tragen Aufschriften wie Versöhnung, Hilfe, Treue, Solidarität, Zuwendung, Freundschaft ... Entsprechende Spielszenen mit dem jeweiligen Schlüssel deuten das Zeichen.

– *Versöhnung bleibt das Ziel:* Das dreistufige Verfahren der Zurechtweisung eines Bruders hat die Versöhnung zum Ziel (»einen Bruder zurück gewinnen«). Das Bemühen um Versöhnung und einen Neubeginn bleibt ständige Aufgabe der christlichen Gemeinde und jedes Christen. Diese Aufgabe ist wie der Bau einer Brücke zu anderen Menschen. Somit kann das Bild des Brückenbaus für einen Gottesdienst zum Thema Versöhnung aufgegriffen werden.

– *Miteinander beten:* Kinder, aber auch Erwachsene, brauchen immer wieder Hilfen zum Gebet. Dies gilt sowohl für das private Beten wie auch für das Beten in Gemeinschaft. Ausgehend vom Spruch des Evangeliums können die Bedeutung des gemeinsamen Betens, sein Sinn und seine Formen vorgestellt werden. Dabei kann man vom wichtigsten Gebet christlicher Gemeinschaft ausgehen, vom Vaterunser. Gemeinsames Beten bedeutet, miteinander zu Gott Vater zu sagen und deshalb auch einander in Liebe als Geschwister zugetan zu sein. Andere Formen des gemeinsamen Betens (etwa Grundgebete, einzelne Gebete der Messe, Psalmen, Liedstrophen als Gebete ...) können vorgestellt werden. Dies kann auch im Rahmen einer Gottesdienstreihe zu einzelnen Gebeten geschehen.

– *Der »Gott-mit-uns«:* Wir können Gott erfahren und in unserer Mitte spüren, wenn wir uns für Jesus öffnen. Er stellt die bleibende Gegenwart Gottes unter uns dar. Den Kindern kann dies zeichenhaft daran deutlich werden, dass jemand, der von Menschen weg zu einem anderen Ort geht, ihnen etwas als Andenken und Erinnerung zurücklässt (ein Bild, ein Gegenstand ...). Dies wird für sie dann mehr als nur ein Gegenstand, sie erfahren darin seine Nähe und Zuwendung. Gott zeigt uns seine Zuwendung in Jesus, der die Mitte unserer Gemeinden (»zwei oder drei in meinem Namen«) bildet. Jesus ist der Immanuel, der »Gott-mit-uns«.

Weiterführung nach dem Gottesdienst

Passend zum ersten Thema können die Kinder einen Briefumschlag oder ein kleines Stoffsäckchen erhalten, in dem ein Schatz enthalten ist – ein Herz als Symbol der Liebe (aus Tonpapier, als Gebäck, getöpfert ...).

Die Zeichen Wegweiser, Schlüssel und Brücke können ebenfalls den Kindern als Erinnerung übergeben werden (vgl. A 51).

Zum Thema »gemeinsames Gebet« können den Kindern die Texte wichtiger Gebete christlicher Gemeinschaft auf einzelnen Blättern übergeben werden (etwa Grundgebete oder Gebete der Messe).

Zum letzten Thema passt ein schönes Jesusgebet oder ein Jesusbild, das die Kinder auf die Nähe Jesu aufmerksam macht.

(A 54) 24. Sonntag im Jahreskreis

Zu den Schrifttexten

Sir 27,30-28,7: Vergib deinem Nächsten das Unrecht. Um das Jahr 180 vor Christus sammelte der jüdische Weisheitslehrer Jesus Ben Sirach Sprüche und Volksweisheiten, die er in einem Buch zusammentrug. Diese Sprüche sind zwar auf unterschiedliche Themen hin ausgerichtet, gründen aber alle auf dem Glauben Israels und seiner Bindung an Jahwe und seinem Gebot. Dies klingt in dem Thema dieser Perikope in besonderer Weise an (»Bund des Höchsten«). Somit werden die Texte dieses Lehrers zu einer Mischung aus Erfahrung seines Volkes, überliefertem Glauben und daraus folgender Mahnung zu einem rechten Leben. Für Jesus Sirach gehört es dabei zur Erfahrung, dass Groll und Rache das Leben von Menschen immer wieder beeinflusst und beeinträchtigt. So mahnt er in eindringlichen Worten und ruft wiederholt zur Vergebung und Versöhnung auf. Niemand kann vor Gott als schuldlos dastehen, wer aber sein Leben von Groll, Rache und Zorn prägen lässt, erregt damit auch bei Gott Zorn über ein unrechtes Leben. Nur Erbarmen und Versöhnung entsprechen dem Bund Gottes – dies bleibt deshalb für den Glaubenden ständiger Auftrag.

Röm 14,7-9: Wir gehören dem Herrn. In seine ermahnenden Äußerungen zum richtigen Leben der Christen in der Gemeinde (etwa: Rücksicht der »Starken« auf die »Schwachen«) fügt Paulus einige Verse ein, die wahrscheinlich ein kleines Bekenntnis oder Lied aus dem gottesdienstlichen Bereich waren. Gut denkbar ist hier ein inhaltlicher Zusammenhang mit der Taufliturgie. Durch die Taufe nämlich geht der Christ eine Beziehung zu Christus ein – er wird gleichsam zum Eigentum des Herrn. Die gilt im Leben ebenso wie im Sterben, also auch über den Tod hinaus. Diese Bindung an Christus beeinträchtigt aber die christliche Freiheit nicht, sondern ermöglicht sie erst: Weil Christen Eigentum des Herrn sind, sind sie nicht Eigentum weltlicher Gesetze und Mächte. Dies ist der Grund, war-

um Paulus dieses kleine Stück in das Kapitel des Römerbriefes integriert, wo er die römische Gemeinde einerseits zu Rücksichtnahme auf die Schwachen ermuntert und zum anderen ausdrückt, dass die Einheit im Herrn Unterschiede in Lebensweise und gemeindlicher Praxis überbrücken muss (vgl. Röm 14,1-6). Durch Taufe und Eucharistie entsteht für die Mitglieder der Gemeinde eine innere, durch den Herrn geprägte Gemeinschaft, die alle äußeren Unterschiede relativiert.

Mt 18,21-35: Bereitschaft zum Vergeben, das Gleichnis vom unbarmherzigen Gläubiger. Innerhalb seines Gemeindekapitels mit Anweisungen zum Leben des Christen in der Gemeinde geht es Matthäus um wahre Brüderlichkeit. Ein wichtiges Kriterium dieser Brüderlichkeit in der Gemeinde ist die Bereitschaft zur Vergebung. Entsprechend seiner Betonung der Rolle des Petrus bringt Petrus die Ausgangsfrage vor. Seine Anfrage (»siebenmal?«) geht bereits über »normales« Alltagsverhalten von Menschen hinaus (sieben als Zahl der Vollkommenheit und Ganzheit – also bereits bei Petrus umfassende Vergebungsbereitschaft). Jesus erweitert dies mit seiner Antwort noch und fügt dieser umfassenden, für Menschen kaum zu realisierenden Forderung durch das Gleichnis eine innere, theologische Begründung bei: Weil Gott uns in unüberbietbarer Weise Erbarmen erweist und Vergebung schenkt, sollen auch wir im mitmenschlichen Verhalten zu einer vergleichbaren Haltung (wenn auch auf kleinerer Ebene) bereit werden. Grenzenlose Vergebungsbereitschaft muss das Kennzeichen einer Gemeinde werden, die Gott als gemeinsamen Vater bekennt und deren Mitglieder sich untereinander als Brüder verstehen.

Schrifttext und Familien mit Kindern

Die erste Lesung und das Evangelium behandeln das Thema, wie glaubende Menschen (Juden, Christen) miteinander umgehen sollen. Leitender Gedanke ist dabei das Erbarmen mit dem anderen, das Zorn und Hass überwindet und zur Vergebung bereit macht. Diese für menschliches Zusammenleben

grundlegenden Anforderungen gelten für jeden Menschen unabhängig von seiner Religion und seinem Glauben. Vom jüdisch-christlichen Glauben her aber erhält diese Forderung einen anderen Begründungshorizont: Die Erfahrung der Barmherzigkeit Gottes führt zum Anspruch an das eigene Leben. Dies gilt negativ (»Wer Rache übt, an dem rächt sich der Herr«) wie positiv (»Wer vergibt, dem wird vergeben«). Erbarmen und Vergebungsbereitschaft werden somit zum Kennzeichen der Gemeinde, sind wesentliches Kriterium christlicher Brüderlichkeit.

(Das Wort Bruder meint neutestamentlich im Zusammenhang mit der Gemeinde immer *alle* Gemeindemitglieder, schließt also Männer *und* Frauen ein. Es ist deshalb nicht nur berechtigt, sondern heute sogar sachlich richtiger, wenn man den griechischen Begriff »Bruder« in diesem Zusammenhang mit »Bruder und Schwester« übersetzt.)

Aus diesem Befund ergibt sich für die Gestaltung von Familiengottesdiensten ein Hauptthema, das auf unterschiedliche Weise umgesetzt werden kann. Stichworte wie »Ra-

che oder Erbarmen«, »die Kette der Gewalt durchbrechen«, »der ›Gegen‹schlag des Glaubenden«, »als Beschenkte schenken«, »praktizierte Brüderlichkeit« ... weisen hier Wege.

Der Römerbrief geht zwar ebenfalls auf das Leben in einer christlichen Gemeinde ein, allerdings mit einer anderen Akzentuierung. Im Hintergrund steht das Thema Taufe und die dadurch erfolgte Bindung eines Menschen an Christus. Die Zielrichtung des Paulus geht dann dahin, dass die Bindung an Christus (»wir sind sein Eigentum«) uns von innerweltlichen Bindungen und von Einengungen durch Konventionen, Bräuche, menschliche Schwachheiten ... befreit. Die befreiende Bindung an Christus hat Paulus selbst erfahren, sie gilt für ihn ohne jede Grenze – der Glaube befreit zum Leben.

Gestaltungsideen für den Gottesdienst

– *Rache tötet, Erbarmen schenkt Leben:* Rache führt zu umgekehrter Rache, Gewalt zu umgekehrter Gewalt. So entsteht eine wachsende Beeinträchtigung menschlichen Lebens, das Dunkle und Böse eskaliert. Dies kann dadurch dargestellt werden, dass eine kleine Geschichte (auch als Spiel darstellbar) aufzeigt, wie sich aus einer kleinen Schuld im Alltag immer stärkere Rachehandlungen ergeben. Parallel dazu werden um die Zeichnung eines Menschen dunkle Ringe gemalt, die ihn immer mehr einengen, von anderen abkapseln, sein Leben »dunkler« machen. Als Kontrast wird eine Geschichte erzählt oder gespielt, in der Vergebung und Barmherzigkeit zu neuen Lebensmöglichkeiten befreit. Um einen Menschen einer zweiten Zeichnung werden dementsprechend helle, bunte Ringe bzw. von ihm ausgehend helle, bunte Bänder zu anderen Menschen gemalt.

– *Die Kette der Gewalt durchbrechen:* Eine Kette aus Eisengliedern wird gezeigt, eventuell ein Spieler damit »gefesselt«. Im Gespräch wird aufgezeigt, was einen Menschen derartig fesseln kann. Unbarmherzigkeit, Groll, Rache, Hass, Zorn ... sind solche Kettenglieder, allein Versöhnung durchbricht die Kette des Bösen (ein Kettenglied durchtrennen, so dass der Betreffende frei wird).

– *Gott spannt ein Netz des Erbarmens:* In ähnlicher Weise kann mit den anwesenden Kindern (bei nicht zu großer Zahl) ein Spiel mit Bändern oder Wollfäden erfolgen. In einem ersten Schritt werden die Kinder durch einzelne dunkle Wollfäden eingeengt, sind nicht mehr frei. Die Fäden werden auf die unterschiedliche Schuld von Menschen hin gedeutet. Dann werden – nach einem Versöhnungsgebet mit einer Vergebungsbitte – diese dunklen Fäden durchtrennt... Gott schenkt Vergebung, dies bedeutet Befreiung und die Chance zu einem neuen Anfang. In einem dritten Schritt knüpfen die Spieler dann bunte, helle Fäden zwischen sich, binden sich aneinander – neue Gemeinschaft entsteht durch die Barmherzigkeit Gottes.

– *Als Beschenkte schenken:* Gott beschenkt uns in Jesus mit seinem Erbarmen. Wir sind also Menschen, die reich beschenkt werden. Dies kann und soll uns zu der Haltung führen, selber zum Schenken bereit zu werden. Ein oder mehrere Beispielkinder erhalten ein großes Geschenk, das aus vielen kleinen Teilen besteht (etwa ein zusammengestecktes Spielzeug, ein Puzzle ...). Weil sie sich über dieses »große« Geschenk freuen, geben sie »kleine« Teile davon an andere Spieler weiter.

– *Vergib uns unsere Schuld:* Die Vaterunserbitte gehört inhaltlich genau zum Thema des Gleichnisses und kann deshalb dadurch aufgeschlossen werden. Das Gleichnis eignet sich gut zu einem von einer Gruppe vorbereiteten Bibelspiel. Dabei können die Personen (König, Knecht) und die Handlung (Bezahlung einer Schuld) aktualisiert werden und einen Bezug zu heutigem Leben erhalten.
– *Durch die Taufe gehören wir dem Herrn:* Hinter der Römerbrieflesung steht die Tauf-

liturgie. Von da aus kann im Gottesdienst das Thema Taufe aufgegriffen werden. Als Akzent unter den vielen möglichen Aspekten der Taufe sollte dabei die Beziehung zu Christus im Vordergrund stehen: Die Taufe bindet uns mit Christus zusammen. Den Kindern können einzelne Riten der Taufe, die darauf hinweisen (etwa Salbung mit Chrisam) erläutert werden. Sie können mit Bändern einen Kreis um den Taufbrunnen bilden, auf ihn wird als Christuszeichen ein Kreuz gestellt.

Weiterführung nach dem Gottesdienst

Das Thema Erbarmen und Vergebung spielt in Familien ebenso wie in Gemeindegruppen ständig eine Rolle. Dieser Gottesdienst kann dazu einen Anstoß geben, konkret im Gespräch nachzufragen, wo Vergebung und Versöhnung erforderlich sind. Der im Gottesdienst einander gegebene Friedensgruß ist nur dann sinnvoll und berechtigt, wenn er im Alltagsleben Auswirkungen hat.

Zu den einzelnen Gottesdienstideen können unterschiedliche Gegenstände (dunkle und helle Bänder oder Wollfäden, Kettenglieder, kleine Geschenke ...) als Erinnerung mitgegeben werden. Ebenso kann auch die passende Vaterunserbitte in einer schön gestalteten Weise überreicht werden. Zum letzten Thema passt ein Jesusbild, ein Bild des Taufbrunnens, eine Taufurkunde zum Ausfüllen ...

(A 55) 25. Sonntag im Jahreskreis

Zu den Schrifttexten

Jes 55,6-9: Sucht den Herrn, da er sich finden lässt. Die Verse stehen im letzten Kapitel des Deuterojesaja. In der Situation des Exils in Babylon spricht der Prophet dem Volk Hoffnung und Mut zu. Die Wende wird kommen, Gott ist nahe und wird sein Volk retten. So mahnt er die Exilierten, sich nicht resigniert und verbittert von Gott abzuwenden und den babylonischen Göttern nachzugehen. Vielmehr geht es um ein vertrauensvolles Sich-Hinwenden zum Gott Israels. Dieser lässt sich auch in der Notsituation und im Elend des Exils finden. Die Botschaft des Propheten muss den Unterdrückten in Babylon wie eine Utopie erschienen sein, wie eine Vertröstung. Mit dem Gottesspruch der Verse 8-9 macht Deuterojesaja aber deutlich, dass Gott nicht berechenbar ist, dass seine Zuwendung zu den Menschen und sein Heil die Menschen anders erreicht, als diese es sich vorstellen kön-

nen. Die Verheißung der Rettung durch Gott ist für den Propheten nicht leeres Gerede, sondern eine Konsequenz aus seinem Glauben. Dies bedeutet auf der Seite des Menschen ebenso ein aktives Handeln: ständige Umkehr zu Gott, sich neu Einstellen auf die Wege Gottes, Offenheit für Veränderung und Mut, das Neue im eigenen Leben mitzutragen. Dies ist ein Anstoß auch für Christen heute in sich ständig verändernden Verhältnissen.

Phil 1,20-24.27: Für mich ist Christus das Leben. Als Paulus den Brief an die Gemeinde in Philippi schrieb, war er im Gefängnis und hatte ein ungewisses Schicksal vor sich. So geht es ihm in diesem Brief nicht allein um die Probleme und Fragen der Gemeinde, sondern er zieht gleichsam ein Stück Bilanz seines Lebens und Glaubens und gibt mit seinen Überlegungen ein sehr persönliches Zeugnis ab. Paulus weiß sich aus seiner Lebensgeschichte (Bekehrung) und Erfahrung heraus in unbedingter Weise an Christus gebunden. Diese Bindung prägt auch seine Zeit im Gefängnis: Gleich was ihm geschehen wird, er ist Eigentum des Herrn (vgl. die Römerbrieflesung in A 24). Wenn er weiterleben kann, kann er sich dem Werk der Verkündigung weiterhin widmen – dadurch wird Christus verherrlicht. Wenn er hingerichtet wird, ist sein Tod ebenfalls ein Zeugnis für Christus – auch dadurch wird Christus verherrlicht. Für Paulus bedeutet das Sterben keinen Abbruch seines Lebens, sondern vielmehr seine Vollendung, das Erreichen seines Lebenszieles. Somit wäre der Tod für ihn besser. Weil aber die Gemeinden seine Verkündigung weiterhin brauchen, ist es nötig, dass er am Leben bleibt und in den Gemeinden wirkt. Der Schlussvers der Perikope hat nur indirekt mit diesem Bekenntnis des Paulus zu tun. Die Bindung an Christus ist der Kern des Evangeliums. Wie Paulus sich zu dieser Bindung bekennt, so sollen die Gemeindemitglieder es in gleicher Weise tun.

Mt 20,1-16: Gleichnis von den Arbeitern im Weinberg. (Gleichnis vom gütigen Weinbergbesitzer) Der Ablauf des Gleichnisses ist leicht verständlich und bedarf keiner großen Erläuterung. Das Handeln des Weinbergbesitzers ist entgegen dem Vorwurf nicht von Willkür bestimmt, sondern von Güte. Ein Denar entsprach dem Existenzminimum einer Familie für einen Tag. Der Besitzer also schenkt allen Arbeitern die Möglichkeit zum Überleben, selbst dann, wenn sie sich dies aus eigener Leistung nicht verdient haben. Hinter der Bildebene steht eine zweifache Deutung, die von Matthäus noch in eine dritte Richtung gedeutet wird: 1. Der Weinbergbesitzer ist Gott, der den Menschen in seiner großen Güte das Lebensnotwendige schenkt (»unser tägliches Brot«). 2. Im Verhalten des Weinbergbesitzers scheint das Verhalten Jesu auf, der sich in besonderer Weise um Arme und Ausgestoßene, um Zöllner und Sünder bemüht und deshalb Anstoß erregt. Doch in seinem Umgang mit den Menschen ist die Güte Gottes erkennbar. 3. Durch den Schlussvers (ein Wanderlogion, das an vielen Stellen der Evangelien aufgeführt wird) wird der Akzent anders gesetzt: Das Gleichnis richtet sich nun an die Jünger (an die Gemeinde des Matthäus) und wird zu einer Mahnung, wachsam zu sein, damit man nicht von den Ersten zu den Letzten wird. Es gilt, die Güte Gottes auch im eigenen Leben wahrzunehmen und nicht allein auf die eigene Leistung zu vertrauen – Güte und Erbarmen statt Leistung.

Schrifttext und Familien mit Kindern

Die Aussagen der drei Schrifttexte sind vergleichbar leicht verständlich – für Erwachsene. Für Kinder sind diese Perikopen keineswegs leicht umzusetzen, in beiden Lesungen ist die Sprache recht abstrakt bzw. die Situation des Paulus und sein Glaubenszeugnis uns fremd. Das Gleichnis vom Weinbergbesitzer fordert uns zu ähnlichem Widerspruch heraus, wie ihn die ersten Arbeiter formulieren.

Aus der ersten Lesung lassen sich einige Inhalte herauslösen, die auch für heutige Familien wichtig sind. Zum einen ist die Frage nach Gott, die Gottsuche, zum grundlegenden Problem des Glaubens und der Glaubensweitergabe heute geworden: Wo lässt sich Gott heute finden, wo ist er uns nahe? Erscheint er uns nicht als so fremd, so unserem Leben fern, dass wir keinen Zugang zu ihm haben? Die Frage nach Gott und einem verantworteten Gottesbild ist zur Überlebensfrage christlichen Glaubens bei uns geworden.

Ein weiterer, eher versteckter Ansatzpunkt der ersten Lesung liegt in dem Anspruch an Israel, für neue Entwicklungen offen zu sein und in ihnen das Wirken Gottes zu erkennen. Dies kann auch in eine gesellschaftliche Situation hinein gesagt werden, die wie die heutige geprägt ist von ständigen, sich immer schneller vollziehenden Änderungen. Hier gilt es, den Menschen Mut zuzusprechen und gleichzeitig Hilfen zur Unterscheidung zu geben: Die Wege Gottes mit den Menschen sind durchaus auch heute anders als die Wege, die Menschen für sich ausdenken.

Die zweite Lesung bietet drei Ansatzpunkte, die allerdings nicht einfach umzusetzen sind: Zum einen ist dies die Auferstehungshoffnung der Christen. Können auch wir – wie Paulus – sagen, dass uns das »Sterben Gewinn bringt«? Ein zweiter Themenbereich greift die Christusverbundenheit des Paulus auf. Wie sind wir Christus verbunden, prägt er auch unser Leben? Drittens kann der Schlusssatz aufgegriffen werden: Was heißt heute, nach dem Evangelium zu leben?

Die unterschiedlichen Deutungsebenen des Evangeliums können bei der Vermittlung des Gleichnisses eine Rolle spielen: 1. Gott beschenkt den Menschen mit unverdienter Güte – jeder bekommt genug zum Leben. 2. In Jesu Verhalten gegenüber den Menschen scheint Gottes Barmherzigkeit auf. 3. Das Recht zu schenken gilt nicht allein für Gott, für Jesus, sondern ist zugleich ein Recht und ein Anspruch an die Jüngergemeinde: »Seid vollkommen, wie euer Vater vollkommen ist.«

Gestaltungsideen für den Gottesdienst

– *Wo können wir Gott finden?* Menschen zu früheren Zeiten oder in anderen Kulturen dachten oft, Gott in besonderen Naturphänomenen (Sonne, Gewitter ...), in Bergen, Bäumen, Wasser oder anderem zu finden. Für uns ist unsere Welt säkularisiert. Was wir sehen können, sind Geschöpfe, nicht der Schöpfer selbst. So können wir in unserer Welt nur nach Spuren Gottes suchen – Spuren, die in der Schöpfung liegen können, vor allem aber in Erfahrungen von Menschen. Dies sind Erfahrungen von Geborgenheit und Schutz, von Liebe und Treue, von Neubeginn und Hoffnung, von Vollendung und Glück. Erzählungen, Spiele oder Gespräch machen den Kindern solche Grunderfahrungen von Menschen bewusst. Symbole wie Dach, Haus, Licht, Nest ... verweisen auf Gotteserfahrungen. Den Abschluss bildet der Impuls, sich selber auf die Suche zu machen, eigene Erfahrungen auf Gott hin zu deuten.

– *Es gibt immer einen neuen Morgen:* Kinder erleben auf vielfältige Weise Angst und Bedrängnis, Not und Leid. Damit ist ihre Situation durchaus mit der Lage der Israeliten im Exil vergleichbar. Die Botschaft des Jesaja an sein Volk lautete damals: Gott schenkt einen Neubeginn, er gibt euch in eurem Leid nicht auf. Diese Botschaft ist auch Menschen heute zu verkünden. Durch das Bild von der dunklen Nacht und dem hellen, »aufbrechenden Licht des Morgens kann diese Aussage symbolisch ausgedrückt werden. Die Kinder suchen dann aus ihren Erfahrungsbereichen Beispiele, was für sie Nacht und was neuer Morgen ist.

– *Sei gütig, nicht neidisch!* Das Evangelium kann als Bibelspiel dargestellt werden. Danach kann man einen Arbeiter der ersten und einen der letzten Stunde miteinander sprechen und über das Verhalten des Weinbergbesitzers diskutieren lassen. Als Ziel sollte herauskommen: Er gibt jedem genug zum Leben – unabhängig von seiner Leistung. Ausgehend vom Beispiel Jesu und seinem Verhalten gegenüber schuldigen oder armen Menschen kann deutlich werden, dass sich hier Gottes Güte und sein Erbarmen spiegeln. Dies ist uns ein Zuspruch, der uns Mut machen kann: Auch wenn uns etwas nicht gelingt, wenn wir schwach sind, wenn unsere Leistung nicht reicht, Gott nimmt uns an. Zugleich ist dies ein Ansporn zu eigenem Tun: Es gilt, nicht neidisch auf das zu schauen, was der andere hat und bekommt, sondern für das dankbar zu sein, was wir geschenkt erhalten.

– *Von der Hoffnung der Christen:* Paulus im Gefängnis wird pantomimisch (mit Ketten, dunklen Tüchern ...) dargestellt. Doch Paulus blickt nicht nach unten, ist nicht bedrückt, sondern schaut nach oben auf ein helles Licht. Dieses Licht bedeutet für Paulus seine Verbindung mit Christus und seine Hoffnung auf Auferstehung. Vielleicht lässt sich durch ein Spotlight mit einer vorgehaltenen, bis auf ein Kreuz schwarz gefärbten Glasplatte ein Lichtkreuz erzeugen, das auf den gefangenen Paulus trifft: Christen hoffen auch in der Not, dass Christus ihnen nahe ist. Das Beispiel Jesu, der durch den Tod hindurch zu neuem Leben gelangte, war für Paulus und kann für uns Grund zur Hoffnung sein.

Weiterführung nach dem Gottesdienst

Zum Thema Gott suchen können Familien und Kindergruppen Bilder malen, die Erfahrungen mit Gott ausdrücken und Gottesbilder wiedergeben. Solche Bilder werden für einen folgenden Gottesdienst gesammelt und zu einer Collage zusammengestellt. So kann aus den Erfahrungen der Gottesdienstbesucher ein breiter angelegtes Gottesbild für alle erwachsen.

Der Kontrast zwischen dunkler Nacht und hellem Morgenlicht kann leicht in ein großes Bild gefasst werden, an dem viele Kinder mitwirken (etwa mit Abtönfarben auf Betttuch malen). Dieses Bild kann dann immer wieder zu verschiedenen Themen eingesetzt werden. Auch das letzte Thema der Auferstehungshoffnung des Paulus lässt sich so wiedergeben.

Im Gespräch oder auch in Bildern kann mit den Kindern bedacht werden, was wir alles – ohne eigene Leistung – als Geschenke erhalten, Erwachsene wie Kinder.

(A 56) 26. Sonntag im Jahreskreis

Zu den Schrifttexten

Ez 18,25-28: Wer umkehrt, wird am Leben bleiben. Der Prophet Ezechiel greift die Situation des Volkes im babylonischen Exil in zwei Richtungen auf. Im ersten Teil seines Buches (zu dem diese Perikope gehört) beschreibt er in Gerichtsreden, wie es zu der Katastrophe Israels und zum Untergang Jerusalems kommen musste, weil sich Israel von Jahwe abgewandt hatte. Im letzten Teil seines Buches verkündet er vor allem Heilsprophetien, die einen Ausblick in eine von Gott gewirkte Zukunft geben. Der vorliegende Text gehört zwar zu den Gerichtsworten, greift aber inhaltlich über sie hinaus und stellt eine vorsichtige Verkündigung von Heil und Neubeginn dar. Dabei greift der Prophet ein Argument auf, das das Volk bei länger dauerndem Exil immer stärker beschäftigte: Ist Gott nicht ungerecht, wenn er uns wegen der Sünden der Väter bestraft? Ezechiel spiegelt dieses Argument, wenn er in einer Gottesrede die Antwort gibt: Jeder muss sich selber um Gerechtigkeit bemühen und über seinen Lebensweg entscheiden. Dann wird ihm Tod oder Leben, Unheil oder Heil zuteil werden. Gott will nicht das Verderben seines Volkes. Er will aber Umkehr und einen Neubeginn. Dies ist jederzeit möglich. Wo also das Volk umkehrt und sich Gott zuwendet, da wird ein Weg in die Zukunft möglich.

Phil 2,1-11: Jeder achte auf das Wohl des anderen. (Zu dem Christushymnus in den Versen 6-11 vgl. die Darlegungen in C 23. Hier wird nur auf die ersten Verse eingegangen.) Die Perikope besteht aus einer Mahnrede und dem Christushymnus, den Paulus bereits als Gemeindelied (liturgischer Herkunft?) übernommen hat. Für Paulus entsteht durch Taufe und Eucharistie eine Bindung an Christus, die das ganze Leben des Christen prägt: Er *ist* nunmehr in Christus, sein Leben ist gleichsam Bestandteil des Lebens Jesu geworden. Damit wird der Lebensweg Jesu (vgl. das Lied) zum Weg des Christen. Der Hingabe Jesu, seinem Dienst entsprechen Dienst und Hingabe des Christen, ein Leben für den anderen. Nur aus dieser Sicht sind die Mahnungen im ersten Teil der Perikope zu verstehen. Sie sind nicht einfach moralischer Anstoß zu einem besseren, humaneren Leben, sondern erwachsen aus der grundlegenden Bindung des Glaubenden an Christus. Durch ihn wird die von Gott kommende Liebe zur Richtschnur und zum Maßstab christlichen Lebens. Wo diese Einheit von Glaubenden und Christus im Leben sichtbar wird, da entsteht wirklich christliche Gemeinde (»eine Gemeinschaft des Geistes«), da wird auch Paulus mit vollkommener Freude erfüllt – er sieht sein Missionswerk erfüllt.

Mt 21,28-32: *Das Gleichnis von den beiden Söhnen.* Das ursprüngliche Gleichnis von den beiden Söhnen ergänzt Matthäus durch eine Deutung, mit der das Schicksal Jesu und der zunehmende Widerspruch gegen seine Botschaft beleuchtet wird (vgl. zu diesem Thema auch die beiden folgenden Gleichnisse von den bösen Winzern, A 57, und vom Hochzeitsmahl, A 58). Im Gleichnis geht es um den Zusammenhang von Wort und Tat, von Reden und Handeln. Der Kontrast der beiden Söhne ist deutlich und bedarf keiner weiteren Erklärung. Mit der abschließenden Frage (»der Wille des Vaters«) geschieht ein Überstieg von der Bildebene zum Verhältnis des Menschen zu Gott. Damit wendet Jesus das Gleichnis auf seine Widersacher an. Sie sind gefangen in ihren Worten, Regeln und Vorschriften. Wenn es aber um die Praxis der Liebe geht, versagen sie. Mit ihrem Versagen stellen sie sich auch gegen Jesus selbst, der die Liebe Gottes verkörpert und den sie wegen dieser Botschaft verfolgen. Somit werden die Menschen, die gesellschaftlich ganz unten sind, eher das Heil erlangen (»in das Reich Gottes gelangen«) als die Schriftgelehrten. Das Beispiel des Johannes zeigt die Verweigerung der Umkehr. Das Gleichnis fordert als Gerichtsgleichnis die Hörer (die Gemeinde des Matthäus) zur bewussten Entscheidung auf. Man kann durch die Bindung an Jesus das Heil ergreifen oder es durch den Widerstand gegen ihn verfehlen. Darin ähnelt die Aussage des Textes der der ersten Lesung.

Schrifttext und Familien mit Kindern

Die beiden Lesungstexte verbindet das übergreifende Thema »menschliches Zusammenleben aus der Kraft des Glaubens«. Allerdings werden jeweils unterschiedliche Akzente gesetzt: Umkehr und Neubeginn als Chance zum Leben auf der einen Seite und Liebe und Dienst nach dem Beispiel Jesu auf der anderen. Das Evangelium fordert die Hörer zur unbedingten und bewussten Entscheidung zum Glauben auf. Alle drei Themen sind auch für heutige Christen wichtig, aber eher abstrakt dargestellt bzw. wie die alttestamtliche Lesung so sehr mit dem zeitgeschichtlichen Hintergrund verknüpft, dass uns heute eine Vermittlung schwer fällt. So muss dem genauer nachgegangen werden.

Dass Umkehr und Neubeginn eine Chance zu gelingenderem Leben sein können, erfahren bereits Kinder – in der Regel aber nicht in so existenzieller Weise wie damals Israel im Exil. Dennoch gibt es Beispiele aus dem Leben von Kindern und Erwachsenen heute, die zeigen, dass wir mit unserem Handeln oft in Sackgassen geraten, aus denen es keinen anderen Ausweg gibt als ein Umwenden, ein Kehrtmachen und einen Neubeginn. Ein Familiengottesdienst mit diesem Thema kann den Titel tragen: »Weg aus der Sackgasse«. In ihm ist neben dem Thema Umkehr vor allem wichtig, dass sich diese Umkehr aus dem Verhältnis des Menschen zu Gott ergibt (vgl. Lesung): Weil der Mensch sich neu auf die Gerechtigkeit Gottes einstellt, kann er zu eigener Gerechtigkeit fähig werden.

Ein weiteres Thema ergibt sich aus dem ersten Vers der Lesung. Israel wendet sich in seiner Not nicht einfach Gott zu, sondern fragt und zweifelt an Gott, macht ihm sogar den Vorwurf der Ungerechtigkeit. Not also lehrt hier nicht Beten (zumindest nicht Beten im traditionellen Sinn), sondern Zweifeln. Diese Erfahrung machen auch viele Menschen unserer Zeit in extremen Situationen wie Krieg und Lebensgefahr, bedrohlicher Krankheit und Behinderung ...

Hier muss deutlich werden, dass Beten eine Hinwendung zu Gott meint, zu der durchaus Klage und Wut, Angst und Zweifel, Sorge und Vorwurf gehören können. Beten breitet das ganze Leben mit all seinen Gesichtspunkten und Erfahrungen vor Gott aus. Dies sollte man in einer Gebetsschule ebenso lernen wie Lob- und Dankgebete bzw. Fürbitten. Erst wenn dies verstanden ist, kann die Glaubensaussage der Bibel angenommen werden, dass es auch und gerade in der Situation der Not wichtig ist, sich vorbehaltlos Gott anzuvertrauen. Durch diese Haltung gewinnt man – wie damals Israel – einen Neubeginn, eine neue Chance zum Leben.

Die zweite Lesung greift in ihren beiden Teilen die Themen auf: »frei werden für den anderen«, »Dienen nach dem Beispiel Jesu«, »der Weg Jesu bis zur Hingabe als Weg zur Herrlichkeit«. Jedes der drei Themen kann für Familien mit Kindern aufgegriffen werden, braucht aber gegenüber dem Lesungstext mehr Anschaulichkeit.

Die Aufforderung des Evangeliums, mit Entschiedenheit zum Glauben zu kommen, zu Gott und seinem Willen Ja zu sagen, muss differenziert angegangen werden. Kinder müssen ja gerade lernen, auch Nein zu sagen (und dies sehr wohl gegenüber ihren Eltern), also nicht einfach einen vorbestimmten Weg zu gehen, sondern den eigenen zu suchen. Es geht also hier nicht um ein oberflächliches Ja oder Nein in Alltagsdingen, sondern um ein bewusstes und entschiedenes Ja zu dem, was grundsätzlich unser Leben hält – es geht hier um eine Grundausrichtung unseres Lebens. Im zweiten Teil des Textes wird darauf mit dem Begriff »das Reich Gottes erlangen« verwiesen.

Gestaltungsideen für den Gottesdienst

– *Weg aus der Sackgasse:* Kleine Spielszenen zeigen Lebenssituationen auf, in denen sich jemand durch falsches Verhalten in eine »Sackgasse« manövriert hat. Es soll dann deutlich werden, dass es nur durch ein Umwenden, durch Umkehr und Neubeginn weitergehen kann. Jeder neue Anfang eröffnet neue Lebensperspektiven. Was bereits allgemein gilt, gilt in besonderer Weise vom Verhältnis des Menschen zu Gott. Auch hier gibt es ein »Verrennen in Sackgassen«, aus denen Umkehr der einzige Ausweg ist. Solche Sackgassen können etwa sein: »Gott aus den Augen verlieren« und nur im Alltäglichen verhaftet sein; »Gottes Willen nicht wahrnehmen« und nur dem eigenen Egoismus nachgehen; aus einer falschen, einseitigen Gottesvorstellung heraus das Verhältnis zu Gott von Angst statt von Vertrauen prägen ... Um das Thema Umkehr anschaulicher zu machen, kann ein Verkehrsschild Sackgasse aufgestellt werden.

– *Jemand, dem ich alles sagen kann:* Menschen suchen nach Freunden, denen sie alles sagen und anvertrauen können, auch das Negative und Belastende in ihrem Leben. Dies kann in einem ersten Schritt durch ein kleines Spiel dargestellt werden. Ebenfalls können im Gespräch die Erwartungen an Freunde zusammengetragen werden. Dabei wird der genannte Aspekt des Vertrauens von den Kindern sicher ausgesprochen. Doch bei allem Vertrauen zu unseren Freunden bleibt immer ein Rest an Unsicherheit, Freundschaft kann immer enttäuscht werden (Erfahrungen der Kinder einbringen). Hieran kann nun im Blick auf das Verhältnis des Menschen zu Gott angeknüpft werden. Ihm können wir im Gebet alles sagen, unser ganzes Leben mit Höhen und Tiefen vor ihm ausbreiten, ohne Angst vor Enttäuschung und Verrat haben zu müssen. Wenn uns seine Wege auch oft unbegreiflich bleiben, wir dürfen darauf vertrauen, dass er letztlich alles zum Guten wendet.

– *Frei werden zur Liebe:* Menschen leben oft wie eingekapselt in ihren Wünschen und Süchten. Oft merken sie gar nicht, dass ihr Leben dadurch unfrei und ärmer wird, dass die Beziehungen zu anderen leiden. So brauchen Menschen größere Freiheit von ihren Wünschen und Egoismen, um zur Liebe und zu gelingenden Beziehungen zu anderen zu gelangen. Dies kann wie folgt dargestellt werden: Im Spiel oder in einem Bild wird ein Mensch gezeigt, der von vielfältigen Wünschen »eingebunden« ist (dunkle Binden) oder der sich nur selber sieht (von großen Spiegeln umgeben, bis er nichts anderes mehr sehen kann). Erst wenn er sich daraus befreien kann, kann er wieder auf andere zugehen und sich ihnen zuwenden. Erst dann gewinnt er Freiheit für sich und Liebe zu den anderen.

– *Wie Jesus dienen:* Der Christushymnus im zweiten Teil der Lesung kann (in vereinfachter Weise) genutzt werden, um den Weg Jesu zu uns und durch den Tod hindurch zur Herrlichkeit Gottes aufzuzeigen. Verschiedene symbolische Bilder (Sonne, Dunkelheit, neues Licht ...) können diesen Weg darstellen. Ebenso können von Kindern gemalte Bilder zum Lebensweg Jesu in den Gottesdienst eingebracht werden: (Geburt, Dienst am Menschen, Kreuz, Auferstehung ...).

– *Ja sagen:* Nur aus dem Vertrauen heraus, dass Gott uns gut will, können wir zu ihm und seinem Willen Ja sagen. Seine Liebe zu uns ist damit die Voraussetzung für unsere Antwort der Liebe zu ihm. So gilt es den Kindern bewusst zu machen, dass Gott bereits sein Ja zu uns gesprochen hat und wir darauf Antwort geben können. Zur Darstellung ist auf ein Plakat zweimal das Wort »Ja« groß geschrieben (Buchstaben nur in Umrissen, so dass in den Buchstaben Platz bleibt). In das erste »Ja«, das Ja Gottes zu uns, werden nun Stichworte geschrieben, wie wir dieses Ja Gottes erfahren können: durch unser Leben, durch die Gaben der Schöpfung, durch Liebe, die wir erfahren, durch unsere Kräfte und Fähigkeiten ... In das zweite »Ja« werden Antwortmöglichkeiten geschrieben, die wir auf das Ja Gottes zu uns geben können: Glaube, Gebet, Gottesdienst, Liebe zum anderen (als Erfüllung des Willens Gottes) ...

Weiterführung nach dem Gottesdienst

Alle Themen eignen sich für das Gespräch in der Familie, da sie im Familienalltag immer wiederkehren. Es geht beim Zusammenleben von Menschen um Umkehr und Vergebung, es geht um Vertrauen und Treue, es geht um liebevolle Zuwendung und um Dienst. So können einzelne Verse der Texte (etwa:»Jeder achte nicht nur auf das eigene Wohl ...«) zu Leitsprüchen für das Zusammenleben werden. Eventuell kann ein solcher Satz den Gottesdienstbesuchern als Erinnerung und Ansporn mitgegeben werden. Dies gilt in vergleichbarer Weise auch für das Thema »Ja zu Gott sagen«.

(A 57) 27. Sonntag im Jahreskreis

Zu den Schrifttexten

Jes 5,1-7: Das Weinberglied. Passend zum Gleichnis von den bösen Winzern im Evangelium ist das Weinberglied des Jesaja mit einer ähnlichen Grundaussage ausgewählt worden. Jesaja erlebte (etwa um 735) eine Zeit des Wohlstands in Israel und Juda, aber auch eine Zeit wachsender sozialer Spannungen zwischen Arm und Reich – nicht Recht und Gerechtigkeit prägten das Leben des Volkes, sondern Rechtsbruch und Unterdrückung. Dagegen wendet sich der Prophet als Mittler (»Geliebter, Freund«) zwischen Gott und dem Volk. Wahrscheinlich geschieht dies während eines Festes in Jerusalem, zu dem auch viele Menschen von außerhalb gekommen sind, das also das Volk versammelt. Jesaja beginnt, um Aufmerksamkeit zu erregen, mit der traditionellen Textsorte eines Liebesliedes. Das Bild vom Weinbergbesitzer und vom Weinberg als Bild für die Liebe zwischen Menschen hat in Israel Tradition. Doch diese Bildebene wird bald gebrochen. Der zärtlichen Sorge für den Geliebten entspricht keineswegs seine Antwort. So zerbricht die Liebe, der Weinberg wird preisgegeben, von Feinden abgeweidet und zertrampelt. In den Schlussversen macht Jesaja deutlich, wen er mit diesem Gleichnis meint: Gott straft sein untreues, das Recht beugendes Volk. Das Liebeslied des Anfangs wird am Schluss zur bitteren Gerichtsrede.

Phil 4,6-9: Sorgt euch um nichts. Am Ende seines Briefes an die erste von ihm auf europäischem Boden gegründete Gemeinde fasst Paulus einige Mahnungen zusammen, die aber keineswegs nur moralische Anweisungen darstellen, sondern zutiefst im Glauben des Paulus verwurzelt sind. Dies gilt besonders für die hinter allem liegende Naherwartung des Paulus: Weil bald mit der Wiederkehr Christi und damit mit der endgültigen Rettung zu rechnen ist, hat der Christ Grund zur Freude und braucht sich keine Sorgen zu machen. Im Gegenteil – Sorge und Angst bedeuten letztlich Unglaube und mangelndes Vertrauen in Gottes Schutz und Beistand. Somit steht die erste Mahnung nicht als oberflächliche Beruhigung am Anfang des Textes, sondern als grundlegender Aufruf zum Vertrauen. Wer sich in jeder Lage (auch in vielleicht bedrängenden Situationen) an Gott wendet, dem wird der »Friede Gottes« zuteil, jener Schalom, der umfassendes Heil und Ganzheit des Menschen bedeutet. Darauf darf die Gemeinde in Philippi vertrauen. Allerdings bedeutet dies auch, dass sie diesen Frieden Christi in sich selbst wachsen lassen muss – das Bemühen um ein rechtes und gottgefälliges Leben muss für sie entsprechend dem Beispiel des Paulus selbstverständlich sein. Wenn dies geschieht – und Paulus ist bei seiner Gemeinde davon überzeugt, sind Schutz und Frieden Gottes die zu erwartende Gabe.

Mt 21,33-43: Das Gleichnis von den bösen Winzern. Zusammen mit dem vorangegangenen Gleichnis von den beiden Söhnen (vgl. A 56) und dem folgenden vom Hochzeitsmahl (vgl. A 57) stellt das Gleichnis von den bösen Winzern eine Gerichtsrede dar, die in scharfer Form eine Verurteilung der religiösen Führer Israels beinhaltet. Dabei greift das Gleichnis (ähnlich wie in den Versionen bei Markus und Lukas) in Sprache und Bildhaftigkeit auf das Weinberggleichnis des Jesaja zurück (vgl. die erste Lesung). Angeschlossen wird allerdings ein positives Bild in den Schlussversen, das auf die durch die Auferstehung Jesu bewirkte Wende in der Heilsgeschichte hinweist. Matthäus hat dieses Gleichnis in der Situation seiner Gemeinde verkündet, die sich zunehmend von der jüdischen Synagoge absetzen und ihren eigenen Weg (»neues Volk Gottes«) gehen musste. In das Gleichnis eingebettet ist das Motiv vom Mord an den Propheten, vom ungerechten Schicksal des Gerechten, das in alttestamentlichen Schriften ständig anklingt. Jesus wird also hier als der Prophet gedeutet, der getötet wird, der aber von Gott durch ein Wunder (Auferstehung) zum Eckstein bestellt wird. Das Gleichnis ist also nicht länger allein Gerichtsrede, sondern zugleich Bekenntnis zu Jesus als dem Christus Gottes. Damit wird es auch zu einem Aufruf an die Gemeinde, sich zu diesem Jesus zu bekennen und ein entsprechendes Leben zu führen – »gute Frucht zu bringen«.

Schrifttext und Familien mit Kindern

So beeindruckend auch Weinberglied und Weinberggleichnis sind – was fangen Gottesdienstbesucher heute damit an? Dass Israel seinem Gott untreu wurde, dass jüdische Führer sich gegen Jesus stellten, dass sich die jungen christlichen Gemeinden von den jüdischen Gemeinden der Synagogen absetzten, dies betrifft weder unsere heutige Situation noch scheint dies etwas mit unserem Glauben zu tun zu haben.

So wird man – unabhängig von der geschichtlichen Situation eines Jesaja und eines Matthäus – allgemeiner ansetzen müssen und die Verweigerung des Glaubens (an Gott, an Jesus) als grundsätzliche Gefährdung des Menschen damals wie heute zu bedenken haben, um einen Zugang zu den beiden Texten gewinnen zu können. Wie sich Israel damals – in einer Zeit relativen Wohlstands bei einem Teil des Volkes – von Gott absagte und seinen Willen nicht mehr ernst nahm, so kann es Menschen immer wieder gehen. Wie jüdische Führer damals gefangen in ihren Traditionen und Bräuchen, in ihren Gesetzen und Vorstellungen waren und deshalb nicht das Neue erkannten, das mit Jesus begann, so kann es Menschen auch heute gehen – in der Welt und ebenso in der Kirche. Die beiden Texte fordern also heutige Hörer zur unbedingten Glaubensentscheidung auf. Sie sind Ermunterung zum Glauben an den sich in Christus offenbarenden Gott und zugleich eindringliche Mahnung, sich diesem Anruf zum Glauben nicht zu verweigern. Dieser Anspruch auf Offenheit ist naturgemäß zuerst einmal von den Erwachsenen einzulösen. Kinder können dies nur vermittelt durch das Beispiel der Erwachsenen aufnehmen.

Aus den beiden Texten ergeben sich zusätzlich zu diesem Grundgedanken einige weitere Aspekte, die aufgegriffen werden können. Zum einen spielt das Verhältnis von Juden und Christen eine Rolle, das bei aller Belastung der Vergangenheit neu ins Gespräch unserer Gemeinden gebracht werden sollte. Juden und Christen sind auf je eigene Weise Volk Gottes, die Entscheidung zum Glauben ist von beiden zu leisten. Entscheidend ist, ob Menschen – gleich ob Juden oder Christen – im Sinne Gottes Frucht bringen oder nicht.

Hierin findet sich auch eine weitere Gestaltungsmöglichkeit für den Gottesdienst: Wie können wir heute von unserem Glauben her im Sinne Gottes Frucht bringen? Was könnten gute Früchte an unserem Lebensbaum sein?

Aus der neutestamentlichen Lesung ergeben sich damit zusammenhängende Gedanken. Der Glaube an Gott bedeutet ein unbedingtes Vertrauen, das den Menschen auch in Sorgen und Nöten trägt und hält. Aus diesem Vertrauen in Gott ergibt sich dann als Folgerung auch ein Verhalten im Alltag, das der liebevollen Zuwendung Gottes zum Menschen entspricht. So kann der Schalom Gottes, sein umfassender Friede für alle Wirklichkeit werden. Was dieser Friede für Menschen bedeutet, kann im Gottesdienst bedacht werden.

Gestaltungsideen für den Gottesdienst

– *Das Ziel nicht verfehlen:* Durch eine Zeichenhandlung kann die Haltung der Verweigerung gegenüber Gott dargestellt werden: Spieler gehen einen vorgegebenen Weg. Zwischendurch aber lassen sie sich immer wieder von anderen Dingen ablenken und gehen andere Wege, kommen vom »geraden Weg« ab. So erreichen sie ihr Ziel nicht. Andere Spieler schaffen es, den Weg in guter Weise zu gehen. Sie orientieren sich auf ihrem Weg immer wieder an ihrem Ziel. Diese Handlungsweise kann, wenn man es will, auf die Kritik Jesajas und Matthäus' am Verhalten des Volkes Israel bzw. der jüdischen Führer zur Zeit Jesu und danach bezogen werden. Man kann aber auch davon unabhängig auf den Weg der Menschen heute eingehen: Gott gibt uns ein Ziel vor, wir sollen uns auf den Weg machen, es zu erreichen.

– *Gute Früchte bringen:* Gott sorgt für die Menschen in herausragender Weise. Diese Aussage des Weinberglieds (des Gleichnisses) sollte konkreter belegt werden: Wo erfahren wir diese Fürsorge Gottes in unserem Leben? Im Gespräch können Antworten gesucht werden: durch unsere Fähigkeiten und Begabungen, durch vieles, was uns geschenkt wird, durch die Natur und ihre Gaben, durch Ereignisse in der Geschichte der Menschen um uns und in der eigenen Lebensgeschichte ... Wenn dieser erste Schritt getan ist, kann in einem zweiten Schritt bedacht werden, wie wir auf diese Liebe Gottes Antwort geben, gute Frucht bringen können. Zur Verdeutlichung kann ein Weinstock mit Reben in der Kirche aufgestellt werden. Wo dies nicht möglich ist, ist auch ein anderer Zweig mit Früchten denkbar. Oder: Die Kinder hängen an einen großen Zweig aus Pappe gestaltete Früchte, auf denen die gefundenen Antworten stichwortartig notiert sind.

– *Juden und Christen – eine Wurzel mit zwei Bäumen:* Der Glaube an Gott, wie er sich im Alten (Ersten) Testament darstellt, ist die eine Wurzel, auf der der Glaube von Juden und Christen heute beruht. Im Gottesdienst kann näher auf das Verbindende, aber auch auf das Unterscheidende (Christus) zwischen beiden Religionen eingegangen werden. Dabei muss zu Respekt und Toleranz gegenüber anderen Glaubensvorstellungen ermuntert werden. Eventuell lässt sich das Thema auch als Reihe zu den Weltreligionen gestalten. Zumindest passt der Islam in diesen Zusammenhang – ein dritter Baum aus der gleichen Wurzel.

– *Vertrauen gegen Sorge:* Es gibt – auch für Kinder – vielerlei Sorgen und Nöte, die belasten, vielerlei Ängste, die das Leben einengen. Gegen Angst und Sorge hilft nur Vertrauen – Vertrauen zu guten, nahestehenden Menschen und darüber hinaus Vertrauen zu Gott. Dieses Vertrauen hat Paulus und seine Gemeinde geprägt. Dieses Vertrauen kann auch uns prägen.

(A 57) 27. So im Jahr

– *Der Friede Gottes:* Der Zuspruch des Paulus, dass der Friede Gottes mit seiner Gemeinde ist, kann auf Christen heute bezogen werden. Dabei muss der biblische Begriff des Friedens (hebräisch Schalom) näher erläutert werden, denn er meint mehr als das entsprechende deutsche Wort. Frieden bedeutet ganzheitliches Heil, Glück und Zufriedenheit, Wohl und Wohlstand, Gesundheit und gelingende Beziehungen ... Solche Begriffe können die Kinder am besten in Bilder umsetzen, die konkrete Dinge beschreiben, die zum Glück gehören, oder die eher abstrakt durch Farben und harmonische Formen den Begriff wiedergeben. Es ist durchaus möglich, dass mehrere Kinder zu diesem Thema zusammenwirken und die Gedanken entsprechend umsetzen.

Weiterführung nach dem Gottesdienst

Ein schönes Wegbild (Postkarte ...) kann die Kinder an das erste Thema erinnern und sie dazu ermuntern, ihren Weg im Blick auf das von Gott gesetzte Ziel zu gehen.

Zum zweiten Thema passen – in dieser Jahreszeit leicht möglich – Weinreben. Eventuell kann nach dem Gottesdienst auch ein gemeinsames Traubenessen erfolgen.

Zum Thema Juden und Christen können den Familien weitere Informationen über jüdische Religion und Lebensweise gegeben werden.

Zu den beiden letzten Themen können die Kinder auch zu Hause entsprechende Bilder malen und zu einem folgenden Gottesdienst mitbringen.

(A 58) 28. Sonntag im Jahreskreis

Zu den Schrifttexten

Jes 25,6-10: Der Herr wird auf diesem Berg allen Völkern ein Mahl bereiten. Die sogenannte »Jesajaapokalypse« der Kapitel 24-27 ist ein in später nachexilischer Zeit erfolgter Einschub in das Buch Jesaja. In dieser Zeit waren die Hoffnungen Israels auf einen Wiederaufbau des Landes und auf ein freies, selbstbestimmtes Leben darin enttäuscht. Nach wie vor prägten fremde Mächte das politische und geistige Leben in Israel. So besinnt man sich auf das Ende der Zeiten, um von diesem Ziel her die Gegenwart neu zu bestimmen. Der vorliegende Text einer solchen Vision des Endes stellt eine solche Zielbestimmung in einer bilderreichen und symbolischen Sprache dar. Der Berg (Zion) ist der Ort der Erscheinung Gottes, ist ein »heiliger Berg«. Der in der Geschichte der Menschen bislang verborgen wirkende Gott wird sich am Ende offen zeigen und dem Menschen unverhüllt begegnen. Dies geschieht im festlichen Mahl – einem Symbol für Freundschaft, Gemeinschaft und tiefer Verbundenheit. Diese Verbundenheit besteht zwischen Gott und Mensch, aber ebenso unter den Menschen. Nicht allein Israel ist anwesend, sondern alle Völker sind geladen – Gottes Heil gilt allen Menschen ohne Unterschied. Diese doppelte Gemeinschaft mit Gott und untereinander bewirkt, dass die »Decke« des Leids und des Todes, die die Menschen bedeckt, vernichtet wird – alles Leid hat ein Ende. Der Text ist eine Hoffnung und Kraft schenkende Vision, die im Neuen Testament aufgegriffen wird (vgl. das Evangelium, aber auch Texte der Offenbarung ...).

Phil 4,12-14.19-20: Gott wird euch alles aus seinem Reichtum schenken. Mit der von ihm gegründeten Gemeinde in Philippi war Paulus in besonderer Weise verbunden. So nimmt er von dieser Gemeinde anders als von anderen (etwa von Korinth) auch Gaben und finanzielle Unterstützung an, um sein Missionswerk voranzubringen. Nicht für ihn selber sind diese Gaben nötig, sondern für sein Werk der

Verkündigung. Aus dem Gefängnis heraus dankt Paulus den Philippern dafür (diese Verse 15-18 sind aus der Perikope geschnitten, besser wäre der vollständige Text). Für Paulus ist die Unterstützung der Gemeinde eine religiöse Tat. Deshalb werden sie als Gegengabe von Gott selbst beschenkt – aus dem »Reichtum seiner Herrlichkeit«. Auf ihn und seinen Christus hin lebt Paulus und lebt die Gemeinde. So mündet der Lesungstext in einen hymnischen Lobpreis Gottes.

Mt 22,1-14: Das Gleichnis vom Hochzeitsmahl. Als letztes der drei Gerichtsgleichnisse (vgl. A 56 und A 57) folgt das Gleichnis vom Hochzeitsmahl. Es ähnelt in seiner Aussage stark dem Gleichnis von den bösen Winzern. So wird es ebenso zu einer Abrechnung mit den Gegnern Jesu und stellt gleichzeitig eine Mahnung an die Hörer zur Zeit des Matthäus dar, mit Entschiedenheit ihren Glauben zu

leben, damit sie das Ziel erreichen und sich der (im Mahl symbolisierten) Gemeinschaft mit Gott würdig erweisen. Gegenüber dem parallelen Gleichnis vom großen Gastmahl bei Lukas (Lk 14,16-24) setzt Matthäus eigene Akzente mit mehr allegorischen Zügen. So stellen etwa die vielen Knechte die Propheten (und die christlichen Missionare) dar, deren Verkündigung Widerstand hervorgerufen hat und die verfolgt wurden. Die Erstgeladenen sind das jüdische Volk, es nimmt die Einladung Gottes nicht an. Seine Stadt wird zerstört (Zerstörung Jerusalems im Jahr 70), nunmehr sind Menschen von »draußen« eingeladen. Doch auch von ihnen wird ein Verhalten (ein »Lebensgewand«) erwartet, das dem Einladenden (Gott) entspricht. Das Gleichnis fordert also zur Entscheidung auf. Wie die Jesaja-Vision ist es zugleich eine Botschaft der Hoffnung, dass Gott allen Menschen zugewandt ist.

Schrifttext und Familien mit Kindern

Die drei Schrifttexte bieten eine Fülle von Verbindungspunkten zum Leben heutiger Familien. Dies betrifft zum einen die verwandten Symbole, die auch für Menschen heute relevant sein können: Berg als Symbol für die Erscheinung und Macht Gottes, Mahl als Symbol für Gemeinschaft und Verbundenheit, Fest als Symbol für Freude und Vollkommenheit, verhüllende Decke als Symbol für Leid und Tod, Kleid als Symbol für eine bestimmte Lebensweise ...

Zum anderen sind auch die angesprochenen Themen von großer Wichtigkeit. In einer Zeit zunehmender Globalisierung und Verknüpfung der Völker, aber auch vieler Schwierigkeiten, die sich aus dem Zusammenleben von Menschen unterschiedlicher Kulturkreise ergeben, ist die Vision des Jesaja von einer Völkergemeinschaft, die im Frieden versammelt ist, ein wichtiger Impuls: Zusammenleben und Frieden, damit auch Wohlergehen und Heil aller ist möglich, wo Menschen miteinander unter Gott stellen und ihn als Herrn und König (Evangelium) anerkennen.

Gegen allen Pessimismus und gegen alle Zukunftsangst betonen erste Lesung und

Evangelium die Hoffnung des Glaubens, fordern aber zugleich zu einem angemessenen Verhalten heraus (dem richtigen Kleid). Heilszuspruch Gottes und Anspruch eines gerechten Lebens gehören zusammen. Doch von der Vision des endzeitlichen Friedens her, vom Blick nach vorn, lässt sich das Handeln im Heute orientieren.

Das Thema »Gott lädt uns ein« ist für Kinder wichtig: Obwohl sie noch klein sind, dürfen sie vor Gott dazugehören – alle sind eingeladen, keiner ist ausgeschlossen. Dieser Aspekt kann zu einem eigenen Gottesdienstthema werden.

Das Symbol des Mahles verweist Christen naturgemäß auf die Feier der Eucharistie, die Abbild und Hinweiszeichen auf das endzeitliche Mahl und auf die Vollendung bei Gott ist. Somit ergibt sich daraus ein anderer Themenkreis, der aufgegriffen werden kann.

Die Pauluslesung kann dazu einladen, sich selber als von Gott reich Beschenkte zu verstehen. So können Menschen entsprechend dem Beispiel der Gemeinde von Philippi bereit werden, selber zu schenken und ihre Gaben zu teilen.

Gestaltungsideen für den Gottesdienst

– *Das Mahl der Gemeinschaft:* Das Symbol des Mahles ist unter den vielen Symbolen der Perikopen dasjenige, das Kinder am besten anspricht. Somit kann es leicht für einen Gottesdienst aufgegriffen werden. Im Gespräch, Bild oder Spiel wird ausgedrückt, was gemeinsames Essen und Trinken ausdrücken: Verbundenheit und Freundschaft, Frieden und Freude. Festmähler sind in allen Kulturen wichtig, um Gemeinschaft zu formen und eine gemeinsame Identität zu prägen. Dies gilt auch für Christen und ihre Feier der Eucharistie. Sie prägt Gemeinschaft mit Christus und untereinander. Am Brotbrechen und -teilen wird dies deutlich. Wo es sinnvoll erscheint, kann dieser Gottesdienst als Eucharistie gefeiert bzw. auf die Feier der Eucharistie verwiesen werden.

– *Die Gemeinschaft aller Völker:* Die Vision des Jesaja kann dadurch umgesetzt werden, dass die Kinder zu diesem Gottesdienst eingeladen werden, in Kostümen verschiedener Völker zu kommen (Karnevalskleidung gibt dazu genügend Material). Nach dem Vortrag der Lesung werden die einzelnen »Völker« dann zur Gemeinschaft um den Tisch des Altares gerufen. Der Gottesdienst endet mit einem Lobpreis Gottes durch die versammelten Völker.

– *Die dunkle Decke wegnehmen:* Für die dunkle und bedrückende Decke, die das Leben von Menschen belastet, werden Beispiele aufgeführt: Leid und Krankheit, Streit und Enttäuschung, Not und Elend .... Eventuell können dunkle Decken mit entsprechenden Aufschriften über einen (oder mehrere) Spieler gelegt und er so immer mehr verschüttet werden. Wenn diese Decken weggenommen werden, werden Freiheit, Neubeginn und Heil ein Stück erfahrbar.

– *Wir sind eingeladen:* An die Kinder (oder an alle Gottesdienstbesucher) werden kleine Einladungskarten (möglichst Namen eintragen) verteilt mit der schön gestalteten Aufschrift: »Gott lädt dich ein.« Im Gottesdienst muss dann deutlich werden, dass die Einladung Gottes allen Menschen gilt ohne Unterschied. Dies kann auch durch ein Spiel dargestellt werden, bei dem sehr unterschiedliche Menschen zu einem Mahl zusammenkommen.

– *Das Kleid des Christen:* Zwei Spieler mit einem dunklen und einem hellen Kleid tauchen auf. An ihre Kleidung werden Kärtchen befestigt mit »bösen« bzw. »guten« Taten. Der Christ soll ein seiner Berufung angemessenes »Lebensgewand« tragen und sich damit der Einladung Gottes würdig erweisen.

– *Gott beschenkt uns, wir beschenken einander:* Die Kinder bedenken, was Geschenke Gottes an uns (»aus dem Reichtum seiner Herrlichkeit«) sein können. Eventuell stellen sie ihre Antworten auch im Bild dar und formen aus ihren Bildern eine Collage, deren Mitte ein Gottessymbol darstellt. In einem zweiten Schritt wird bedacht, dass wir als Beschenkte selber zum Schenken bereit werden sollen. In Beispielszenen kann dargestellt werden, dass es nicht allein um materielles Schenken gehen muss, sondern auch um viele andere Dinge, um Solidarität und Freundschaft, um Liebe und Zuwendung ...

Weiterführung nach dem Gottesdienst

Es ist gut, wenn man über das Thema Mahl nicht allein spricht, sondern miteinander als Gemeinschaft ein Mahl feiert. Vielleicht bietet sich im Anschluss an einen Gottesdienst dazu eine Möglichkeit im Pfarrheim. Manche Gemeinden bieten dies auch regelmäßig (etwa einmal im Monat) an. Wenn das Essen als Büfett ausgerichtet wird, bei dem jeder etwas mitbringt, fällt die Organisation leichter.

Zum Thema Einladung können die Kinder eine Collage von Bildern verschiedener Menschen aus verschiedenen Völkern erstellen, die um einen gemalten Tisch oder ein Kreuz (Christus als Mitte) oder eine Sonne (Gott als Mitte) ... versammelt sind.

Zum Thema Kleid können den Kindern als Erinnerung kleine helle Stoffteile mitgegeben werden.

(A 59) 29. Sonntag im Jahreskreis

Zu den Schrifttexten

Jes 45,1.4-6: Ich habe dich beim Namen gerufen. In der Zeit des Exils achtet Deuterojesaja auf die Zeichen der Zeit. So wird er aufmerksam, als er erfährt, dass der persische König Kyros (Cyrus) Medien und Lydien erobert hat. Jesaja rechnet nun damit, dass Kyros auch die Herrschaft über Babel antreten will und dass sich dadurch die Situation der durch Babel unterdrückten Völker – wie Israel – grundlegend ändert. Die Geschichte hat dieser Erwartung des Deuterojesaja Recht gegeben – auch die Juden durften in ihre Heimat zurückkehren. Für den Propheten ist diese weltgeschichtliche Wende allerdings kein innerweltliches Geschehen, sondern Werk Gottes. Er ist der Herr der Geschichte und der Welt und benutzt die irdischen Könige als Werkzeuge für seinen Willen. Dies hat er – mit negativer Auswirkung für Juda – bereits bei der Eroberung Jerusalems 587 gezeigt, dies geschieht nun in umgekehrter Weise ein anderes Mal. Die Geschichte wird also zum Ort des Wirkens Gottes – für die Handelnden wie Kyros unbewusst, für die Glaubenden wie Israel eine deutliche Ermunterung zum Glauben. So endet der prophetische Text auch in einem Bekenntnis zu Gott und im Lobpreis.

1 Thess 1,1-5: Euer Glaube erweist sich durch die Tat. Auf seiner zweiten Missionsreise kam Paulus nach Griechenland (50-51). Über Philippi führte ihn der Weg nach der Hafenstadt Thessaloniki. Nur kurz konnte er dort bleiben, aber eine kleine Gemeinde gründen. An sie richtet sich der Brief, dessen Einleitung in der heutigen Perikope wiedergegeben ist. Es ist der älteste uns erhaltene Paulusbrief und zugleich das älteste »Buch« des Neuen Testaments. Entsprechend der antiken Briefform

beginnt Paulus sein Schreiben mit der Vorstellung des Absenders und mit einem herzlichen Gruß. Das profane Wort Gemeinde (»ekklesia« = Volksversammlung) gewinnt an dieser Stelle eine neue Bedeutung: Es ist die Gemeinschaft der von Gott zum Glauben Berufenen. Paulus schließt mit den drei Grundbegriffen an, die eine christliche Gemeinde prägen sollen: der von Gott geschenkte *Glaube*, der sich in einer neuen Lebensweise (»Tat«) bewährt, die aus der Zuwendung Gottes erwachsene *Liebe*, die wachsen soll, und die *Hoffnung* auf Vollendung in Christus. Die Kraft des Evangeliums, der Verkündigung der Botschaft von Jesus, dem Christus, ist die Grundlage der Gemeinde.

Mt 22,15-21: Die Steuerfrage. Die Auseinandersetzung zwischen Jesus und seinen Gegnern spitzte sich zu (vgl. die vorangegangenen Gleichnisse in A 56 - A 58). So ist der vorliegende Text auch nicht einfach ein Schul- und Lehrgespräch entsprechend jüdischer Tradition, vielmehr geht es grundlegend um die dahinter stehende Frage nach der Autorität Jesu, es geht um ein Streitgespräch (vgl. auch die Evangelien der folgenden Sonntage). Dabei ist der Ausgangspunkt eine damals im jüdischen Volk heftig umstrittene Frage: Lässt sich die Zahlung von Steuern an den Kaiser mit dem Absolutheitsanspruch Gottes vereinbaren? Die Antwort Jesu führt seine Gegner vor. Dadurch, dass sie das Bild des Kaisers auf der Münze mit sich führen, ist bereits eine Anerkennung des Kaisers gegeben. Es gilt nun, die richtige Grenze zu ziehen. Die Autorität des Kaisers gilt allein für die Regelung der weltlichen Fragen. Gott aber muss über alles gesetzt werden.

Schrifttext und Familien mit Kindern

Die Schrifttexte erweisen sich für die Umsetzung in Familiengottesdienste auf je eigene Weise als sperrig. Die Situation Israels im Exil und die Anzeichen für eine Veränderung durch

Kyros sind für uns bestenfalls historisch interessant – wohl kaum allerdings für Kinder. Auch tun wir uns schwer damit, innerweltliche Geschehnisse einfachhin als das Wirken

Gottes anzusehen. Gott ist uns heute eher so fern und fremd geworden, dass wir sein Wirken in der Welt kaum erfahren. Aus dem Lesungstext lassen sich bestenfalls einzelne Sätze entnehmen, die für uns bedeutsam erscheinen. Dies können sein:»Ich habe dich beim Namen gerufen« – auch wir sind Gottes geliebte Kinder;»Vom Aufgang der Sonne bis zu ihrem Untergang« – Gott als Herr des Kosmos und auch als Herr unserer Welt.

Der Brief des Paulus an die Gemeinde in Thessaloniki steckt voller Begriffe, die einen tiefen theologischen Hintergrund haben, die für uns heute aber weithin zu inhaltsleeren Schlagworten geworden sind – ohne konkreten Bezug zu unserem alltäglichen Leben: Gnade, Frieden, Glaube, Liebe, Hoffnung,

Ausdauer, erwählt ... So muss im Gottesdienst deutlicher werden, wie solche und vergleichbare Worte Grundstrukturen christlichen Glaubens und Lebens bezeichnen.

Die Frage des Evangeliums nach dem Verhältnis des an Gott glaubenden Menschen zur Welt und zur weltlichen Autorität hat auch heute in vielen Einzelpunkten Brisanz. Die Richtschnur Jesu hat deshalb nichts von ihrer Bedeutung verloren – allerdings nur für Erwachsene, kaum für Kinder, die von Dingen wie Steuerzahlen, staatliche Autorität ... nicht betroffen sind. Damit kann es in einem Familiengottesdienst zu diesem Thema nur darum gehen herauszustellen, dass für den glaubenden Menschen die Autorität und der Wille Gottes die letzte Richtschnur ist.

Gestaltungsideen für den Gottesdienst

– *Ich habe dich beim Namen gerufen:* Zwischen Gott und Mensch besteht ein persönliches Verhältnis, Gott spricht den Menschen an, und der kann ihm antworten. Dieses Ansprechen geschieht in besonderer Weise durch den Namen, der den Menschen unverwechselbar bezeichnet. Daran kann im Gottesdienst angeknüpft werden: Die Kinder werden einzeln mit Namen gerufen und so nach vorn (etwa um den Altar) in die Gemeinschaft mit Gott und untereinander gerufen. Dieses Angesprochensein durch Gott kann auch mit dem Aspekt der Taufe verbunden werden: In der Taufe spricht uns Gott in besonderer Weise an und lädt uns in seine Gemeinschaft ein. Als Antwort sollten die Kinder das »Du-sagen« zu Gott in frei formulierten Gebeten ausdrücken.

– *Vom Aufgang der Sonne:* Menschen rund um die Erde glauben an Gott und verehren ihn auf unterschiedliche Weise. Dies kann in Beispielen dargestellt werden, als Anschauung ist ein großer Globus (aufblasbarer Weltball ...) sinnvoll. Mit dem Lobpreis Gottes verbindet sich das Bekenntnis, dass Gott der Herr der Welt ist, dass er die Welt in seinen guten Händen hält. Entsprechende Lieder (Kanon »Vom Aufgang der Sonne«, »Er hält das Leben in der Hand«) runden diese Gedanken ab.

– *Der Juwel der Christen:* Ein geschliffener (Halb-)Edelstein wird gezeigt mit seinen unterschiedlichen Seiten, die zusammengehören. Diese Seiten werden dann entsprechend der Paulus-Lesung als unterschiedliche Haltungen des Christen gedeutet: Glaube, Hoffnung und Liebe sind drei Seiten des einen christlichen Lebens und ergänzen sich gegenseitig. Dies kann auch mit einer aus Pappe gebastelten dreiseitigen Pyramide anschaulich gemacht werden.

– *Die von Gott Zusammengerufenen:* Das Wort »Kirche« kann (vielleicht im Zusammenhang mit dem ersten Thema) gedeutet werden: Kirche, Gemeinde, das sind die Menschen, die von Gott zu einer Gemeinschaft zusammengerufen werden. Damit wird zugleich die innere Mitte dieser Gemeinschaft deutlich – Kirche ist keine Organisation wie andere. Eine Zeichenhandlung kann ähnlich wie beim ersten Thema erfolgen.

– *Gott steht über allem:* Von der inneren Mitte kirchlicher Gemeinschaft her kann ein Bogen zum Evangelium geschlagen werden: Für den Glaubenden wird Gott zur letzten Instanz, weil er sich von ihm gerufen, in seine Gemeinschaft berufen weiß. Der Christ wird sich von da aus für eine gerechte und menschliche Welt einsetzen, weil er sich von Gott dazu beauftragt weiß.

Weiterführung nach dem Gottesdienst

Die Familien können zu Hause die Geburts- und Taufurkunden der Familienmitglieder einsehen und daran anschließend von der Bedeutung der Namen sprechen. Vielleicht erzählen die Eltern auch, warum sie gerade diesen Namen für ihr Kind ausgewählt haben, welche anderen Namen zur Auswahl standen, warum ihnen diese Namen gefallen. Die Kinder können ihre Lieblingsnamen einbringen – welche Namen würden sie ihren Kindern geben? Zusätzlich kann auch ein Blick auf Namen und Namensgebung in anderen Völkern geworfen werden.

Dies führt zum zweiten Thema: Menschen rund um die Welt loben Gott und verehren ihn.

Hierzu gibt es in Zeitschriften und Büchern vielfältiges Material, das über den Gottesdienst hinausführt. Durch das Gespräch in der Familie über andere Kulturen und Religionen wird dazu beigetragen, dass Offenheit und Verständnis für andere wachsen.

Zum dritten Vorschlag können die Kinder zu Hause eine kleine Pyramide aus drei oder auch mehr Seiten basteln und auf die einzelnen Seiten wichtige Eigenschaften der Christen schreiben oder malen.

Zum Thema Kirche und Gemeinde können weitere Informationen über die Gemeinde, ihre Gruppen und Gemeindemitglieder gegeben werden.

(A 60) 30. Sonntag im Jahreskreis

Zu den Schrifttexten

Ex 22,20-26: Denn ich habe Mitleid. Für Israel war das Ereignis am Sinai (Bundesschluss Gottes mit seinem Volk) so entscheidend, dass es darin die Grundlage nicht allein seiner religiösen, sondern auch seiner sozialen Ordnung sah. Ja mehr noch: Die Sozialordnung Israels beruht auf dem Glauben an den Gott, der sich in Ägypten seines Volkes erbarmt hat, der Mitleid hat mit den Armen und der dem Volk deshalb eine Lebensordnung gab, die dieses Mitleid auch zur Forderung an die Menschen untereinander machte. Das sogenannte Bundesbuch (Teil des Buches Exodus) besteht aus liturgischen und kultischen Regeln, aber ebenso aus ethischen Forderungen, die in späterer Zeit (nach der Landnahme) entstanden sind, aber an den Sinai gebunden wurden, um so höhere Autorität zu gewinnen. Die Verse der Lesung stammen aus dem letzten Teil dieses Buches. Sie fordern – begründend im Mitleid Gottes mit den Armen – das Volk zu sozialem und hilfsbereitem Handeln auf. Wer in Not ist, soll in Israel nicht vergebens um Hilfe bitten. Das gilt für den rechtlosen Fremden im Land ebenso wie für Witwen und Waisen, deren rechtliche und wirtschaft-liche Stellung ganz unten war. Auch der Arme darf nicht durch Zins und Pfandnahme ausgenutzt werden. Diese im Glauben an Gott begründeten Forderungen durchziehen das ganze Alte Testament (vgl. etwa die Propheten) und münden im Neuen Testament in der Forderung Jesu nach der Verbindung von Gottes- und Nächstenliebe (vgl. das Evangelium).

1 Thess 1,5-10: Ihr seid dem Herrn nachgefolgt. Nachdem Paulus bereits in der Einleitung seines ersten Briefes an die Gemeinde in Thessaloniki (vgl. A 59) den Glauben der Christen dort lobend hervorgehoben hat, geht er in diesem Teil des Briefes näher darauf ein. Glaube bedeutet für ihn Nachfolge, Nachahmung des Herrn im eigenen Leben. Dies hat Paulus zur Richtschnur seiner Lebensgestaltung gemacht – die Thessalonicher übernehmen diese Haltung von ihm. Mit großer Offenheit und Bereitschaft nehmen sie den Glauben an, ja der Glaube erfüllt sie mit Freude. Sie gewinnen eine neue Lebenshaltung, ihre Bekehrung zu Christus bedeutet eine Lebenswende. Dies bleibt ihrer Umwelt nicht verborgen, durch ihr erneuertes Leben werden sie nun selber zum Vorbild für andere. So erfüllen sie durch ihr Leben aus dem Glauben einen Dienst an anderen Menschen. Motiviert sind sie durch die Erwartung des Herrn, auf ihn hoffen sie und können so auch in Widerständen und Bedrängnis durchhalten.

Mt 22,34-40: Das Doppelgebot der Gottes- und Nächstenliebe. Das Evangelium gehört zu den zentralen Texten christlichen Glaubens. In diesen Versen fasst Matthäus zusammen, was für ihn die Erfüllung jüdischen Gesetzes und jüdischen Glaubens ist: die von Jesus verkündete Verbindung von Gottes- und Nächstenliebe. Hier findet sich die innere Mitte des ganzen Evangeliums. Matthäus fasst

diese Forderung (anders als das Schulgespräch bei Markus, vgl. Mk 12,28-34) in ein Streitgespräch mit Pharisäern und betont dadurch das Neue und zugleich Alte, Grundlegende, das in Jesus Erfüllung findet. Die Forderung nach Gottesliebe und zugleich die Aufforderung den Nächsten zu lieben findet sich als durchgehende Linie des Alten Testamentes (vgl. erste Lesung), ihre nahtlose Verknüpfung aber wird von Jesus besonders herausgestellt. Gottes- und Nächstenliebe gehören unlösbar zusammen. Wer sich um beides bemüht, der erfüllt das ganze Gesetz. Für ihn aber werden auch die vielen Einzelvorschriften des Gesetzes unwichtig, weil er die innere Mitte des ganzen Gesetzes, seinen Geist lebt und verwirklicht.

Schrifttext und Familien mit Kindern

Herausragendes Thema der Texte ist die Verbindung von Gottes- und Nächstenliebe. Dies klingt nicht allein in der alttestamentlichen Lesung und im Evangelium an, sondern – ein wenig verborgen – auch im Bericht des Paulus über die Gemeinde in Thessaloniki, die durch ihr vorbildliches Leben aus dem Glauben ein Beispiel gibt und zur Nachahmung anregt.

Das Doppelgebot der Gottes- und Nächstenliebe muss (nicht allein dem Sinn, sondern auch dem Text nach) als Dreifachgebot der Gottes-, Nächsten- und Selbstliebe gesehen werden. Dies entspricht auch den Erkenntnissen unserer Zeit (etwa der Psychologie), dass die ganzheitliche Annahme eines anderen auf der ganzheitlichen Annahme der eigenen Person beruht. Dieser Aspekt wird besonders im Blick auf Kinder wichtig, die erst zu einer Annahme ihrer Person, zu Vertrauen und Selbstbewusstsein gelangen müssen. Es geht also um ein ausgewogenes Leben, um einen Weg der Mitte, der die eigene Person ebenso wie die Personen der anderen, die Nächsten, sieht und beides tut im Blick auf Gott, auf die Verbindung und Gemeinschaft mit ihm.

Mit diesem Hauptgebot ist ein wesentlicher Zug der Botschaft Jesu erreicht. Hier setzt er auch einen deutlichen Akzent gegenüber bis-

heriger jüdischer Lehre. Gewiss hat man im Judentum beide Forderungen nach Gottes- und Nächstenliebe nicht nur gekannt, sondern auch immer wieder theologisch aneinander gebunden (der Gott der Armen fordert zur Solidarität mit den Armen auf, vgl. erste Lesung). Mit der unlösbaren Verknüpfung beider Gebote greift Jesus zudem auf die Botschaft der Propheten zurück (vgl. besonders Amos). Dennoch finden wie an dieser Stelle etwas Typisches für Jesus.

Mehr noch: Wir finden in diesem Doppelgebot gleichsam die innere Mitte christlichen Glaubens, wir finden eine Kurzformel des Glaubens, eine Lebensausrichtung, die die vielen einzelnen Glaubenssätze auf das Wesentliche konzentriert. In einer Zeit, in der Glaube schwierig ist, ja zunehmend verdunstet, hat eine solche Kurzformel besondere Bedeutung. Sie sollte deutlich herausgestellt werden.

Damit verbunden kann der Gedanke der zweiten Lesung eingebracht werden: Der in diesem Doppelgebot konzentrierte Glaube führt die Gemeinde und den einzelnen Christen zur überzeugenden Freude, gibt dem Leben Sinn, stellt eine Lebenswende hin zum erwarteten Heil dar.

Neben diesen grundlegenden Gedanken, die auf unterschiedliche Weise umgesetzt werden können, gibt es eine Reihe von Gedanken, die ebenso die Grundlage eines Gottesdienstes bilden können. Dies betrifft vor allem die alttestamentliche Lesung. Die darin angeschnittenen Fragen des Umgangs mit den Armen gewinnen in einer Zeit an Bedeutung, da in unserem Land eine »neue Armut« wächst und da auch global die Unterschiede zwischen Reich und Arm und die soziale Not größer werden. Forderungen nach sozialem Ausgleich, nach Gerechtigkeit und Solidarität, nach aus dem Glauben begründeter Nächstenliebe sind deshalb höchst aktuell. Dies kann zu konkreten Themen im Gottesdienst führen, etwa: die Fremden bei uns, die Armen heute, Unterdrückung und Befreiung ...

Gestaltungsideen für den Gottesdienst

– *Die Tür mit zwei Angeln:* Um die Bedeutung des Doppelgebotes von Gottes- und Nächstenliebe deutlich werden zu lassen, ist eine Tür in einem Türstock aufgebaut. Die (noch geschlossene) Tür wird beschriftet: »Tür zum Leben«. Im Gespräch wird bedacht, was für uns im Leben wichtig ist. Anschließend werden die beiden Türangeln hervorgehoben. Sie öffnen die Türe und haben deshalb besondere Bedeutung. Entsprechend dem Evangelientext werden sie mit Gottes- und Nächstenliebe bezeichnet, die Tür wird dann geöffnet.

– *Die Pyramide der Liebe:* Eine dreiseitige Pyramide (Seiten aus unterschiedlichen Farben) ist aufgebaut. Entsprechend dem Evangelium werden die Seiten mit den Worten »Gottesliebe« – »Nächstenliebe« – »Eigenliebe« beschriftet. Alles drei hängt miteinander zusammen, das eine geht nicht ohne das andere. Christen stellen sich also in ihrem Leben »unter die Pyramide der Liebe« und vertrauen darauf, dass ihr Leben dadurch gelingt.

– *Das Herz des Glaubens:* Die Liebe in ihrer dreifachen Ausrichtung als Gottes-, Nächsten- und Selbstliebe stellt die innere Mitte des Glaubens dar, ist gleichsam das »Herz des Glaubens«, das alles andere bewegen und am Leben erhalten soll. Dies kann auch durch eine gezeichnete Person dargestellt werden. Während etwa die im Glaubensbekenntnis gesammelten Glaubenssätze den Kopf des Menschen ansprechen (und auch wichtig sind), ist die Liebe das »Lebensprinzip« des Glaubens. Nur durch sie können Hände und Füße bewegt werden, kann der Glaube zu einer Lebenshaltung werden, die einen Menschen im Inneren »bewegt« und antreibt.

– *Wegweiser des Glaubens:* Die Liebe in ihrer mehrgestaltigen Form stellt den Wegweiser dar, nach dem Christen ihr Leben orientieren können. Entsprechend ist ein Wegweiser aufgebaut, der ein Schild mit der Aufschrift »Liebe« trägt (oder auch drei Schilder mit den Aufschriften »Gottesliebe«, »Nächstenliebe«, »Selbstliebe«). Im Gespräch wird mit den Kindern erarbeitet, was diese Orientierung im einzelnen bedeuten kann. Eventuell spielen die Kinder auch kleine Spiele dazu, die dies deutlich machen.

– *Die Fremden bei uns:* Das Stichwort der ersten Lesung hat auch bei uns Bedeutung. In einer Zeit, in der viele Menschen bei uns aus anderen Ländern kommen und in der die Widerstände und Vorurteile der Bevölkerung gegenüber Fremden größer werden, ist die Mahnung der Lesung von bleibender Aktualität. Für dieses Thema ist eine allgemeine Aussage wenig angebracht. Besser ist es, Einzelschicksale von Menschen (von fiktiven Gestalten oder von Fremden in der Gemeinde) vorzutragen (durch Bericht, Bild, Spiel ...) und das Thema dadurch zu personalisieren. So kann zur Achtung, Toleranz, Solidarität und Hilfe ermuntert werden.

– *Die Armen bei uns:* In vergleichbarer Weise kann auch das Thema der Armen behandelt werden. Besonders für Kinder ist die konkrete Schilderung von Einzelschicksalen wichtig. Nur so kann das in der ersten Lesung angesprochene »Mitleid Gottes mit den Armen« zur eigenen Haltung des Mitleidens werden. Dabei sollten Gottesdienst und konkretes Handeln der Gemeinde je nach den örtlichen Möglichkeiten aneinander gebunden werden (Einsatz in sozialen Brennpunkten, Hilfsaktionen ...).

Weiterführung nach dem Gottesdienst

Die vorgeschlagenen Themen drängen alle darauf, dass Gottesdienst und Leben der Gemeinde wie der einzelnen Christen aneinander gebunden sind, dass also die im Gottesdienste erhobene Forderung nach der Verbindung von Gottes- und Nächstendienst in die Praxis umgesetzt wird. Dies kann in den einzelnen Familien geschehen: Wo sind in unserer Nachbarschaft die »Armen«, die Hilfe (nicht allein im materiellen Sinn) brauchen?

Wo können wir unseren Glauben konkret im Dienst an anderen leben? Die gleichen Fragen hat sich auch jede Gruppe der Gemeinde (bereits Kindergarten oder Kommuniongruppe) zu stellen und natürlich auch die ganze Gemeinde in ihrer Schwerpunktsetzung. Zusätzlich zu diesem Auftrag können die verschiedenen Symbole als Erinnerung an das Gottesdienstthema in der ein oder anderen Form mitgegeben werden.

(A 61) 31. Sonntag im Jahreskreis

Zu den Schrifttexten

Mal 1,14-2,2.8-10: *Der Bund der Väter ist entweiht.* Der Prophet Maleachi wirkte in der Zeit von 500 – 450 v. Chr. als letzter der alttestamentlichen Propheten. Der Tempel war – kleiner als vor der Zerstörung – wieder aufgebaut worden, der Tempelkult das Zentrum des religiösen Lebens der Juden, die Stellung der Priester im Volk gestiegen. Mit ihrer gehobenen Stellung stieg auch die Gefahr der Bestechlichkeit, der Nachlässigkeit und Vernachlässigung ihrer Aufgaben. So kommt Maleachi zu einer harschen Kritik an der Amtsauffassung und Amtsausübung der Priester am Tempel (wegen der parallelen Kritik des Evangeliums an den Schriftgelehrten wurde diese Lesung ausgewählt). Aus den für die Lesung ausgewählten Versen geht leider der Adressat seiner Kritik nicht hervor (die Versauswahl ist hier recht willkürlich). Maleachi fordert zu einer grundlegenden Reform auf, die den »Bund der Väter« zu neuem Leben erweckt. Wo Menschen (vor allem die Priester) sich vom Bund Gottes entfernen, bewirkt dies Fluch statt Segen, Tod statt Leben. Die Schlusssätze der Lesung gehören bereits einem anderen Teil des Buches Maleachi an (deutlich am Wechsel von Gottes- zur Prophetenrede). Gott wird Vater und Schöpfer genannt – dies bedeutet für das Volk eine doppelte Bindung an ihn, einen doppelten Bund des Segens, der einzuhalten ist.

1 Thess 2,7-9.13: *Das Wort Gottes ist in euch wirksam.* Paulus lobt in seinem Brief die Gemeinde in Thessaloniki (vgl. A 59 und A 60), dass sie den Glauben mit Freude angenommen und in ihr Leben umgesetzt hat. Dieses Lob führt er in dieser Perikope fort. Die Gemeinde hat die von ihm verkündete Botschaft sachgerecht als »Gottes Wort« verstanden und deshalb in ihrer Bedeutung richtig eingeordnet. Wer dem Wort Gottes so mit Offenheit und Aufnahmebereitschaft begegnet, in dem kann es seine Wirksamkeit entfalten. Anscheinend waren auch in Nordgriechenland bereits Wanderprediger unterwegs, die die Autorität des Paulus bestritten und eine andere, aus der Sicht des Paulus verfälschte Botschaft verkündeten. So macht Paulus das Grundprinzip seines Wirkens deutlich: Er setzt sich ganz und gar für die Verkündigung ein, weil er selber durch das Evangelium verändert wurde, weil sein Leben durch Gottes Wort eine neue Richtung erhalten hat. Sein Einsatz in der Verkündigung geschieht voll menschlicher Zuwendung – »wie eine Mutter für ihre Kinder«. Gegen die Kritik der Amtsträger in der ersten Lesung und im Evangelium wird an dieser Stelle etwas von einer richtigen Amtsführung in einer glaubenden Gemeinschaft deutlich.

Mt 23,1-12: *Kritik an Schriftgelehrten und Pharisäern.* Für Matthäus ist die Kritik Jesu an den jüdischen Autoritäten ein Thema, das seine Gemeinde in der Auseinandersetzung mit den rabbinischen Autoritäten nach der Zerstörung des Tempels und in einer Zeit der Absetzung christlicher Gemeinde von der jüdischen Synagoge sehr betrifft. So wird dieses Thema von Matthäus ausführlich und mit eindringlichen Worten behandelt. Dem falschen Vorbild religiöser Führer wird das Miteinander in einer christlichen Gemeinde als Kontrast gegenübergestellt. Durch zwei Wanderlogien (= Einzelworte Jesu, die von den Evangelisten an verschiedenen Stellen der Evangelien zitiert werden) am Ende des Textes wird die Grundhaltung des Christen definiert: Dienst aneinander und so Verbindung von Gottes- und Nächstendienst in der Gemeinde (vgl. A 60). Die Vorwürfe gegen die religiösen Führer betreffen Heuchelei (sie fordern zwar, tun es aber selber nicht), Überheblichkeit (Titelsucht), Geltungsdrang (besondere Kleidung, vorderste Plätze) ... Es ist für Jesus wichtig, die Lehre des Mose weiterzugeben; er übt hier keine grundlegende Kritik an der Lehre und am Gesetz. Wohl aber ist für ihn wichtig, dass Wort und Tat, Lehre und Verhalten übereinstimmen. Dies soll in der christlichen Gemeinde verwirklicht werden, wenn in ihr alle vor Gott gleich sind, sich alle in ihrem Leben auf den Lehrer Christus ausrichten und alle dadurch eine Gemeinschaft von Brüdern (Geschwistern) werden. So stellt der Dienst aneinander das Kriterium wahrer Christlichkeit und echter Gemeinschaft dar.

Schrifttext und Familien mit Kindern

Alle drei Schrifttexte behandeln das Thema einer richtigen Amtsführung im Dienst an einer glaubenden Gemeinde. Die alttestamentliche Lesung und der erste Teil des Evangeliums zeichnen dabei als Kontrast die Gefahren von Amtsmissbrauch und falscher Autorität auf, die zweite Lesung und der zweite Teil des Evangeliums geben positive Impulse, wie das Leben in einer christlichen Gemeinde und wie die Verantwortung der Amtsträger darin zu gestalten ist.

Diese Thematik ist durchaus in unserer Zeit aktuell. Die Krise der Kirche und der Weitergabe des Glaubens in einer sich wandelnden Gesellschaft liegt auch – neben anderem – in der Krise des kirchlichen Amtes begründet. Hier fehlt – wie damals – oft der Mut, aufzubrechen und zu neuen Formen zu finden. Hier findet sich – wie damals – oft die Angst vor Neuem. Hier sind – wie damals – oft Ritualismus, Verhaftetsein an überholten Vorschriften und Regeln, Missbrauch des Amtes und anderes mehr zu finden. Die Kritik des Propheten und die Kritik Jesu (bzw. des Evangelisten) stellt eine bleibende Mahnung an jede kirchliche Gemeinschaft dar. Jeder, der Verantwortung in Kirche und Gemeinde trägt, muss sich fragen, ob er die Grundanforderung von Geschwisterlichkeit und Dienst aneinander genügend umsetzt.

(Hierzu ein weiterer Hinweis: Der Begriff »Brüder« meint in den Schriften des Neuen Testaments nicht geschlechtlich einengend nur die männlichen Mitglieder der Gemeinde, sondern ist ein Sammelbegriff für *alle* Mitglieder der Gemeinde, Männer wie Frauen. Dies hat durchaus Auswirkungen für die Struktur der Gemeinde und die Ausprägung des Amtes in ihr.)

Kirchenkritik ist also von den drei Texten her durchaus berechtigt und von der heutigen Situation der Kirche her notwendig. Doch dies wird kaum in einem Familiengottesdienst zu leisten sein. So geht es mehr darum, aus den Texten die positiven Ansätze für ein Gemeindeleben herauszustellen. In der alttestamentlichen Lesung ist dies das Bekenntnis der Schlusssätze zu Gott als Vater und Schöpfer aller. In der neutestamentlichen Lesung ist die Aufnahme der Verkündigung als Wort Gottes wichtig, das nicht irgendeine, sondern eine das Leben verändernde Botschaft sein soll. Auch das Beispiel des Paulus, der wie eine Mutter für seine Gemeinde sorgt, kann aufgegriffen werden. Im Evangelium sind es besonders die Kriterien einer Gemeinde, die in den letzten Sprüchen enthalten sind (das Evangelium entsprechend kürzen): Geschwisterlichkeit, gemeinsame Ausrichtung auf Gott und Christus, Dienst aneinander.

(A 61) 31. So im Jahr

Gestaltungsideen für den Gottesdienst

– *Vater und Schöpfer aller:* Der Bund Gottes mit den Menschen gilt allen, nicht nur einigen Auserwählten, über die andere dann das Heil erlangen können. Jeder kann direkt zu Gott Vater sagen und hat eine unmittelbare Beziehung zu ihm. Dieser Gedanke kann im Gottesdienst dadurch deutlich werden, dass unterschiedliche Kinder (und auch Erwachsene) rund um den Altar kommen und vom Altar ausgehend bunte Bänder aufgreifen. So bilden sie durch die gemeinsame Mitte eine Gemeinschaft. Eventuell kann diese Zeichenhandlung durch einen Tanz um den Altar vertieft werden.

– *Worte, die bewegen:* Es gibt unterschiedliche Worte im Leben der Menschen: Worte, die informieren, Worte, die unterhalten, aber auch Worte, die in die Tiefe gehen und die das Leben verändern können. Solche Unterschiede können am besten durch kleine Spiele aufgezeigt werden, die die unterschiedliche Wirkung von Worten darstellen. Im weiteren Ablauf des Gottesdienstes kann eine Bibel als das Buch des Glaubens vorgestellt werden, in dem uns Gottes Wort begegnet und das uns deshalb Richtschnur unseres Lebens sein kann.

– *Wie eine Mutter füreinander sorgen:* Eine christliche Gemeinde bedeutete eine Gemeinschaft, in der man für Leben und Glauben der anderen Verantwortung trägt. Dies gilt besonders für die, die eine besondere Aufgabe oder ein Amt darin übernehmen. Das Bild von der sorgenden Mutter, mit dem Paulus sein Wirken beschreibt, kann durch Beispiele aufgeschlüsselt werden: Was bedeuten Einsatz und Fürsorge in der Gemeinde heute? Wie kann die Verantwortung füreinander nicht allein von Erwachsenen, sondern in angemessener Weise bereits von Kindern ausgeübt werden?

– *Wir alle sind Geschwister:* Die grundsätzliche Gleichheit in der Gemeinde bedeutet, dass jede Überheblichkeit und Rangordnung dem Willen Jesu widersprechen. Es gilt in der Gemeinde, einander wie Schwestern und Brüder anzunehmen. Alle sind wie eine Familie rund um den Tisch Jesu. Das kann in einer Zeichenhandlung gespielt werden.

– *Einander Diener sein:* Spiele zeigen kleine Dienste auf, mit denen man für das Wohl anderer sorgen kann. Dadurch wird auf eine Grundhaltung verwiesen, die Christen auszeichnen soll: füreinander im Geist Jesu da sein.

Weiterführung nach dem Gottesdienst

Das Leben in der Gemeinde ist das Grundthema der drei Texte. So liegt es nahe, dass im Anschluss an diesen Gottesdienst Angebote erfolgen, auf unterschiedliche Weise an den Gruppen und Veranstaltungen der Gemeinde teilzunehmen. Einzelne Gruppen und Dienste können von sich berichten und zu Aktivitäten und Gruppen einladen.

Ein weiterer Gedanke ist die Leitungsfrage in der Gemeinde heute: Wie wird – etwa durch Pfarrgemeinderat und andere Entscheidungsträger – die Geschwisterlichkeit in der Gemeinde sichtbar? Wie wird der gegenseitige Dienst auch in den Strukturen betont? Wie wird gegen Überheblichkeit, Privilegien ... vorgegangen?

(A 62) 32. Sonntag im Jahreskreis

Zu den Schrifttexten

Weish 6,12-16: *Strahlend ist die Weisheit.* Das Buch der Weisheit ist als letztes alttestamentliches Buch in der Mitte des zweiten vorchrist-lichen Jahrhunderts im ägyptischen Alexandrien entstanden. In diesem – im jüdischen Kanon der Bibel nicht enthaltenen – Buch verbindet sich der Glaube Israels mit hellenistischer Philosophie und Kultur. In der Strömung der Weisheitslehre spürte man einer grundlegenden, göttlichen Ordnung in der Welt nach. Wenn der Mensch diese Ordnung erkennt und sich auf sie hin öffnet, kann er selber als weise bezeichnet werden. Dieses Einordnen in die Weisheit, in die innere Harmonie der göttlichen Weltordnung wird zum Ziel des weisen Menschen. Es gilt, die Weisheit zu suchen und sie zur Grundlage des eigenen Lebens und seiner Handlungen zu machen. In diesen Zusammenhang ist der Text dieser Perikope einzuordnen. Hier geht es um eine doppelte Bewegung: die Bewegung des Menschen zur Weisheit hin (sein Suchen) und die Bewegung der Weisheit hin zum Menschen (sie lässt sich finden). Die Weisheit, die die Welt lenkt, ist also nicht ein fernes, dem Menschen unergründbares Geheimnis, sondern sie stellt gleichsam seine innere Mitte dar, so dass er sie leicht erreichen kann. Für ein gelingendes Leben kommt es dem Menschen nur darauf an, dass er das erkennt, sich um die Weisheit bemüht und von ihr aus sein Leben gestaltet. Mit diesem Gedanken ist eine Verbindung zum Stichwort »Wachsamkeit« des Evangeliums geschaffen.

1 Thess 4,13-18: Gott wird die in Jesus Entschlafenen mit ihm vereinen. Paulus erwartete – zumindest am Anfang seiner Verkündigung – die Wiederkunft des Herrn als ein Ereignis, das in naher Zukunft stattfinden wird. So muss er der jungen Gemeinde in Thessaloniki in seinem Schreiben Auskunft darüber geben, wie es denn dann mit den vorab Verstorbenen bestellt ist: Werden sie in den Prozess der Rettung eingegliedert, oder ist ihr Leben vergeblich gewesen? Paulus antwortet mit allgemeinen Aussagen, die den Kern seines Glaubens, die Gemeinschaft mit Jesus, wiedergeben, und kleidet dies in damals übliche Bilder jüdischer Apokalyptik (vom Himmel herabkommen, Erzengel, Fanfare, auf Wolken entrückt ...). Diese Begrifflichkeit ist aber nur die äußere, aus jüdischer Tradtion übernommene Hülle, die man bei diesem Text abstreifen muss, um zur eigentlichen Aussage des Paulus zu gelangen. Für ihn liegt das Wesentliche in der grundsätzlichen Gemeinschaft mit Jesus: Wer sich an ihn bindet, mit ihm stirbt, bleibt in seiner Gemeinschaft. Weil aber Jesus selbst nicht im Tod geblieben, sondern durch Gott auferweckt wurde, wird auch der Glaubende in diesen Prozess der Auferweckung eingegliedert – er wird *immer* beim Herrn sein, im Leben, im Sterben und im Auferstehen. Dies ist für Paulus der Kern christlicher Botschaft und damit Grund zur Hoffnung und zur Freude: Gottes Heil in Christus kennt keine Grenzen – auch nicht den Tod.

Mt 25,1-13: Das Gleichnis von den zehn Mädchen. Das Gleichnis findet sich nur bei Matthäus und passt gut in das Umfeld seiner Gemeinde aus Heiden- und Judenchristen. Jüdische Bräuche werden vorausgesetzt: etwa das Feilschen um den Brautpreis bis spät in die Nacht und dadurch die Verspätung des Bräutigams, Freundinnen der Braut, die den Bräutigam in das Haus des Brautvaters oder bereits das neue der Brautleute geleiten, Lampen (besser Fackeln) aus ölgetränkten, um einen Stock gewickelten Stofflappen, die bald Reserveöl brauchen ... Vor allem aber passt das Gleichnis in die Situation einer Gemeinde, die von der Naherwartung Abschied nehmen musste: Die Wiederkunft des Herrn ließ auf sich warten. So sind Wachsamkeit und kluges Bereithalten unerlässlich. Das Gleichnis stellt als Entscheidungs- oder Gerichtsgleichnis eine deutliche Mahnung zur Wachsamkeit dar. Es gilt, für den Herrn bereit zu sein.

Schrifttext und Familien mit Kindern

Das Problem aller drei Schrifttexte ist die gegenüber heutigen Situationen unterschiedliche Fragestellung. Wenn man Menschen heute, auch bereits Kinder und Jugendliche nach Zielen fragt, die sie sich setzen, dann lauten die Antworten etwa Freiheit, Unabhängigkeit, Liebe, glückendes Leben, Erfolg ..., wohl kaum aber Weisheit. Das Streben nach Weisheit als Einordnung in die grundlegende Weisheit Gottes und seine Ordnung mit dieser Welt zu verstehen, ist uns heute kaum nachvollziehbar. Von da aus ist auch die Mahnung der Lesung ein zwar in verständlicher Sprache geschriebener, aber uns dennoch ferner Text.

Der Ausgangspunkt der Pauluslesung, aber auch des Entscheidungsgleichnisses im Evangelium liegt uns noch ferner. Die Naherwartung und das Problem des Ausbleibens der Wiederkunft Jesu berühren uns nicht. Wer rechnet schon mit der Wiederkunft Jesu innerhalb der Zeit seines Lebens? Eher stellt sich uns die Frage, wie es mit dem Leben nach dem Tod ist. Geht es für uns in irgendeiner Weise weiter? Die zunehmende Auseinandersetzung mit östlichen Antworten auf diese Frage macht das Thema für viele aktuell – selbst dann, wenn inzwischen die meisten Getauften der kirchlichen Antwort eines Lebens nach dem Tod nicht mehr zustimmen können.

So gewinnt von da aus auch die Frage nach der Wachsamkeit eine andere Bedeutung. Wenn es nicht um das eine, alles entscheidende Ende geht, sondern um ein Ende von vielen innerhalb der Kette von Wiedergeburten oder anders um ein Verlöschen ins Nichts hinein, dann hat dies Auswirkungen auf die Lebensgestaltung. Kein wachsames Sich-bereitmachen für das Kommen des Herrn, sondern ein (Aus-)Nutzen dieses Lebens, so gut es möglich ist, ist für viele heute die Devise.

Wie aber lassen sich solche Themen für den Familiengottesdienst fruchtbar machen? Am leichtesten geht dies noch mit dem Thema Wachsamkeit. Ein Wecker oder brennende Lampen ... können als Zeichen genutzt werden, um die Haltung der Wachsamkeit herauszustellen. Auch sind hierzu leicht Spielszenen möglich. Dabei kann herausgearbeitet werden, dass es unterschiedliche Situationen von Wachsamkeit gibt, die von unterschiedlicher Bedeutung sind. Das Evangelium fordert dazu auf, für Gott und seinen Willen wachsam zu sein.

Das Thema Tod – Auferstehung bietet sich von der Jahreszeit her an. Der November ist traditionell nicht nur im kirchlichen Bereich (Allerseelen), sondern auch im staatlichen Bereich (Volkstrauertag) der Monat des Totengedenkens. Von der trüben Witterung und dem schwindenden Tageslicht her ergibt sich dieses Thema ebenfalls. So kann zum einen die Licht-Dunkelheit-Symbolik zur Aufarbeitung genutzt werden. Von der biblischen Botschaft her bietet sich aber eher das Stichwort »Gemeinschaft mit Jesus« an.

Die Aussagen der alttestamentlichen Lesung zur Weisheit müssen auf ihren Kern zurückgeführt werden: Weisheit ist mehr als unbegrenztes Wissen, stellt die Einstimmung in die Harmonie der Schöpfung Gottes dar, erkennt den Menschen also in seiner Stellung in der Welt und vor Gott.

Gestaltungsideen für den Gottesdienst

– *Nicht schlafen, sondern wachsam leben:* Die Kernaussage des Evangeliums kann durch eine Pantomime dargestellt werden. Mehrere Spieler liegen schlafend auf den Altarstufen herum oder bewegen sich langsam und schlapp. Vom Ambo her wird ihnen der Schlusssatz des Evangeliums zugerufen (»Seid also wachsam«), dazu ertönt ein Wecker. Die Spieler werden nun lebendig und formen einen Kreis um den Altar. Im Gespräch wird aufgearbeitet, wofür Menschen nach dem Willen Gottes wachsam sein sollen. Dies kann in Stegreifspiele umgesetzt werden.
– *Brennende Lampen:* Gut wäre es, für diese Gestaltung Öllämpchen in antiker Form zu haben, in die immer wieder Öl nachgefüllt werden muss. So kann den Kindern die Situation des Evangeliums anschaulich gemacht werden. Eine andere Möglichkeit sind kleine, dünne Kerzen (etwa für die Geburtstagstorte), die nicht lange brennen und die man – wachsam – ständig durch neue ersetzen muss. Im Gespräch folgt dann wiederum die Besinnung darauf, dass wir für unterschiedliche Dinge hin wachsam sein müssen, um den Willen Gottes zu erfüllen.
– *Das Gleichnis von den zehn Mädchen:* Das Gleichnis kann gut als Evangelienspiel dargestellt werden. Daran kann ein fiktives Gespräch Jesu mit seinen Jüngern anschließen,

in dem er eine Deutung des Gleichnisses gibt und zur Wachsamkeit gegenüber Gottes Willen aufruft.

– *Ein Licht in dunkler Nacht:* Ausgehend von der Jahreszeit und von Sterbe- und Begräbnisbrauchtum (etwa Farbe Schwarz) wird der Tod als dunkle, den Menschen bedrückende Sache aufgezeigt. Die Botschaft von der Auferstehung ist uns deshalb wie ein Licht, das diese Dunkelheit durchbricht. Zur Umsetzung bietet sich ein meditatives Malen zu leiser Musik an (eventuell jeweils mehrere Kinder zusammen an einem Bild): Aus der Dunkelheit bricht ein helles Licht auf. Ebenso kann das Thema durch eine Pantomime dargestellt werden, bei der in einem dunklen Raum ein Kerzenlicht angezündet wird.

– *Gemeinschaft mit Jesus über den Tod hinaus:* Vier Symbolfotos (Dias) zeigen unterschiedliche Gemeinschaft mit Jesus auf (im Gespräch jeweils benennen): 1. Hände halten ein Baby – die Gemeinschaft eines Menschen mit Jesus beginnt (in der Regel) mit der Taufe. 2. Zwei Menschen Hand in Hand – mit Jesus durch's Leben gehen. 3. Hand streicht einem kranken, schwachen Menschen über den Kopf – Gemeinschaft mit Jesus in jeder Not, auch im Tod. 4. Eine Hand richtet einen Menschen auf – neues Leben in der Gemeinschaft mit Jesus als Verheißung an die Christen.

– *Weisheit ist mehr als Wissen:* Ein Computer wird aufgebaut – was wäre, wenn er alle Sprachen der Welt verstehen könnte und alles Wissen der Menschen in sich gesammelt hätte? Er bliebe dennoch nur eine Maschine, die dem Menschen helfen kann, aber nicht mehr. Für ein gelingendes Leben braucht es etwas anderes – Weisheit, eine tiefere Sicht der Welt und der Menschen, die Verbindung und Ausrichtung auf Gott und seinen Willen mit uns Menschen.

Weiterführung nach dem Gottesdienst

Gut ist es, den Kindern am Ende des Gottesdienstes ein kleines Öllämpchen oder eine kleine Kerze als Erinnerung an das Thema Wachsamkeit zu überreichen.

Das Thema Totengedenken und Hoffnung auf Auferstehung kann durch die Familien bei einem Friedhofsbesuch vertieft werden: Dort sind vielfältige Zeichen christlicher Hoffnung zu entdecken. Auch können die Gräber und Rituale des Totengedenkens (Kerzen, Blumen ...) Anlass zu Gesprächen über den eigenen Glauben und die eigene Hoffnung sein.

Auf den Unterschied zwischen Wissen und Weisheit kann auch im alltäglichen Leben der Familie immer wieder hingewiesen werden: Wissen muss eingeordnet werden in einen Gesamtentwurf des Lebens, in einen Gesamtsinn.

(A 63) 33. Sonntag im Jahreskreis

Zu den Schrifttexten

Spr 31,10-13.19-20.30-31: Lob der tüchtigen Frau. Passend zum Evangelium von den Talenten wird uns im Loblied der tüchtigen und gottesfürchtigen Frau ein Beispiel für einen Menschen vor Augen gestellt, der seine Talente zum Wohl aller genutzt hat. Der Text ist leider erheblich gekürzt, dadurch wird die Tätigkeit der dargestellten Frau auf die Kleiderherstellung begrenzt und ein uns heute eher befremdendes Bild einer auf Hausarbeit beschränkten Frauenrolle gezeichnet. Das Gesamtbild des Lobpreises ergibt eine andere Situation: Die lobend erwähnte Frau ist eine selbständig handelnde Gutsbesitzerin, die für sich einen Acker kaufen kann, die über die Verwendung des Bodens entscheidet (einen Weinberg pflanzen), die selbständig Handel treibt – insgesamt also eine für die Antike zwar nicht ungewöhnliche, für unser Bild von der Antike (und der Unterdrückung der Frau darin) überraschende Darstellung. Diese Frau hat zudem nicht nur in ihrem Haus (Gutshof) Ansehen, sondern genießt auch öffentliche Bedeutung. Ihr Leben ist geprägt von Nächstendienst und Gottesliebe, von Sorge um die Armen und von Gottesfurcht als der Grundlage eines gelingenden Lebens. Der Lesungstext zeichnet also das Bild eines im Blick der Menschen tüchtigen, im Blick Gottes »gerechten«, rechtschaffenen Menschen, der so zum Vorbild für andere wird. Der Text ist zudem eine Kritik an Frauenbildern und -rollen, die eine Unterordnung der Frau unter den Mann vorsehen, und damit nach wie vor eine kritische Anfrage an unsere heutige Welt und auch an unsere Kirche.

1 Thess 5,1-6: Ihr seid Kinder des Lichts. Das Ausbleiben der Naherwartung bedeutete für die Gemeinde in Thessaloniki zum einen die Frage nach dem Schicksal der bereits Verstorbenen (vg. A 62), zum anderen veränderte es auch ihre Lebensweise. Wenn das Ende und damit das Gericht nicht schon in naher Zukunft kommt, wenn man also »Zeit hat«, braucht man sich nicht mit letzter Konsequenz und Entschiedenheit um die Verbindung mit Christus und ein Leben in seinem Geist zu bemühen. Man hat ja auf andere Weise »Frieden und Sicherheit«. Hier greift Paulus korrigierend ein. Der Tag des Gerichtes (auf alttestamentlichem Hintergrund »Tag des Herrn« genannt) kommt unerwartet, für Menschen nicht berechenbar. Deshalb gilt die Mahnung zur Wachsamkeit und zum Nutzen der verbleibenden Zeit (vgl. Evangelium) nach wie vor uneingeschränkt. Doch dies braucht die Gemeinde nicht zu beunruhigen. Da Paulus von ihrem festen Glauben überzeugt ist, kann er darauf vertrauen, dass für sie der Tag des Gerichtes zum Tag der Vollendung wird. Sie sind Kinder des Lichtes (die Einengung auf »Söhne« sollte entsprechend unserem heutigen Sprachgebrauch in der Lesung vermieden werden) und deshalb mit Christus, dem Licht der Welt, verbunden. So können sie voll Hoffnung, aber ebenso voll Wachsamkeit auf die Zukunft blicken.

Mt 25,14-30: Das Gleichnis von den Talenten. (Vgl. C 67.) Die drei großen Gleichnisse im 25. Kapitel des Matthäusevangeliums stellen – aufeinander aufbauend – drei grundlegende Haltungen des Christen dar: die auf christlicher Hoffnung beruhende Wachsamkeit, die die Welt und die Menschen aufmerksam wahrnimmt und mit den Augen Gottes zu sehen versucht; die auf christlichem Glauben beruhende Bereitschaft, Verantwortung zu übernehmen und die eigenen Talente zu nutzen; die auf christlicher Liebe beruhende Liebe zum Nächsten, die die Konkretion der Gottesliebe inmitten unserer Welt darstellt. Wer sich um Hoffnung, Glauben und Liebe bemüht, für den ist der Weg in das Reich der Himmel offen, der darf am »Festmahl seines Herrn« teilnehmen. Dies bedeutet Wachsamkeit und die Bereitschaft, Verantwortung zu übernehmen, die ihm geschenkten Fähigkeiten und Talente zu nutzen. Dabei ist klar, dass jeder Mensch unterschiedliche Fähigkeiten hat – je nach dem Maß seiner Gaben wird über ihn gerichtet werden. Der Herr ist zwar hart, aber gerecht, er entscheidet auf jeden einzelnen hin. Dadurch wird dieses Gleichnis – wie auch die anderen beiden – zu einer dringenden Mahnung, die Zeichen der Zeit wahrzunehmen, das in Jesus begonnene Reich Gottes anzunehmen und sich mit allen Kräften und Fähigkeiten in den Dienst dieses Reiches Gottes zu stellen. Im folgenden Gleichnis vom Weltgericht (vgl. A 64) wird diese Aussage auf unterschiedliche Beispiele der Nächstenliebe hin konkretisiert.

Schrifttext und Familien mit Kindern

Die drei Schrifttexte behandeln sehr unterschiedliche Themen, die im Leben heutiger Christen auch unterschiedliche Stellung haben. Die Frage nach der Rolle der Frau in Welt und Kirche ist höchst aktuell und ein Konfliktthema. Es bietet sich durchaus an, diese Thematik aufzugreifen und von der alttestamentlichen Lesung her mit einem neuen, für viele überraschenden Akzent zu versehen. Neben biblischen Texten, die eher von der Ausbeutung der Frau und von ihrer Unterdrückung sprechen, finden sich nicht nur hier Texte, die eine selbstbestimmte und vom Mann unabhängige Frau zeigen – mehr noch, diese Frau findet das Lob des (männlichen) biblischen Schriftstellers.

Von diesem Frauenbild her lässt sich eine Brücke schlagen zu heutigen Frauenrollen. Vor allem aber lässt sich auch die unselige Diskussion über die Aufgabe der Frau in der Kirche in einer neuen Weise angehen. Wenn die Bibel hier die Frau in einer selbstbewussten und unabhängigen Weise zeichnet, dann passt das zu der Art, wie Jesus mit Frauen umgegangen ist – auch er unabhängig von vorgegebenen Rollen und mit der gleichen Offenheit, mit der er Männern und Kindern begegnete. Von solcher Offenheit und Annahme kann man in der Kirche in vielfacher Hinsicht nur träumen.

Auch wenn dieses Thema nur schwer in einen Gottesdienst mit Kindern zu integrieren ist – es hat auch für Mädchen Relevanz, die sich oft als den Jungen untergeordnet oder in bestimmte Rollen gezwängt erleben. Hier wird von der Bibel ein Gegenbild entwickelt, das auch Mädchen heute Mut und Kraft zu eigenem Stand vermitteln mag.

Das Thema der neutestamentlichen Lesung ist mit den Gedanken verknüpft, die in der Lesung und dem Evangelium des vorangegangenen Sonntags behandelt wurden. Sie brauchen deshalb nicht unbedingt neu eingebracht zu werden.

Das Thema der Talente und ihrer Nutzung zu eigenem Wohl und zum Wohl anderer dagegen ist für Kinder in mehrfacher Hinsicht wichtig. Zum einen macht die Aussage Mut, dass jeder Talente erhält, wenn auch in unterschiedlichem Maß. Niemand ist nur ganz unten, sondern jeder hat seine persönlichen Fähigkeiten. Gott beurteilt einen Menschen nicht im Vergleich mit anderen (wie Kinder es nach wie vor in ihren Schulklassen oft erfahren), sondern ganz individuell. Auch dies kann Vertrauen und Mut geben.

Schließlich stellt die Mahnung, seine Talente zu nutzen, auch einen wichtigen Impuls für Kinder dar: Du kannst etwas, du bist wichtig, deine Fähigkeiten sind gefragt.

Gestaltungsideen für den Gottesdienst

– *Vor Gott gleich:* Die Rollenbeschreibung der Frau in der ersten Lesung ist Kindern heute vor allem durch die andere Lebensweise fremd (Flachs, Spinnwocken, Spindel). Deshalb sollten vielleicht andere Verse aus dem Gesamttext ausgewählt werden, die die Möglichkeiten der selbständig handelnden Frau und ihre Stellung in der Gesellschaft klarer zum Ausdruck bringen (etwa die Verse vom Ackerkauf, Gestaltung des Weinbergs, Handel ..., vgl. Spr 31,10-31). Im Gespräch mit den Kindern sollte anklingen, dass die Bibel an vielen Stellen Männer als große Gestalten des Glaubens herausstellt (etwa Abraham, Mose, David ...), dass es aber ebenso große Frauengestalten darin gibt und zugleich das Lob der »tüchtigen« Frau ebenso wie das Lob des »tüchtigen« Mannes. Vor Gott ist nicht das Geschlecht wichtig, sondern wie ein Mensch sein Leben gestaltet, wie er die Gebote Gottes aufnimmt und in seine Lebensgestaltung überträgt.

– *Frauen in der Kirche:* Kindern fällt durchaus auf, dass die (geweihten) Amtsträger in der Kirche nur Männer (zudem unverheiratet, Ausnahme Diakone) sind. Dies führt bei ihnen zu Rückfragen, zumal sie in konfessionell gemischten Gegenden evangelische Pastorinnen erleben (etwa bei ökumenischen Schulgottesdiensten ...). Man kann an dieser Stelle recht offen Informationen über die unterschiedliche Haltung der katholischen und anderer Kirchen zur Frage des Amtes für Frauen geben. In einem zweiten Schritt sollten allerdings Möglichkeiten des Engagements von Frauen in der Kirche aufgeführt werden. Zudem sollte deutlich werden, dass Kirchenstrukturen und dementsprechend auch die Auswahlkriterien für Ämter aus menschlichen Traditionen stammen und sich in verändernden Zeiten und Gesellschaftsstrukturen auch verändern können (und müssen). Ein Blick auf das Engagement von Frauen und Mädchen in der eigenen Gemeinde sollte nicht fehlen.

(A 63) 33. So im Jahr

– *Kinder des Lichtes:* Das Bildwort aus der zweiten Lesung kann leicht umgesetzt werden: Die Kinder erarbeiten die Symbolik von Licht und Dunkelheit (eventuell durch entsprechende Bilder angeregt). Sie suchen Beispiele zu dem, was Dunkelheit im Leben ausmacht, und zu dem, was Licht im Leben ist. Bei ausreichend Zeit können sie auch entsprechende Bilder malen, die anschließend zu einer Collage zusammengestellt werden. Die Aufforderung des Paulus geht zwar ursprünglich in eine etwas andere Richtung, kann aber für die Kinder wie folgt gedeutet werden: Christen verbinden sich mit Christus, dem Licht der Welt. Von ihm her können sie selber zu Licht werden. Dies kann am Ende des Gottesdienstes durch eine Zeichenhandlung dargestellt werden. Von einer großen Kerze (etwa Osterkerze) aus erhalten die Kinder Licht und bringen es zu anderen Gottesdienstbesuchern.

– *Jeder hat Talente:* Kleine Spielszenen zeigen auf, wie Kinder verschiedene Talente haben, der eine kann gut Flöte blasen, der andere gut rechnen, ein anderer ist gut im Sport, ein weiteres Kind malt gut. Diese Szenen müssen keinen fiktiven Charakter haben. Es können auch Kinder von ihren eigenen Fähigkeiten und Talenten berichten, von dem, was sie gut können und was ihnen Spaß macht. Danach werden solche »Talente« auf verschiedenfarbige und verschieden geformte Stücke aus Tonpapier geschrieben (oder gemalt) und diese Stücke zu einem Mobile zusammengefügt: Jeder ist auf seine Weise wichtig, die Talente aller müssen sich ergänzen.

Weiterführung nach dem Gottesdienst

Das Thema Geschlechterrollen und der Stellung der Frau in Gesellschaft und Kirche kann – besonders mit älteren Kindern – in der Familie weitergeführt werden. Welche Vorurteile oder nicht reflektiert festgelegte Rollen gibt es in der Familie? Sind andere Verhaltensweisen und eine andere Rollenaufteilung möglich? Ebenso kann darüber gesprochen werden, wie in der Klasse, im Freundeskreis ... die Rollen von Jungen und Mädchen sind.

Das Thema Frau in der Kirche kann durch weitere Informationen über Berufe der Kirche für Frauen ergänzt werden.

Als Erinnerung an einen Gottesdienst zum Thema Licht können die Kinder eine kleine Kerze erhalten, die sie behalten dürfen oder zu einem anderen Menschen bringen können.

In der Familie kann überlegt werden, welche Talente jeder einzelne hat und wie dadurch zum Wohl aller beigetragen wird.

(A 64) Christkönig

Zu den Schrifttexten

Ez 34,11-12.15-17: Ich will ihr Hirt sein und für sie sorgen. Ezechiel schreibt diesen Text nach der Zerstörung Jerusalems (587) an das Volk im Exil. In den ersten Versen dieses Kapitels rechnet er scharf mit den religiösen und politischen Führern Israels ab. Sie sind falsche Hirten gewesen, deren Sorge nicht das Wohl der ihnen Anvertrauten, sondern ihr eigenes Wohl war. Sie behandelten ihre Herde wie ihren Besitz, über den sie nach Gutdünken verfügen können. So aber wurde die Herde zerstreut, die Schafe sind verirrt und nach der Katastrophe (»dunkler Tag«) überall zerstreut. Gott selber nun bringt die Wende: Er ist der gute Hirt, der jedem Schaf nachgeht und allen das gibt, was sie brauchen. Er kümmert sich besonders um die Schwachen und Verletzten, er sorgt für Recht und Gerechtigkeit. Das Bild vom Hirten und der Herde ist an vielen Stellen der Bibel ein Bild für das Verhältnis von Gott und Mensch. An dieser Stelle wird in eindringlicher Weise das liebevolle Bemühen Gottes um den Menschen aufgezeigt.

1 Kor 15,20-26.28: Erster ist Christus. Der
Höhepunkt der paulinischen Gedanken zur
Auferstehung findet sich in den Versen dieser
Perikope. Ausgehend von apokalyptischen
Vorstellungen seiner Zeit (besonders des Spät-
judentums) bezieht Paulus den Prozess der
Vollendung des Reiches Gottes auf Christus.
Er steht an der Schlüsselstelle des Planes
Gottes, mit ihm beginnt die Wende, ja, er ist
in seiner Person die Wende. Wer sich an ihn
bindet, nimmt an dieser Wende teil. Christus
(der »Erste«) wird mit der Erstlingsgabe des
alttestamentlichen Opferritus verglichen: Wie
durch die geopferte Erstlingsgabe die ganze
Ernte Gott geweiht ist, so werden durch Christus alle, die an ihn glauben, neu mit Gott verbunden. Paulus schreibt diesen Text gegen die
Zweifel, die die Korinther gegen die Auferstehung der Toten äußern. Für Paulus ist die
Auferstehung Jesu feste Glaubensgewissheit,
daraus resultiert für ihn neues Leben auch für
die Verstorbenen. Dies macht er mit der
Adam-Christus-Typologie deutlich: Wie ein
Mensch den Tod für alle brachte, so bringt
ein Mensch das Leben. Christus hat also die
Aufgabe, die ganze Schöpfung wieder neu
unter die Herrschaft Gottes zu bringen, damit
so eine Welt möglich wird, in der Vergänglichkeit und Tod ein Ende haben – Welt und
Menschen werden in der Herrschaft Gottes
zur Vollendung geführt.

Mt 25,31-46: Das Gleichnis vom Weltgericht.
Als Abschluss und Höhepunkt der drei Gleichnisse vom Leben und der Verantwortung der
Christen folgt nach den Stichworten Wachsamkeit (vgl. A 62) und verantwortliche Nutzung der eigenen Talente (vgl. A 63) nun das
große Gleichnis vom Weltgericht, in dem
Matthäus seine Gemeinde auf dem Hintergrund jüdischer Vorstellungen vom Gericht zu
verantwortlichem Handeln anregen will. Das
Gleichnis gliedert sich in drei Teile: In einem
Teil wird der wiederkehrende Christus als
Herrscher der Welt dargestellt, als König, dem
alles unterworfen ist. Allerdings erscheint dieser König auf dem Hintergrund des alttestamentlichen Hirtenbildes (vgl. erste Lesung)
als einer, der Sorge für das Wohl aller trägt
und deshalb »Schafe und Ziegen« voneinander trennt. Die Trennung, über die in den beiden folgenden Abschnitten berichtet wird, erfolgt aufgrund des Verhaltens eines Menschen
zu anderen. Sechs Werke der Barmherzigkeit
werden – wie im Judentum gebräuchlich –
aufgeführt. Sie stellen jedoch nur Beispiele
möglichen mitmenschlichen Handelns dar.
Für alle aber gilt: Wer sich für den anderen
konsequent einsetzt, der setzt sich für Christus selbst ein – Christus ist in seiner Gemeinschaft gegenwärtig und idenfiziert sich mit
den Armen und Geringen – sie sind seine Brüder und Schwestern.

Schrifttext und Familien mit Kindern

(Vgl. auch zu C 64.) Der Begriff des Königs
kann in unserer Zeit durchaus in symbolischer
Weise aufgegriffen werden. Mit diesem Wort
verbinden sich Vorstellungen wie Macht,
Herrlichkeit, aber auch Sorge und Verantwortung. Wenn diese Begriffe weiter durchdacht
werden, kann sich ein Gegenpol bilden zu den
verfälschten Vorstellungen von Königtum, die
heute die Medienwelt beherrschen. Die erste
Lesung und das Evangelium, ebenso aber
auch die Pauluslesung, geben dazu ausreichend Hinweise. Wo man also das Königtum
Christi in solcher Weise beschreibt, da lässt
sich für das Fest am letzten Sonntag des Kirchenjahres auch in unserer Zeit eine Bedeutung gewinnnen.

Vom alttestamentlichen Bild des fürsorgli-
chen Hirten der ersten Lesung aus kann darauf verwiesen werden, wie sich die Hirtensorge bereits im Leben Jesu immer wieder
gezeigt hat, ja wie die Aussage »Ich bin der
gute Hirt« seinen Lebensweg als Einsatz für
andere charakterisiert – selbst wenn dieser
Satz des Johannesevangeliums eine spätere
Reflexion christlicher Gemeinde darstellt.
Das Hirtenbild wird im Evangelium mit König, Herrscher, Richter zusammengebracht
und ergänzt diese Aussagen: Es geht also nicht
um irgendein Richten, um irgendeine Herrschaft, um irgendeine Macht (in Analogie zur
weltlichen Macht des Königs), sondern um
ein Richten, Herrschen und Königsein in der

Haltung des guten Hirten, der für die Seinen sorgt und ihr Heil will.

Das aber geht nicht ohne den Menschen. Er muss sich dieser Hirtensorge öffnen, ja, er muss versuchen, in einer vergleichbaren Haltung sein Leben zu gestalten. Verantwortliches Leben heißt für den Christen deshalb Einsatz für andere, Hilfsbereitschaft, Engagement ... Das Weltgerichtsgleichnis macht dies nicht nur durch die positiven Beispiele deutlich, sondern auch dadurch, dass im negativen Teil des Gleichnisses kein Sündenkatalog steht, sondern auf Unterlassungen des Guten hingewiesen wird. Humanität und Hilfe für den anderen, Barmherzigkeit nach dem Beispiel Gottes und Jesu entscheiden über Tod und Leben, über Heil und Unheil.

Damit wird auch ein Kriterium sichtbar, wie der Christ mit Christus verbunden wird. Es geht hier nicht um liturgische und kultische Forderungen, sondern ausschließlich darum, dass sich die Gottesliebe in der Nächstenliebe verwirklicht. Dieser Gedanke entspricht dem Lehren Jesu und seinem Handeln in unbedingter Weise. Selbst wenn dieses Gleichnis – wie manche Exegeten annehmen – nicht von Jesus selbst geformt wurde, sondern von Matthäus und seiner Gemeinde, so findet sich hier in gut erzählter Weise eine der Grundaussagen des Evangeliums Jesu.

Auch die Pauluslesung passt dazu. In ihrer großartigen Vision von der Vollendung aller Dinge durch Christus ähnelt sie durchaus dem Bild des Evangeliums – allerdings in schwierigerer Sprache. Christus ist der Herr, der alles vollendet und der endgültigen Herrschaft Gottes zuführt. Wer zu ihm gehört, wer sich also in Gottes- und Nächstenliebe an ihn bindet, der findet Rettung und Heil – Auferstehung.

Gestaltungsideen für den Gottesdienst

– *Der gute Hirt:* Das Hirtenbild der Bibel muss den Kindern erst erläutert werden. In unserer gesellschaftlichen Situation können sie von der Verantwortung, der Sorge und auch dem Einsatz eines guten Hirten nichts wissen. Diese Information kann durch eine Erzählung, durch Bilder oder auch durch ein vorbereitetes Spiel (mit vielen Schafen und Wölfen ...) eingebracht werden. Nachdem so das Bildwort klarer wird, kann bedacht werden, wie dieses Bild zu Gottes Handeln mit uns Menschen und zu Jesus und seinem Umgang mit Menschen passt. Gott ist wie ein guter Hirte – Jesus ist wie ein guter Hirte. Eine gute Ergänzung dazu bietet Psalm 23, der gemeinsam gebetet oder gesungen werden kann. Die Kinder können auch Bilder zum guten Hirten malen.

– *Sorge für die Schwachen:* Ein Grundzug des guten Hirten ist seine unbedingte Sorge für die Armen und Schwachen, für die Verirrten und Notleidenden. Einzelszenen können dies in heutige Situationen übertragen: Wer ist heute »verirrt, schwach, verletzt ...«? Wer braucht in besonderer Weise die Hilfe eines »guten Hirten«? Wo können wir »gute Hirten« für andere sein?

– *Die Werke der Barmherzigkeit:* An das Vorbild des guten Hirten können – gleichsam als Konkretionen – die traditionellen Werke der leiblichen und geistigen Barmherzigkeit genannt werden. Neben den sechs im Gleichnis genannten Beispielen der leiblichen Barmherzigkeit wird in alter Tradition als siebtes (sieben = Zahl der Vollkommenheit) das Begraben von Toten genannt. Die Werke der Barmherzigkeit müssen auf heutige Verhältnisse hin angewandt werden, etwa: Was kann heute bedeuten, »Gefangene zu besuchen«? Vielleicht können zu den einzelnen Werken passende Spiele Möglichkeiten der Konkretisierung aufzeigen. Sinnvoller noch sind natürlich konkrete Aktionen der Gemeinde, in denen man sich miteinander um die Verwirklichung des Auftrags Jesu bemüht.

– *Oben oder unten:* Jesus wird im Gleichnis als König bezeichnet, in anderer Weise drückt die neutestamentliche Lesung Ähnliches aus. Was aber bedeutet dieser Ausdruck im Zusammenhang mit dem Leben Jesu? Seine Herrschaft ist nicht von oben herunter, sondern liegt im Dienst am Menschen, im Einsatz des eigenen Lebens. Für Jesus und sein Königtum ist also keineswegs der Thron ein Symbol, sondern eher die Beispielhandlung der Fußwaschung. Dies kann durch Bild oder Spiel gegenübergestellt werden. Jesus ist dadurch König, dass er den Menschen dient, ganz unten ist. Er ist König im Dienen. Damit hat er uns ein Beispiel gegeben. Die Werke der Barmherzigkeit konkretisieren dieses Beispiel Jesu.

Weiterführung nach dem Gottesdienst

Psalm 23 kann den Kindern auf einem schön gestalteten Blatt mitgegeben werden. Dieser Psalm kann immer wieder in das Beten in der Familie (etwa Abendgebet) integriert werden. Das Thema Hirt kann – wo es möglich ist – durch einen Besuch bei einem Hirten (oder einem Bauern mit Schafen) vertieft werden. Auch können die Kinder die Hirtensorge durch Bilder wiedergeben.

Zu den Werken der Barmherzigkeit und damit zur Sorge für die Schwachen können konkrete Aktionen der (Gottesdienst-)Gemeinde hinführen: Wer braucht in unserer Gemeinde in besonderer Weise unsere Zuwendung und Hilfe? Auch Kindergruppen der Gemeinde (etwa Gruppen des Kommunionkurses) können solche Aufgaben übernehmen.

Das Thema König kann in den Familien dadurch weiter verfolgt werden, dass man in Zeitungen und Zeitschriften auf die Darstellungen von Königen und Fürsten achtet und dies mit dem Leben und Handeln Jesu vergleicht. Er ist König im Dienen, nicht im Herrschen.

(A 64) Christkönig

Schriftstellenregister

Gen 1,1-2,2	C 26, C 68	Sir 3,17-18.20.28-29	C 52
Gen 2,7-9; 3,1-7	A 18	Sir 15,15-20	A 15
Gen 9,12-17	C 66	Sir 24,1-2.8-12	C 8
Gen 12,1-4	A 19, C 67	Sir 27,4-7	C 38
Gen 14,18-20	C 37	Sir 27,30-28,7	A 54
Gen 15,5-12.17-18	C 19	Sir 35,15-17.20-22	C 60
Gen 18,1-10	C 46	Jes 2,1-5	A 1
Gen 18,20-32	C 47	Jes 5,1-7	A 57
Gen 22,1-18	A 26	Jes 6,1-2a.3-8	C 14
Ex 3,1-8.13-15	C 20	Jes 6,1-8	C 70
Ex 12,1-8.11-14	C 24	Jes 7,10-14	A 4
Ex 17,3-7	A 20	Jes 8,23-9,3	A 12
Ex 17,8-13	C 59	Jes 9,1-3.5-6	C 5
Ex 19,2-6	A 41	Jes 11,1-10	A 2
Ex 22,20-26	A 60	Jes 20,7-9	A 52
Ex 32,7-11.13-14	C 54	Jes 22,19-23	A 51
Ex 34,4-6.8-9	A 36	Jes 25,6-10	A 58
Lev 19,1-2.17-18	A 16	Jes 35,1-6.10	A 3
Num 6,22-27	C 7	Jes 42,1-4.6-7	A 10, C 10
Dtn 8,2-3.14-16	A 37	Jes 43,16-21	C 22
Dtn 11,18.26-28	A 39	Jes 45,1.4-6	A 59
Dtn 26,4-10	C 18	Jes 49,3.5-6	A 11
Dtn 30,10-14	C 45	Jes 49,14-15	A 38
Jos 5,9-12	C 21	Jes 50,4-7	A 23, C 23
1 Sam 16,1.6-7.10-13	A 21	Jes 52,7-10	C 5
1 Sam 26,2.7-9.12-13.22-23	C 16	Jes 52,13-53,12	C 25
2 Sam 5,1-3	C 64	Jes 54,5-14	C 26
2 Sam 12,7-10.13	C 41	Jes 55,1-3	A 48
1 Kön 3,5.7-12	A 47	Jes 55,6-9	A 55
1 Kön 8,41-43	C 39	Jes 55,10-11	A 45
1 Kön 17,17-24	C 40	Jes 56,1.6-7	A 50
1 Kön 19,8-9.11-13	A 49	Jes 58,6.7-10	A 14
1 Kön 19,16.19-21	C 43	Jes 60,1-6	C 9
2 Kön 4,8-10.14-16	A 43	Jes 61,1-3	C 69
2 Kön 5,14-17	C 58	Jes 62,1-5	C 11
Neh 8,2-4a.5-6.8-10	C 12	Jes 66,10-14	C 44
2 Makk 7,1-2.9-14	C 62	Jes 66,18-21	C 51
Ps 104	C 66	Jer 1,4-5.17-19	C 13
Spr 8,22-31	C 36	Jer 17,5-8	C 15
Spr 31,10-13.19-20.30-31	A 63	Jer 20,10-13	A 42
Koh 1,2; 2,21-23	C 48	Jer 33,14-16	C 1
Koh 3,1-8	C 67	Jer 38,4-6.8-10	C 50
Weish 6,12-16	A 62	Bar 5,1-9	C 2
Weish 9,13-19	C 53	Ez 18,25-28	A 56
Weish 11,23-12,2	C 61	Ez 33,7-9	A 53
Weish 12,13.16-19	A 46	Ez 34,11-12.15-17	A 64
Weish 18,6-9	C 49	Ez 37,12-14	A 22
Sir 3,2-6.12-14	A 6, C 6	Ez 36,16-28	A 26

Hos 6,3-6	A 40	Mt 22,1-14	A 58
Joël 2,12-18	C 17	Mt 22,15-21	A 59
Joël 2,23-27	C 68	Mt 22,34-40	A 60
Am 8,4-7	C 55	Mt 23,1-12	A 61
Am 6,1.4-7	C 56	Mt 24,37-44	A 1
Mich 5,1-4	C 4	Mt 25,1-13	A 62
Hab 1,2-3; 2,2-4	C 57	Mt 25,14-30	A 63, C 67
Zef 2,3; 3,12-13	A 13	Mt 25,31-40	C 69
Zef 3,14-18	C 3	Mt 25,31-46	A 64
Sach 9,9-10	A 44	Mt 26,14-27,66	A 23
Sach 12,10-11	C 42	Mt 28,1-10	A 26
Mal 1,14-2,2.8-10	A 61	Mt 28,16-20	A 33
Mal 3,19-20	C 63	Mk 6,30-32	C 66
		Lk 1,1-4	C 12
		Lk 1,39-47	C 4
Mt 1,18-24	A 4	Lk 2,1-14	C 5
Mt 2,1-12	C 9	Lk 2,15-20	C 5
Mt 2,13-15.19-23	A 6	Lk 2,16-21	C 7
Mt 3,1-12	A 2	Lk 2,41-52	C 6
Mt 3,13-17	A 10	Lk 3,1-6	C 2
Mt 4,1-11	A 18	Lk 3,10-18	C 3
Mt 4,12-23	A 12	Lk 3,15-16.21-22	C 10
Mt 5,1-12	A 13	Lk 4,1-13	C 18
Mt 5,13-16	A 14	Lk 4,14-21	C 12
Mt 5,17-37	A 15	Lk 4,21-30	C 13
Mt 5,38-48	A 16	Lk 5,1-11	C 14
Mt 6,1-6.16-18	C 17	Lk 6,17.20-26	C 15
Mt 6,24-34	A 38	Lk 6,27-38	C 16
Mt 7,21-27	A 39	Lk 6,39-45	C 38
Mt 9,9-13	A 40	Lk 7,1-10	C 39
Mt 9,36-10,8	A 41	Lk 7,11-17	C 40
Mt 10,26-33	A 42	Lk 7,36-8,3	C 41
Mt 10,37-42	A 43	Lk 9,11-17	C 37
Mt 11,2-11	A 3	Lk 9,18-24	C 42
Mt 11,25-30	A 44	Lk 9,28-36	C 19
Mt 13,1-23	A 45	Lk 9,51-62	C 43
Mt 13,24-43	A 46	Lk 10,1-9	C 70
Mt 13,44-52	A 47	Lk 10,1-12.17-20	C 44
Mt 14,13-21	A 48	Lk 10,25-37	C 45
Mt 14,22-33	A 49	Lk 10,38-42	C 46
Mt 15,21-28	A 50	Lk 11,1-13	C 47
Mt 16,13-20	A 51	Lk 12,13-21	C 48, C 68
Mt 16,21-27	A 52	Lk 12,32-48	C 49
Mt 17,1-9	A 19	Lk 12,49-53	C 50
Mt 18,15-20	A 53	Lk 13,1-9	C 20
Mt 18,21-35	A 54	Lk 13,22-30	C 51
Mt 20,1-16	A 55	Lk 14,1.7-14	C 52
Mt 21,1-11	A 23	Lk 14,25-33	C 53
Mt 21,28-32	A 56	Lk 15,1-3.11-32	C 21
Mt 21,33-43	A 57	Lk 15,1-32	C 54

Lk 16,1-13	C 55	Apg 7,55-60	C 34
Lk 16,19-31	C 56	Apg 8,5-8.14-17	A 32
Lk 17,5-10	C 57	Apg 10,34-38	A 10, C 10
Lk 17,11-19	C 58, C 68	Apg 10,34.37-43	C 27
Lk 18,1-8	C 59	Apg 13,14.43-52	C 30
Lk 18,9-14	C 60	Apg 14,21-27	C 31
Lk 19,1-10	C 61	Apg 15,1-2.6.22-29	C 32
Lk 19,28-40	C 23	Röm 1,1-7	A 4
Lk 20,27-38	C 62	Röm 3,21-25.28	A 39
Lk 21,5-19	C 63	Röm 4,18-25	A 40
Lk 21,25-28.34-36	C 1	Röm 5,1-5	C 36
Lk 22,14-23,56	C 23	Röm 5,1-2.5-8	A 20
Lk 23,35-43	C 64	Röm 5,6-11	A 41
Lk 24,1-12	C 26	Röm 5,12-19	A 18, A 42
Lk 24,13-35	A 29	Röm 6,3-4.8-11	A 43
Lk 24,46-53	C 33	Röm 8,8-11	A 22
Joh 1,1-18	C 5, C 8	Röm 8,9.11-13	A 44
Joh 1,29-34	A 11	Röm 8,18-23	A 45
Joh 2,1-12	C 11	Röm 8,26-27	A 46
Joh 3,16-18	A 36	Röm 8,28-30	A 47
Joh 4,5-42	A 20	Röm 8,35.37-39	A 48
Joh 6,51-58	A 37	Röm 9,1-5	A 49
Joh 8,1-11	C 22	Röm 10,8-13	C 18
Joh 9,1-41	A 21	Röm 11,13-15.29-32	A 50
Joh 10,1-10	A 30	Röm 11,33-36	A 51
Joh 10,27-30	C 30	Röm 12,1-2	A 52
Joh 11,1-45	A 22	Röm 13,8-10	A 53
Joh 13,1-15	C 24, C 65	Röm 13,11-14	A 1
Joh 13,31-35	C 31	Röm 14,7-9	A 54
Joh 14,1-12	A 31	Röm 15,4-9	A 2
Joh 14,15-21	A 32	1 Kor 1,1-3	A 11
Joh 14,23-29	C 32	1 Kor 1,10-13.17	A 12
Joh 16,12-15	C 36	1 Kor 1,26-31	A 13
Joh 17,1-11	A 34	1 Kor 2,1-5	A 14
Joh 17,20-26	C 34	1 Kor 2,6-10	A 15
Joh 18,1-19,42	C 25	1 Kor 3,16-23	A 16
Joh 19,26-27	C 65	1 Kor 4,1-5	A 38
Joh 20,1-9	C 27	1 Kor 5,6-8	C 27
Joh 20,19-23	C 35	1 Kor 10,1-6.10-12	C 20
Joh 20,19-31	A 28, C 28	1 Kor 10,16-17	A 37
Joh 21,1-19	C 29	1 Kor 11,23-28	C 24, C 37
Apg 1,1-11	A 33, C 33	1 Kor 12,3-7.12-13	C 35
Apg 1,12-14	A 34	1 Kor 12,4-11	C 11
Apg 2,1-11	C 35	1 Kor 12,12-30	C 12
Apg 2,14.22-28	A 29	1 Kor 12,31-13,13	C 13, C 65
Apg 2,14.36-41	A 30	1 Kor 15,1-11	C 14
Apg 2,42-47	A 28	1 Kor 15,12.16-20	C 15
Apg 5,12-16	C 28	1 Kor 15,20-26.28	A 64
Apg 5,27-32.40-41	C 29	1 Kor 15,45-49	C 16
Apg 6,1-7	A 31	1 Kor 15,54-58	C 38

2 Kor 13,11-13	A 36	2 Thess 1,11-2,3	C 61
2 Kor 17-21	C 21	2 Thess 2,16-3,6	C 62
2 Kor 5,20-6,2	C 17	2 Thess 3,7-12	C 63
Gal 1,1-2.6-10	C 39	1 Tim 1,12-17	C 54
Gal 1,11-19	C 40	1 Tim 2,1-8	C 55
Gal 2,16.19-21	C 41	1 Tim 6,1-16	C 56
Gal 3,26-29	C 42	1 Tim 6,17-19	C 68
Gal 4,4-7	C 7	2 Tim 1,6-8.13-14	C 57
Gal 5,1.13-18	C 43	2 Tim 1,8-10	A 19
Gal 6,14-18	C 44	2 Tim 2,8-13	C 58
Eph 1,3-6.15-18	C 8	2 Tim 3,14-4,2	C 59
Eph 1,17-23	A 33, C 33	2 Tim 4,6-8.16-18	C 60
Eph 3,2-3.5-6	C 9	Tit 2,11-14	C 5
Eph 5,8-14	A 21	Tit 3,4-7	C 5
Phil 1,4-6.8-11	C 2	Phlm 9-10.12-17	C 53
Phil 1,20-24.27	A 55	Hebr 1,1-6	C 5
Phil 2,1-11	A 56	Hebr 4,14-16; 5,7-9	C 25
Phil 2,6-11	A 23, C 23	Hebr 10,5-10	C 4
Phil 3,8-14	C 22	Hebr 11,1-2.8-19	C 49
Phil 3,17-4,1	C 19	Hebr 12,1-4	C 50
Phil 4,4-7	C 3	Hebr 12,5-7.11-13	C 51
Phil 4,6-9	A 57	Hebr 12,18-19.22-24	C 52
Phil 4,12-14.19-20	A 58	Jak 5,7-10	A 3
Kol 1,12-20	C 64	1 Petr 1,3-9	A 28
Kol 1,15-20	C 45	1 Petr 1,17-21	A 29
Kol 1,24-28	C 46	1 Petr 2,4-9	A 31
Kol 2,12-14	C 47	1 Petr 2,20-25	A 30
Kol 3,1-4	C 27	1 Petr 3,15-16	A 32
Kol 3,1-5.9-11	C 48	1 Petr 4,13-16	A 34
Kol 3,12-21	A 6, C 6	1 Joh 4,7-8.11-12	C 65
1 Thess 1,1-5	A 59	Offb 1,9-13.17-19	C 28
1 Thess 1,5-10	A 60	Offb 5,11-14	C 29
1 Thess 2,7-9.13	A 61	Offb 7,9.14-17	C 30
1 Thess 3,12-4,2	C 1	Offb 21,1-5	C 31
1 Thess 4,13-18	A 62	Offb 21,10-14.22-23	C 32
1 Thess 5,1-6	A 63	Offb 22,12-14.16-17.20	C 34

Stichwortverzeichnis

Abendmahl A 37, C 24
Abraham A 19, A 26, A 40, C 46, C 47, C 49, C 67
Adam A 18
Adlerflügel A 41
Advent A 1 – 4, C 1 – C 4
Adventskrippe C 1 – C 4
Adventslieder C 1 – C 4
Agapefeier C 24, C 26
Altar A 37
Alte ehren A 6
Angst A 31, A 42, C 1
Apostel A 41
Arme A 13, A 44, A 60, C 55, C 56
Aschenkreuz C 17
Aschermittwoch A 7, C 17
Auferstehung,
Auferweckung A 22, A 29, A 62, C 14 – C 16, C 26, C 27, C 38, C 40, C 62
Augen öffnen C 19
Aussatz C 58
Ausweis C 56

Ballast C 50
Balken C 38
Band A 11, C 65
Barmherzigkeit A 40, A 46, A 54, A 64, C 47, C 61
Baum A 2, A 18, A 50, C 15, C 34, C 38, C 59, C 65
Begegnung A 49, C 4
Begeisterung C 35
Bekehrung A 30
bekennen C 34, C 42
bereit werden A 2
Berg A 1, A 49, A 58
Bergpredigt A 38
Berufung C 43, C 70
Bescheidenheit C 52
Besen C 64
Besitz C 48, C 55, C 56
beten A 42, A 46, A 53, A 56, C 39, C 55
Bibel A 45, C 45, C 59
Bild C 45, C 64

bitten A 50, C 39, C 47, C 55, C 59
blind sein A 3, A 21, C 38
Blumenstrauß C 42, C 65
Böses A 6, C 18
Brot A 6, A 18, A 29, A 37, C 37, C 56, C 70
Brotvermehrung A 48
Brot zum Leben A 45, C 21
Brücke A 10, C 40, C 46, C 61
Buch A 28, C 7, C 59, C 67
Bund A 41, A 48, A 61, C 66
Buße C 18 – C 22, C 41

Caritas A 31
Chance für jeden C 21
Christkönig A 64, C 64

Dankbarkeit A 39, A 43, A 51, C 58, C 68
David A 21, C 41, C 64
Decke A 58
Demut A 13
Diakon A 31
Dienst A 38, A 52, A 56, A 61, C 44
Dienste der Gemeinde C 28
Dreifaltigkeit A 36, C 36
Dreikönige C 9
Dumensch A 16, C 48

Einheit A 34, C 34, C 42
Einladung A 38
Elija A 49
Elischa A 43
Emmaus A 29
Entscheidung A 21
Ernte C 44
Erntedankfest C 58, C 68
Erster sein C 51, C 52
Esel A 44
essen C 46
Eucharistie A 48, C 24, C 37
Evangelium A 12, A 48

Familie A 6, C 6, C 42
Fasten A 13, A 14
Fastenzeit A 18 – A 22, C 18 – C 22
Feindesliebe C 16
Ferien C 66
Fernglas C 19, C 66
Fest C 11
Feuer A 15, C 17, C 20, C 26, C 35, C 50
Firmung A 32
Fisch C 37
Frau A 63
Freiheit A 56, C 43
Fremde A 50, A 60
Freund des Lebens C 61
Freundschaft A 41, A 56
Frieden A 1, A 44, A 57, C 4, C 50
froh sein C 3
Fronleichnam A 37, C 37
Frucht bringen A 57, C 20, C 38
Fundament C 19
Fürbitten A 47, A 50
Fußwaschung C 24, C 65

Gaben und Fähigkeiten C 11, C 35
Garten A 3
Gastfreundschaft A 43, C 46
Gebot A 40
Geist Gottes A 32, A 35, A 46, C 32, C 35, C 36, C 69
Geld C 55
Gemeinde A 28, A 49, A 53, C 12, C 28, C 31
Gemeinschaft A 11, A 34, A 40, A 50, A 58, C 22, C 41, C 46, C 53, C 60
Gerechtigkeit A 2, C 41, C 60
Gesalbter A 21
Geschenk A 7, A 39, A 48, A 58, C 57, C 65
Geschwister A 61, C 53

Gesetz Jesu A 15
getragen von Gott C 2
Gewaltverzicht A 54, C 16
Glas C 52
glauben A 27, A 28, C 49, C 50, C 57
Glaubensbekenntnis C 18
Gleichnis A 45 – A 47, A 62 – A 64
goldenes Kalb C 54
Gott erfahren A 55, C 14
Gottesbild C 3, C 44, C 52, C 53, C 62
Gottesdienst A 52, C 12
Gott berührt uns C 58
Gottesliebe A 60
Gott führt uns C 19
Gott liebt uns A 15, C 18, C 68
Gott mit uns A 20, C 20
Gott schaut uns an C 7
Gründonnerstag A 24, C 24
Güte A 21, A 55
Gutes A 47, C 18

Hand A 10, A 19, A 38, C 3, C 21, C 30
Handauflegung A 32
Hände öffnen C 21
Haus A 16, A 31, A 39, C 6
heilig sein C 4
Heilung C 38
Herrlichkeit Gottes C 19
Herz A 36, A 39, A 47, A 60, C 16, C 18, C 36, C 62
Herzauge C 27
Herzen öffnen C 22
Hilfswerke C 30
Himmel und Erde C 5, C 31, C 48
Himmelfahrt A 33, C 33
Hirt / Herde A 30, A 64, C 29, C 30, C 64
Hochmut C 60
Hochzeit C 11
hören A 47, C 30, C 46
Hoffnung A 1 – A 4, A 20, A 32, A 45, A 55, C 19

Ichmensch A 16, C 48
Immanuel A 4, A 53

Jeremia A 42, C 50
Jerusalem A 34
Jesaja A 1, A 52
Jesus A 3, A 4, A 10, A 18 – A 22, A 30, A 33, A 40, A 64, C 5, C 6, C 11, C 21, C 34, C 40, C 42
Johannes der Täufer A 2
Josef (NT) A 4
Juden A 49
Juwel A 59

Kampf C 56
Karfreitag A 25, C 25
Ketten A 6, C 43
Kirche A 35, A 51, A 59, A 61, A 63
Kirchengebäude C 39
Kleeblatt A 36
Kleid A 58, C 2, C 42
Kleines erwählen C 4
König A 47, C 64
Konflikt C 32
Kreuz A 14, A 23, A 25, A 39, A 43, A 52, C 15, C 23 – 27, C 44, C 53
Kreuzverehrung C 25
Kreuzweg C 25
Krippe A 5, C 5
Krone C 64

Lamm Gottes A 11, C 29
Land C 18
Leben A 17, A 22, A 29, A 44
Leib Christi C 12, C 33
Leid A 51, A 52
Leidensgeschichte C 25
Leiter C 59
Licht A 5, A 11, A 14, A 21, A 23 – A 26, A 48, A 62, C 8, C 9, C 16, C 40, C 60, C 69, C 70
Liebe A 36, A 53, A 56, C 13, C 16, C 31, C 36, C 43, C 45, C 65

Lob Gottes (Jesu) A 28, A 59, C 29, C 66
Luftballon C 60

Macht A 18, C 64
Mahl A 37, A 40, A 48, A 58, C 46, C 49, C 51
Maria A 3
Martin C 69
Maß der Liebe C 16
Meer A 49
Menschenfischer C 14, C 29
Menschheit A 50
Messias A 51
Misereor C 22
Mitleid A 60
Morgen A 12, A 55
Mose A 20, C 54, C 58
Mund Gottes A 52
Mund öffnen C 18
Mut A 9
Mutter (Gott) A 38, C 44
Muttertag C 65
Mutlose aufrichten C 3, C 51

Nachfolge A 12, A 60, C 42, C 43, C 44, C 53
Nächstenliebe A 16, A 40, A 60
Nächster C 45
Name A 59, C 11
Netz C 41
Neubeginn A 49, A 52, A 56
neuer Mensch C 48
Nikolaus C 70
Noten/Notenschlüssel C 1

oben/unten A 4, A 64, C 52
Ökumene C 34
Ohren öffnen C 20
Osterei A 27
Osterkerze A 27, C 26, C 27
Ostern A 27, C 27
Osternacht A 26, C 26

Palmsonntag A 23, C 23
Palmzweige C 23

Pascha A 37, C 21, C 24
Paulus A 4, C 40, C 44
Petrus A 29, C 42
Pfarrgemeinderat C 31
Pfingsten A 35, C 35
Programm Jesu C 12
Prophet A 22, A 42, C 13, C 40
Prozession C 37
Pyramide A 60, C 36

Rad der Gemeinde C 14, C 28, C 34
Regenbogen A 50, C 66
reich sein C 2, C 48, C 56
Reich Gottes A 46, A 51
Reicht das? C 19
Reißverschluss A 33, C 48
Rettung C 49
richten C 22
Rose C 16, C 61
Ruf, gerufen werden C 13

Sackgasse A 56, C 54
Salz A 14
Sämann A 45
Samariter C 45
Schalom A 2, A 44
Schatz A 47, A 51, C 49, C 68
Schiff A 49
Schlüssel A 51, A 53, C 28, C 59
Schöpfung A 18, C 26, C 44, C 63, C 66, C 68
Schulanfang C 67
Schuld A 54, C 41
Schuldschein C 47
Segelboot C 63
Segen A 19, A 39, A 43, C 7
Seil A 10
Seligpreisungen C 15
Senfkorn C 57
Sonne C 36, C 42, C 62
Spiegel C 52, C 70
Spiel C 66
Stacheldraht C 16, C 27
Stadt (Gottes) C 2, C 31, C 32, C 34, C 52

Standhaftigkeit A 34, C 63
Stein A 31
Stephanus C 34
Stern C 2, C 9
Sternsinger A 9, C 9
Stille C 66
Stirn A 39
Streit A 12
Sturm C 35

Talente A 63, C 67
Taschengeld C 48
Taufe A 32, A 33, A 43, A 54, C 10, C 20, C 43, C 47
Tauferneuerung C 10
Taufkleid C 42
teilen A 28, C 37, C 56, C 68, C 69, C 70
Tempel A 16
Teppich C 52
Tisch A 37
Tod A 17, C 38, C 40, C 60
Ton C 67
Tor C 1, C 67
Totengedenken C 62
Tür A 60, C 8, C 18, C 35, C 51
Tür zum Glauben C 31
Turm A 10

Überheblichkeit C 56
Uhr C 1, C 66
Umkehr A 56, C 41, C 54, C 61
Unkraut A 46
Urteilen C 38

Vater, guter A 61, C 21, C 54
Vaterunser C 47, C 59
Verantwortung füreinander C 3
Vergebung A 54, C 41
Vergrößerungsglas C 66
Verheißung A 1 – A 4
Verklärung A 19
Verkündigung C 29
Versöhnung A 41, A 53, C 54, C 61

Verstorbene C 60
Vertrauen A 38, A 56, C 21, C 57
Verzagtheit A 3
Vielfalt C 42
Volk Gottes A 31, A 41
Völker A 50, C 9, C 30, C 39, C 51
Vorbild C 63

Waage C 39, C 46
Wachsamkeit A 1, A 62, C 49
Wächter A 53
wachsen C 1
Waffen des Lichts A 1
warten A 3, C 1 – C 4, C 34, C 61
Wasser A 15, A 20, A 26, C 10, C 15, C 30, C 34
Weg A 31, A 51, C 9, C 13, C 22, C 43
Weg bauen C 2
Wegbegleiter A 29
Wegweiser A 2, A 39, A 53, A 60
Weihnachten C 5
Weinberg A 57
Weißer Sonntag C 28
Weisheit A 8, A 47, A 62, C 36, C 38, C 53
Weltgericht C 69
Weltkirche C 12, C 27, C 30, C 32, C 39
Wettkampf C 50
Wind A 49
Windhauch C 48
Wohnung A 31
Wolken C 42
Worte des Lebens A 29, A 61, C 8
Wort Gottes A 45, A 61, C 45, C 58, C 59
Wurzel A 2, A 50, C 59
Wünsche A 7, A 47
Wüste A 3

Zebra C 61
Zeit C 63, C 67
Zeuge sein C 33